北 海 道

〈収録内容〉

2024 年度 ……………………… 数・英・理・社・国
2023 年度 ……………………… 数・英・理・社・国
2022 年度 ……………………… 数・英・理・社・国
2021 年度 ……………………… 数・英・理・社・国
2020 年度 ……………………… 数・英・理・社・国
 2019 年度 ……………………… 数・英・理・社・国

↓ 便利な DL コンテンツは右の QR コードから

 解答用紙　　 過去年度　　 リスニング　　⇒

※データのダウンロードは 2025 年 3 月末日まで。
※データへのアクセスには、右記のパスワードの入力が必要となります。 ⇒　017820

〈 各教科の平均点 〉

	数　学		英　語		理　科		社　会		国　語	
	全受検者平均	合格者平均	全受検者平均	合格者平均	全受検者平均	合格者平均	全受検者平均	合格者平均	全受検者平均	合格者平均
2023年度	47.7	47.4	51.1	50.6	35.6	35.4	41.5	41.0	54.3	54.2
2022年度	48.1	47.6	56.1	55.2	55.3	54.6	53.5	52.9	70.3	70.0
2021年度	28.3／33.9	28.3／34.6	29.0／39.3	29.0／40.0	30.1	29.6	32.6	32.1	31.5／37.9	31.6／38.8
2020年度	23.2／30.1	23.3／30.9	28.6／37.4	28.8／38.1	26.0	25.7	31.9	31.5	30.7／38.4	30.9／39.0
2019年度	30.1／39.3	30.3／40.1	35.0／44.4	35.1／44.8	31.9	31.7	32.3	32.0	28.5／34.9	28.6／35.5

※各60点満点。
※2019～2021年度は、数学・英語・国語＝標準問題選択校/学校裁量問題選択校。
※最新年度は、本書発行の時点で公表されていないため未掲載。

JN015139

本書の特長

POINT 1　　解答は全問を掲載、解説は全問に対応！

POINT 2　　英語の長文は全訳を掲載！

POINT 3　　リスニング音声の台本、英文の和訳を完全掲載！

POINT 4　　出題傾向が一目でわかる「年度別出題分類表」は、約10年分を掲載！

実戦力がつく入試過去問題集

▶ 問題 …………… 実際の入試問題を見やすく再編集。

▶ 解答用紙 …… 実戦対応仕様で収録。

▶ 解答解説 …… 重要事項が太字で示された、詳しくわかりやすい解説。

　　　　　　　 ※採点に便利な配点も掲載。

合格への対策、実力錬成のための内容が充実

▶ 各科目の出題傾向の分析、最新年度の出題状況の確認で、入試対策を強化！

▶ その他、志願状況、公立高校難易度一覧など、学習意欲を高める要素が満載！

解答用紙ダウンロード	解答用紙はプリントアウトしてご利用いただけます。弊社ＨＰの商品詳細ページよりダウンロードしてください。トビラのＱＲコードからアクセス可。
リスニング音声ダウンロード	英語のリスニング問題については、弊社オリジナル作成により音声を再現。弊社ＨＰの商品詳細ページで全収録年度分を配信対応しております。トビラのＱＲコードからアクセス可。
famima PRINT	原本とほぼ同じサイズの解答用紙は、全国のファミリーマートに設置しているマルチコピー機のファミマプリントで購入いただけます。※一部の店舗で取り扱いがない場合がございます。詳細はファミマプリント（http://fp.famima.com/）をご確認ください。
UD FONT	見やすく読みまちがえにくいユニバーサルデザインフォントを採用しています。

～2025年度北海道公立高校入試の日程（予定）～

推薦入学面接日	2／10
学力検査日	3／4
追検査日	3／11
合格発表日	3／17

※募集および選抜に関する最新の情報は北海道教育委員会のホームページなどで必ずご確認ください。

2024年度/北海道公立高校出願状況(全日制)

〈石 狩〉

大学科等	学校名・学科名		募集人員	出願者数	倍率	昨年度倍率
普	札 幌 東	普 通	320	434	1.4	1.4
	札 幌 西	普 通	320	479	1.5	1.4
	札 幌 南	普 通	320	382	1.2	1.3
	札 幌 北	普 通	320	407	1.3	1.4
	札 幌 月 寒	普 通	320	458	1.4	1.3
	札 幌 啓 成	普 通	280	313	1.1	1.2
	札 幌 北 陵	普 通	320	416	1.3	1.2
	札 幌 手 稲	普 通	320	366	1.1	1.0
	札 幌 丘 珠	普 通	280	275	1.0	1.0
	札 幌 西 陵	普 通	280	237	0.8	1.0
	札 幌 白 石	普 通	280	397	1.4	1.3
	札 幌 東 陵	普 通	280	303	1.1	1.0
	札 幌 南 陵	普 通	80	45	0.6	1.0
	札 幌 東 豊	普 通	120	110	0.9	0.9
	札 幌 真 栄	普 通	200	233	1.2	1.1
	札幌あすかぜ	普 通	120	79	0.7	1.2
	札 幌 稲 雲	普 通	280	273	1.0	1.1
	札 幌 英 藍	普 通	280	301	1.1	1.2
	札 幌 平 岡	普 通	240	319	1.3	1.3
	札 幌 白 陵	普 通	80	65	0.8	0.7
	札 幌 国 際 情 報	普 通	80	110	1.4	1.8
	江 別	普 通	200	186	0.9	1.1
	野 幌	普 通	120	84	0.7	0.7
	大 麻	普 通	280	278	1.0	1.2
	千 歳	普 通	200	229	1.1	1.3
	北 広 島	普 通	280	317	1.1	1.2
	北 広 島 西	普 通	160	124	0.8	0.8
	石 狩 南	普 通	280	358	1.3	1.1
	当 別	普 通	40	40	1.0	0.5
通	恵 庭 南	普 通	200	166	0.8	1.0
	恵 庭 北	普 通	240	219	0.9	0.9
理数	札 幌 啓 成	理 数	40	61	1.5	2.1
体育	恵 庭 南	体 育	80	110	1.4	0.8
外国語	札幌国際情報	国際文化	80	103	1.3	1.8
	千 歳	国際教養	40	48	1.2	1.0
農業	当 別	園芸デザイン	40	14	0.4	0.3
工	札 幌 工 業	機 械	80	92	1.2	1.1
		電 気	80	81	1.0	0.7
		建 築	80	75	0.9	1.1
		土 木	80	47	0.6	0.7
	札幌琴似工業	電子機械	80	64	0.8	1.1
		電 気	80	76	1.0	1.0
		情報技術	80	73	0.9	1.2
業		環境化学	80	61	0.8	0.9
	札幌国際情報	理数工学	40	60	1.5	1.4
商	札 幌 東 商 業	流通経済	80	112	1.4	1.1
		国際経済	80	113	1.4	1.0
		会計ビジネス	80	82	1.0	1.1
		情報処理	80	92	1.2	1.1
	札幌国際情報	グローバルビジネス	120	118	1.0	1.6
業	江 別	事務情報	40	34	0.9	1.0
	千 歳	国際流通	80	113	1.4	1.6

大学科等	学校名・学科名		募集人員	出願者数	倍率	昨年度倍率
家庭	江 別	生活デザイン	40	33	0.8	0.9
	当 別	家 政	40	24	0.6	0.4
総合	石 狩 翔 陽	総 合	320	394	1.2	0.9
	札 幌 厚 別	総 合	280	357	1.3	1.1
	千 歳 北 陽	総 合	160	117	0.7	0.7

〈札 幌 市〉

大学科等	学校名・学科名		募集人員	出願者数	倍率	昨年度倍率
普	○札 幌 旭 丘	普 通	240	358	1.5	1.6
	○札 幌 藻 岩	普 通	240	301	1.3	1.1
	○札 幌 平 岸	普 通	280	450	1.6	1.6
		デザインアート	40	59	1.5	1.6
	○札 幌 清 田	普 通	200	264	1.3	1.3
通		グローバル	40	54	1.4	1.1
	○札 幌 新 川	普 通	320	406	1.3	1.3
商業	○札 幌 旭 丘	数理データサイエンス	80	84	1.1	0.9
	○札幌啓北商業	未 来 商 学	240	317	1.3	1.0

〈渡 島〉

大学科等	学校名・学科名		募集人員	出願者数	倍率	昨年度倍率
普	函 館 中 部	普 通	160	188	1.2	1.3
	函 館 西	普 通	240	312	1.3	1.4
	南 茅 部	普 通	40	5	0.1	0.3
	上 磯	普 通	40	24	0.6	0.7
	七 飯	普 通	120	114	1.0	1.1
	松 前	普 通	40	19	0.5	0.4
	八 雲	普 通	80	56	0.7	0.7
	長 万 部	普 通	40	13	0.3	0.4
通	○市 立 函 館	普 通	200	340	1.7	1.6
	○知 内	普 通	80	42	0.5	0.6
理数	函 館 中 部	理 数	40	40	1.0	1.4
農業	大 野 農 業	農業科学	40	30	0.8	0.5
		園芸福祉	40	18	0.5	0.4
業		食品科学	40	27	0.7	1.3
工	函 館 工 業	電子機械	40	71	1.8	1.4
		電気情報工学	40	66	1.7	1.4
		建 築	40	36	0.9	1.6
業		環境土木	40	47	1.2	1.2
		工業化学	40	42	1.1	0.7
商	函 館 商 業	流通ビジネス	40	65	1.6	1.5
		国際経済	40	44	1.1	1.2
		会計ビジネス	40	58	1.5	0.9
		情報処理	40	67	1.7	1.2
業	福 島 商 業	商 業	40	29	0.7	0.2
	八 雲	総合ビジネス	40	10	0.3	0.1
水	函 館 水 産	海洋技術	40	35	0.9	1.0
		水産食品	40	37	0.9	1.0
産		品質管理流通	40	22	0.6	0.5
		機関工学	40	50	1.3	0.6
総合	森	総 合	40	22	0.6	1.0

〈檜 山〉

大学科等	学校名・学科名		募集人員	出願者数	倍率	昨年度倍率
普通	江 差 普 通		80	54	0.7	0.9
	上 ノ 国 普 通		40	15	0.4	0.5
	○奥 尻 普 通		40	19	0.5	0.4
総合	檜 山 北 総 合		80	51	0.6	0.8

〈後 志〉

大学科等	学校名・学科名		募集人員	出願者数	倍率	昨年度倍率
普通	小 樽 潮 陵 普 通		200	181	0.9	1.3
	小 樽 桜 陽 普 通		200	191	1.0	1.1
	岩 内 普 通		80	53	0.7	0.8
	寿 都 普 通		40	26	0.7	0.5
	蘭 越 普 通		40	10	0.3	0.5
	倶 知 安 普 通		160	123	0.8	0.8
農業	倶知安農業	生産科学	40	21	0.5	0.6
工業	小樽未来創造	機械電気システム	40	34	0.9	0.8
		建設システム	40	35	0.9	0.8
商業	小樽未来創造	流通マネジメント	40	36	0.9	0.9
		情報会計マネジメント	40	44	1.1	0.8
	岩 内	地域産業ビジネス	40	12	0.3	0.1
水産	小 樽 水 産	海洋漁業	40	30	0.8	0.7
		水産食品	40	31	0.8	1.1
		栽培漁業	40	36	0.9	0.7
		情報通信	40	23	0.6	1.0
総合	余 市 紅 志 総 合		40	39	1.0	0.3

〈空 知〉

大学科等	学校名・学科名		募集人員	出願者数	倍率	昨年度倍率
普通	岩 見 沢 東 普 通		200	149	0.7	0.8
	岩 見 沢 西 普 通		120	60	0.5	0.9
	月 形 普 通		40	18	0.5	0.2
	夕 張 普 通		40	26	0.7	0.4
	長 沼 普 通		80	44	0.6	0.5
	栗 山 普 通		80	49	0.6	0.6
	○岩見沢緑陵普通		120	116	1.0	1.0
	滝 川 普 通		160	146	0.9	1.1
	砂 川 普 通		80	51	0.6	0.8
	芦 別 普 通		80	26	0.3	0.7
	深 川 西 普 通		120	74	0.6	0.7
	○滝 川 西 普 通		120	91	0.8	0.9
理数	滝 川 理 数		40	31	0.8	0.9
農業	岩 見 沢 農 業	農業科学	40	22	0.6	0.6
		畜産科学	40	14	0.4	0.7
		食品科学	40	34	0.9	1.0
		農業土木工学	40	35	0.9	0.8
		環境造園	40	18	0.5	0.5
		森林科学	40	48	1.2	1.0
		生活科学	40	28	0.7	0.7
	深 川 東	生産科学	40	10	0.3	0.3
	新十津川農業	農業・生活	40	39	1.0	0.8
工業	滝 川 工 業	電子機械	40	19	0.5	0.6
		電 気	40	34	0.9	0.2
商業	深 川 東	総合ビジネス	40	18	0.5	0.6
	奈井江商業	情報処理	40	9	0.2	0.1
	○岩見沢緑陵	情報コミュニケーション	80	68	0.9	0.9
	○滝 川 西	情報マネジメント	120	103	0.9	0.9
家庭	○三 笠	調理師	20	25	1.3	1.0
		製 菓	20	20	1.0	0.6
看護	美 唄 聖 華	衛生看護	80	44	0.6	0.7
総合	美 唄 尚 栄 総 合		80	51	0.6	0.8

〈上 川〉

大学科等	学校名・学科名		募集人員	出願者数	倍率	昨年度倍率
普通	旭 川 東 普 通		240	254	1.1	1.1
	旭 川 西 普 通		160	223	1.4	1.4
	旭 川 北 普 通		200	220	1.1	1.4
	旭 川 氷 嶺 普 通		200	288	1.4	1.4
	鷹 栖 普 通		40	18	0.5	0.8
	東 川 普 通		80	72	0.9	0.6
	美 瑛 普 通		40	12	0.3	0.3
	上 川 普 通		40	19	0.5	0.6
	富 良 野 普 通		160	125	0.8	0.7
	上 富 良 野 普 通		40	23	0.6	0.7
	○南 富 良 野 普 通		40	19	0.5	0.4
	士 別 翔 雲 普 通		120	71	0.6	0.8
	名 寄 普 通		160	122	0.8	0.7
	美 深 普 通		40	28	0.7	0.7
理数	旭 川 西 理 数		40	61	1.5	1.1
工芸	○おといねっぷ美術工芸	工 芸	40	42	1.1	1.4
農業	旭 川 農 業	農業科学	40	35	0.9	0.9
		食品科学	40	51	1.3	1.2
		森林科学	40	31	0.8	0.7
		生活科学	40	43	1.1	0.8
	富良野緑峰	園芸科学	40	22	0.6	0.5

大学科等	学校名・学科名		募集人員	出願者数	倍率	昨年度倍率
工	旭 川 工 業	電 子 機 械	40	37	0.9	1.0
		電　気	40	28	0.7	0.9
		情 報 技 術	40	48	1.2	1.2
		建　築	40	33	0.8	1.2
		土　木	40	47	1.2	0.9
		工 業 化 学	40	24	0.6	0.8
業	名　寄	情 報 技 術	40	15	0.4	0.4
	富 良 野 緑 峰	電気システム	40	12	0.3	0.2
商	旭 川 商 業	流通ビジネス	80	89	1.1	1.0
		国際ビジネス	40	42	1.1	0.9
		会　計	40	36	0.9	0.8
		情 報 処 理	40	35	0.9	1.0
	士 別 翔 雲	総合ビジネス	40	18	0.5	0.3
業	富 良 野 緑 峰	総合ビジネス	40	11	0.3	0.5
	下 川 商 業	商　業	40	34	0.9	0.7
総	旭 川 南	総　合	200	249	1.2	1.3
合	○ 剣 淵	総　合	40	12	0.3	0.6

〈留 萌〉

大学科等	学校名・学科名		募集人員	出願者数	倍率	昨年度倍率
普	留　萌	普　通	160	114	0.7	0.8
	羽　幌	普　通	80	44	0.6	0.7
通	天　塩	普　通	40	28	0.7	0.7
農業	遠 別 農 業	生 産 科 学	40	13	0.3	0.7
工業	留　萌	電気・建築	40	21	0.5	0.3
商業	留　萌	情報ビジネス	40	13	0.3	0.3
	苫 前 商 業	商　業	40	17	0.4	0.2

〈宗 谷〉

大学科等	学校名・学科名		募集人員	出願者数	倍率	昨年度倍率
普	稚　内	普　通	120	106	0.9	0.8
	豊　富	普　通	40	14	0.4	0.4
	浜 頓 別	普　通	40	33	0.8	0.8
	枝　幸	普　通	80	44	0.6	0.5
通	利　尻	普　通	40	19	0.5	0.3
	礼　文	普　通	40	17	0.4	0.4
商業	稚　内	商　業	40	30	0.8	0.9
看護	稚　内	衛 生 看 護	40	14	0.4	0.6

〈オ ホ ー ツ ク〉

大学科等	学校名・学科名		募集人員	出願者数	倍率	昨年度倍率
普	北 見 北 斗	普　通	200	186	0.9	1.1
	北 見 柏 陽	普　通	200	216	1.1	1.1
	北 見 緑 陵	普　通	120	132	1.1	1.4
	常　呂	普　通	40	10	0.3	0.2
	美　幌	普　通	80	50	0.6	0.4
	津　別	普　通	40	24	0.6	0.6
	訓 子 府	普　通	40	39	1.0	0.8
	佐 呂 間	普　通	40	25	0.6	0.5
	網 走 南 ケ 丘	普　通	160	173	1.1	1.1
	網 走 桂 陽	普　通	80	72	0.9	0.7
	清　里	普　通	40	24	0.6	1.0
	遠　軽	普　通	200	170	0.9	0.8
	湧　別	普　通	80	31	0.4	0.5
	紋　別	普　通	120	92	0.8	0.8
通	興　部	普　通	40	17	0.4	0.2
	雄　武	普　通	40	19	0.5	0.6
理数	北 見 北 斗	理　数	40	48	1.2	0.8
農業	美　幌	未 来 農 業	40	26	0.7	0.3
工	北 見 工 業	電 子 機 械	40	28	0.7	1.0
		電　気	40	23	0.6	0.5
		建　設	40	14	0.4	0.9
業	紋　別	電 子 機 械	40	15	0.4	0.5
商	北 見 商 業	商　業	40	46	1.2	0.8
		流 通 経 済	40	51	1.3	1.0
		情 報 処 理	40	48	1.2	0.7
	網 走 桂 陽	商　業	40	19	0.5	0.6
業		事 務 情 報	40	14	0.4	0.2
	紋　別	総合ビジネス	40	13	0.3	0.6
福祉	置　戸	福　祉	40	9	0.2	0.3
総	斜　里	総　合	40	31	0.8	0.8
合	○ 大 空	総　合	40	47	1.2	0.9

〈胆 振〉

大学科等	学校名・学科名		募集人員	出願者数	倍率	昨年度倍率
普	室　蘭　栄	普　通	120	123	1.0	1.1
	室 蘭 清 水 丘	普　通	160	136	0.9	0.9
	登 別 青 嶺	普　通	120	124	1.0	0.8
	伊 達 開 来	普　通	240	185	0.8	0.9
	苫 小 牧 東	普　通	240	282	1.2	1.3
	苫 小 牧 西	普　通	160	212	1.3	1.2
	苫 小 牧 南	普　通	160	154	1.0	1.2
	白 老 東	普　通	80	74	0.9	0.9
	追　分	普　通	40	33	0.8	0.5
	厚　真	普　通	40	31	0.8	0.9
通	鵡　川	普　通	80	51	0.6	0.5
	穂　別	普　通	40	1	0.0	0.3

大学科等	学校名・学科名		募集人員	出願者数	倍率	昨年度倍率
理数	室蘭栄	理数	80	83	1.0	1.2
農業	○壮瞥	地域農業	40	16	0.4	0.3
工業	室蘭工業	電子機械	40	21	0.5	0.7
		電気	40	37	0.9	0.8
		建築	40	26	0.7	0.5
		環境土木	40	9	0.2	0.3
	苫小牧工業	電子機械	40	51	1.3	1.4
		電気	40	30	0.8	0.9
		情報技術	40	55	1.4	1.1
		建築	40	44	1.1	1.2
		土木	40	39	1.0	0.9
		環境化学	40	36	0.9	1.0
商業	虻田	事務情報	40	12	0.3	0.5
	苫小牧総合経済	流通経済	40	46	1.2	1.1
		国際経済	40	35	0.9	1.0
		情報処理	40	44	1.1	1.2
総合	室蘭東翔	総合	160	178	1.1	1.0

〈日 高〉

大学科等	学校名・学科名		募集人員	出願者数	倍率	昨年度倍率
普通	平取	普通	40	9	0.2	0.3
	富川	普通	40	23	0.6	0.7
	静内	普通	200	160	0.8	0.9
	○えりも	普通	70	22	0.3	0.4
農業	静内農業	食品科学	40	15	0.4	0.6
		生産科学	40	33	0.8	1.1
総合	浦河	総合	120	85	0.7	0.9

〈十 勝〉

大学科等	学校名・学科名		募集人員	出願者数	倍率	昨年度倍率
普通	帯広柏葉	普通	240	267	1.1	1.3
	帯広三条	普通	240	277	1.2	1.2
	帯広緑陽	普通	160	190	1.2	1.4
	音更	普通	120	120	1.0	0.8
	上士幌	普通	80	59	0.7	0.9
	芽室	普通	160	201	1.3	1.4
	幕別清陵	普通	120	118	1.0	1.3
	鹿追	普通	80	75	0.9	0.7
	大樹	地域探究	40	33	0.8	-
	広尾	普通	40	25	0.6	0.3
	本別	普通	40	37	0.9	0.9
	足寄	普通	80	65	0.8	0.7

大学科等	学校名・学科名		募集人員	出願者数	倍率	昨年度倍率
農	帯広農業	農業科学	40	43	1.1	1.1
		酪農科学	40	37	0.9	1.0
		食品科学	40	33	0.8	1.5
		農業土木工学	40	46	1.2	0.9
		森林科学	40	24	0.6	1.1
	更別農業	農	40	16	0.4	0.2
		生活科学	40	32	0.8	0.6
業	○士幌	アグリビジネス	40	20	0.5	0.4
		フードシステム	40	32	0.8	0.7
工	帯広工業	電子機械	40	48	1.2	0.9
		電気	40	27	0.7	0.9
		建築	40	47	1.2	0.7
業		環境土木	40	24	0.6	1.0
商業	○帯広南商業	商業	200	239	1.2	1.1
総合	清水	総合	120	80	0.7	0.7
	池田	総合	80	25	0.3	0.4

〈釧 路〉

大学科等	学校名・学科名		募集人員	出願者数	倍率	昨年度倍率
普	釧路湖陵	普通	160	168	1.1	1.0
	釧路江南	普通	200	197	1.0	1.2
	釧路東	普通	80	80	1.0	0.6
	阿寒	普通	40	20	0.5	0.6
	白糠	普通	40	22	0.6	0.5
	弟子屈	普通	40	22	0.6	0.5
	厚岸翔洋	普通	40	10	0.3	0.3
	○釧路北陽	普通	200	211	1.1	1.0
通	○霧多布	普通	60	15	0.3	0.3
理数	釧路湖陵	理数探究	40	51	1.3	-
工	釧路工業	電子機械	40	56	1.4	1.2
		電気	40	30	0.8	1.0
		建築	40	44	1.1	1.0
業		土木	40	23	0.6	0.5
		工業化学	40	14	0.4	0.6
商業	釧路商業	流通マネジメント	40	46	1.2	-
		会計マネジメント	40	43	1.1	-
		情報マネジメント	40	29	0.7	-
水産	厚岸翔洋	海洋資源	40	13	0.3	0.4
総合	釧路明輝	総合	160	213	1.3	1.2
	標茶	総合	80	48	0.6	0.6

〈根 室〉

大学科等	学校名・学科名			募集人員	出願者数	倍率	昨年度倍率
普	根	室 普	通	120	109	0.9	0.9
	別	海 普	通	120	78	0.7	0.6
	中 標	津 普	通	160	117	0.7	0.9
	中 標	津 普	通	40	17	0.4	0.5
通	羅	臼 普	通	40	24	0.6	0.5
農	別	海 酪農経営		40	3	0.1	0.3
	○中標津農業	生 産 技 術		40	17	0.4	0.5
業		食品ビジネス		40	19	0.5	0.4
商	根	室 商	業	40	24	0.6	0.8
		事 務 情 報		40	19	0.5	0.3
業	中 標	津 総合ビジネス		40	32	0.8	0.8

※○印は市町村立学校。

※推薦標準枠を設けている高校は,「出願者数」に推薦出願者数を含む。

※「倍率」は,「出願者数」÷「募集人員」で計算。

北海道公立高校難易度一覧

目安となる 偏差値	公立高校名
70 以上	石札幌北, 石札幌西, 石札幌南
69 ～ 67	釧釧路湖陵(理数探究), 石市札幌旭丘(普／数理データサイエンス), 石札幌東
66 ～ 64	上南旭川東, 石帯広柏葉, 石札幌国際情報, 胆西室蘭栄(理数) 渡函館中部(理数) 石札幌国際情報(国際文化), 空北滝川(理数), 渡函館中部
63 ～ 61	上南旭川北, 才中北見北斗(理数), 石札幌月寒 石北広島, 才中北見北斗, 石札幌啓成(理数) 石帯広三条, 渡市市立函館
60 ～ 58	上南旭川西, 後小樽潮陵, 釧釧路湖陵, 石市札幌新川, 石札幌手稲, 石市札幌藻岩 上南旭川西(理数), 空南岩見沢東, 石大麻, 石帯広緑陽, 石市札幌清田(普／グローバル), 石札幌国際情報(グローバルビジネス), 石札幌北陵, 胆西苫小牧東, 胆西室蘭栄 石札幌国際情報(理数工学)
57 ～ 55	石札幌啓成 石市札幌平岸(普／デザインアート) 上南旭川永嶺, 石市帯広南商業(商業), 才中北見柏陽, 石千歳, 空南美唄聖華(衛生看護)
54 ～ 51	才東網走南ヶ丘, 石石狩南, 釧釧路江南, 石札幌稲雲, 空北滝川 胆東苫小牧南, 土本別 上南旭川商業(流通ビジネス／国際ビジネス／会計／情報処理), 上南旭川南(総合), 空南岩見沢西, 石札幌白石, 石千歳(国際教養), 胆西室蘭清水丘, 宗稚内 石市札幌啓北商業(未来商学), 石札幌東商業(流通経済／国際経済／会計ビジネス／情報処理), 石札幌平岡
50 ～ 47	釧市釧路北陽, 渡函館西, 留羽幌, 十芽室, 宗稚内(衛生看護) 石江別, 石帯広工業(電子機械／電気／建築／環境土木), 才中北見緑陵, 石札幌厚別(総合), 渡函館工業(電子機械／電気情報工学／建築／環境土木／工業化学) 上南旭川工業(電子機械／電気／情報技術／建築／土木／工業化学), 空南市岩見沢緑陵, 檜江差, 後小樽桜陽, 釧釧路明輝(総合), 石札幌英藍, 石札幌西陵, 石千歳(国際流通), 留天塩, 上北名寄, 渡函館商業(流通ビジネス／国際経済／会計ビジネス／情報処理), 胆西室蘭翔央(総合) 空南市岩見沢緑陵(情報コミュニケーション), 石恵庭北, 上北おといねっぷ美術工芸(工芸), 胆東苫小牧工業(電子機械／電気／情報技術／建築／土木／環境化学), 胆東苫小牧西, 根根室, 空北深川西, 留留萌, 宗稚内(商業)
46 ～ 43	石江別(生活デザイン), 才中北見商業(商業／流通経済／情報処理), 石札幌工業(機械／電気／建築／土木), 十大樹(地域探究), 空北市滝川西(普／情報マネジメント), 空南市三笠(調理師／製菓) 空北芦別, 石石狩翔陽(総合), 後岩内, 後浦河(総合), 宗枝幸, 石江別(事務情報), 後小樽未来創造(情報会計マネジメント), 空南栗山, 石札幌丘珠, 石札幌真栄, 胆東苫小牧総合経済(流通経済／国際経済／情報処理), 宗浜頓別 才東網走桂陽(商業), 後小樽未来創造(機械電気システム／建設システム), 十音更, 石札幌琴似工業(電子機械／電気／情報技術／環境化学), 釧標茶(総合), 胆西伊達開来, 胆東登別青嶺, 上南東川 上南旭川農業(農業科学／食品科学／森林科学／生活科学), 才東網走桂陽(普／事務情報), 石恵庭南, 才東大空(総合), 後小樽未来創造(流通マネジメント), 石北広島西, 釧釧路工業(電子機械／電気／建築／土木／工業化学), 釧釧路東, 後倶知安, 石札幌あすかぜ, 石札幌南陽, 日静内, 根標津, 上北士別翔雲(普／総合ビジネス), 胆西白老東, 石白糠, 上南鷹栖, 釧弟子屈, 根中標津, 渡七飯, 上南美深, 後檜山北(総合), 根別海, 才西紋別, 空南夕張, 根羅臼
42 ～ 38	十足寄, 石恵庭南(体育), 檜町奥尻, 後小樽水産(海洋漁業／水産食品／栽培漁業／情報通信), 釧釧路商業(流通マネジメント／会計マネジメント／情報マネジメント), 上北町剣淵(総合), 十士幌(フードシステム), 空北滝川工業(電子機械／電気), 才中常呂, 根根室(商業／事務情報), 渡函館水産(海洋技術／水産食品／品質管理流通／機関工学), 空北深川東(生産科学), 渡美幌, 日平取, 上南富良野, 渡八雲 釧阿寒, 釧厚岸翔洋, 胆東追分, 渡大野農業(農業科学／園芸福祉／食品科学), 才東興部, 檜上ノ国, 才東清里, 才中佐呂間, 十清水(総合), 才東斜里(総合), 渡町知内, 宗豊富, 空南長沼, 空南美英, 上南富良野緑峰(園芸科学／電気システム／総合ビジネス) 釧厚岸翔洋(海洋資源), 十池田(総合), 空南岩見沢農業(農業科学／畜産科学／食品科学／農業土木工学／環境造園／森林科学／生活科学), 才西雄武, 石帯広農業(農業科学／酪農科学／食品科学／農業土木工学／森林科学), 上南上川, 釧町霧多布, 十鹿追, 日静内農業(食品科学／生産科学), 十町士幌(アグリビジネス), 上北下川商業(商業), 空北砂川, 空南月形, 才中津別, 空南美唄尚栄(総合), 渡美幌(未来農業), 十広尾, 空北深川東(総合ビジネス), 胆西室蘭工業(電子機械／電気／建築／環境土木), 十森(総合), 才西紋別里(総合農業ビジネス), 後余市紅志(総合) 胆東厚真, 後岩内(地域産業ビジネス), 留遠別農業(生産科学), 渡長万部, 渡上磯, 十上士幌, 才中北見工業(電子機械／電気／建設), 石札幌白陵, 十更別農業(農業), 空北新十津川農業(農業・生活), 後寿都, 石千歳北陽, 石当別(普／家政), 上北名寄(情報技術), 石野幌, 胆東穂別, 十幕別清陵, 渡南茅部, 後蘭越, 宗利尻 胆西虻田(事務情報), 日町えりも, 才中置戸(福祉), 後倶知安農業(生産科学), 才中訓子府, 石札幌東豊, 十更別農業(生活科学), 石当別(園芸デザイン), 根中標津(総合ビジネス), 根町中標津農業(食品ビジネス), 渡福島商業(商業), 根別海(酪農経営), 渡松前, 上南町南富良野, 胆東鵡川, 才西紋別(電子機械), 才西湧別
37 ～	上南上富良野, 胆西町壮瞥(地域農業), 十豊頃, 根町中標津農業(生産技術), 渡八雲(総合ビジネス) 留苫前商業(商業), 空北奈井江商業(情報処理), 宗礼文

＊校名の前に付けた記号は学区(区域)を示しています。それぞれの学区(区域)は次のとおりです。
石…石狩, 渡…渡島, 檜…檜山, 後…後志, 空南…空知南, 空北…空知北, 留…留萌, 上南…上川南, 上北…上川北, 宗…宗谷, 才中…オホーツク中, 才東…オホーツク東, 才西…オホーツク西, 胆西…胆振西, 胆東…胆振東, 日…日高, 十…十勝, 釧…釧路, 根…根室
学区制限のない高校(職業学科・専門学科・総合学科)も位置情報を参考として付けています。また, 市, 町はそれぞれ「市立」「町立」を示しています。
＊( )内は学科・コースを示します。特に示していないものは普通科(普通・一般コース), または全学科(全コース)を表します。
＊データが不足している高校, または学科・コースなどにつきましては掲載していない場合があります。
＊公立高校の入学者は,「学力検査の得点」のほかに,「調査書点」や「面接点」などが大きく加味されて選抜されます。上記の内容は想定した目安ですので, ご注意ください。
＊公立高校入学者の選抜方法や制度は変更される場合があります。また, 統廃合による閉校や学校名の変更, 学科の変更などが行われる場合もあります。教育委員会などの関係機関が発表する最新の情報を確認してください。

数学

●●●● 出題傾向の分析と
　　　合格への対策 ●●●●

📖 出題傾向とその内容

〈最新年度の出題状況〉

　本年度の出題数は，大問が5問，小問数にして20問であった。問題数は前年と同様である。

　出題内容は，①が数・式の計算，平方根，素因数分解，比例関数，一次関数，資料の散らばり・代表値，作図からなる小問群，②は規則性，文字を使った式，方程式の応用の問題，③はコンピュータを使った学習を題材とした図形と関数・グラフの融合問題，④は図形の記述式証明と相似の性質を利用した面積の計量問題，⑤は図形の移動，確率，三角柱の体積の計量問題であった。

〈出題傾向〉

　基本的な問題が幅広く出題されている。また，応用問題では，記述式の解答で，思考力や表現力が，例年求められている。記述式の解答には，部分点の配点も細かく指定されており，結果だけでなく，基礎的であるが途中の思考過程が問われている。

　各大問の内容は，①，②では，数・式の計算，因数分解，二次方程式，角度，確率，資料の活用，方程式の文章題，作図などが毎年出題されている。本年度は，平面図形，関数の基本的な問題も出題された。ここでは，教科書を中心とした基礎的な学力が求められている。③，④，⑤では，平面図形，空間図形の計量問題，関数 $y=ax^2$ のグラフと図形の融合問題が出題されている。平面図形では，円の性質や相似を利用して解く計量問題や合同・相似などの証明問題が出題され，図形と関数・グラフでは，変域や図形の面積に関する問題が出題されている。空間図形は体積の公式などを利用する基本的な問題が多い。証明以外にも理由を説明したり，途中計算を記述したりする問題が2, 3問含まれている。ここでは，図形，関数の知識を組み合わせて解く総合力や応用力が身についているか，途中計算や理由を簡潔かつわかりやすく記述することができるかが試されている。

📖 来年度の予想と対策

　来年度も出題数，レベルともに大きく変わらないと予想される。

　幅広く出題される基本問題への対策と，記述式の解答が必要な応用問題への対策を，平行して準備しなければならない。

　学習方法は，まず，教科書や問題集の基本レベルの問題を確実に解く練習に取り組みたい。最初は時間がかかっても，問題を解く根拠となる事柄，合同・相似条件などは明確に記入し，途中式も含めてノートに整理して書く習慣を身につけること。これにより，記述スタイルが身につき，実戦で応用力が効くようになる。

　次に，基礎が固まったら，より発展的な問題にも挑戦しよう。関数・グラフの問題については，他の分野との融合問題も含め，特に，重点的に学習し，柔軟な思考力や問題に対する洞察力を養おう。グラフの作成や作図にも注意しておきたい。

⇨学習のポイント───────────────
　　・教科書・問題集を中心に基礎を固めよう。
　　・途中式や根拠を省かず，ノートに整理して書く習慣を身につけよう。

年度別出題内容の分析表　数学

※ ■■■は出題範囲縮小の影響がみられた内容

出 題 内 容		27年	28年	29年	30年	2019年	2020年	2021年	2022年	2023年	2024年
数と式	数 の 性 質		○				○		○	○	○
	数 ・ 式 の 計 算	○	○	○	○	○	○	○	○	○	○
	因 数 分 解		○		○	○	○	○			
	平 方 根	○	○	○	○	○	○	○	○		○
方程式・不等式	一 次 方 程 式	○		○	○	○	○	○	○	○	○
	二 次 方 程 式	○		○	○	○	○	○			
	不 等 式								○		
	方 程 式 の 応 用	○		○	○	○		○		○	○
関数	一 次 関 数	○	○	○	○	○	○	○	○	○	○
	関 数 $y = ax^2$	○	○	○	○	○	○	○	○	○	○
	比 例 関 数	○					○	○			
数	関 数 と グ ラ フ	○					○	○			
	グ ラ フ の 作 成						○			○	
図 形	平面図形 角 度	○	○	○		○		○	○	○	
	平面図形 合 同 ・ 相 似	○	○	○	○	○	○	○	○	○	○
	平面図形 三 平 方 の 定 理	○	○	○	○	○	○	○	○	○	○
	平面図形 円 の 性 質	○	○	○			○	○	○	○	
	空間図形 合 同 ・ 相 似							○			
	空間図形 三 平 方 の 定 理				○			○			
	空間図形 切 断		○					○			
	計量 長 さ	○	○	○	○	○	○	○	○	○	○
	計量 面 積	○	○	○	○				○	○	○
	計量 体 積	○	○	○	○	○	○	○	○	○	○
	証 明	○	○	○	○	○	○	○	○	○	○
	作 図	○	○	○	○	○	○	○	○	○	○
	動 点	○	○	○							
データの活用	場 合 の 数						○		○		
	確 率	○	○	○	○	○	○	○	○	○	○
	資料の散らばり・代表値(箱ひげ図を含む)	○	○	○	○	○	○	○			
	標 本 調 査		○								
融合問題	図形と関数・グラフ	○	○	○	○	○	○	○	○	○	○
	図 形 と 確 率		○								
	関数・グラフと確率	○									
	そ の 他										
そ の 他		○		○			○	○		○	○

―北海道公立高校―

英語

●●●● 出題傾向の分析と合格への対策 ●●●●

📖 出題傾向とその内容

〈最新年度の出題状況〉

　本年度の大問構成は，前年度と同様に，リスニングが1題，語句・文法問題が1題，読解問題が1題（資料問題,短い英文読解,会話問題の小問3題），英作文が1題の構成であった。

　リスニングは，英語の質問に対する答えを選ぶもの，対話の最後の発言として適切な文を選ぶもの，日本語の質問に対する答えを英文から選ぶもの，読まれた英文の指示にしたがって英文を完成させるものが出題された。配点は100点中の35点（35%）と，全体に占める割合も前年度と変わっていない。

　語句・文法問題は昨年度と同様に，単語の補充・選択および記述問題，簡単な対話の場面にふさわしい英文1文を書かせる英作文問題が出題された。

　読解の資料問題では適語・適文を選択・記述するもの，内容真偽と英作文，短い英文読解では同様に適語の選択，内容真偽と英問英答が出題され，また会話文では内容真偽と語句補充・選択が出題された。これら読解問題では，問題文の内容を問うものが中心となっており，英文の内容を理解し正答を得るためには，中学で学習する全般的な文法の知識が必要になると言える。

　自由・条件英作文ではストーリーに沿った英文を空欄に入れる問題，また自由英作文は，「24語以上」と指定されており，まとまった量の英文を書くことが要求された。

〈出題傾向〉

　リスニングは以前とほぼ同じ形式で，分量・難易度ともに標準的である。

　語句・文法問題は確実な得点源にしたい。中学校で学習する基本的な文法事項や語いについての知識が求められている。単語を書かせる問題に加え英文を書かせる問題も増加している。

　読解問題では，英文や資料の内容をしっかり読み取っているかを問われる問題が出題され，語句の解釈，英問英答，そして英作文などの形で出題された。また，英文や問題文を正確に理解する力そして英文を書く力が問われた。

📖 来年度の予想と対策

　今後も出題傾向が変わる可能性はあるが，基本事項をおさえながら準備したい。また，英文を書く力はこれから重視されていくだろう。

　得点差がつくのは読解問題になると予想されるので，読解力を強化する学習が望まれる。まずは教科書の学習を中心に文法の知識を身につけ，語い力も上げよう。その上で，できるだけ多くの英文を読んで読解力をつけたい。本文だけでなく，小問に英文の選択肢も多いので，読むスピードを上げておく必要もある。難易度が高いものは，同じ文章を複数回学習することも効果的だ。

　記述式の問題も得点差がつくだろう。書きながら勉強する習慣を心がけたい。また，基本的な文法事項を確実に理解し，表現できるようにしていれば，英作文をするときの助けにもなるだろう。自分の考えや意見を英語で書く練習をするのがよい。なお，英作文を自分で採点するのは難しいので，学校や塾の先生に添削してもらうことをおすすめする。

　聞き取りテストへの対策として英語の発音に慣れるためには，音声教材などを十分に活用することが望まれる。毎日少しずつでもよいので，継続して聞くようにしよう。

⇨学習のポイント

・基本的な単語・熟語・文法の知識を確実なものにしよう。
・読解と英作文を中心に学習をしよう。
・音声教材やラジオなどでリスニングの力をつけておこう。

年度別出題内容の分析表　英語

※ ▨ は出題範囲縮小の影響がみられた内容

出題内容			27年	28年	29年	30年	2019年	2020年	2021年	2022年	2023年	2024年
設問形式	リスニング	絵・図・表・グラフなどを用いた問題	○	○	○	○	○	○	○	○	○	○
		適文の挿入	○	○	○	○	○	○	○	○	○	○
		英語の質問に答える問題	○	○	○	○	○	○	○	○		○
		英語によるメモ・要約文の完成										
		日本語で答える問題										
		書き取り										
	語い	単語の発音										
		文の区切り・強勢										
		語句の問題	○	○	○	○	○	○	○	○	○	○
	読解	語句補充・選択（読解）	○	○	○	○	○	○	○	○	○	○
		文の挿入・文の並べ換え	○	○	○	○	○	○	○	○		○
		語句の解釈・指示語	○	○	○	○	○	○			○	
		英問英答（選択・記述）	○	○	○	○	○	○	○	○	○	○
		日本語で答える問題										
		内容真偽	○	○	○	○	○	○	○	○	○	○
		絵・図・表・グラフなどを用いた問題	○	○	○	○	○	○	○	○	○	○
		広告・メール・メモ・手紙・要約文などを用いた問題	○	○	○	○	○	○	○	○	○	○
	文法	語句補充・選択（文法）	○	○	○	○	○	○	○	○	○	○
		語形変化						○	○	○	○	
		語句の並べ換え	○	○	○	○	○	○				
		言い換え・書き換え										
		英文和訳										
		和文英訳										
		自由・条件英作文	○	○	○	○	○	○	○	○	○	○
文法事項		現在・過去・未来と進行形	○	○	○	○	○	○	○	○	○	○
		助動詞	○	○			○	○	○	○	○	○
		名詞・冠詞・代名詞					○	○	○	○	○	○
		形容詞・副詞	○				○	○	○	○	○	○
		不定詞	○	○	○	○	○	○	○	○	○	○
		動名詞	○	○			○	○	○	○	○	○
		文の構造（目的語と補語）					○	○	○	○	○	○
		比較	○	○	○	○	○	○	○	○	○	○
		受け身	○	○	○	○	○	○	○	○	○	○
		現在完了			○		○	○	○	○	○	○
		付加疑問文										
		間接疑問文						○	○	○	○	○
		前置詞		○	○	○		○	○	○	○	○
		接続詞	○									
		分詞の形容詞的用法	○	○					○	○		
		関係代名詞	○	○	○	○	○	○	▨	○	○	○
		感嘆文										
		仮定法										

理科

●●●● 出題傾向の分析と 合格への対策 ●●●●

📖 出題傾向とその内容

〈最新年度の出題状況〉

　大問が4題であり，解答の83％が記述であった。①は小問集合で，物理・化学・生物・地学から，物体が水平面におよぼす圧力，アンモニア，シダ植物の特徴，火成岩と鉱物などが出題された。②の生物は，ニンニクの芽による体細胞分裂の観察と成長の考察・文献での発展研究，③の化学は，溶解度曲線の考察，ろ液の蒸発で出てきた固体の粒子と水溶液中のイオンの粒子モデルの図解，④の地学は，台風が発達する条件，進路の原因となる気団と風向の図解，日本3地点の観測データから台風の進路を図解，⑤の物理は，斜面から小球を転がして衝突する木片の移動距離の実験・斜面の傾きと仕事の考察であり，図表やグラフの分析力や判断力，科学的思考力，表現力などが総合的に試された。

〈出題傾向〉

　昨年も昨年と同様で大問は5題であった。近年は，大問2から大問5の内容が深められ，記述式が多くなった。各々の領域において，一つのテーマについて，いくつかの実験や観察から調べていきデータ（資料）を分析して判断し，考察して結論を得て総合的に活用して解く問題である。実験・観察の方法について問う問題やデータから考察する問題が多く，資料を読み解き考察する問題も出題された。教科書に出ている標準的なものが中心であるが，基礎的・基本的内容を活用して解く応用問題が大問ごとに出題され，科学的思考力や判断力，表現力などが試される。解答方法は，作図，グラフ化，図解，イオン式，化学式，化学反応式，モデル化，語句や実験方法・考察・理由等の説明文の記述，計算など多岐にわたる。6年は探究の過程をレポートにまとめ，新たな疑問を文献で検証する設問があった。

　物理的領域　大問の中心は，6年は斜面から小球を転がし衝突する木片の移動距離の実験・斜面の傾きと仕事，5年は凸レンズによる実像の作図と考察，虚像の見え方，4年は回路の電圧と電流と抵抗の実験と考察，3年は力の大きさと力のはたらく面積と圧力の実験と大気圧との考察であった。

　化学的領域　大問の中心は，6年は溶解度曲線，ろ液の蒸発で出てきた固体や水溶液中のイオンの粒子モデル，5年は酸化実験と物質の質量比，還元で酸化しやすい元素，4年は塩酸と塩化銅の電気分解でイオン数の変化・pHなど，3年は水溶性・不溶性の塩の酸とアルカリの中和であった。

　生物的領域　大問の中心は，6年はニンニクの芽による体細胞分裂の観察と成長・文献での発展研究，5年はヒトの肺のしくみとはたらきで肺のモデルなど3種類の実験，4年は蒸散の対照実験・気孔の開閉と蒸散量，維管束の観察，3年は対照実験による消化酵素のはたらきの探究問題であった。

　地学的領域　大問の中心は，台風が発達する条件，進路の原因となる気団と風向や台風の進路を図解，5年は月や金星の運動による位置関係の変化と見え方，4年は冬の日本海側と太平洋側の天気，空気中の水蒸気量・湿度，3年は地震発生時刻や緊急地震速報受信から主要動までの時間であった。

📖 来年度の予想と対策

　身近な現象，環境，科学技術の発展といった日常生活や社会と関連する内容や，探究活動重視の出題が多く，実験・観察の方法の記述や教科書の発展応用問題も予想される。

　教科書を丁寧に復習しよう。日頃の授業では，実験・観察，資料の活用など探究の道すじは，図や表，グラフ化などで分かり易く表現し，考察は結果に基づいて自分で文章を書く習慣を身につけよう。

⇨学習のポイント
- ・過去問題を多く解き，「何を問われるのか，どんな答え方をすればよいのか」を把握しておこう。
- ・教科書の図，表，応用発展，資料が全てテスト範囲。確かな基礎・基本と応用問題への挑戦！！

年度別出題内容の分析表　理科

※★印は大問の中心となった単元／は出題範囲縮小の影響がみられた内容

分野	学年	出題内容	27年	28年	29年	30年	2019年	2020年	2021年	2022年	2023年	2024年
第一分野	第1学年	身のまわりの物質とその性質	○		○	○		★	○	○		
		気体の発生とその性質	○				○			○		○
		水溶液		★			○		○		○	★
		状態変化			★	○				○		
		力のはたらき(2力のつり合いを含む)						○	○	○		
		光と音	○					○		○	★	○
	第2学年	物質の成り立ち	○	○	○		○		○		○	
		化学変化, 酸化と還元, 発熱・吸熱反応	○	○					○			
		化学変化と物質の質量	★				★				★	
		電流(電力, 熱量, 静電気, 放電, 放射線を含む)	○	○	★		○	○		★		○
		電流と磁界		★			○	★				
	第3学年	水溶液とイオン, 原子の成り立ちとイオン	○	○	○	○	○			★	○	○
		酸・アルカリとイオン, 中和と塩	○		○	★	○		★	○	○	
		化学変化と電池, 金属イオン							○			
		力のつり合いと合成・分解(水圧, 浮力を含む)	○	○	○	★	○	○				○
		力と物体の運動(慣性の法則を含む)	○	○	○		★			○	○	
		力学的エネルギー, 仕事とエネルギー	★								○	★
		エネルギーとその変換, エネルギー資源					○	○				
第二分野	第1学年	生物の観察と分類のしかた	○									
		植物の特徴と分類					○	○	○		○	○
		動物の特徴と分類		○			○					
		身近な地形や地層, 岩石の観察					○					
		火山活動と火成岩		★			○	○				
		地震と地球内部のはたらき	★				○		★	○		
		地層の重なりと過去の様子					★	○	○	○	○	
	第2学年	生物と細胞(顕微鏡観察のしかたを含む)		○				○				
		植物の体のつくりとはたらき	○	○	★		★			★		○
		動物の体のつくりとはたらき	★	○	○	★	○		★	○	★	○
		気象要素の観測, 大気圧と圧力	○				○			★		
		天気の変化			○		★			★		○
		日本の気象								○		★
	第3学年	生物の成長と生殖			○	○	○	★	○	○		★
		遺伝の規則性と遺伝子		★			○	○				
		生物の種類の多様性と進化						○				
		天体の動きと地球の自転・公転	○				○	○			○	
		太陽系と恒星, 月や金星の運動と見え方	○	○	★		○	★		○	★	
		自然界のつり合い	○									
自然の環境調査と環境保全, 自然災害			○	○					○			
科学技術の発展, 様々な物質とその利用					○	○	○	○				
探究の過程を重視した出題			○	○	○	○	○	○	○	○	○	○

●●●● 出題傾向の分析と
合格への対策 ●●●●

📖 出題傾向とその内容

〈最新年度の出題状況〉

　本年度の出題数は大問4題，小問数は33題であり，小問のうち7問は枝問に分かれている。解答形式は，語句記入が11問，記号選択は13問である。短文の記述問題が9題出題されている。大問は，3分野から構成される問題が1題あり，地理・歴史・公民の分野別の問題が1題ずつと，全体として各分野からほぼ均等に出題されている。基本的な事項を問う問題が中心であるが，地図や図や表やグラフを読み取る問題も出題されている。記述問題では，簡潔かつ的確に説明するという応用力も要求されている。

　地理的分野では，正距方位図・略地図・写真・グラフ・雨温図などの資料が用いられ，それらの読み取りや諸地域の特色などを中心とした出題となっている。

　歴史的分野では，発表カードや略年表・表・写真・地図・史料などの資料が用いられており，歴史の流れや歴史的重要事項を正確に把握しているかどうかが問われている。

　公民的分野では，政治・経済・国際社会・地方自治まで幅広い範囲から出題されている。表や図やグラフ・写真などの資料がよく用いられ，広く社会的な関心を試す出題が中心となっている。

〈出題傾向〉

　全体として，基礎事項の理解の度合いを確認する問題が多いが，表やグラフを重要な手がかりとして活用させる設問もあり，思考力・判断力・表現力などが試されていると言えるだろう。

　地理的分野では，与えられた資料を正確に読み取ったうえで，諸地域の重要事項と組み合わせて答えさせる設問が中心となっている。

　歴史的分野では，略年表などを用いて，政治・法律・経済・外交・文化などの重要事項の理解度を確認する出題が中心である。なお，世界史の問題も4問出題されている。

　公民的分野では，グラフや表・模式図・新聞記事を用いて，重要事項をベースに，身近な具体例と結び付けることで，今日の政治・経済や国際社会に対する理解を問う出題が中心となっている。

　なお，北方領土に関する問題は，近年，連続して出題されている。

📖 来年度の予想と対策

　来年度も例年通りの出題が予想され，出題数にも大きな変動はないと思われる。内容も基本的なものが中心となるであろう。ただし，語句記入や短文記述式解答の問題も必ず出題されるので，重要事項を漢字で書けるようにしておき，それらの事項について正確に説明できるようにしておく必要がある。なお，完全解答を求める問題が多いので，注意深く解答することが重要である。

　地理的分野では，普段から地図・グラフなどをよく見て，都道府県や各国の位置を覚え，日本と世界の諸地域の産業や気候の特色等を確認しておく必要がある。また，記述問題に備えて，重要事項を正確にまとめる練習をする必要がある。

　歴史的分野では，教科書と年表・図版を中心に，政治・外交・社会・文化などについて，時代の流れを押さえて，歴史的重要事項を正確かつ簡潔に説明する練習にも取り組むことが重要である。

　公民的分野では，教科書の整理とともに，内外の今日的課題などへの理解が必須である。日頃から新聞やテレビやインターネットの報道に関心をもつようにしたい。その際には，知識として身に付けた重要事項と実際の報道を結び付けるようにすることが，より深い理解につながるであろう。

⇨学習のポイント

- ・地理では，地形図・略地図等各種の地図に慣れ，資料を分析する力をつけよう！
- ・歴史では，教科書にある重要事項を年表・図版等でおさえ，歴史を大きくとらえよう！
- ・公民では，政治・経済・国際社会・地方自治等の重要事項と様々な報道を結び付けていこう！

年度別出題内容の分析表　社会

※ ■ は出題範囲縮小の影響がみられた内容

大分類	中分類	出題内容	27年	28年	29年	30年	2019年	2020年	2021年	2022年	2023年	2024年
地理的分野	日本	地形図の見方	○		○			○		○		○
		日本の国土・地形・気候	○	○	○	○	○	○	○	○	○	○
		人口・都市		○	○	○	○	○	○	○	○	○
		農林水産業	○	○	○		○	○			○	○
		工業	○	○	○			○		○	○	
		交通・通信				○	○				○	○
		資源・エネルギー					○					
		貿易	○					○	○			
	世界	人々のくらし・宗教				○	○			○	○	
		地形・気候	○	○	○			○	○	○	○	○
		人口・都市	○	○	○			○	○	○		○
		産業								○	○	
		交通・貿易	○	○	○			○			○	○
		資源・エネルギー						○	○	○		
	地理総合											
歴史的分野	日本史－時代別	旧石器時代から弥生時代					○					○
		古墳時代から平安時代		○	○	○	○	○	○	○	○	○
		鎌倉・室町時代	○	○	○	○	○	○	○	○	○	○
		安土桃山・江戸時代	○	○	○	○	○	○	○	○	○	○
		明治時代から現代	○	○	○	○	○	○	○	○	○	○
	日本史－テーマ別	政治・法律	○	○	○		○	○	○	○	○	○
		経済・社会・技術	○	○	○	○	○	○	○	○	○	○
		文化・宗教・教育	○	○	○	○	○	○	○	○	○	○
		外交		○	○	○	○	○	○	○	○	○
	世界史	政治・社会・経済史		○	○	○	○	○	○	○	○	○
		文化史	○							○	○	
		世界史総合										
	歴史総合											
公民的分野		憲法・基本的人権	○	○	○	○	○	○	○	○	○	○
		国の政治の仕組み・裁判	○	○	○	○	○				○	○
		民主主義									○	
		地方自治	○			○		○	○	○	○	○
		国民生活・社会保障		○	○			○	○			
		経済一般	○	○	○	○	○	○	■	○	○	○
		財政・消費生活	○	○	○	○		○	■	○	○	○
		公害・環境問題						○		○		
		国際社会との関わり	○	○	○	○	○	○	■	○	○	○
時事問題									■			
その他												

―北海道公立高校―

 ●●●● 出題傾向の分析と
合格への対策 ●●●●

📖 出題傾向とその内容

〈最新年度の出題状況〉

　本年度は，小説と漢文が出題されている。

　🗀は知識問題と話し合い。知識としては，漢字の読み書きや俳句の表現などが問われた。また，話し合いでは，誤りやすい語句の意味に関する問題などが出題された。

　🗀は小説の読解問題で，本文の内容を読み取るだけでなく，本についての生徒の会話をもとに江戸時代と現代の共通点と相違点を説明する問題が出題されている。

　🗀は漢文の書き下し文。内容に関する問題や，関連する故事成語についてまとめた表を完成させる問題が出題された。

　🗀は学校祭の企画展のチラシ。チラシの内容に関する問題や，資料を参考にして自分が感じたことや考えたことを60〜80字で書く作文が出題されている。

〈出題傾向〉

　記号選択問題が比較的少なく，本文からの書き抜きや記述が多いのが特徴である。

　現代文の読解は，説明的文章または小説が出題され，内容理解や登場人物の心情の読み取りを中心に構成されている。記述問題は，前後の表現や字数などの条件に合わせて解答をまとめることが求められ，制限字数が「〜字程度」という形で設けられることが多い。

　古典の読解は，本年度は漢文が書き下し文の形で出題され，知識や内容について問われた。

　知識問題は，漢字の読み書きが必出。本年度は，俳句の季語や表現についても出題された。語句の意味や熟語の構成については，読解文中でも出題されている。

　資料や話し合いをもとに書く作文は，長い文章を書く必要はないが，設問をよく読み，条件に合わせて書くことが必要となる。

📖 来年度の予想と対策

　国語全般からの出題を想定して，漢字・語句・文法などの基本的な知識問題も含め，現代文・古文・漢文，韻文と幅広い学習を心がけよう。

　文学的文章の読解では，登場人物の心情や情景をイメージ豊かに読み取ることが大切である。また，説明的文章の読解では，キーワードに注意し，筆者の考えを読み取ることが要求される。普段からさまざまな文章に接し，要点を的確に把握する力を身につけるようにしておこう。詩は，主題や表現上の特徴をつかめるような練習をしておこう。

　古文・漢文は，歴史的仮名遣い，書き下し文など基本的な知識を身につけ，問題集で応用力をつけておきたい。また，俳句や和歌についても，表現技法などをしっかりおさえておこう。

　漢字の読み書き・文法・語句など国語の基本的な知識も身につけておくこと。

　記述問題が多いという特徴があるので，文章の内容や登場人物の心情などをまとめる練習をするとよいだろう。

⇨学習のポイント

・多くの文章に触れて，基本的な読解ができるようにしよう。

・記述問題の対策もしっかりと。

・漢字，文法，語句の基本知識も身につけよう。

年度別出題内容の分析表　国語

※ ▩ は出題範囲縮小の影響がみられた内容

大分類	中分類	出題内容	27年	28年	29年	30年	2019年	2020年	2021年	2022年	2023年	2024年
内容の分類	読解	主　題　・　表　題				○						
		大　意　・　要　旨		○								
		情　景　・　心　情	○	○	○	○	○	○	○	○		○
		内　容　吟　味	○	○	○	○	○	○	○	○	○	○
		文　脈　把　握	○	○	○	○	○	○	○	○	○	○
		段　落　・　文　章　構　成						○	○		○	
		指　示　語　の　問　題										
		接　続　語　の　問　題										
		脱　文　・　脱　語　補　充		○		○						○
	漢字・語句	漢　字　の　読　み　書　き	○	○	○	○	○	○	○(※)	○	○	○
		筆　順　・　画　数　・　部　首								○	○	
		語　句　の　意　味		○		○	○					○
		同　義　語　・　対　義　語										
		熟　　　　語	○	○	○			○	○			
		ことわざ・慣用句・四字熟語		○				○		○		
		仮　名　遣　い										
	表現	短　文　作　成			○			○		○	○	○
		作文（自由・課題）				○	○	○	○	○	○	○
		そ　　の　　他		○						○		
	文法	文　と　文　節	○	○	○		○					
		品　詞　・　用　法	○			○		○				
		敬　語　・　そ　の　他	○		○			○		○	○	
		古　文　の　口　語　訳									○	
		表　現　技　法　・　形　式			○			○				○
		文　　学　　史										
		書　　　　写				○						
問題文の種類	散文	論　説　文　・　説　明　文	○	○			○	○	○		○	
		記　録　文　・　実　用　文										
		小　説　・　物　語　・　伝　記	○	○	○	○	○	○	○	○		○
		随　筆　・　紀　行　・　日　記			○	○						
	韻文	詩										
		和　歌（　短　歌　）										
		俳　句　・　川　柳										○
	古　　　　　　文			○	○	○	○	○	○	○	○	
	漢　文　・　漢　詩		○		○					○		○
	会　話　・　議　論　・　発　表		○	○	○	○	○	○	○	○	○	○
	聞　　き　　取　　り											

大切なことはメモしておこうネ!

北海道公立高等学校

2024年度
★★★★★★★★★★★★★★★★★★★★

入 試 問 題

2024
年
度

●くわしい解説 …… 51ページ

＜数学＞ 　時間 50分 　満点 100点

1 次の問いに答えなさい。（配点 35）

問1 (1)～(3)の計算をしなさい。

(1) $(-1)+(-5)$

(2) $7+18÷(-3)$

(3) $\sqrt{6}×\sqrt{3}-\sqrt{2}$

問2 70を素因数分解しなさい。

問3 　1mあたりの重さが30gの針金があります。この針金 x mの重さが y gであるとき，y を x の式で表しなさい。

問4 　右の図のような関数 $y=ax+b$ のグラフがあります。点Oは原点とします。a と b の値について，次のように説明するとき，①，②の｛ ｝に当てはまるものを，それぞれア～ウから選びなさい。

（説明）

> a の値は①｛ア 正の数 　イ 0 　ウ 負の数｝であり，
> b の値は②｛ア 正の数 　イ 0 　ウ 負の数｝である。

問5 　下の①～④のヒストグラムは，それぞれ次のページのア～エのいずれかの箱ひげ図と同じデータを使ってまとめたものです。①，②のヒストグラムは，どの箱ひげ図と同じデータを使ってまとめたものですか。最も適当なものを，それぞれア～エから選びなさい。

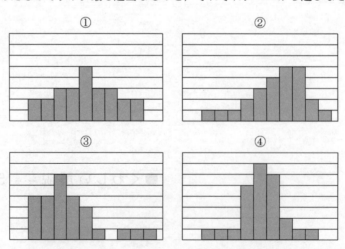

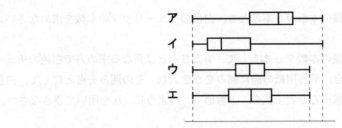

問6　右の図のような△ABCがあります。辺BC上に点P
　　を，△ABPと△ACPの面積が等しくなるようにとりま
　　す。点Pを定規とコンパスを使って作図しなさい。

　　　ただし，点を示す記号Pをかき入れ，作図に用いた線は
　　消さないこと。

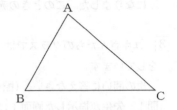

2　勇太さんは，自宅の花だんに，赤色と白色のチューリップ
　を植えることにしました。花だんの形が長方形であることか
　ら，勇太さんは，右の図のように，条件にしたがってチュー
　リップを等間隔に並べたいと考えています。

　　次の問いに答えなさい。（配点　15）

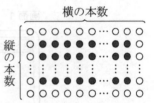

（条件）

・赤色のチューリップの周囲に1列で白色のチューリップを並べる。 ・白色のチューリップの横の本数が，縦の本数の2倍となるように並べる。

問1　勇太さんは，白色のチューリップの本数の求め方について，ノートにまとめました。
　　　次のページの(1)，(2)に答えなさい。

　（勇太さんのノート）

図	説明
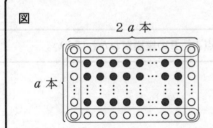	白色のチューリップの縦の本数をa本とする。図のように，白色のチューリップを線で囲むと，1つの縦の囲みにa本，1つの横の囲みに$2a$本ある。縦，横の囲みは2つずつあるから，この4つの囲みの中の本数の合計は，$a \times 2 + 2a \times 2$ で表される。
白色のチューリップの本数の求め方を表す式 $a \times 2 + 2a \times 2 - 4$	このとき，2回数えている白色のチューリップが4本あるので，$a \times 2 + 2a \times 2$ から4をひく。

(1)　白色のチューリップの縦の本数が6本のとき，白色のチューリップの本数を求めなさい。

(2)　白色のチューリップの縦の本数をa本として，勇太さんとは異なる求め方で白色のチューリップの本数を求めるとき，解答用紙の図に囲みをかき入れ，その囲みをもとにして，白色のチューリップの本数の求め方を表す式を，下線部〜〜〜のように，aを用いて書きなさい。

問2　勇太さんが，条件にしたがってチューリップを植えたところ，チューリップは全部で242本になりました。このときの赤色のチューリップの本数を求めなさい。

3　ユキさんたちのクラスでは，数学の授業で，関数のグラフについてコンピュータを使って学習をしています。
　　次の問いに答えなさい。（配点　16）
問1　先生が提示した画面1には，関数$y = x^2$のグラフと，このグラフ上の2点A，Bを通る直線が表示されています。点Aのx座標は3，点Bのx座標は-2です。点Oは原点とします。

画面1

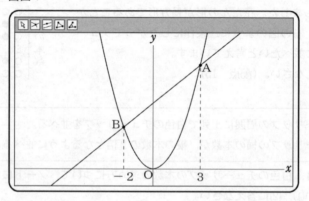

　　ユキさんは，画面1を見て，2点A，Bを通る直線の式を求めたいと考え，求め方について，次のような見通しを立てています。

（ユキさんの見通し）

2点A，Bを通る直線の式を求めるには，2点A，Bの座標がわかればよい。

　　次の(1)，(2)に答えなさい。
(1)　点Aのy座標を求めなさい。

(2)　ユキさんの見通しを用いて，2点A，Bを通る直線の式を求めなさい。

問2　先生が提示した画面2（次のページ）には，2つの関数$y = 2x^2$……①，$y = \dfrac{1}{2}x^2$……②のグラフが表示されています。①のグラフ上に点Pがあり，点Pのx座標はtです。点Qは，点Pとy軸について対称な点です。また，点Rは，点Pを通り，y軸に平行な直線と②のグラフとの交点です。点Oは原点とし，$t > 0$とします。

画面2

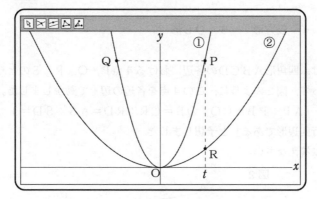

　ユキさんたちは，点Pを①のグラフ上で動かすことで，△PQRがどのように変化するかについて，話し合っています。

ユキさん	「点Pを動かすと，点Qと点Rも同時に動くね。」
ルイさん	「このとき，△PQRはいつでも直角三角形になるね。」
ユキさん	「…あれ？△PQRが直角二等辺三角形に見えるときがあるよ。」
ルイさん	「本当に直角二等辺三角形になるときがあるのかな。」
ユキさん	「じゃあ，△PQRが直角二等辺三角形になるときの点Pの座標を求めてみようか。」
ルイさん	「点Pの座標を求めるには，t の値がわかればいいね。」

　△PQRが直角二等辺三角形になるときの t の値を求めなさい。

4　図1のように，四角形ABCDがあり，辺AB，BC，CD，DA上の点をそれぞれP，Q，R，Sとします。亜季さんたちは，「4点P，Q，R，Sが各辺の中点であるとき，四角形PQRSは，いつでも平行四辺形になる」ということを授業で学習しました。
　次の問いに答えなさい。（配点　16）

図1

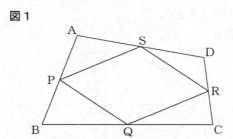

問1　亜季さんは，4点P，Q，R，Sを各辺の中点としたまま，四角形ABCDがいろいろなひし形となるように，コンピュータを使って四角形ABCDの形を変え，四角形PQRSの形を調べたところ，次のことがらに気づき，ノートにまとめました。

（亜季さんのノート）

四角形ABCDがひし形ならば，四角形PQRSは，いつでも _____ である。

　　　□　に言葉を当てはめるとき，このことがらが成り立たないものを，**ア**〜**ウ**からすべて選びなさい。

　ア　正方形　　**イ**　長方形　　**ウ**　ひし形

問2　大地さんは，四角形ABCDの各辺における4点P，Q，R，Sのとり方に着目し，コンピュータを使って，図2のように，この4点を各辺の辺上で動かしました。

　　大地さんは，「AP：PB＝CQ：QB＝CR：RD＝AS：SD＝1：3のとき，四角形PQRSは平行四辺形である」と予想しました。

　　次の(1)，(2)に答えなさい。

図2

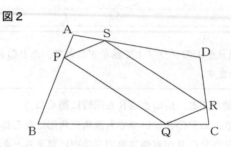

(1)　大地さんの予想が成り立つことを証明しなさい。

(2)　四角形ABCDの対角線BDと，線分PQ，RSとの交点をそれぞれM，Nとします。
　　△APSの面積が3cm²であるとき，四角形PMNSの面積を求めなさい。
　　ただし，四角形PQRSは平行四辺形であることがわかっています。

5　図1のような頂角が120°の二等辺三角形があります。　　　　図1
　次の問いに答えなさい。(配点　18)
問1　図2のように，円Oの円周を6等分する点A，B，C，D，
　E，Fがあり，図1と合同な二等辺三角形①〜⑫を，それぞれの三角形の最も長い辺が円Oの半径となるように並べます。
　　次のページの(1)，(2)に答えなさい。

図2

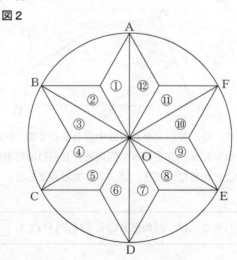

⑴　①を，点Oを中心として時計回りに回転移動して，⑨に初めてぴったり重なったのは，何度回転移動したときですか。その角度を求めなさい。

⑵　種類の異なる3枚の硬貨X，Y，Zがあります。硬貨X，Y，Zを同時に投げ，表と裏の出かたに応じて，①に，次の **1**～**3** の操作を順に行い，最後に①～⑫のどの三角形に重なるかを調べます。

1　硬貨Xが表のときは線分ADを対称の軸として対称移動させ，裏のときは移動させない。

2　硬貨Yが表のときは点Oを回転の中心として180°回転移動させ，裏のときは移動させない。

3　硬貨Zが表のときは平行移動してぴったりと重なる三角形に移動させ，裏のときは移動させない。

　　3枚の硬貨X，Y，Zを同時に投げるとき，①が最後に重なる三角形が⑦となる確率を求めなさい。

問2　図3は，図1の二等辺三角形を底面とする三角柱で，GH＝GI＝4cmとしたものです。△GKLが正三角形であるとき，この三角柱の体積を求めなさい。

図3

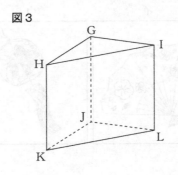

＜英語＞ 　時間　50分　満点　100点

1 放送を聞いて，問いに答えなさい。(配点　35)

問1　次のNo. 1 〜No. 3 について，それぞれ対話を聞き，その内容についての質問の答えとして最も適当なものを，それぞれア〜エから選びなさい。**英文は1回読まれます。**

No. 1

No. 2

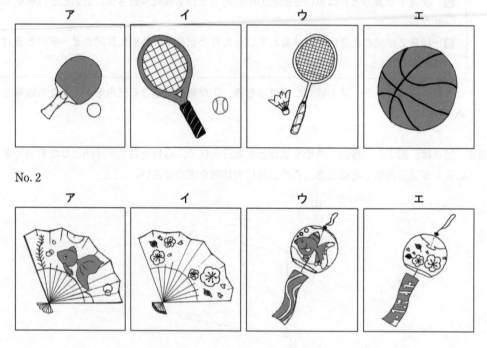

No. 3

Hotel Information

wonderful ★★★　　　　great ★★　　　　good ★

Hotel	Dinner		Room	
	Steak	Seafood	City View	Fireworks
ア	★★★	★★	★★	
イ	★★★			★★★
ウ	★★	★★★		★★
エ		★★	★★★	

問2　次のNo. 1～No. 4について，麻紀（Maki）とビル（Bill）の対話を聞き，チャイムの鳴るところで，麻紀が話す言葉として最も適当なものを，それぞれア～エから選びなさい。**英文は1回読まれます。**

No. 1　[登校中の対話]
　　ア　It was last Sunday.　　　　　イ　It was so exciting.
　　ウ　I've finished my homework.　エ　I'll play soccer today.

No. 2　[昼食中の対話]
　　ア　Yes, I ate pizza yesterday.　　イ　Yes, it's my favorite restaurant.
　　ウ　Yes, it's almost lunch time.　エ　Yes, I enjoy cooking with my mom.

No. 3　[夏休み明けの対話]
　　ア　No, it was more expensive.　　イ　No, it was much bigger.
　　ウ　Yes, it was much sweeter.　　エ　Yes, it was more famous.

No. 4　[下校時の対話]
　　ア　Then, let's go there tomorrow afternoon.
　　イ　Then, see you there on Sunday afternoon.
　　ウ　Then, I'll go out with your family on Saturday morning.
　　エ　Then, I'll give you my shoes the day after tomorrow.

問3　留学生のケイティ（Katy）が昼の校内放送で話している英文を聞き，その内容についてのNo. 1～No. 3の質問の答えとして最も適当なものを，それぞれア～エから選びなさい。**英文は2回読まれます。**

No. 1　この留学生は，グリーティングカード（greeting cards）について，どのように言っていますか。
　　ア　People in the U.K. think greeting cards are not so popular now.
　　イ　People in the U.K. buy several greeting cards on the Internet.
　　ウ　Sending greeting cards is a part of life in the U.K.
　　エ　Greeting cards are not sold in small towns.

No. 2　この留学生の話からわかることは何ですか。
　　ア　Katy doesn't miss her family a lot because of greeting cards.
　　イ　Katy hasn't sent greeting cards to her family yet.
　　ウ　Katy got thirty greeting cards for her birthday.
　　エ　Katy's family sells special greeting cards.

No. 3　この留学生が，この話の中で最も伝えたいことは何ですか。
　　ア　It's useful to use e-mails to understand someone's feelings.
　　イ　You should meet and tell your feelings to the people you love.
　　ウ　It's important to understand how to write greeting cards.
　　エ　You should send greeting cards to show your thanks or love.

問4　英文を聞き，No. 1～No. 3の質問に対する答えとなるように，条件にしたがって，　　　に入る英語をそれぞれ書きなさい。**英文は2回読まれます。**

No. 1　Question : （放送で読まれます）

　　　　Answer　 : They will ☐☐☐☐☐☐.

No. 2　Question : （放送で読まれます）

　　　　Answer　 : It's ☐☐☐☐☐.

No. 3　Question : （放送で読まれます）

　　　　Answer　 : ☐☐☐☐☐☐.

条件

> ・No. 1には，英文の内容から考えて，適当な英語を3語で書きなさい。
>
> ・No. 2には，英文の内容から考えて，適当な英語を1語で書きなさい。
>
> ・No. 3には，英文の内容から考えて，主語と動詞を含む英文1文で自由に書きなさい。

2　次の問いに答えなさい。（配点　16）

問1　次の(1)，(2)の英文の ☐☐☐ に入る最も適当な英語1語をそれぞれ語群から選んで書きなさい。

(1)　I'll go to the station ☐☐☐ bus.

　　語群

> by　　　take　　　to　　　get

(2)　A day has twenty-four ☐☐☐.

　　語群

> long　　　hours　　　old　　　minutes

問2　次のグラフに合うように，(1)，(2)の ☐☐☐ に入る適当な英語1語をそれぞれ書きなさい。

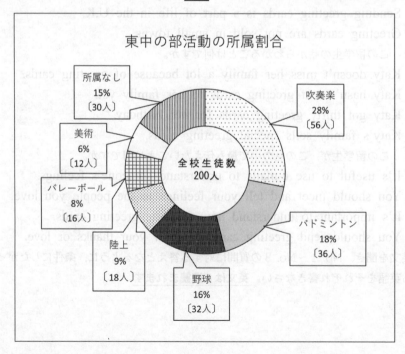

東中の部活動の所属割合

所属なし　15%〔30人〕
吹奏楽　28%〔56人〕
美術　6%〔12人〕
バレーボール　8%〔16人〕
全校生徒数 200人
バドミントン　18%〔36人〕
陸上　9%〔18人〕
野球　16%〔32人〕

(1) The Brass Band Club has [(1)] students than the Badminton Club.

(2) Thirty students [(2)] do any club activities.

問3　次の絵の中の2人の対話が，①～⑤の順で成り立つように，[(1)]，[(2)] に主語と動詞を含む英文1文をそれぞれ書きなさい。

① [(1)] ?

② Oh, that's Taro's bag. I think he forgot it.

③ We should take it to his house.

④ [(2)] ?

⑤ It's next to the post office. Let's go!

3　次の **A**～**C** に答えなさい。(配点　37)

A

次のページの英文は，ある高校で開催される学校祭の内容を伝えるパンフレットの英語版です。これを読んで，問いに答えなさい。

問1　次の英文について，本文の内容から考えて，[ ] に当てはまるものを，ア～カからすべて選びなさい。

Parents can enjoy [ ] at this school festival after Chorus Club Performance.

ア　Speech Contest　　イ　BINGO Time　　ウ　Dance Event

エ　Science Show Ⅱ　　オ　Science Show Ⅲ　　カ　SDGs Quiz

問2　本文の内容に合うものを，ア～エから1つ選びなさい。

ア　All the events are held on Saturday afternoon.

イ　A guest has to bring a lunch box to the school festival.

ウ　A guest needs to get a ticket to play Shooting Game.

エ　There are more events in the gym than in the science room.

問3　中学生であるあなたは，この学校祭へ行き，Happy English Hours に参加することにしました。そこで，留学生の国では，どのような学校行事があるのか知りたいとき，どのようにたずねますか。英文1文で書きなさい。

School Festival 2024

Date: July 13th (Saturday)
Event *Schedule

【Gym】	Time	【Science Room】
Brass Band Concert	11:00 — 11:30	Happy English Hours Let's Enjoy Talking with Our *International Students
You can have lunch here from 11:40 to 12:20.	12:00 — 12:30	Science Show Ⅰ Let's Make a *Mini Rocket
Speech Contest	13:00 — 13:30	Science Show Ⅱ Let's See the Power of Water
Chorus Club Performance	14:00 —	
Calligraphy Art Show	14:30 —	Science Show Ⅲ Let's Make Clouds
BINGO Time	15:00 —	
Dance Event	16:00 —	
School Movie Contest	17:00 —	

≪Class Events≫
【Each Classroom】
11:00－15:00
1A : *Shooting Game
2B : SDGs Quiz
3B : Digital Art

≪Class Shops≫
【*Schoolyard】
11:00－15:00
1B : *Yakisoba*
2A : *Okonomiyaki*
3A : Candy Apples

※ Parents and guests can take part in our festival from 11:00 to 15:00.
※ Please buy the class shop tickets at the computer room.

（注）　schedule　スケジュール　　international student(s)　留学生

　　　　mini rocket　小さいロケット　　shooting game　射的ゲーム　　schoolyard　校庭

Ｂ

次の英文は，ある中学校の生徒である隼人（Hayato）が，授業中にスピーチしている場面のものです。これを読んで，問いに答えなさい。

　Hello, everyone!　Today, I'm going to talk about two things that I learned during my three years of English classes.

　"*Mistakes can improve your English!"　This is the expression I like.　At first, I felt a *fear of speaking English because I worried about using the wrong words. But my teacher said to me many times, "Don't be afraid of making mistakes."　Thanks to his words, I could talk to my ALT about my pet dog.　There were some mistakes in my English, but she listened to me carefully and she taught me the right expressions.　I received great *praise from her.　This made me very happy.　Through this experience, I found that mistakes improved my English.　Since then, I've tried to do various things *even if I feel some fear.

　When we speak English, having clear opinions is important, too.　In English classes, we often worked in pairs or groups with classmates.　It was sometimes difficult for me to express my ideas in *discussions because my *knowledge was not enough.　So, I worked harder not only on English but also on the other subjects to have my own ideas.　Then, *little by little, I got excited to take part in discussions.　Now, I can't wait for the discussion time!

In my three years of English classes, I learned that 　　　　　　　 .　Also, I realized that we should continue to get more knowledge to have clear opinions.　In the future, I want to work as a doctor in a foreign country.　So, I'll study English harder.　Thank you.

(注) mistake(s) まちがい　fear 恐れ　praise 賞賛　even if たとえ～でも
　　 discussion(s) 議論　knowledge 知識　little by little 少しずつ

問1　本文の内容に合うものを，ア～エから1つ選びなさい。
ア　Hayato talked to his ALT in English with some mistakes.
イ　Hayato listened to a lot of English to tell his opinion to others.
ウ　Hayato got a lot of information about English from his classmates.
エ　Hayato was happy that his classmates got praise from his ALT.

問2　本文の内容から考えて，　　　に入る英語として最も適当なものを，ア～エから選びなさい。
ア　we should not choose wrong words when we talk to our ALT
イ　we should not worry about mistakes if we want to grow more
ウ　we should have some interesting topics to have discussions
エ　we should help each other to realize our dreams in the future

問3　本文の内容から考えて，次の問いに対する答えを，主語と動詞を含む英文1文で答えなさい。

How did Hayato feel in discussions after he worked harder on every subject?

C

次の英文は，高校の英語の授業で，森先生 (Mr. Mori) がある写真を見せて，高校生の次郎 (Jiro) と花 (Hana) とやり取りをしている場面と，その後，生徒たちがプレゼンテーションをしている場面のものです。これらを読んで，問いに答えなさい。

やり取りの場面

Mr. Mori : Today, we're going to talk about "nudges."　Have you ever heard of them before?

Jiro : No, I haven't, Mr. Mori.　What are they?

Mr. Mori : Well, look at this picture that I took

森先生が見せた写真

at a station. You can find an example of a nudge in it. Jiro, what do you see?

Jiro : I see a man, an *escalator, and *stairs.

Mr. Mori : OK! What's the man doing?

Jiro : He's going up the stairs ▢ of the escalator

Mr. Mori : Great! Hana, can you find any other things in the picture?

Hana : I can see some numbers on the stairs.

Mr. Mori : Good! What do the numbers tell the man?

Hana : Well, the numbers show the kcal used by a person who goes up the stairs. So maybe, they tell the man that using the stairs is better for his body than using escalators.

Mr. Mori : You're right, Hana! Nudges help people choose more positive ways in their daily lives.

Jiro : Oh, I see! So, in this picture, a nudge is seen in the numbers on the stairs, and the man who saw the numbers ▢, right?

Mr. Mori : That's right, Jiro! Actually, I began using the stairs more often for my health after seeing this nudge.

Hana : Wow, I think nudges are very cool because they help people make better choices in fun ways.

Mr. Mori : Hana, that's a very important point! I saw many people who chose to go up the stairs at the station.

Jiro : Mr. Mori, do you have any other examples of nudges? I want to know more about them.

Mr. Mori : That's great, Jiro! Actually, there are a lot of examples of nudges in our daily life. They are used not only to keep good health but also to make *society more *sustainable. Let's think about how we can solve *social problems by using nudges and make a presentation about it at the end of this *unit.

Jiro : That sounds very interesting!

次郎と花のグループのプレゼンテーションの場面

Hello, we are group E! We'd like to ▢① an example of nudges that we made.

Please look at this picture. This is a *collection box for plastic bottle *caps.

On the *top of the box, you'll see the question: "Which do you like better, summer or winter?" If you like summer better, you put a plastic bottle cap in the 'summer' box. If you like winter better, you put it in the 'winter' one.

The boxes are *see-through, so people can see the results of the question by the amount of caps in each box.

Our town asks people to take off the caps from plastic bottles, but sometimes we see plastic bottles put in a recycling box ② taking off the caps. We think these boxes will *encourage more people to take off the caps when they *throw away plastic bottles. This is our nudge and we hope that people will be more interested in recycling by using it.

Thank you for listening!

(注) escalator(s) エスカレーター　stairs 階段　society 社会　sustainable 持続可能な
social 社会的な　unit 単元　collection box 回収箱　cap(s) ふた　top 上部
see-through 透明の　encourage…to ~ …が~するよう促す　throw away ~を捨てる

問1　本文の内容から考えて，□□に入る英語として最も適当なものを，ア～エから選びなさい。

ア　both
イ　each
ウ　full
エ　instead

問2　本文の内容から考えて，□□に入る英語として最も適当なものを，ア～エから選びなさい。

ア　chose to use the escalator, not the stairs, for his health
イ　chose to use the stairs, not the escalator, for his health
ウ　thought that the escalator was more convenient than the stairs
エ　thought that the stairs would take a long time to go up

問3　次郎と花のグループのプレゼンテーションについて，(1)，(2)に答えなさい。

(1) 英文の内容から考えて，①，②に入る適当な英語をそれぞれ1語で書きなさい。

(2) ┆┆┆┆には，あなたが次郎または花になったつもりで，この発表について聞き手の意見をたずねる英語を，適当な英文1文で書きなさい。

問4　本文の内容に合うものを，ア～オから2つ選びなさい。

ア　Mr. Mori took the students to the station to show an example of a nudge.
イ　Mr. Mori taught the students that nudges are ideas to make society better.
ウ　Jiro and Hana heard that the examples of nudges are not seen in Japan.
エ　Jiro and Hana's group showed other students how to solve the health problem in the town.
オ　Jiro and Hana's group talked about boxes which help people think more about recycling.

4　次の英文は，ある高校生が，英語の授業で，デジタル版の卒業アルバム（digital graduation album（s））について書いたものです。あなたがその高校生になったつもりで，条件にしたがって，英文を完成させなさい。(配点　12)

英文

|　　　　　(1)　　　　　| a high school is making a digital graduation album. We know most of the graduation albums in Japan have been paper ones. |　　(2)　　|, I think that digital albums will become more popular in the future.　There are two things which we can do with them.　|　　(3)　　|

イラスト

条件

- ・ (1) には，英文に合わせて，今日の新聞に書いてあるということを表す適当な英語を書きなさい。
- ・ (2) には，前後の英文の意味をふまえて適当な英語を書きなさい。
- ・ (3) には，下線部＿＿＿について，あなたが考える具体例を２つあげて，24語以上の英語で自由に書きなさい。ただし，英文は記入例の書き方にならうこと。なおイラストは具体例を書くための参考です。イラストの内容を参考にして書いても，あなた自身の考えを書いてもかまいません。

記入例

| Hello | , | everyone | . | How | are | you | ? | My | 6語 |
| name | is | Momoka | . | I'm | | a | | junior | 12語 |

| around | six | o'clock | . | | | | | | 36語 |

＜理科＞　　時間　50分　　満点　100点

1　次の問いに答えなさい。（配点　28）

問1　次の文の ① ～ ⑧ に当てはまる語句を書きなさい。

(1)　力を表す三つの要素には，力のはたらく点，力の向き，力の ① がある。

(2)　1種類の元素からできている物質を ② という。

(3)　ムラサキツユクサなどの葉の表皮には，2つの三日月形の細胞で囲まれたすきまがある。このすきまを ③ という。

(4)　火山岩や深成岩は，長石（チョウ石）などの無色の ④ と，黒雲母（クロウンモ）などの有色の ④ の種類やその割合によって，さらに分類することができる。

(5)　太陽や電灯のように，自ら光を出すものを ⑤ という。鏡で反射する光の道すじを調べる実験では， ⑤ 装置から出したまっすぐ進む光を用いるとよい。

(6)　鉄が空気中の酸素と結びついて ⑥ 鉄になるように，物質が酸素と結びつく化学変化を ⑥ という。

(7)　目，鼻，耳など，外界から刺激を受けとる器官を ⑦ 器官という。

(8)　地球の歴史は，示準化石などをもとに，古生代，中生代，新生代などの ⑧ 年代に区分される。

問2　次の文の ① ， ② に当てはまる語句を，それぞれ書きなさい。

図1は，アンモニアを集めるようすを示している。この方法を用いて集めるのは，アンモニアが，水に ① ，空気より密度が ② という性質をもつからである。

図1

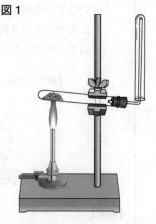

問3　図2は，ある植物に見られる器官を模式的に示したものである。図2の器官をもつ植物を，ア～オから1つ選びなさい。

図2

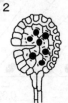

ア　タンポポ　　イ　トウモロコシ　　ウ　イチョウ　　エ　ゼニゴケ　　オ　イヌワラビ

問4　3Vの電圧を加えると，150mAの電流が流れる電熱線がある。この電熱線を3Vで300秒間使ったときの電力量は何Jか，書きなさい。

問5　図3のように，重さが60Nの直方体の物体を水平面に置いたとき，物体が水平面におよぼす圧力は120Paであった。このときの物体の底面積は何m²か，書きなさい。

図3

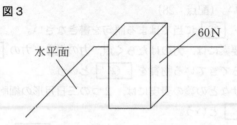

水平面　　　　　　　　　　　60N

2　Kさんは，タマネギのなかまであるニンニクの芽の成長のしくみについて，科学的に探究した内容を，レポートにまとめました。次の問いに答えなさい。(配点　18)

レポート

ニンニクの芽の成長について

【課題】　ニンニクの芽が成長するとき，芽の細胞はどのように変化するのだろうか。

【観察】　ニンニクを水につけておいたところ，芽や根が出て新しい個体となった。そのニンニクを半分に切り，芽の先端部分，中間部分，根もとの部分をそれぞれ取り出し，60℃のうすい塩酸にひたした。数分後，塩酸から取り出し，それぞれ別のスライドガラスにのせ，えつき針でくずし，染色液で染色した後，カバーガラスをかけて，その上からおしつぶした。これらを顕微鏡で観察し，それぞれ同じ倍率でスケッチした。

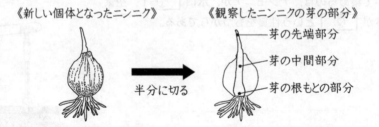

《新しい個体となったニンニク》　　　《観察したニンニクの芽の部分》

半分に切る　　　　　　　　芽の先端部分
　　　　　　　　　　　　　芽の中間部分
　　　　　　　　　　　　　芽の根もとの部分

【結果】

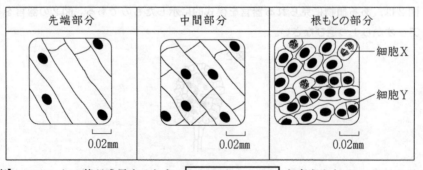

先端部分	中間部分	根もとの部分
0.02mm	0.02mm	細胞X　細胞Y　0.02mm

【考察】　ニンニクの芽が成長するとき，[　　　　　　　]と考えられる。

【新たな疑問】　核が見られる細胞より，ひも状の染色体が見られる細胞の数が少ないのは，
　　　　　　　　どうしてだろうか。

問1　下線部のようなふえ方を無性生殖という。無性生殖の遺伝の特徴について，「染色体」，「形
　　質」という語句を使って書きなさい。

問2　【観察】において，芽のそれぞれの部分をえつき針でくずしたり，カバーガラスの上から
　　おしつぶしたりすると，細胞が観察しやすくなる。その理由を書きなさい。

問3　次の文は，【結果】の細胞Xと細胞Yに含まれる染色体の数について説明したものである。
　　説明が完成するように，　①　に当てはまる語句を書きなさい。また，　②　に当てはまる数値
　　を書きなさい。

　　　細胞Xでは，細胞分裂が始まる前に染色体が　①　されているため，細胞Yに含まれる染
　　色体の　②　倍の数の染色体が含まれている。

問4　ニンニクの芽が成長するとき，芽のどの部分の細胞がどのように変化すると考えられる
　　か，【考察】の　□　に当てはまる内容を，【結果】をもとに書きなさい。

問5　図は，レポートの【新たな疑問】について，Kさんが調べてまとめたものである。図の　①
　　に当てはまる語句を書きなさい。また，　②　に当てはまる数値を書きなさい。

図

【文献で調べたこと】
・タマネギの根の細胞分裂の過程における，A〜Eの時期の細胞の数と，それぞれの時
　期にかかる時間は表のとおりであった。

A	B	C	D	E
234個	36個	15個	6個	9個
19.5時間	3時間	1.25時間	0.5時間	0.75時間

・表から，A〜Eの時期の細胞の数と，それぞれの時期にかかる時間は　①　の関
　係にあると考えられる。

【ニンニクの芽で調べたこと】
・ニンニクの芽の根もとの細胞300個を観察し，文献のA〜Eにあたる時期の細胞の数
　をそれぞれ数えた。

A	B	C	D	E
275個	15個	3個	3個	4個

【考察】
・文献で調べたことをもとに考えると，ニンニクの芽でひも状の染色体が見られる細胞の
　数が少ないのは，ひも状の染色体が見られる時期にかかる時間が短いからだと考えら
　れる。
・ニンニクの芽では，ひも状の染色体が見られる時期にかかる時間は，核が見られる時
　期にかかる時間の　②　分の1と考えられる。

3　次の問いに答えなさい。(配点　18)

物質の水へのとけ方を調べるため，次の実験を行った。

実験　[1]　水50g入れたビーカーA，Bを用意し，それぞれの水の温度を40℃に保った。

　　　[2]　図1のように，Aには物質Xを，Bには物質Yをそれぞれ5g加え，十分にかき混ぜたあと，加えた物質がすべてとけたかどうかを確認した。

　　　[3]　[2]の操作を，それぞれ10回繰り返したところ，ⓐAは7回目から，Bは4回目から，それぞれ飽和したことが確認できた。

図1

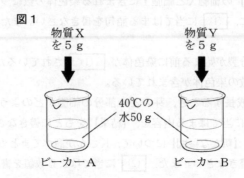

物質X
を5g

物質Y
を5g

40℃の
水50g

ビーカーA　　　　　　ビーカーB

　　　[4]　次に，Aの水溶液をあたためると，この水溶液の温度が56℃でXはすべてとけた。Aの水溶液を20℃までゆっくり冷やし，再び出てきたXの固体をⓑろ紙とろうとを用いてろ過をして取り出し，その固体の質量をはかると34gであった。

　　　[5]　同様に，Bの水溶液をあたためたが，この水溶液の温度が60℃になっても，Yはすべてとけなかったのでろ過をして，ⓒそのろ液の温度を20℃までゆっくり冷やしたが，ろ液からYの固体は，ほとんど出てこなかった。図2のように，このろ液をビーカーCに入れ，ろ液の温度を20℃に保った状態で密閉せずに静かに置いておき，1週間後に観察したところ，ろ液に含まれる水が半分に減り，Yの固体がCの底に出てきた。

図2

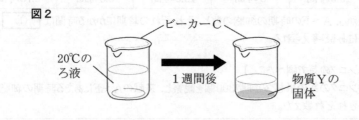

ビーカーC

20℃の
ろ液

1週間後

物質Yの
固体

問1　実験[1]〜[3]について，次の(1)，(2)に答えなさい。

(1)　ビーカーAについて，3回目の操作をした後の水溶液の質量パーセント濃度は何%か，書きなさい。ただし，答えは，小数第1位を四捨五入し，整数で書きなさい。

(2)　下線部ⓐについて，ビーカーA，Bにおいて，飽和したことが確認できたのはどのような現象が共通して見られたからか，書きなさい。

問2　実験 [4] について，次の⑴，⑵に答えなさい。

⑴　次の文は，下線部ⓑについて，ろ過の方法について述べたものである。 ① ， ② に当てはまる内容をそれぞれ書きなさい。また， ③ に当てはまる語句を書きなさい。

　　ろ紙を2回折り，円すい形に開いてろうとに入れ，そのろ紙を [①] ，ろうとに密着させる。ろうとの先の切り口が長いほうを [②] 。ろうとに液を入れるときは ③ を伝わらせて少しずつ入れる。

⑵　図3は，さまざまな物質について，水の温度と100gの水にとける物質の質量との関係をグラフに表したものである。次の文の ① に当てはまる数値を書きなさい。また， ② に当てはまる記号を，図3のP～Rから選びなさい。

　　物質Xの溶解度は20℃のとき ① gであることから，Xの溶解度曲線は ② と考えられる。

図3

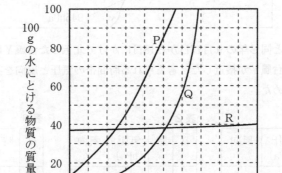

問3　実験 [5] について，下線部ⓒの理由を書きなさい。また，図4は，図2のビーカーCにおける物質Yの粒子をモデルで表したものである。1週間後のYの粒子を表すモデルを，解答欄の図にかき加えなさい。ただし，●は陽イオン，○は陰イオンを示している。

図4

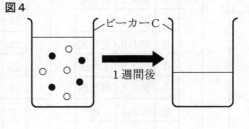

ビーカーC

1週間後

4　次の問いに答えなさい。(配点　18)

　台風について調べるため，次の実習1，2と実験を行った。
実習1　ある年の8月に北上した台風Xの進路と中心気圧，月平均海水温をインターネットで調べ，図1（次のページ）にまとめた。

図1

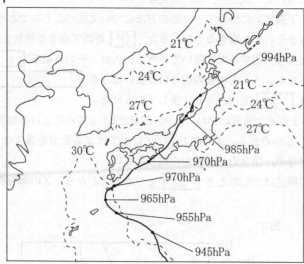

実習2　実習1と同じ年の9月17日から18日にかけて北上した台風Yについて，日本の3つの地点で台風Yが接近したと考えられる時間帯の気圧と風向を調べ，表1〜3にそれぞれまとめた。

表1

日	時	気圧〔hPa〕	風向
17	22	991.9	東
	23	988.7	東
	24	985.9	東
18	1	983.4	東北東
	2	983.1	北
	3	981.0	北北東
	4	982.3	北北西
	5	988.1	西北西
	6	992.1	西
	7	995.0	西

表2

日	時	気圧〔hPa〕	風向
17	17	988.6	東
	18	986.4	南東
	19	984.6	南南東
	20	983.1	南
	21	983.0	南南西
	22	983.4	南西
	23	984.3	南南西
	24	987.3	西北西
18	1	989.7	西
	2	991.2	西

表3

日	時	気圧〔hPa〕	風向
17	20	989.6	北
	21	989.9	北
	22	989.7	北
	23	992.9	北
	24	994.5	北北西
18	1	996.4	北
	2	998.1	北西
	3	999.2	西
	4	1000.1	西北西
	5	1001.7	西

実験　四国地方のある県で，よく晴れた日に，ペットボトルとストローを用いて，図2のような装置を作成した。このとき，装置の内部の温度を一定に保ち，装置を常に同じ高さに設置して，実習2の台風Yが近づいたときにストローの中の液面を観察した。

図2

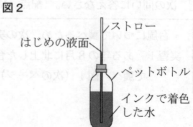

問1　実習1について，次の(1)〜(3)に答えなさい。

(1)　次の文の　①　に当てはまる語句を書きなさい。また，　②　に当てはまる数値を整数で書きなさい。

　　　日本では，　①　低気圧のうち，最大風速が約　②　m／s以上のものを台風と呼ぶ。

(2)　台風は，日本付近で，ある気団とある風によって弓なりの進路で進むことが多い。その原因となる，気団のおおよその位置を◯◯◯で，風がふく向きを矢印で，解答欄の図にそれぞれかきなさい。

(3)　台風Xは日本海上で温帯低気圧に変わった。このことをふまえて，台風が発達するために必要な条件を，「水蒸気」という語句を使って，図1から読み取れることと関連づけて書きなさい。

問2　図3のP，Q，Rは，実習2で調べた3つの地点のいずれかである。P〜Rの観測データは，表1〜3のうちどれか，それぞれ書きなさい。また，台風Yの進路を，解答欄の図の実線に続けてかき加えなさい。ただし，台風Yは北海道付近で温帯低気圧に変わったものとする。

問3　実験について，台風Yが近づいたとき，図2のストローの中の液面はどのようになったか，書きなさい。また，その理由を説明しなさい。

図3

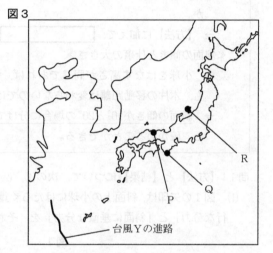

台風Yの進路

5　Mさんは，位置エネルギーと仕事について，理科の授業で科学的に探究した内容を，レポートにまとめました。次の問いに答えなさい。(配点　18)

レポート

位置エネルギーと仕事

【課題】　位置エネルギーの大きさは，物体の質量や水平面からの高さに関係しているのだろうか。

【方法】　次の装置のように斜面をつくり，質量の異なる小球を，それぞれいろいろな高さからはなして，木片に当て，木片の移動距離を調べ，結果を表にまとめた。

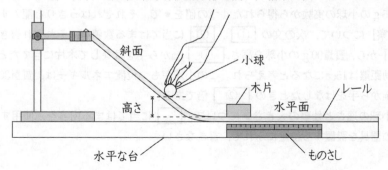

【結果】

		高さ2cm	高さ4cm	高さ6cm	高さ8cm
木片の 移動距離 〔cm〕	質量10gの小球	0.33	0.67	1.0	1.3
	質量30gの小球	1.0	2.0	3.0	4.0
	質量45gの小球	1.5	3.0	4.5	6.0

【考察】　小球の質量を大きくするほど，また，小球をはなす高さを高くするほど，木片の移動距離が大きくなるため，位置エネルギーも大きくなると考えられる。

【新たな課題と方法】

≪小球の速さと仕事の大きさ≫

　　木片に当たる直前の小球の速さが大きいほど，木片の移動距離は大きいのではないか。

→　【方法】に加えて，　　　　　　　　　　　する実験を行うと，確かめることができる。

≪斜面の傾きと仕事の大きさ≫

　　小球をはなす高さが同じであれば，斜面の傾きを変えて同じように実験を行っても，木片の移動距離は変わらないのではないか。

→　斜面の傾きが10°と20°の場合に分けて，小球をはなす高さを同じにして実験を行うと，確かめることができる。

問1　【方法】と【結果】について，次の(1)，(2)に答えなさい。

(1)　図1の矢印は，斜面上の小球にはたらく重力を表したものである。この重力の，「斜面に平行な分力」と「斜面に垂直な分力」を，それぞれ解答欄の図に力の矢印でかきなさい。

図1

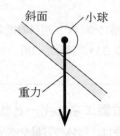

斜面　　小球

重力

(2)　小球の質量が10g，45gのとき，それぞれのはなす高さと木片の移動距離との関係をグラフにかきなさい。その際，横軸，縦軸には，目盛りの間隔（1目盛りの大きさ）がわかるように目盛りの数値を書き入れること。また，10gの小球の実験から得られた4つの値を×印で，45gの小球の実験から得られた4つの値を●で，それぞれはっきりと記入すること。

問2　【考察】について，次の文の　①　，　②　に当てはまる数値を，それぞれ書きなさい。

　　【結果】から，質量90gの小球を高さ　①　cmから手をはなして木片に当てたとすると，木片の移動距離は15cmになると考えられ，この小球がもつ位置エネルギーは，質量30gの小球を高さ6cmから手をはなしたときの　②　倍である。

問3　≪小球の速さと仕事の大きさ≫について，　　　に当てはまる内容を，使用する器具の名称とその器具を設置する位置にふれて，書きなさい。

問4　図2は，≪斜面の傾きと仕事の大きさ≫の下線部に
ついて，Mさんが過去の授業で記録した小球の速さと時
間の関係を示したものである。小球をはなした高さか
ら水平面に達するまでに重力が小球にした仕事の大き
さと仕事率について，傾き10°のときは傾き20°のときの
何倍か，それぞれ書きなさい。ただし，使用した小球は
同じものとし，同じ高さからはなしたものとする。

図2

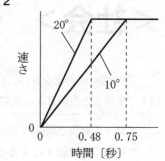

＜社会＞　　時間 50分　　満点 100点

1　次の問いに答えなさい。（配点　34）

問1　生徒Aと生徒Bとの次の会話を読んで，(1)，(2)に答えなさい。

生徒A：家族で祖母の家に行った時に，写真1の看板を見たよ。

生徒B：略地図1によると，看板のミルウォーキーは札幌の東で，マルセイユは札幌の西なんだね。

写真1

生徒A：方位は，略地図2のように，中心からの距離と方位が正しい地図で調べないとわからないよ。

生徒B：そうか。マルセイユは，　札幌の　①　の方位にあるんだね。

略地図1

生徒A：そうだね。

生徒B：略地図1によると，3つの都市は緯度がほぼ同じなので，ミルウォーキーとマルセイユは，札幌のように冬は寒そうだね。

略地図2

生徒A：グラフ1を見ると，そうでもないよ。ヨーロッパ州のマルセイユは，暖流である　②　海流の上空を，偏西風が吹いている影響で，他の2つの都市より冬は寒くないんだ。

グラフ1
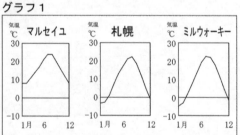

生徒B：だからマルセイユは，札幌とミルウォーキーより冬は温暖なんだね。

(1)　①　に当てはまるおおよその方位を，8方位で書きなさい。

(2)　②　に当てはまる語句を書きなさい。

問2　次の(1)，(2)に答えなさい。

(1)　次のページの文の①，②の｛　｝に当てはまるものを，ア，イからそれぞれ選びなさい。

　　わが国の重工業の発展を支えた八幡製鉄所は, 近くにある炭田の石炭を利用できるため, 略地図3の①{ア　X　イ　Y}の場所に②{　ア　日清戦争　イ　日露戦争}の賠償金をもとに建設された。

略地図3

(2)　カードA〜Cは, 歴史上, わが国で出された法令の一部です。カードA〜Cを年代の古い順に並べなさい。

カードA

　　諸国の守護の職務は, 国内の御家人を京都の御所の警備にあたらせること, 謀反や殺人などの犯罪人を取りしまることである。

カードB

　　口分田の支給は, 男子には二段, 女子にはその三分の一を減らして支給すること。五歳以下の者には与えない。班田は, 六年に一回行う。

カードC

一　日本人は, 異国へ行ってはならない。
一　異国に住んでいる日本人が帰国すれば, 死罪にする。

※　カードA〜Cの法令は, 現代語訳し, 要約したもの

問3　次の(1)〜(3)に答えなさい。

(1)　次の□□に共通して当てはまる語句を書きなさい。

資料1

裁判官

（政府広報オンラインより作成）

　　資料1は, 6名の□□と, 3名の裁判官が審理を行い, 有罪か無罪かを決める□□裁判の様子です。この裁判は, 地方裁判所の第一審で行われる刑事裁判です。

(2)　内閣の仕事として正しいものを, ア〜カからすべて選びなさい。

ア　政令の制定　　　　　イ　条約の締結（条約を結ぶこと）　　　ウ　憲法改正の発議
エ　内閣総理大臣の指名　オ　最高裁判所長官の指名　　　　　　　カ　法律の違憲審査

(3)　資料2, 3（次のページ）は, 中学生が2つの企業のホームページを見て, それぞれまとめたものです。これらの企業が資料2, 3の活動を行っている目的は何か, 簡単に書きなさい。

資料2

　　スマートフォンや携帯電話の利用に関連した危険やトラブルを未然に防ぐために，スマホ・ケータイ安全教室を無料で実施している。
延べ受講者数：1,486万人

資料3

　　リユース・リサイクル活動で回収した衣料を，世界の難民などへ寄贈している。
衣料を寄贈した国と地域：79
衣料を寄贈した総数：約4,619万点

問4　次の略地図4，5を見て，(1)，(2)に答えなさい。

略地図4

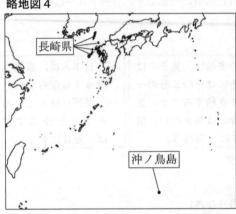

略地図5

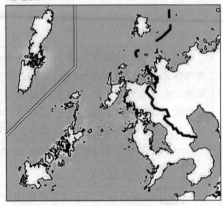

(1)　次の文の　□　に当てはまる語句を書きなさい。

　　日本政府は，沖ノ鳥島を波の浸食から守るために，大規模な護岸工事を行った。このような離島があることで，領海の外側に沿岸から200海里まで広がり，水産資源や鉱産資源を独占的に利用できる　□　は広大な面積になっている。

(2)　次の文の　□　に当てはまる内容を簡単に書きなさい。

　　表について，北海道と長崎県の面積が大きく違うにもかかわらず，海岸線の長さが大きく変わらないのは，表と長崎県を示した略地図5から，長崎県は島が多いことと，　□　ことが理由だと考えられる。

表

項目　道県	面積(km²)	海岸線の長さ(km)	島の数
北海道	83,424	4,402	508
長崎県	4,131	4,196	971

（「理科年表2022」より作成）

問5　写真2は，略地図6のX地点から矢印の方向に撮影されたものです。この写真に写っている島の名を，ア～エから選びなさい。

ア　歯舞群島　イ　色丹島
ウ　国後島　エ　択捉島

写真2

略地図6

問6　次の(1)～(3)に答えなさい。

(1)　次の文の {　} に当てはまる語句を，ア，イから選びなさい。また，□ に当てはまる語句を書きなさい。

> バスチーユ牢獄の襲撃をきっかけに起こったフランス革命では，自由・平等の権利などを唱えた {ア　権利の章典　　イ　人権宣言} が発表された。その後，フランスの皇帝となった □ によって，ヨーロッパの大部分が征服される中で，自由・平等という革命の理念も広がった。

(2)　次の文の □ に当てはまる語句を書きなさい。また，{　} に当てはまる語句を，ア，イから選びなさい。

> インドでは，第一次世界大戦後，□ の指導によって，非暴力・不服従の抵抗運動が起こった。そして，第二次世界大戦後，インドをはじめ，独立を果たした国々の多くが，{ア　ワシントン会議　　イ　アジア・アフリカ会議} に集まり，平和共存を訴えた。

(3)　グラフ2は，わが国の自作地と小作地の割合の変化を示したものです。1939年と1949年を比較すると，どのような変化が見られるのか，その理由となった政策にふれて，簡単に書きなさい。

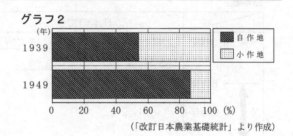

グラフ2

凡例：■ 自作地　▨ 小作地

（「改訂日本農業基礎統計」より作成）

問7　次の(1)，(2)に答えなさい。

(1)　地方公共団体の仕事に当てはまるものを，ア～カからすべて選びなさい。

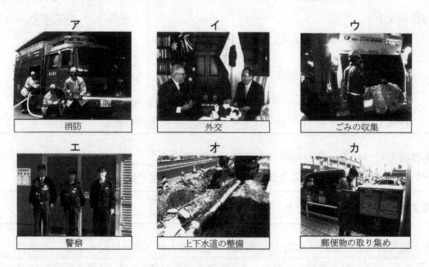

ア	イ	ウ
消防	外交	ごみの収集
エ	オ	カ
警察	上下水道の整備	郵便物の取り集め

(2)　次のページの ① に共通して当てはまる語句と，② に当てはまる語句をそれぞれ書きなさい。

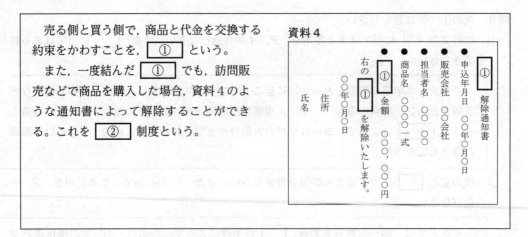

　売る側と買う側で，商品と代金を交換する約束をかわすことを，　①　という。

　また，一度結んだ　①　でも，訪問販売などで商品を購入した場合，資料4のような通知書によって解除することができる。これを　②　制度という。

資料4

解除通知書

申込年月日　○○年○月○日

販売会社　○○会社

担当者名　○○

商品名　○○○○一式

金額　○○○，○○○円

右の　①　を解除いたします。

○○年○月○日

住所

氏名

---

2 次の略年表を見て，問いに答えなさい。（配点　22）

略年表

	日本のできごと	世界のできごと
～紀元前3世紀	ⓐ大陸から稲作が伝わり，縄文時代から弥生時代に移り変わっていった	
618年		隋がほろび，唐がおこる
960年		宋（北宋）がおこる
1206年		モンゴル帝国が築かれる
1573年	ⓘ織田信長が足利義昭を京都から追放する	
18世紀後半		イギリスで⑤産業革命が始まる
1868年	五箇条の御誓文で⑧新たな政治の方針が示される	
1871年		ドイツが統一される
1939年	ⓚ第二次世界大戦が始まる	
1941年	ⓨアジア・太平洋戦争が始まる	

（Xは618年から1206年までの範囲を示す）

問1　下線部ⓐについて，2つの時代を比較した次の文の □ に当てはまる内容を，表1と図（次のページ）から読みとれることを手がかりに，15字程度で書きなさい。

　縄文時代と弥生時代の違いとして，弥生時代には □ ことが考えられる。

表1　縄文時代と弥生時代の出土人骨に占める受傷人骨（傷を受けた人骨）の割合

	出土人骨数（体）	受傷人骨数（体）	受傷人骨の割合（％）
縄文時代	1,269	23	1.8
弥生時代	2,395	96	4.0

（「文化進化の考古学」より作成）

図　遺構図(かつてその場所で暮らした人々の住居や溝の跡などの図)

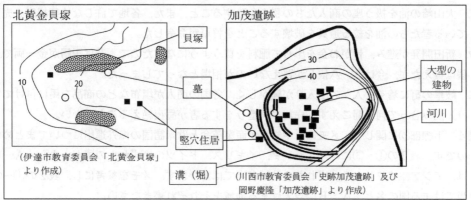

(伊達市教育委員会「北黄金貝塚」
より作成)

(川西市教育委員会「史跡加茂遺跡」及び
岡野慶隆「加茂遺跡」より作成)

問2　Xの時期におけるわが国の様子を述べた文として

正しいものを，ア〜エから選びなさい。

略地図

ア　日本最大の古墳である大仙古墳が，略地図の①の場

所につくられた。

イ　白村江の戦いの後に，山城や水城が，略地図の②の

場所につくられた。

ウ　桓武天皇が蝦夷を降伏させた後に，支配拠点となる

城を，略地図の③の場所につくった。

エ　源義家が，略地図の④の場所でおこった有力者の勢

力争いをしずめた。

問3　下線部ⓑの政策について，資料1は，生徒Aが「織田信長の政策は成功したのか失敗したの

か」というタイトルでレポートを作成するために収集したものです。

資料1

この市に移住するものは自由に領内を往来してよい。また，楽市楽座であることを承知した上で，商売を行うこと。 (「円徳寺所蔵文書」を現代語訳し一部要約したもの)	彼の統治前には道路に高い税を課し，これを納めさせたが彼は一切免除し税を払わせなかった。 (「日本史」を現代語訳し一部要約したもの)

収集した資料について，生徒Aと生徒Bが議論をした際に，生徒Bは次のような意見を生徒A

に述べました。

生徒Bの意見

政策の内容の資料だけを収集するのではなく，結果がわかる資料を加えることで，政策の

内容と結果のつながりを考えることができると思うよ。

生徒Bの意見をもとに，生徒Aが追加した資料として最も適当なものを，ア〜エから選びな

さい。

ア　思いがけない結果であった。永遠に栄えるはずの京の都が，狐や狼のすみかとなるとは。ま

た，わずかに焼け残っていた東寺や北野神社まで，灰になってしまうとは。

イ　大山崎の油を扱う座の商人たちの税を免除すること，また，各地で許しなく荏胡麻を売買している者たちの油を絞る道具を破壊することを将軍が命令した。

ウ　新田開発が進み，皆がお金を出して肥料を買うようになったので，昔は干鰯が金一両で五十俵は買えたが，今は七，八俵しか買えないのが相場となってしまった。

エ　岐阜の町に着くと人々の出入りが騒がしく，各国の商人が塩布などの商品を馬に付けて集まり，混み合って何も聞こえず，売買や荷造りをする者が昼夜絶えることがない。

問4　下線部⑤に関して，メモは，中学生が産業革命と欧米諸国の海外進出についてまとめたものです。表2の①～③には，オランダ，イギリス，ドイツのいずれかの国が，また，A，Bには，アジア，アフリカのいずれかの地域が当てはまります。メモを参考にし，表2の①～③に当てはまる国の名と，A，Bに当てはまる地域をそれぞれ書きなさい。

メモ

17世紀～　オランダがアジア進出に乗り出す→貿易や農園開発を進める

18世紀後半～　イギリスで産業革命が始まる→大量に生産した工業製品を世界中に輸出

【その後の世界の動き】

| イギリスから技術を導入し，製品を生産する国 | イギリスから製品を購入し，原材料を輸出する国 |

2つのタイプに分かれる

19世紀末～　イギリス・フランスにドイツ・アメリカなどを加えた列強が，植民地を求めアジアやアフリカなどへ進出

表2　欧米諸国の植民地領有面積

植民地とした地域 国名	A		B		その他		合計	
	1876年	1900年	1876年	1900年	1876年	1900年	1876年	1900年
①	3,765	5,224	707	9,201	18,004	18,288	22,476	32,713
フランス	160	664	700	10,211	105	110	965	10,985
②	—	0.5	—	2,352	—	244.5	—	2,597
③	1,521	1,521			524	525	2,045	2,046
アメリカ	—	296	—	—	1,553	1,580	1,553	1,876

※　単位は千㎢。（「近代国際経済要覧」より作成）

問5　下線部②に関して，資料2を読み，□□□に当てはまる語句を書きなさい。また，資料2について説明した文として適当なものをa～fから2つ選んだとき，組み合わせとして正しいものを，ア～ケから選びなさい。

資料2

　七月十四日，□□□の令を発せられ，各旧藩主は妻子とともに東京に在住することを令せられた。鹿児島県参事（後の県令）には大山綱良が任命された。島津久光公（薩摩藩元藩主の父）は，この令が当時の急務であることはわかっておられたが，突然の命令については，全て西郷と大久保の独断から行われたものであったことなどの不満に堪えられず，命令の知らせが鹿児島に達した夜に，家来の侍たちに命じ，邸中に花火を打ち上げさせ，憤気を漏らされた。

（「忠義公史料七巻」所収『市来四郎君自叙伝十』より作成）

a 「この令」の目的は，政府の収入を増やすことである。

b 「この令」の目的は，中央集権国家の建設を進めることである。

c 「この令」の目的は，地方分権を進めることである。

d 「この令」が出された後，「久光公」と子の元藩主は，身分制の廃止により平民となった。

e 「この令」が出された後，「西郷」と「大久保」は，征韓論をめぐり対立した。

f 「この令」が出された後，「侍たち」の身分の人々のみで全国統一の軍隊がつくられた。

ア a，d　**イ** a，e　**ウ** a，f　**エ** b，d　**オ** b，e

カ b，f　**キ** c，d　**ク** c，e　**ケ** c，f

問6　下線部㋔，㋕について，中学生が作成したレポートの ┌‥‥┐ に当てはまる内容を，語群から適当な語句を2つ選んで使い，書きなさい。

レポート

1　問い

　　アメリカと日本が戦争の目的として主張したことは何だったのか。

2　方法

　　戦争中は，政治的意図をもった主義・思想などの宣伝が行われていた。そこで戦争中に，政府の主張が反映された国民向けの書籍を収集し，それを読みとることで，戦争の目的がつかめると考えた。

3　収集した資料

　①アメリカの漫画の表紙　　②日本の絵本の記載
　　（1942年発行）　　　　　　（1944年発行）

（「Superman Vol 1 #17」）

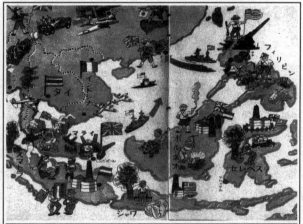

ゴラン　ナサイ。アメリカ　ヤ　イギリス　ヤ　オランダ　ハ，
ダイトウア　ノ　私タチヲ，グンタイ　ノ　チカラ　デ　オサエツケ，
コンナ　ニ　ワルイ　コトヲ　シテ　イタ　ノ　デス。

（「ダイトウアキョウドウセンゲン」より作成）

4　考察（アメリカと日本が戦争の目的として主張したこと）

┌‥‥‥‥‥‥‥‥‥‥‥‥‥‥‥‥‥‥‥‥‥‥‥‥‥‥‥‥‥‥‥‥‥‥┐
│　　　　　　　　　　　　　　　　　　　　　　　　　　　　　　│
│　　　　　　　　　　　　　　　　　　　　　　　　　　　　　　│
│　　　　　　　　　　　　　　　　　　　　　　　　　　　　　　│
└‥‥‥‥‥‥‥‥‥‥‥‥‥‥‥‥‥‥‥‥‥‥‥‥‥‥‥‥‥‥‥‥‥‥┘

5　新たな疑問
・政府が主張したことは，本当の目的なのか，異なる目的はなかったのか。
・実態はどうだったのか。
・国民は政府の主張をどのように受け止めたのか。

語群

| シベリア出兵 | 大西洋憲章 | ポツダム宣言 | 大東亜共栄圏 | 冷戦 |

3 次の**A**，**B**に答えなさい。（配点　22）

A 略地図を見て，次の問いに答えなさい。

略地図

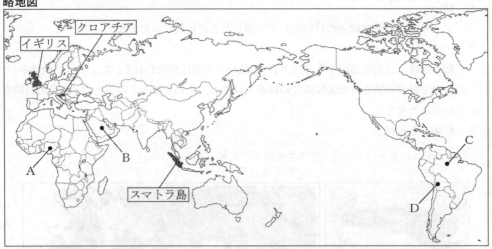

問1　次の文は，ある都市を訪れる際の注意事項をまとめたものです。{ } に当てはまる語句を，**ア**，**イ**から選びなさい。また，この都市の位置を，略地図のA～Dから選びなさい。

　この都市の年平均気温は約9℃です。月平均気温は一年をとおしてほとんど変わりませんが，朝晩と日中は気温差が大きいため，調整ができる重ね着をおすすめします。
　また，この都市は，標高が{**ア** 高い　　**イ** 低い}ため，旅行者の約半数が，酸素吸入等の処置を受けています。旅行の際には，体調にお気をつけください。

問2　略地図のスマトラ島について，生徒と先生との次の会話を読んで，□ に当てはまる内容を簡単に書きなさい。

　生徒：先日，資料1の文章を目にしました。なぜ，スマトラ島では，このような問題が起きているのでしょうか？
　先生：その問題を，グラフと資料2から考えてみましょう。グラフは，インドネシアにおけるパーム油の生産量の推移を示しています。このグラフと関連付けて考えると，資料2のスマトラ島の地図から，どのようなことが起きているかわかりますか？

生徒：スマトラ島では，　　　　　　　が起こっているのではないでしょうか。

先生：そのとおりです。遠い国のことのようですが，インドネシア産のパーム油は日本にも
　　　輸入されており，私たちの口にも入っているんですよ。

資料1

　スマトラ島には，アジアゾウの生息場所としては東南アジアで最大級の熱帯雨林（熱帯林）
があります。現在，ここでは，人間とゾウの深刻な衝突が起きています。ゾウの群れは地域
の住民のプランテーションを荒らし，住民はそのゾウを毒殺する，という悲劇が繰り返され
ています。さらに，住民がゾウやトラに襲われて命を落とす事故もあとを絶ちません。

(WWFジャパンのホームページより作成)

グラフ　　　　　　　　　　　　　　　**資料2**

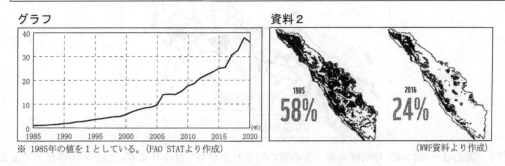

※ 1985年の値を1としている。(FAO STATより作成)　　　　　　(WWF資料より作成)

問3　資料3は，略地図のイギリスとクロアチアで，EUへの加盟もしくはEUからの離脱を決め
　　る国民投票を実施した際の代表的な意見を示したものです。資料3のX国，Y国について説明し
　　た文として適当なものをa～fから3つ選んだとき，組み合わせとして正しいものを，**ア～ク**か
　　ら選びなさい。

資料3

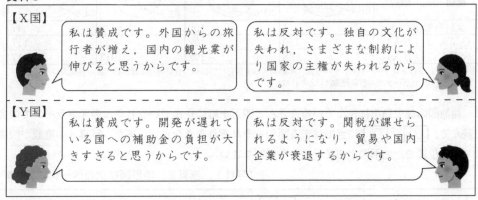

【X国】
私は賛成です。外国からの旅行者が増え，国内の観光業が伸びると思うからです。

私は反対です。独自の文化が失われ，さまざまな制約により国家の主権が失われるからです。

【Y国】
私は賛成です。開発が遅れている国への補助金の負担が大きすぎると思うからです。

私は反対です。関税が課せられるようになり，貿易や国内企業が衰退するからです。

a　X国はイギリス，Y国はクロアチアである。

b　X国はクロアチア，Y国はイギリスである。

c　X国の賛成論には，独自の経済政策を実施しやすくなるという意見も多くあった。

d　X国の反対論には，優秀な人材が外国に流出してしまうという意見も多くあった。

e　Y国の賛成論には，国境の管理を厳しくすることができるという意見も多くあった。

f　Y国の反対論には，他国からの労働者が増加してしまうという意見も多くあった。

ア a，c，e　**イ** a，c，f　**ウ** a，d，e　**エ** a，d，f
オ b，c，e　**カ** b，c，f　**キ** b，d，e　**ク** b，d，f

B 略地図を見て，次の問いに答えなさい。

略地図

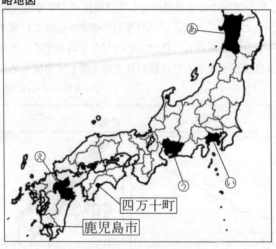

問1　表の a～d には，略地図の あ～え の県のいずれかが当てはまります。い と え の県が当てはまるものを，a～d からそれぞれ選びなさい。

表

項目＼県	a	b	c	d
年齢別人口の割合（％） 0-14　15-64　65-	25.1　13.1　61.8	37.2　9.8　53.0	25.3　11.9　62.8	32.9　12.2　54.9
食料自給率（％）	11	190	2	47
昼間人口（万人）	759	102	832	117
夜間人口（万人）	748	102	913	117

※　食料自給率はカロリーベース。データは，年齢別人口の割合は2019年，食料自給率は2018年度，昼間人口及び夜間人口は2015年。（「データでみる県勢2021」より作成）

問2　略地図の鹿児島市に住んでいるAさんと四万十町に住んでいるBさんのオンラインでの会話を読んで，　①　，　②　に当てはまる語句をそれぞれ書きなさい。また，写真2の施設が設置されている位置を，地形図上のX～Zから選びなさい。

（写真1，写真2，地形図は次のページにあります。

> Aさん：私が住む鹿児島市では，　①　による噴石等の被害が想定されており，写真1は，　①　が発生した際に避難する施設です。
>
> Bさん：私が住む四万十町では，大地震による被害が想定されており，写真2は，大地震に伴う　②　が発生した際に避難する施設です。
>
> Aさん：その土地に応じた避難施設がつくられているんですね。

写真1　　　　　　写真2　　　　　　地形図

問3　資料1は，中学生Cさんが「工場が置かれている場所」というテーマで発表したときに使用
したものです。そして，Cさんの発表を聞いたDさんは，発表内容から抱いた疑問を考察するた
めに，資料2（次のページ）を作成しました。資料2の□□□に当てはまる内容を，「輸送」と
「原料」という2つの語句を使い，書きなさい。

資料1

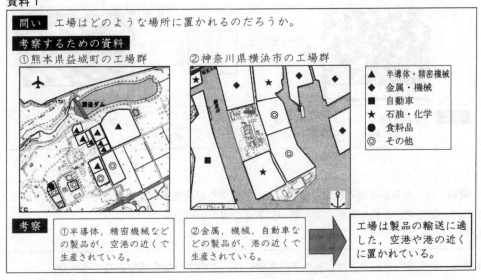

問い　工場はどのような場所に置かれるのだろうか。

考察するための資料

①熊本県益城町の工場群　　②神奈川県横浜市の工場群

▲　半導体・精密機械
◆　金属・機械
■　自動車
★　石油・化学
●　食料品
◎　その他

考察

①半導体，精密機械など
の製品が，空港の近くで
生産されている。

②金属，機械，自動車な
どの製品が，港の近くで
生産されている。

工場は製品の輸送に適
した，空港や港の近く
に置かれている。

資料2

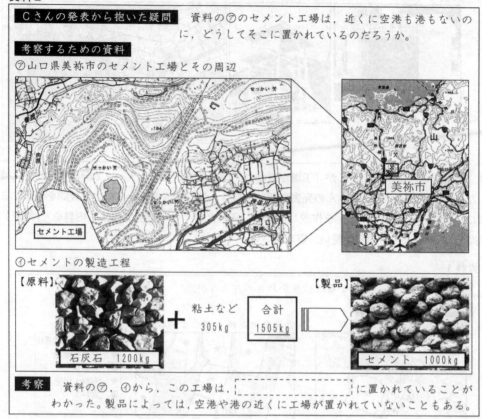

Cさんの発表から抱いた疑問 　資料の⑦のセメント工場は，近くに空港も港もないのに，どうしてそこに置かれているのだろうか。

考察するための資料
⑦山口県美祢市のセメント工場とその周辺

美祢市

①セメントの製造工程

【原料】　　　　　　　　　　　粘土など　　　　　合計　　　　　【製品】
　　　　　　　　　　　　　　　305kg　　　　　1505kg
石灰石　1200kg　　　　　　　　　　　　　　　　　　　　セメント　1000kg

考察 　資料の⑦，①から，この工場は，[　　　　　　　　　　]に置かれていることがわかった。製品によっては，空港や港の近くに工場が置かれていないこともある。

4 　資料1は，ある中学校の社会科の授業で，生徒たちが探究するために設定した課題をまとめたものの一部です。これを見て，次の問いに答えなさい。（配点　22）

資料1

生徒A	私たちの身近な生活と⑥基本的人権には，どのような関係があるだろうか？
生徒B	⑥国際社会の課題には，どのようなものがあるだろうか？
生徒C	日本銀行は，⑥物価の安定にどのような役割を果たしているのだろうか？
生徒D	⑥国会議員は，どのような仕事をしているのだろうか？
生徒E	⑥国際連合が国際平和に果たす役割には，どのようなものがあるだろうか？
生徒F	⑥SDGs（持続可能な開発目標）達成に向け，私たちができることは何だろうか？

問1 　下線部⑥について，資料2（次のページ）は，生徒Aが集めた新聞記事の見出しを示したものです。記事1～4にかかわりの深い国民の権利として最も適当なものを，ア～オからそれぞれ選びなさい。

　ア　社会権　　イ　平等権　　ウ　参政権　　エ　請求権　　オ　環境権

資料2

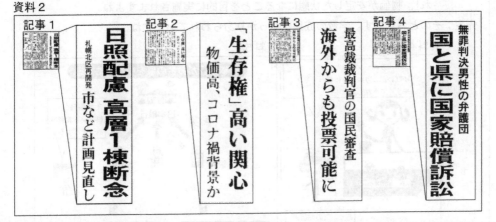

記事1
日照配慮 高層1棟断念
札幌北区再開発
市など計画見直し

記事2
「生存権」高い関心
物価高、コロナ禍背景か

記事3
最高裁裁判官の国民審査
海外からも投票可能に

記事4
無罪判決男性の弁護団
国と県に国家賠償訴訟

問2　資料3は，生徒Bが下線部④について収集したものです。資料3から読みとれる経済的な問題を何といいますか，書きなさい。また，その問題の内容を，簡単に説明しなさい。

資料3　国内総生産（GDP）に応じて各国の面積を変更した地図

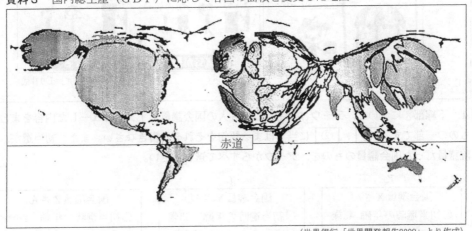

赤道

（世界銀行「世界開発報告2009」より作成）

問3　下線部⑤について，次の先生と生徒Cの会話を読んで，①～④の｛　｝に当てはまる語句を，ア，イからそれぞれ選びなさい。なお，資料5の ③ ， ④ には，③，④の｛　｝と同じ語句が入ります。
（資料4，資料5は次のページにあります。）

先　生：物価についての資料を見てみましょう。資料4は，何をあらわしていますか？

生徒C：資料4は，① ｛ア　インフレーション　　イ　デフレーション｝をあらわしていると思います。

先　生：そのとおりです。それでは，資料5は，何をあらわしていますか？

生徒C：資料5は，一般的に② ｛ア　インフレーション　　イ　デフレーション｝の際に行われる金融政策をとった時の動きだと思います。

先　生：そのとおりですね。この場合，金利が上がるため，企業や個人などが銀行からお金を③ ｛ア　借りやすく　　イ　借りにくく｝なります。

生徒C：資料5であらわしている金融政策は，景気が④ ｛ア　活発になり　　イ　おさえら

れ），物価が安定した状態になることを目的に実施されますよね。

先生：そのとおりです。学習の成果がしっかりあらわれていますね。

資料4　　　　　　　　　　　　　資料5

（「にちぎん☆キッズ」より作成）

問4　下線部ⓐについて，ア～ウは，生徒Dが3人の国会議員にインタビューした内容をまとめた
ものの一部です。 ① ， ② に当てはまる語句をそれぞれ書きなさい。また，初当選が，衆議
院議員だった国会議員のものを，ア～ウからすべて選びなさい。

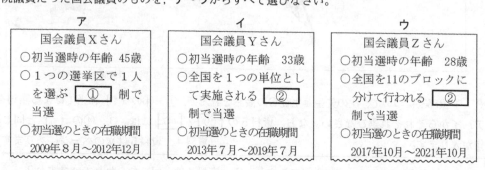

問5　ノートは，生徒Eが下線部ⓑについて調べ，まとめたものです。 ① ， ② に当てはまる
語句を，それぞれ書きなさい。

ノート

1　国際平和に向けた国際連合の活動について
　　写真（次のページ）は，紛争が起こった地域で選挙の監視を行っている様子である。こ
　れは， ① と呼ばれる国連の活動の1つであり，1992年以降，日本も参加している。
2　国際平和に向けた国際連合の役割について
　　国連の最大の役割は，世界の平和と安全の維持である。図（次のページ）は，侵略など

をした国に制裁を加えることができるとする国連の考え方や制度を示したものである。こうした考え方や制度を　②　という。

写真

図

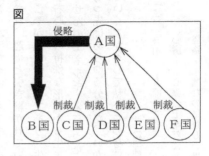

問6　下線部㋕について，資料6の写真は，2023年に札幌で開催されたG7気候・エネルギー・環境大臣会合の様子です。地球規模の環境課題の解決に向けて，あなたなら授業でどのような提案をするか，次の条件1〜3にしたがって説明しなさい。

> 条件1　取り上げる地球規模の環境課題は，資料6をふまえること。
> 条件2　あなたが提案することは，資料7をふまえ，具体的に書くこと。
> 条件3　あなたの提案によって，課題の解決に向けて期待できる効果を書くこと。

資料6

この会合では，われわれ人類が直面する地球規模の環境課題について話し合われました。特にパリ協定をふまえ，G7が様々な行動を実施していくことが確認されました。

（「G7気候・エネルギー・環境大臣会合コミュニケ」より作成）

資料7

> ひとりひとりができること　ゼロカーボンアクション30
>
> 「移動」を「エコ」に。smart m(ove

　各地で異常気象が発生する中，地球規模の環境課題の解決に向け，日本は「ゼロカーボンアクション30」に取り組んでいます。そのうちの「スマートムーブ」は，日常生活の様々な移動手段を工夫する取り組みであり，環境にやさしい移動を推奨しています。

（政府広報オンライン及び環境省ホームページより作成）

問三 【チラシ】（裏）の ┈┈┈ に当てはまる文章を、【ウェブページ】の情報をもとに、解答欄に示した表現に続けて、三十五字程度で書きなさい。その際、作品の素材、鑑賞以外の用途、設置場所に触れて書くこと。

問四 次の資料は「怒涛図」について書かれた文章です。資料を参考にして、【チラシ】（裏）の「怒涛図」について、あなたが感じたことや考えたことを、次の条件1、2にしたがって書きなさい。

条件1 解答欄のAには、資料から自分の着目したところを抜き出すこと。

条件2 解答欄のBには、解答欄のAに抜き出したところを踏まえ、あなたが「怒涛図」を見て感じたことや考えたことを六十字以上、八十字以内で書くこと。

資料

　絵の前にじっと佇むと、見えてくるものがある。らせん状に逆巻く水流がそのエネルギーを失うことなく、次のらせんに手渡され、連綿と引き継がれていくこと。北斎は知っていた。これこそが生命の本質なのだと。渦は生きることの実相なのだ。発生した血流の渦はその左右心房の特殊な形状から生まれる。渦は左右心房のエネルギーを保ったまま、どんどん進む。らせんの切っ先はあらゆる分岐路、いかなる隘路にでも次々に飛び込んでいく。かくして私たちの身体は潤され、生かされている。

　　　　　　　　（福岡伸一「芸術と科学のあいだ」による）

（注）　実相──実際の有様。
　　　　心房──心臓の上半部にあって血を送り出すところ。
　　　　隘路──進むのに難しい場所。

左の枠は、下書きに使って構いません。解答は必ず解答用紙に書くこと。

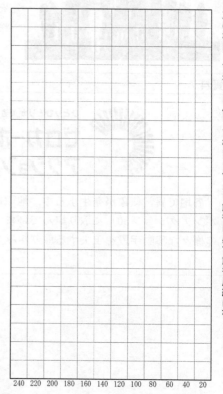

240 220 200 180 160 140 120 100 80 60 40 20

(1) 「断琴の交わり」の「断琴」と熟語の構成が同じものを、ア〜オから一つ選びなさい。

ア　植樹　　イ　呼応　　ウ　安穏　　エ　予知　　オ　官製

(2) 「断琴の交わり」が、とても親密な友情・交際を表すことになった由来について、□に当てはまる表現を、二十字程度で書きなさい。

四　次は、K中学校の美術部の安田さんが、学校祭で企画展をするために作成した【チラシ】と参考にした【ウェブページ】の一つです。これらを読んで、問いに答えなさい。（配点　20）

問一　【チラシ】（表）の表現の工夫について説明したものとして最も適当なものを、ア〜エから選びなさい。

ア　好奇心を高めるために、文字の配置によって企画内容を説明する工夫。

イ　企画内容を想像させるために、展示作品の一部を画像で見せる工夫。

ウ　関心を持たせるために、最小限の言葉で展示テーマを示す工夫。

エ　興味を持たせるために、展示作品の作者紹介を載せる工夫。

問二　安田さんは、【チラシ】（裏）に、「セカイハ渦デアフレテイル」というタイトルで、企画展の紹介文を書きました。□に当てはまるように、ア〜ウの文を適当な順に並べなさい。

ア　人間が創り出すものにも、【渦】はあふれています。

イ　自然界には、多くの形や構造、動きが存在します。

ウ　そのなかでも巻き貝や水流に見られるような「渦」に注目しました。

【チラシ】（表）

2023K中祭
美術部企画展

アート
×
渦

【チラシ】（裏）

セカイハ渦デアフレテイル

（企画担当：美術部３年　安田）

　そこで、この企画展では「渦」の芸術作品を集めました。芸術家は、「渦」に何を見て、「渦」で何を表現したのでしょうか。アートから、人間と「渦」との関わりを想像してみませんか。

イサム・ノグチ（1904・1988）
「ブラック・スライド・マントラ」

（参考　https://moerenumapark.jp）

葛飾北斎（1760・1849）
「怒涛図」

　長野県にある北斎館に所蔵されている。「怒涛図」は二点で一つの作品であり、左はそのうちの一点である。

（参考　https://hokusai-kan.com）

【ウェブページ】

　滑り台でもあるこの彫刻は、《ブラック・スライド・マントラ》と名づけられています。フロリダ州マイアミ市に設置されている《スライド・マントラ》（高さ2.8m、重量60t、白大理石）シリーズのひとつです。インドの遺跡ジャンタル・マンタルの天体観測所に影響を受けて制作されたと言われています。札幌市を視察している際に、大通公園に強い関心を持ったノグチが、子どもたちの遊び場をより楽しいものにすることを考え、雪の白と対照的な黒御影石を素材に選び、ひとまわり大きなスケール（高さ3.6m、重量80t）として、この空間に置くことを決定しました。

（モエレ沼公園ウェブページ「イサム・ノグチ」より作成）

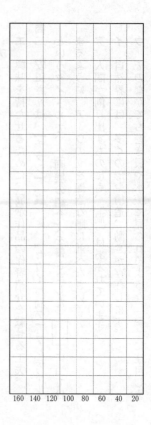

左の枠は、下書きに使って構いません。解答は必ず解答用紙に書くこと。

三　次の文章を読んで、問いに答えなさい。（配点　15）

伯牙善く琴を鼓き、鍾子期善く聴く。伯牙琴を鼓き、志、高
山に在り。〈①〉子期曰く、「善きかな、峩峩乎として泰山のごと
し。」と。〈②〉志、流水に在り。子期曰く、「善きかな、洋洋兮と
して江河のごとし。」と。〈③〉伯牙念ずる所、子期必ず之を得たり。

呂氏春秋に曰く、鍾子期死し、伯牙琴を破り絃を絶ち、終
身復た琴を鼓かず。以為えらく為に鼓くに足る者無し、と。

（「蒙求」による）

峩峩乎　高くそびえ
洋洋兮　広々として
之を得たり　思ったことには
以為えらく　思ったことには
為に　価値がある
足る者無し

高い山を心に思
浮かべる
流れる水を心に思い浮かべる

（注）泰山――中国の高い山の名前。
　　　江河――中国の大きな川の名前。
　　　呂氏春秋――中国の古い書物の名前。

問一　この文章に次の語句を補うとしたら、どこに入れるのが最も適当ですか。①～④から選びなさい。

> 伯牙琴を鼓き、

問二　――線「伯牙念ずる所、子期必ず之を得たり」とありますが、これは、どのようなことを述べていますか。最も適当なものを、ア～エから選びなさい。

ア　伯牙が心の中で我慢していることに、鍾子期はいつも感心していたということ。

イ　伯牙が心の中で祈ったことを、鍾子期はいつも実現させたということ。

ウ　伯牙が心の中で希望したものを、鍾子期はいつも手に入れたということ。

エ　伯牙が心の中で想像したことを、鍾子期はいつも悟ったということ。

問三　次は、ある生徒が、この文章のできごとから生まれた故事成語についてまとめたものです。これを読んで、⑴、⑵に答えなさい。

「断琴の交わり」…とても親密な友情・交際のこと。
　それほどまでに鍾子期のことを大切な
　　　　　　→　伯牙は、　　　　　　　　　　　存在として認めていた。
　　　　　　　　　　　　　　　　　。

めるとき、①、②に当てはまる表現を、それぞれ十五字程度で書きなさい。

> 西島晴順から聞いた話を先生に①でなければ受け取らないと言われたから。緊張による疲れが、先生のねぎらいにより一度引きかけたが、先生に②と分かったことで、再び疲れが広がった。

問五　──線4「私は唖然としていた」とありますが、その理由として最も適当なものを、ア〜エから選びなさい。

ア　口訣集は、他の一門に知られてはいけない秘伝であり、直ちに返す必要があると思っていたのに、持ち出した本人が直接返すのでなければ受け取らないと言われたから。

イ　口訣集は、研究の成果が詰まったものであり、誰でも手に入れたくなるものであると思っていたのに、門人たちは持ち帰ろうとせずに、ひたすら書き写していると言われたから。

ウ　口訣集は、門人たちが医術を修得するまでは、他の医者に伝えてはいけないと思っていたのに、持ち出したことを責めるどころか、先生自身にも非があると言われたから。

エ　口訣集は、自分の息子にしか伝承しないほど大切に守るべきものだと思っていたのに、勝手に持ち出したことをとがめるどころか、返さなくてもよいと言われたから。

問六　──線5「願ったりです」とありますが、先生がこのように言ったのは、「私」が口訣集を本にして広めることが、先生のどのような願いを実現することにつながるからですか。先生が、医術とはどのようなものであると考えているかに触れ、七十五字程度で書きなさい。

問七　──線「この口訣集を私が本にして、広めてもいいことになりますね」とありますが、このせりふに興味を持った中学生の本間さんと黒田さんが、江戸時代の本について調べました。次は、二人がそれぞれ調べたことを報告し合っている会話の一部です。これを参考に、本に関して、現代と共通するところと、異なるところを、身近な例を用いてそれぞれ書きなさい。

本間さん　江戸時代には、本がどのように出版されているのか調べたら、手で書き写された「写本」と、印刷された「版本」があることが分かったよ。

黒田さん　印刷はどうしていたの？

本間さん　全部手作業だよ。一度に大量に印刷できないから本は貴重だったんだって。それに高価だから、庶民は本を買うのではなくて、お金を払って貸本屋から借りて読んでいたんだって。

黒田さん　そうなんだ。私が読んだ本には、江戸時代初期の学者である貝原益軒という人が、「書物を読むには、まず手を洗い、心を慎み、姿勢を正しくし、机のほこりを払い、書物を正しく机の上に置き、ひざまずいて読め。」と説いている文章があったよ。ずいぶん厳格だったんだね。

本間さん　でもね、庶民が詠んでいるこんな句も見つけたよ。

　　　飽きることのない
　　読みながらつれづれ草や肘枕
　幾度も源氏はあかぬ書物にて

黒田さん　おもしろいね。

張り巡らせるのが常道ではないでしょうか」

「それをしたら医は進歩しません。患者は救われません」

きっぱりと、先生は言った。

「医は一人では前へ進めません。みんなが技を高めて、全体の水準が上がって、初めて、その先へ踏み出す者が出るのです。そのためには、みんなが最新の成果を明らかにして、みんなで試して、互いに認め合い、互いに叩き合わなければなりません。それを繰り返しているうちに、気がつくと、みんなで、遥か彼方に見えた高みに居て、ふと、上を見上げると、もう何人かは、それよりさらに高いところに居ることになるのです。一人で成果を抱え込むのではなく、俺はここに居ると、いや、俺はそこよりもっと先に居ると、みんなで自慢し合わなければ駄目なのです」

目から鱗、なんてものではない。もの凄い。この国のありのままは、あまりにかけ離れているけれど、そうなるといい。

「残念ながら、この国では、一子相伝とか、なんとか伝授とか、なにかの奥義とか、そういう仕組みが根を下ろしています。しかし、それは参加を制限し、競い合いを排除することによって進歩を止め、限られた者たちで過去の利益を分け合うということなのです。それでも、稽古事くらいならば害は限られるかもしれませんが、医はそうはいかぬのです。生きるか死ぬかであり、生かすか殺すかなのです。進歩しないわけにはいかんのです。西島晴順にも言ってください。医の進歩に力を振り向けろ、と言ってください。そんなことよりも、医の進歩に力を振り向けろ、と言ってください」

「ならば、先生」

私は先生の話を聴きながら、ずっと胸底で温めていた企てを言うことにした。

「先生のお話からすると、この口訣集を私が本にして、広めてもいい

ことになりますね」

「もちろんです！」

即座に、先生は答えた。

「5 願ったりです！」

（青山文平「本売る日々」による）

（注）　口訣集——ここでは、口で言い伝えられた医術を集めたもの。

　　　　称東堂——佐野淇一が医術を教えているところ。

　　　　淇平——佐野淇一の息子。

問一　＝＝線1、2の読みを書きなさい。

問二　――線1「折り入って」とありますが、ここでの意味として最も適当なものを、ア〜エから選びなさい。

ア　できることなら　　イ　ぜひとも

ウ　こっそりと　　　　エ　時間をかけて

問三　――線2「午」について、干支では「うま」と読みますが、ここでは時間帯を表す読み方として、どのように読むとよいですか。次の資料を参考にして、平仮名二字で書きなさい。

問四　――線3「引きかけた疲れが、またじわっと広がった」とありますが、「私」がこのように感じたことについて、次のようにまと

かないことだった。とにかく、いま、傍らに西島晴順が居て耳を傾け
ていたとしても、なんら 2 臆（おく）することがないように語り通した。そ
うして最後に、脇に置いた風呂敷（ふろしき）包みから五冊の口訣集を取り出し
た。

私が話しているあいだ、先生は一つとして問いを挟まなかった。ひ
たすら、耳に気を集めつづけていた。そして、私が語り終えると、「た
いへん、ご苦労をおかけしました」と言ってから、言葉を足した。
「さぞ、お疲れになったでしょう。それだけ正しく伝えようとしつづ
けるには、並大抵ではない根気が要ります。あなたは西島晴順のため
に、たいへん素晴らしい務めを果たされました」

伝え終えた途端、どっと疲れが押し寄せたのは事実だった。先生の労（ねぎら）
いで、その甲斐（かい）はあったのかと期待したのだが、しかし、先生は五冊
の口訣集を目にすると言った。
「せっかく遠いところを持ってきていただいたのに申し訳ありません
が、これは持ち帰ってください」

3 引きかけた疲れが、またじわっと広がった。
「やはり、受け取っていただけませんか」
西島晴順がしきりに気にかけていた「汚点」という言葉が思い出さ
れた。

「いや、そういうことではありません」
流れに目を預けたまま、先生は言った。
「それは、西島晴順が持っていたほうが、世の中の役に立つからで
す」

「世の中の役に立つ……」
「称東堂では、門人たちにいくらでも口訣集を写していいと言ってい
ます。ですから、諳（そら）んじようとしているのでしょう、写経のように、

何回も写す者も少なくありません。ですから、称東堂には口訣集が溢（あふ）
れ返っています。いくらでもあるのです」
そう、なのか。門外不出の、秘伝ではないのか。

「西島晴順には可哀想なことをしました。言って持って帰れば、なん
の問題もなかったのに、盗んだと思わせ、返さねばならぬのに返さな
いと思わせてしまった。その間、己で己を罰しつづけたことで
しょう。己で己を罰しつづけたことでしょう。この口訣集を西島
晴順に戻すのは、もう、このことで自分を貶（おと）める必要はないという徴（しる）
です。

4 佐野淇一（きいち）がそう言っていたと、よおく伝えてください」
私は唖然（あぜん）としていた。世の中に、こんな人物が存在しているのが
信じられなくて、穴の開くほど先生の横顔を見つめた。そして、俗人
丸出しの、問いを投げかけた。

「しかし、先生」
こういうことは、丸ごとわかるか、まるでわからないか、だ。半端（はんば）
はいけない。わかったような気でいてはならない。
「口訣というのは秘伝ではないのですか。先生なら、淇平（きへい）先生にしか
伝えないものではないのですか」

「そんなことは、ぜんぜんありませんよ!」
先生には珍しく、話にもならないという調子で言った。
「いましがた話したように、称東堂の門人はいくらでも口訣集を写し
ていいのです。修行を終えたら、それを持ち帰って構わないし、持ち
帰ったら、仲間の医者に見せて回るのも自由です。縛りはなんにもな
い。秘伝なんて、とんでもありません」

私はさらに驚く。
「なんで、それほどに守らないのでしょう。苦心を重ねて辿（たど）り着いた
成果でしょう。真似（まね）されないように、盗まれないように、堅固な壁を

て役目が　②　という意味で使っているんじゃない？

上田さん　役不足って、そういう意味だったんだ。私に生徒会役員なんてできるのか、心配で……。

宮本さん　上田さん、生徒会の役員になることが不安だったんだね。私は上田さんが、話し合いの人数に関わらず、そこに参加しているみんなの意見のよいところを上手にまとめてくれるから、上田さんがリーダーだと安心するんだ。

加藤さん　そうだね。しっかり意見を聞いた上で、みんなが納得するようにまとめることは、なかなかできることではないよね。

上田さん　二人がそんなに勧めてくれるなら、会長立候補、ちょっと考えてみようかな。

(1) 会話の内容を踏まえ、　①　、　②　に当てはまる表現をそれぞれ書きなさい。

(2) ——線「二人の会話、かみ合っていないよ」とありますが、上田さんの意図を正しく伝えるためには、上田さんは＝＝線部でどのような言葉を使うとよいですか。次の　□　に当てはまる漢字一字を書きなさい。

　□不足

(3) 会話の　:::　で囲んだ宮本さんの発言について説明したものとして最も適当なものを、ア～エから選びなさい。

ア　相手の考えに同意しながら、課題の解決策を検討するように呼びかけている。

イ　相手の考えに反対しながら、自分の考えとの違いについて説明している。

ウ　相手の考えを受容しながら、自分の考えを具体的な理由を示して伝えている。

エ　相手の気持ちを確認しながら、目の前にある問題点について的確に指摘している。

二　次の文章を読んで、問いに答えなさい。（配点　40）

　これは、江戸時代に本屋を営む西島晴順が、医者である佐野淇一（きいち）（先生）のところへ、同じく医者の西島晴順が無断で持ち出した口訣（くけつ）集を、西島から頼まれて返しに行ったときの話です。

「実は、この前、先生がお話しくださった西島晴順のことで、1折り入ってお伝えしたいことがございまして」

「ほお」

　先生は覚えてくれていて、「じゃあ……」と言った。

「そこの川縁にでも座って話しましょうか」

　時候は九月も末だけれど、その日はよく晴れ渡って風もなく、おまけに2午が間もなくとあって、野に咲く花こそ秋の花だったものの、春とまちがうほどに暖かだった。川は子供の水遊びには頃合いの四間ばかりの幅で、流れも緩く、川縁に腰を着けると1快くて眠気を誘わXXXれそうだ。

　私は柔らかな陽（ひ）と川の流れと野の匂いに助けられて、西島晴順から聞いた話を語り出した。心がけたのは、話になにも足さず、なにも引

＜国語＞

時間　五〇分　満点　一〇〇点

一　次の問いに答えなさい。（配点　25）

問一　(1)、(2)の──線部の読みを書きなさい。
(1) チームの勝利に貢献する。
(2) 母は諭すように言った。

問二　(1)、(2)の──線部を漢字で書きなさい。
(1) 歴史上の人物にそんけいの念を抱く。
(2) 兄は地元の会社にしゅうしょくした。

問三　次の俳句を読んで、(1)、(2)に答えなさい。

てらてらと石に日の照枯野（てるかれの）かな　　与謝　蕪村

(1) この句で表現されている季節と同じ季節を詠んだ俳句はどれですか。最も適当なものを、ア〜エから選びなさい。
ア　大蛍ゆらりゆらりと通りけり
イ　学問のさびしさに堪へ炭をつぐ
ウ　行水の捨てどころなし虫の声
エ　花の雲鐘は上野か浅草か

(2) ──線部の表現の技法をⅠ群のア〜エから選び、その表現の技法を使っているものをⅡ群のカ〜ケから一つ選びなさい。

［Ⅰ群］
ア　擬人法　　イ　擬態語　　ウ　擬声語　　エ　直喩

［Ⅱ群］
カ　ダイヤモンドのように輝く。
キ　小鳥が美しい声で歌っている。
ク　木の葉がかさこそと鳴る。
ケ　一日中ごろごろして過ごす。

問四　次は、中学生の加藤さん、宮本さん、上田さんの会話です。これを読んで、(1)〜(3)に答えなさい。

加藤さん　上田さんの体験学習のまとめ新聞、とても読みやすかったよ。

宮本さん　私もそう思った。文章は分かりやすいし、字もきれいだよね。

加藤さん　今度の生徒会選挙に立候補したらいいんじゃない？書記とか、いいと思うけれど。

上田さん　そうかな。＝＝役不足じゃないかな。

加藤さん　え？会長にする？

上田さん　いやいや。そもそも生徒会役員なんて、私には無理だと思う。

宮本さん　そんなことないよ。上田さん、体験学習のときもグループをまとめてくれていたし……上田さんにとっては、書記だと役不足かもしれないね。会長が合っていると思う。

上田さん　私には役不足なのに書記より会長？

宮本さん　そうだよ。会長がぴったり！

加藤さん　ちょっと待って。二人の会話、かみ合っていないよ。宮本さんは、「役不足」という言葉を「本人の能力に対して役目が　①　」という本来の意味で使っているけれど、上田さんは「本人の能力に対し

大切なことはメモしておこうネ!

2024年度

解 答 と 解 説

《2024年度の配点は解答用紙集に掲載してあります。》

＜数学解答＞

1 問1　(1)　-6　　(2)　1　　(3)　$2\sqrt{2}$

　　問2　$2\times5\times7$　　問3　$y=30x$　　問4　①　ウ

　　②　ア　　問5　①　エ　　②　ア　　問6　右図1

2 問1　(1)　32本

　　(2)　(例1)(求め方を表す式)$(a-1)\times2+(2a-1)\times2$

　　(右図2)　((例2)は解説参照)　　問2　180本

3 問1　(1)　9　　(2)　$y=x+6$(途中の計算は解説参照)

　　問2　$t=\dfrac{4}{3}$(途中の計算は解説参照)

4 問1　ア，ウ　　問2　(1)　解説参照　　(2)　18cm²

5 問1　(1)　120度　　(2)　$\dfrac{1}{4}$

　　問2　$16\sqrt{6}$ cm³(途中の計算は解説参照)

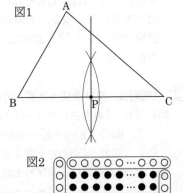

図1

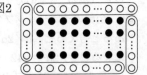

図2

＜数学解説＞

1 (数・式の計算，平方根，素因数分解，比例関数，一次関数，資料の散らばり・代表値，作図)

問1　(1)　同符号の2数の和の符号は2数と同じ符号で，絶対値は2数の絶対値の和だから，(-1) $+(-5)=-(1+5)=-6$

　　(2)　四則をふくむ式の計算の順序は，乗法・除法→加法・減法となる。$7+18\div(-3)=7+(-6)$ $=(+7)+(-6)=+(7-1)=1$

　　(3)　$\sqrt{6}\times\sqrt{3}-\sqrt{2}=\sqrt{6\times3}-\sqrt{2}=\sqrt{2\times3\times3}-\sqrt{2}=3\sqrt{2}-\sqrt{2}=(3-1)\sqrt{2}=2\sqrt{2}$

問2　自然数を素因数の積に分解することを素因数分解という。素因数分解は，素数で順にわっていき，商が素数になったらやめる。これより，70を素因数分解すると，$70\div\underline{2}=35$，$35\div\underline{5}=\underline{7}$　よって，$70=2\times5\times7$である。

問3　針金の重さは長さに比例するから，yはxに比例し，xとyの関係は$y=ax$と表せる。$x=1$のとき$y=30$だから，$30=a\times1=a$　よって，このときのxとyの関係は$y=30x$と表せる。

問4　定数a，bを用いて$y=ax+b$と表される関数は一次関数であり，そのグラフは傾きがa，切片がbの直線である。グラフは，$a>0$のとき，xが増加するとyも増加する右上がりの直線となり，$a<0$のとき，xが増加するとyは減少する右下がりの直線となる。また，切片bは，グラフがy軸と交わる点$(0,\ b)$のy座標になっている。問題のグラフは，右下がりの直線で，y軸の正の部分と交わっているから，aの値は負の数であり，bの値は正の数である。

問5　最大値が含まれる階級に着目すると，①，④のヒストグラムは，ウかエの箱ひげ図に対応し，②，③のヒストグラムは，アかイの箱ひげ図に対応する。①，④のヒストグラムを比較すると，④の方が①より，より多くのデータが中央に集まっていることがわかり，四分位範囲が小さい(箱の横の長さが短い)ことがわかる。これより，①はエに対応し，④はウに対応する。②，③

のヒストグラムを比較すると，②はデータ全体が大きい方にかたよっている(中央値が大きい方にかたよっている)のに対して，③はデータ全体が小さい方にかたよっている(中央値が小さい方にかたよっている)ことがわかる。これより，②はアに対応し，③はイに対応する。

問6 (着眼点)△ABPと△ACPで，高さが等しい三角形の面積比は，底辺の長さの比に等しいから，△ABP：△ACP＝BP：PCであり，△ABP＝△ACPとなるとき，BP＝PCより，点Pは辺BCの中点となる。 (作図手順)次の①〜②の手順で作図する。 ① 点B，Cをそれぞれ中心として，交わるように半径の等しい円を描き，その交点を通る直線(辺BCの**垂直二等分線**)を引く。 ② 辺BCと，辺BCの垂直二等分線との交点をPとする。

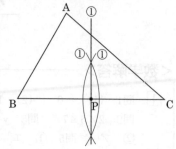

2 (規則性，文字を使った式，方程式の応用)

問1 (1) (勇太さんのノート)の(白色のチューリップの本数の求め方を表す式)に$a=6$を代入して，$6×2+2×6×2-4=32$(本)

(2) (例2) (求め方を表す式)$(a-2)×2+2a×2$(図は右図)

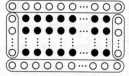

問2 全部のチューリップの本数は，縦にa本並んだチューリップが$2a$列あると考えると，$a×2a=2a^2$(本)と表すことができる。これが242本になるとき，$2a^2=242$ $a^2=121$ $a>0$より，$a=\sqrt{121}=11$ よって，(赤色のチューリップの本数)＝(全部のチューリップの本数)−(白色のチューリップの本数)＝$242-(a×2+2a×2-4)=246-6a=246-6×11=180$(本)である。

3 (図形と関数・グラフ)

問1 (1) 点Aは$y=x^2$上にあるから，そのy座標は$y=3^2=9$ よって，A$(3, 9)$

(2) (途中の計算) (例1)$y=3^2=9$より，点Aの座標は$(3, 9)$ $y=(-2)^2=4$より，点Bの座標は$(-2, 4)$ 求める直線の式を$y=ax+b$とすると，連立方程式$\begin{cases}9=3a+b\\4=-2a+b\end{cases}$を解いて，$a=1$，$b=6$ したがって，求める直線の式は，$y=x+6$ (例2)(点Bの座標を求めるまでは例1と同様とする。)2点A，Bを通る直線の傾きは，$\dfrac{9-4}{3-(-2)}$と表すことができ，計算すると1になる。よって，求める直線の式は，切片をbとすると，$y=x+b$と表すことができる。点Aは直線AB上にあるから，$9=3+b$ これを解いて，$b=6$ したがって，求める直線の式は，$y=x+6$

問2 (途中の計算) (例)△PQRは∠QPR＝90°の直角二等辺三角形であるから，PQ＝PR…① P$(t, 2t^2)$であるから，Q$(-t, 2t^2)$，R$\left(t, \dfrac{1}{2}t^2\right)$ PQの長さは$2t$…②，PRの長さは$\dfrac{3}{2}t^2$…③ ①，②，③より，$2t=\dfrac{3}{2}t^2$ $t(3t-4)=0$ $t>0$より，$t=\dfrac{4}{3}$

4 (特別な平行四辺形，図形の証明，面積)

問1 四角形ABCDがひし形ならば，AC⊥BDより，∠PQR＝∠QRS＝∠RSP＝∠SPQ＝90°となり，四角形PQRSは，いつでも長方形である。その特別な場合として，四角形ABCDが正方形のとき，AC⊥BD，AC＝BDより，∠PQR＝∠QRS＝∠RSP＝∠SPQ＝90°，PQ＝QR＝RS＝SPとなり，四角形PQRSは，正方形(ひし形)になる。

問2 (1) (証明) (例1)△APSと△ABDにおいて，AP：PB＝AS：SDであるから，PS∥BD…⑦

△CQRと△CBDにおいて，CQ：QB＝CR：RDであるから，QR//BD…⑦　⑦，⑦より，PS//QR…①　⑦より，PS：BD＝AP：AB＝1：4であるから，PS＝$\frac{1}{4}$BD…⑦　⑦より，QR：BD＝CQ：CB＝1：4であるから，QR＝$\frac{1}{4}$BD…⑦　⑦，⑦より，PS＝QR…②　①，②より，1組の対辺が平行で長さが等しいので，四角形PQRSは平行四辺形である。　（例2）（①までは例1と同様とする。）△BPQと△BACにおいて，BP：PA＝BQ：QCであるから，PQ//AC…⑦　△DSRと△DACにおいて，DS：SA＝DR：RCであるから，SR//AC…⑦　⑦，⑦より，PQ//SR…②　①，②より，2組の対辺がそれぞれ平行なので，四角形PQRSは平行四辺形である。

(2)　PS//BDより，△APS∽△ABDで，相似比はPS：BD＝AP：AB＝1：4だから，面積比は1^2：4^2＝1：16であり，△ABD＝△APS×16＝3×16＝48（cm²）である。線分PMとSNが重なるように△SNDを平行移動してできる三角形を△P(S)BDとすると，∠ABD＝∠PBD，∠ADB＝∠SBDより，△ABD∽△P(S)BDで，相似比はAB：PB＝4：3だから，面積比は4^2：3^2＝16：9であり，△P(S)BD＝△ABD×$\frac{9}{16}$＝48×$\frac{9}{16}$＝27（cm²）である。以上より，（四角形PMNSの面積）＝△ABD－（△APS＋△PBM＋△SND）＝△ABD－{△APS＋△P(S)BD}＝48－（3＋27)＝18（cm²）である。

⑤　（図形の移動，確率，体積）

問1　(1)　問題図1の二等辺三角形の1つの底角の大きさは（180°－120°）÷2＝30°である。これより，①を，点Oを中心として時計回りに回転移動して，⑨に初めてぴったり重なったのは，線分AOが線分EOに重なるように，∠AOE＝30°×4＝120°回転移動したときである。

(2)　硬貨X，Y，Zを同時に投げるとき，表と裏の出方と，①の移動の様子は，（硬貨X，硬貨Y，硬貨Z，①の移動の様子）＝（表，表，表，①→⑫→⑥→①），（表，表，裏，①→⑫→⑥），（表，裏，表，①→⑫→⑦），（表，裏，裏，①→⑫），（裏，表，表，①→⑦→⑫），（裏，表，裏，①→⑦），（裏，裏，表，①→⑥），（裏，裏，裏，①）の8通り。このうち，①が最後に重なる三角形が⑦となるのは，＿＿＿を付けた2通りだから，求める確率は$\frac{2}{8}＝\frac{1}{4}$

問2　（途中の計算）　（例）△JKLにおいて，辺KLの中点をMとすると，△JKMは，∠JKM＝30°の直角三角形であるから，直角三角形の辺の比より，KM：JK＝$\sqrt{3}$：2　JK＝4であるから，KM：4＝$\sqrt{3}$：2より，KM＝$2\sqrt{3}$　よって，KL＝2×$2\sqrt{3}$＝$4\sqrt{3}$…⑦　また，JM：JK＝1：2であるから，JM：4＝1：2より，JM＝2…⑦　⑦，⑦より，△JKLの面積は，$\frac{1}{2}$×$4\sqrt{3}$×2＝$4\sqrt{3}$…①　△GKLは正三角形なので，GK＝KL＝$4\sqrt{3}$　直角三角形GJKにおいて，三平方の定理より，$GJ^2＋4^2＝(4\sqrt{3})^2$…⑦　よって，GJ^2＝48－16＝32　GJ＞0より，GJ＝$4\sqrt{2}$…②　①，②より，求める体積は，$4\sqrt{3}×4\sqrt{2}＝16\sqrt{6}$

＜英語解答＞

①　問1　No.1　ウ　　No.2　ア　　No.3　ウ　　問2　No.1　イ　　No.2　エ　　No.3　ウ　　No.4　イ　　問3　No.1　ウ　　No.2　ア　　No.3　エ　　問4　No.1　(They will)（例）get a notebook(.)　　No.2　(It's) April(.)　　No.3　（例）Our school starts in this month(.)

②　問1　(1)　by　　(2)　hours　　問2　(1)　more　　(2)　don't　　問3　(1)　（例）Whose bag is that(?)　　(2)　（例）Where is his house(?)

3 **Ⓐ** 問1 イ, オ, カ 　問2 エ 　問3 （例）What kind of school events do you have in your country? 　**Ⓑ** 問1 ア 　問2 イ 　問3 （例）He felt excited. 　**Ⓒ** 問1 エ 　問2 イ 　問3 （1）① （例）introduce 　② （例）without 　（2） （例）What do you think? 　問4 イ, オ

4 （1） （例）Today's newspaper says that (a high school is making a digital graduation album.) 　（2） （例）However, (I think that digital albums will become more popular in the future.) 　（3） （例）First, people can see the album anywhere on the Internet. Second, people can enjoy voice messages from their friends or the videos of school events on it.

＜英語解説＞

1 （リスニング）

放送台本の和訳は, 59ページに掲載。

2 （文法問題・会話問題：語句補充・選択, 自由・条件英作文, 語句の問題, 前置詞, 比較, 名詞・冠詞・代名詞・形容詞・副詞）

問1 （1） I'll go to the station by bus. （問題文訳）私はバス で 駅へ行きます。 語群 ～によって 取る ～へ 得る 語群では, 「バスによって, バスで」という手段を表す前置詞 by が適当。 （2） A day has twenty-four hours . （問題文訳）一日には 24 時間 あります。 語群 長い 時間 古い 分 文脈から hours（時間）が適当。

問2 （1） The Brass Band Club has more students than the Badminton Club. （問題文訳）吹奏楽部には, バドミントン部 よりも多くの 生徒がいます。 問題のグラフでは, 吹奏楽部の人数は56人でバドミントン部は36人となっている。また, 空欄の後には than があるので生徒の所属人数を比較している文だと考えると, 空欄には more が適当。

（2） Thirty students don't do any club activities. （問題文訳）30人の生徒はどの部活動もして いません 。 問題文で示される30人は, グラフで「所属なし」とあるどの部活動にも参加していない人たちのことなので, 空欄には否定文とする don't が適当。主語は students と複数形なので, doesn't ではなく don't とする。

問3 （1） （例）Whose bag is that? 　（2） （例）Where is his house? （問題文訳）① (1) あれは誰のバッグかな ？／② ああ, あれはタロウのバッグだよ。彼が忘れたのだと思う。／③ ぼくたちはそれを彼の家に持っていくべきだね。／④ (2) 彼の家はどこ ？／⑤ 郵便局のとなりだよ。さあ行こう！ （1） 空欄の次の②の文では「タロウのバッグだ」と言っているので, 正答例では空欄の文を「だれのバッグか？」という疑問文にしている。「だれの～」という所有の意味を表すときは who ではなく whose を使う。 （2） 空欄の前の③の文では「彼の家へ持っていくべきだ」とあり, 空欄の次の⑤の文では「郵便局のとなり」と言っているので, 正答例では空欄の文を「彼の家はどこ？」と場所を聞く疑問文 Where is～? としている。

3 （読解問題・会話問題：絵・図・表・グラフなどを用いた問題, 広告・メール・メモ・手紙・要約文などを用いた問題, 語句補充・選択, 自由・条件英作文, 英問英答, 内容真偽, 文の挿入, 受け身, 不定詞, 助動詞, 比較, 形容詞・副詞, 前置詞, 関係代名詞, 文の構造, 間接疑問, 動名詞）

Ａ

学校祭 2024

日付: 7月13日（土曜日）
イベントスケジュール

【体育館】	時間	【理科室】
	11:00	
吹奏楽コンサート		ハッピーイングリッシュアワー
	11:30	私たちの留学生と話すことを楽しみましょう
11:40 から 12:20 までここで昼食をとることができます	12:00	
		サイエンスショーⅠ
	12:30	小さいロケットを作ろう
	13:00	
スピーチコンテスト		サイエンスショーⅡ
	13:30	水の力を見よう
コーラス部の公演		
	14:00	
書道アートショー		サイエンスショーⅢ
	14:30	雲を作ろう
ビンゴタイム		
	15:00	
ダンスイベント		
	16:00	
学校映画コンテスト		
	17:00	

≪クラスのイベント≫
【各教室】
11:00-15:00

1A: 射的ゲーム
2B: SDGs クイズ
3B: デジタルアート

≪クラスのショップ≫
【校庭】
11:00-15:00

1B: 焼きそば
2A: お好み焼き
3A: りんごあめ

※ 保護者と来賓の方々は，11:00から15:00まで学校祭に参加できます。
※ クラスのショップのチケットはコンピュータールームで購入してください。

問1　（問題文訳）保護者は，コーラス部の公演の後，この学校祭で⬚⬚⬚⬚を楽しむことができます。　ア　スピーチコンテスト　イ　ビンゴタイム（○）　ウ　ダンスイベント　エ　サイエンスショーⅡ　オ　サイエンスショーⅢ（○）　カ　SDGs クイズ（○）　パンフレットの下方の※の一つ目に「保護者は11:00から15:00まで学校祭に参加できる」とある。また，問題のパンフレットを見ると，「コーラス部の合唱の後」に，つまり14:00以降にあるイベントは，選択肢のイ，オ，カが該当する。

問2　ア　すべてのイベントは土曜日の午後に開催されます。　イ　来賓は学校祭にお弁当を持参する必要があります。　ウ　来賓は射的ゲームをするためにチケットを入手する必要があります。　エ　体育館には理科室よりも多くのイベントがあります。（○）　体育館では7つのイベント，理科室では4つのイベントが開催されるので，選択肢エが適当。選択肢アの are held〜は受け身の形で「開催される」。また，選択肢ウの to get は to 不定詞の名詞用法で「得ること」，to play は to 不定詞の副詞用法で「（ゲームを）するために」という意味になる。

問3　（正答例）What kind of school events do you have in your country?（あなたの国では，どのような学校行事がありますか？）　正答例では What kind of〜「どのような種類の〜」という疑問文にしている。

Ｂ　（全訳）みなさん，こんにちは！　今日は，私が3年間の英語の授業で学んだ2つのことについて話します。

「まちがいはあなたの英語を上達させうる！」これは私が好きな表現です。最初は，間違った言葉を使うことを心配していたので，私は英語を話すことに恐れを感じました。しかし，先生は何度も私に「間違えることを恐れないで」と言いました。先生の言葉のおかげで，私はALTへ私のペットの犬について話すことができました。私の英語にはいくつかのまちがいがありましたが，先生は私の話を注意深く聞いて，私に正しい表現を教えてくれました。先生からおおきな賞

賛をもらいました。それは私をとても幸せにしました。この経験を通じて，まちがいが私の英語を上達させることがわかりました。それ以来，私はたとえいくらか恐れを感じても，さまざまなことに挑戦してきました。

　私たちが英語を話すとき，明確な意見を持つことも重要です。英語の授業で私たちは，よくクラスメートと一緒にペアやグループで活動しました。私にとっては，議論で自分の考えを表現することが時々難しかったのです，なぜなら，私の知識が十分ではなかったからです。だから，自分自身の考えを持つために，英語だけでなく他の科目でもいっそう努力しました。それから，少しずつ，私は議論に参加することが，ワクワクするようになりました。今は，議論の時間が待ちきれません！

　私の3年間の英語の授業では，私たちはさらに成長したいならば，まちがいについて心配するべきではないと学びました。また，明確な意見を持つために，より多くの知識を得ることを続けるべきだとわかりました。将来，私は外国で医者として働きたいです。だから，もっと英語の勉強をがんばるつもりです。ありがとうございました。

問1　ア　隼人はいくつかのまちがいがある英語で ALT と話しました。（○）　イ　隼人は自分の意見を他人に伝えるために，たくさんの英語を聞きました。　ウ　隼人はクラスメートから英語に関するたくさんの情報を得ました。　エ　隼人は彼のクラスメートが ALT から賞賛を得たことがうれしかった。　問題本文第2段落第5文 Thanks to his~ と第6文 There were some~ には「先生の言葉のおかげで，ALTにペットの犬について話すことができた。英語にはまちがいがあったが，先生は正しい表現を教えてくれた」とあるので，選択肢アが適当。選択肢イの to tell は to 不定詞の副詞用法で「伝えるために」という目的の意味がある。

問2　ア　私たちはALTと話すとき，間違った言葉を選ぶべきではありません。　イ　私たちはさらに成長したいならば，まちがいについて心配するべきではありません。（○）　ウ　私たちは議論をするために，いくつか興味深いトピックを持つべきです。　エ　将来の夢を実現するためには，お互いを助け合うべきです。　問題本文の最初の段落では，「英語の授業で学んだ2つのことを話す」とある。これら 2 つのこととは，第2段落 "Mistakes can improve ~にある「間違えることで英語が上達する」であり，第3段落 When we speak~にある「知識を得て明確な意見を持つことが大切」だと考えられる。最後の段落 In my three~ ではこれら2つのことがまとめられていて，空欄のあとの文 Also, I realized~では「明確な意見を持つために知識を得る」とある。したがって，空欄の文の内容はもう一方の「間違えることで英語が上達する」だと考えられることから，選択肢ではイの内容が適当。選択肢イの to grow は to 不定詞の名詞用法で「成長すること」という意味になる。

問3　（正答例）He felt excited.（彼はワクワクした）　（問題文訳）隼人は，すべての科目に一生懸命取り組んだ後，議論でどのように感じましたか？　自分の意見を持つために隼人が英語以外にも一生懸命取り組んだことは，問題本文第3段落第4文 So, I worked~「自分自身の考えを持つために，英語以外の科目でも努力した」にあり，次の第5文 Then, little by~では「それから，少しずつ議論に参加することにワクワクするようになった」とあるので，正答例では He felt excited.（彼はワクワクした）としている。felt は feel（感じる，自覚する）の過去形。excited は「ワクワクする，活発な」という形容詞の働きをして「ワクワクする感じがした」という意味になる。

Ｃ　（全訳）（やりとりの場面）
森先生：今日，私たちは「ナッジ」について話しましょう。みなさんはこれを以前に聞いたことがありますか？

次郎　　：いいえ，私はありません，森先生。それは何ですか？

森先生　：さて，私が駅で撮ったこの写真を見てください。その中にはナッジの例を見つけること
　　　　　ができます。次郎さん，何が見えますか？

次郎　　：一人の男性，エスカレーターと階段が見えます。

森先生　：そうですね！　その男性は何をしていますか？

次郎　　：彼はエスカレーター 　の代わりに 　階段を上っています。

森先生　：素晴らしい！　花さん，写真に何か別のことを見つけられますか？

花　　　：階段にいくつかの数字が見えます。

森先生　：良いですね！　数字はその男性に何を伝えていますか？

花　　　：ええと，数字は階段を上る人によって消費されるキロカロリーを示しています。だか
　　　　　ら，たぶん，それはその男性に，階段を使うことがエスカレーターを使うことよりも，
　　　　　彼の体により良いと伝えているのです。

森先生　：その通りです，花さん！　ナッジは人々が日常生活でより好ましい方法を選択すること
　　　　　を手助けします。

次郎　　：ああ，わかりました！　だから，この写真では，階段の数字にナッジが見られて，その
　　　　　数字を見た男性は 彼の健康のためにエスカレーターではなく階段を使うことを選んだ
　　　　　のですね？

森先生　：その通りです，次郎さん！　実は，私はこのナッジを見てから，私の健康のためにより
　　　　　頻繁に階段を使い始めました。

花　　　：わぁ，ナッジはとてもすばらしいと思います，なぜなら，それは楽しい方法で人々がよ
　　　　　り良い選択をするための手助けをしてくれます。

森先生　：花さん，それはとても大切な点ですね！　私は駅で階段を上ることを選ぶ多くの人々を
　　　　　見ました。

次郎　　：森先生，何か他にもナッジの例はありますか？　私はそれらについてもっと知りたいで
　　　　　す。

森先生　：それはすばらしいことです，次郎さん！　実は，私たちの日常生活にはたくさんのナッ
　　　　　ジの例があります。それらは良い健康状態を保つだけでなく，社会をより持続可能なも
　　　　　のにするためにも使われています。この単元の最後に，ナッジを使うことで私たちは社
　　　　　会的な問題をどのように解決できるかについて考え，それについてのプレゼンテーショ
　　　　　ンをしましょう。

次郎　　：とても興味深そうですね！

（次郎と花のグループのプレゼンテーションの場面）

　　こんにちは，私たちはEグループです！　私たちが作ったナッジの例を ①紹介 したいと思いま
す。

　　この写真を見てください。これはペットボトルのふたの回収箱です。

　　箱の上部には「夏と冬，あなたはどちらがより好きですか？」という質問が見えます。もし夏
の方が好きなら，ペットボトルのふたを「夏」の箱に入れます。もし冬の方が好きなら，ふたを
「冬」の方に入れます。箱は透明なので，人々はそれぞれの箱の中のふたの量によって，質問の
結果を見ることができます。

　　私たちの町では，人々にペットボトルからふたを取るようにお願いしていますが，ふたを取る
こと ②なしに リサイクル箱に入れられているペットボトルを時々見かけます。私たちは，人々が
ペットボトルを捨てる時，これらの箱がより多くの人々へキャプを取るように促すと思います。

これが私たちのナッジであり，これを使うことで人々がよりリサイクルに興味を持つことを，私たちは願っています。

聞いてくれて，ありがとうございました！ 皆さんはどう思いますか？

問1 ア 両方 イ それぞれ ウ いっぱいの エ （〜の）代わりに(○) 問題の会話文にある写真には，男性がエスカレーターではなく横の階段を使っていることから，選択肢の中ではエが適当。instead of〜は「〜の代わりに」という意味がある。

問2 ア 彼の健康のために階段ではなくエスカレーターを使うことを選ぶ イ 彼の健康のためにエスカレーターではなく階段を使うことを選ぶ(○) ウ エスカレーターの方が階段よりも便利だと考えた エ 階段を上るためには長い時間がかかると思った。 空欄の文の意味は「階段の数字にナッジがあって，その数字を見た男性は□□□したのですね？」となる。問題本文の会話では，第10番目の Hana の発話第2文 So maybe, they〜にあるように，階段を使うことは体によいと考えた上での行動だと考えられることから，空欄には選択肢イが適当。選択肢イの chose to use の to use は to 不定詞の名詞用法で「使うことを選ぶ」という意味になる。

問3 (1) ① （正答例）introduce （紹介する） カッコの文はプレゼンテーションの冒頭の部分にあり，正答例では「〜を紹介したいと思う」という文にしている。 ② （正答例）without （〜なしに） 空欄の文の空欄より前は「私たちの町では，人々にペットボトルのふたを取るようにお願いしている，しかし，リサイクル箱に入れられているペットボトルを見かける」であり，空欄より後は「ふたを取ること」なので，正答例ではこれらの文を「ふたを取ること なしに リサイクル箱に入れられているペットボトルを見かける」としている。

(2) （正答例）What do you think? （みなさんはどう思いますか？） 正答例では，「どう思うか？」という表現で聞き手に意見をたずねている。

問4 ア 森先生は，ナッジの例を示すために，生徒を駅に連れて行きました。 イ 森先生は生徒に，ナッジは社会をより良くするアイデアだと教えました。(○) ウ 次郎と花は，日本ではナッジの例が見られないと聞きました。 エ 次郎と花のグループは，町における健康問題の解決方法を他の生徒に示しました。 オ 次郎と花のグループは，人々がリサイクルについてより考えるために手助けする箱について話しました。(○) 問題本文の会話第 17 番目の森先生の発話第2文 Actually, there are〜と第3文 They are used〜には「私たちの日常生活にはたくさんのナッジの例がある。それらは良い健康状態を保つだけでなく，社会をより持続可能なものにするためにも使われている」とあるので，選択肢イが適当。選択肢イの make society better は make A B(AをBにする)の形で，「社会をよりよくする」という意味になる。また，問題本文のプレゼンテーションの場面の文では，ペットボトルのふたの回収箱の話をしている。そして，同文の第4段落最後の文 This is our〜では「これ(リサイクル箱)を使うことで人々がよりリサイクルに興味を持てるように願う」とあることから，選択肢オが適当。選択肢オの boxes which help people think〜の which は関係代名詞で，which〜が boxes を説明して「人々が〜と考えるように手助けする箱」という意味になる。

4 （英作文：自由・条件英作文，現在・過去・未来と進行形，接続詞，現在完了）
(例) (1) Today's newspaper says that a high school is making a digital graduation album. (2) However , I think that digital albums will become more popular in the future. (3) First, people can see the album anywhere

on the Internet. Second, people can enjoy voice messages from their friends or the videos of school events on it. （問題文と正答例訳）ある高校がデジタル卒業アルバムを作成していると, (1)今日の新聞に書いてあります。私たちは, 日本の卒業アルバムのほとんどはずっと紙のものであることを知っています。(2)しかし, 私は将来デジタルアルバムがますます人気になると考えています。私たちがデジタルアルバムでできる二つのことがあります。(3)一つ目は, 人々はどこにいてもインターネット上でアルバムを見ることができます。二つ目は, アルバム上にある友人からの音声メッセージや, 学校行事のビデオを楽しむことができます。　(1)　say には「＜新聞・掲示・看板などが＞…と書いている」という意味がある。(2)　空欄の前の文 We know most～では「日本の卒業アルバムのほとんどは紙」とあり, 空欄の文では「デジタルアルバムが将来ますます人気になる」とあるので, 正答例ではこれらをつなげる語(接続詞)を however(しかしながら, けれども)としている。　(3)　問題文の条件を確認し, 条件にあった英文を書きたい。解答の英文は文として＜主語＋動詞＋～＞という形にする。

2024年度英語　聞き取りテスト

〔放送台本〕

ただいまから, 英語の聞き取りテストを行います。

問題は, 問1から問4まであります。放送を聞きながら, メモを取ってもかまいません。

それでは, 問1です。3題とも最初に短い対話が読まれます。次に, それぞれの対話の後で, その内容について, クエスチョンと言った後に英語で質問します。その質問の答えとして最も適当なものを, 問題用紙のア, イ, ウ, エから選びなさい。英文は1回読まれます。では, 始めます。

No.1　A: Mary, would you like to play tennis in the park with me this Saturday?

　　　B: Hiroto, I hear it'll rain this weekend. How about playing badminton in the gym?

　　　A: Yes! Let's play it.

　　　Question: What sport will they play this Saturday?

No.2　A: This shop sells many traditional Japanese goods, Keiko! I'll buy a present for my sister in Canada.

　　　B: Look, John! We open and use it when it's hot. You can carry it in your pocket when you don't use it.

　　　A: Oh, I like this one with the picture of a goldfish. I'll buy it for her.

　　　Question: What does John want to buy for his sister?

No.3　A: Alice, which hotel do you want to stay at this time?

　　　B: Dad, I want to see fireworks or enjoy the city view from the hotel. Mom said she wants to have delicious seafood.

　　　A: I see. I want to have some steak. How about this hotel? We can't enjoy the city view, but we all can enjoy both the dinner and the fireworks.

　　　B: OK. Let's stay there.

　　　Question: Which hotel are they going to stay at this time?

〔英文の訳〕

No.1　A：メアリー，この土曜日に私と一緒に公園でテニスをしない？

　　　B：ヒロト，この週末は雨が降ると聞いているよ。体育館でバドミントンをするのはどう？

　　　A：よし！　そうしよう。

　　　質問：彼らはこの土曜日に何のスポーツをしますか？

　　　答え：ウ（バドミントン）

No.2　A：この店は伝統的な日本の物をたくさん売っているね，ケイコ！　ぼくはカナダの姉[妹]にプレゼントを買うよ。

　　　B：見て，ジョン！　これは暑い時に広げて使うの。使わないときはポケットに入れて持ち運べる。

　　　A：ああ，金魚の絵があるこれがいいね。それを彼女に買おうかな。

　　　質問：ジョンは姉[妹]に何を買いたいのですか？

　　　答え：ア（金魚の絵がある扇子）

No.3　A：アリス，今回はどのホテルに泊まりたい？

　　　B：パパ，ホテルから花火を見るか，町の景色を楽しみたい。ママはおいしいシーフードが食べたいと言っていた。

　　　A：なるほど。私はなにかステーキが食べたい。このホテルはどうかな？　町の景色は楽しめないけれども，私たちみんなで夕食と花火の両方を楽しめる。

　　　B：わかった。そこに泊まろう。

　　　質問：今回彼らはどのホテルに泊まりますか？

　　　答え：ウ（ステーキとシーフードの夕食があり，部屋から花火が見える）

〔放送台本〕

　続いて，問2です。4題とも，問題用紙に示された場面における，麻紀とビルの対話です。最初に，麻紀が，続いてビルが話します。その次に，麻紀が話すところで，次のチャイムが鳴ります。このチャイムの鳴るところで，麻紀が話す言葉として最も適当なものを，問題用紙のア，イ，ウ，エから選びなさい。英文は1回読まれます。では，始めます。

No.1　[登校中の対話]

　Maki:　I watched the soccer game on TV last night.

　Bill:　　I missed it.　How was the game?

　Maki:　（チャイム音）

No.2　[昼食中の対話]

　Maki:　This curry is very nice.

　Bill:　　Yes, I like this, too.　I often cook vegetable curry at home.　Do you like cooking?

　Maki:　（チャイム音）

No.3　[夏休み明けの対話]

　Maki:　Last week, I visited my grandparents and I ate the watermelon that they grew in their garden.

　Bill:　　How nice!　Was the taste different from the ones you usually ate?

　Maki:　（チャイム音）

No.4　[下校時の対話]

Maki: Bill, if you have time this Saturday or Sunday, can you help me choose running shoes at the sports shop?

Bill:　I'll go out with my family tomorrow, but I'm free the day after tomorrow.

Maki: (チャイム音)

〔英文の訳〕

No.1　〔登校中の対話〕

麻紀：昨日の夜，テレビでサッカーの試合を見たよ。

ビル：私は見逃した。試合はどうだった？

麻紀：ア　それは先週の日曜日だった。　イ　それはとてもワクワクした。(○)　ウ　私はすでに宿題を終わらせた。　エ　今日私はサッカーをする。

No.2　〔昼食中の対話〕

麻紀：このカレーはとてもおいしいね。

ビル：そうだね，私もこれが好きだよ。家でよく野菜カレーを作るんだ。料理は好き？

麻紀：ア　はい，私は昨日ピザを食べた。　イ　はい，それは私のお気に入りのレストランだ。
　　　ウ　はい，もうすぐ昼食の時間だ。　エ　はい，私は母と一緒に料理をして楽しむ。(○)

No.3　〔夏休み明けの対話〕

麻紀：先週，私は祖父母のところに行って，祖父母が庭で育てたスイカを食べた。

ビル：なんてすてきなの！　普段食べるものと違う味だった？

麻紀：ア　いいえ，それはもっと高価だった。　イ　いいえ，それはずっと大きかった。
　　　ウ　はい，それはずっと甘かった。(○)　エ　はい，それはもっと有名だった。

No.4　〔下校時の対話〕

麻紀：ビル，もしこの土曜日か日曜日に時間があったら，スポーツショップでランニングシューズを選ぶのを手伝ってくれる？

ビル：明日は家族と出かけるけれども，あさっては時間があるよ。

麻紀：ア　それなら，明日の午後そこに行きましょう。　イ　それなら，日曜日の午後にそこで会いましょう。(○)　ウ　それなら，私は土曜日の朝にあなたの家族と一緒に出かけます。
　　　エ　それなら，私はあさって私の靴をあなたにあげます。

〔放送台本〕

　続いて，問3です。次に読まれる英文は，留学生のケイティ(Katy)が，昼の校内放送で話している場面のものです。その内容について，問題用紙にある，No. 1からNo. 3の質問の答えとして最も適当なものを，問題用紙のア，イ，ウ，エから選びなさい。このあと15秒取りますので，No. 1からNo. 3の質問に目を通しなさい。それでは，英文が2回読まれます。英文が読まれた後には，それぞれ解答時間を20秒取ります。では，始めます。

　Hello, everyone! Today I'll tell you about the culture of sending greeting cards in the U.K. Greeting cards are a kind of special postcard with warm messages. These days, we often use e-mails, but even now, people in the U.K. usually send paper greeting cards more than thirty times a year. There are some special shops which only sell cards even in small towns. People in the U.K. like to express feelings of thanks or love to each other through cards. Sending greeting cards is a part of our life.

　I think sending greeting cards is one of the good ways to tell our feelings to someone.　I always feel happy when I receive beautiful cards with warm messages.　I've stayed in Japan for only two weeks, but I got several greeting cards from my family.　So I don't miss them a lot.

　　Please try to tell your feelings to someone you love with greeting cards. Thank you.

〔英文の訳〕

　みなさん，こんにちは！　今日は，イギリスでのグリーティングカードを送る文化についてお話しします。グリーティングカードは，温かいメッセージを添えた特別なはがきの一種です。最近は，私たちは e メールをよく使いますが，今でもイギリスの人々はたいてい年に30回よりも多く紙のグリーティングカードを送っています。小さな町にでも，カードだけを売る特別なショップがいくつかあります。イギリスの人々は，お互いにお礼や愛情の気持ちをカードで表現することが好きです。グリーティングカードを送ることは，私たちの生活の一部です。

　私は，グリーティングカードを送ることが，だれかに自分たちの気持ちを伝える良い方法の一つだと思います。温かいメッセージを添えた美しいカードを受け取ると，私はいつもうれしく感じます。私は日本には 2 週間しか滞在していませんが，私の家族からいくつかのグリーティングカードをもらいました。だから，それほど家族が恋しくありません。

　愛するだれかにグリーティングカードで自分の気持ちを伝えてみてください。ありがとうございました。

No.1　ア　イギリスの人々は，今ではグリーティングカードはあまり人気がないと考えています。
　　　イ　イギリスの人々は，インターネットで何枚かのグリーティングカードを購入します。
　　　ウ　グリーティングカードを送ることは，イギリスでの生活の一部です。(○)　エ　小さな町ではグリーティングカードは販売されていません。

No.2　ア　ケイティはグリーティングカードのおかげで，それほど家族が恋しくありません。(○)
　　　イ　ケイティはまだ彼女の家族にグリーティングカードを送っていません。　ウ　ケイティは彼女の誕生日に30枚のグリーティングカードをもらいました。　エ　ケイティの家族は特別なグリーティングカードを販売しています。

No.3　ア　だれかの気持ちを理解するためには，e メールを使うことが役立ちます。　イ　みなさんは愛する人々に会って，自分の気持ちを伝えるべきです。　ウ　グリーティングカードの書き方を理解することは重要です。　エ　自分の感謝や愛情を示すために，グリーティングカードを送るべきです。(○)

〔放送台本〕

　続いて，問4です。最初に，英文が読まれます。次に，クエスチョンズと言った後に，No.1からNo.3まで英語で3つ質問します。質問の答えを，問題用紙に示された条件にしたがって，それぞれ書きなさい。このあと10秒取りますので，問題用紙の条件に目を通しなさい。

　英文と質問は2回読まれます。質問が読まれた後には，それぞれ解答時間を10秒取ります。

　では，始めます。

　You're listening to "The English Radio Show!"　It's Quiz Time!　You'll answer with one English word after listening to some hints.　I'll tell you how to join the game.

　　First, listen to the two hints.　Next, visit our website and answer the quiz by eight p.m. today.

Ten winners will receive an English Radio Show notebook. Now, let's start the quiz!

　　Hint1: The word starts with "A".

　　Hint2: It's the fourth month of the year.

　　That's all! We'll wait for your answer!

Questions

　　No.1　What will the ten winners of the quiz get?

　　No.2　What's the answer to the quiz?

　　No.3　If you make one more hint for the quiz, what hint would you like to give?

これで，英語の聞き取りテストを終わります。

〔英文の訳〕

みなさんには，The English Radio Show! をお聴きいただいています！ Quiz Timeです！いくつかのヒントを聞いた後，1つの英単語を答えてください。ゲームに参加する方法をお伝えします。／まず，2つのヒントを聞いてください。次に，ウェブサイトを訪れて，今日の午後8時までにクイズに答えてください。／10人の勝者は，The English Radio Show のノートを受け取ります。それでは，クイズを始めましょう！／ヒント1：その単語は「A」で始まります。／ヒント2：それは1年の4番目の月です。／以上です！ 私たちはみなさんの回答をお待ちしています！

　No.1　質問：クイズの10人の勝者は何をもらいますか？

　　　　答え：(正答例)(They will) get a notebook(.) (彼らはノートをもらう。)

　No.2　質問：クイズの答えは何ですか？

　　　　答え：(It's) April(.) (それは4月です。)

　No.3　質問：もしあなたがクイズにもう一つヒントを作るなら，どんなヒントを与えたいですか？

　　　　答え：Our school starts in this month. (私たちの学校はこの月に始まります。)

＜理科解答＞

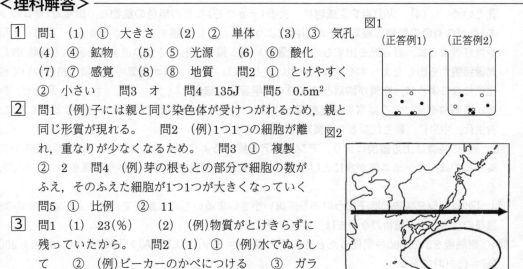

1　問1　(1)　① 大きさ　　(2)　② 単体　　(3)　③ 気孔
　　(4)　④ 鉱物　　(5)　⑤ 光源　　(6)　⑥ 酸化
　　(7)　⑦ 感覚　　(8)　⑧ 地質　　問2　① とけやすく
　　② 小さい　　問3 オ　　問4 135J　　問5 0.5m²

2　問1　(例)子には親と同じ染色体が受けつがれるため，親と同じ形質が現れる。　問2　(例)1つ1つの細胞が離れ，重なりが少なくなるため。　問3　① 複製
　② 2　　問4　(例)芽の根もとの部分で細胞の数がふえ，そのふえた細胞が1つ1つが大きくなっていく
　問5　① 比例　　② 11

3　問1　(1)　23(%)　　(2)　(例)物質がとけきらずに残っていたから。　問2　(1)　① (例)水でぬらして　② (例)ビーカーのかべにつける　③ ガラス棒　　(2)　① 32　② P　　問3 理由　溶解度が温度によってほとんど変化しないため。(右図1)

図1

(正答例1)　　(正答例2)

図2

4 問1 (1) ① 熱帯　② 17　(2) 前ページ図2
(3) (例)あたたかい海上を通過することによって水
蒸気が供給されること。　問2 データ P 表3
Q 表2 R 表1　進路 右図3　問3 液面
高くなった　理由 (例)ペットボトルの中より，ペ
ットボトルの外の気圧が低くなったため。

5 問1 (1) 下図4　(2) 下図5
問2 ① 10　② 5　問3 (例)速さ測定器を，
小球が木片に当たる直前の位置に置いて，小球の速さ
を測定
問4 (仕事の大きさ) 1(倍)
(仕事率) 0.64(倍)

図3

台風Yの進路

図4
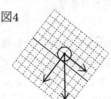

図5
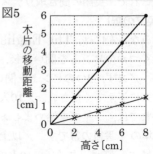
木片の移動距離 [cm]
高さ [cm]

＜理科解説＞

1 (小問集合－力のはたらき，物質の成り立ち，植物の体のつくりとはたらき，火山活動と火成岩，
光と音：光，化学変化：酸化，動物の体のつくりとはたらき，地層の重なりと過去の様子，気体
の発生とその性質，植物の特徴と分類：シダ植物，電流：電力量，大気圧と圧力)
問1 (1) 力を表す三つの要素には，力のはたらく点(作用点という)，力の向き，力の大きさが
ある。　(2) 1種類の元素からできている物質を単体という。　(3) ムラサキツユクサなどの
葉の表皮には，2つの孔辺細胞という三日月形の細胞で囲まれたすき間がある。このすき間を気
孔という。　(4) 火山岩や深成岩は，長石(チョウ石)などの無色の鉱物と，黒雲母(クロウン
モ)などの有色の鉱物の種類やその割合によって，さらに分類することができる。　(5) 太陽
や電灯のように，自ら光を出すものを光源という。鏡で反射する光の道すじを調べる実験では，
光源装置から出したまっすぐ進む光を用いるとよい。　(6) 鉄が空気中の酸素と結びついて酸
化鉄になるように，物質が酸素と結びつく化学変化を酸化という。　(7) 目，鼻，耳など，外
界から刺激を受けとる器官を感覚器官という。　(8) 地球の歴史は，示準化石などをもとに，
古生代，中生代，新生代などの地質年代に区分される。
問2 図1の装置は上方置換により，アンモニアを集めるようすを示している。この方法を用いて
集めるのは，アンモニアが水にとけやすく，空気より密度が小さいという性質をもつからであ
る。
問3 図2は，シダ植物の胞子のうであり，黒い小さいまるいものは胞子である。よって，設問の5
種類のうち，シダ植物のなかまは，イヌワラビである。
問4 電熱線を3Vで300秒間使ったときの電力量$[J]=3[V]\times0.15[A]\times300[s]=0.45[w]\times300$
$[s]=135[J]$である
問5 直方体の物体の底面積を$x m^2$とすると，直方体の物体が水平面におよぼす圧力$[Pa]=$
$120[Pa]=\dfrac{60[N]}{x[m^2]}$であるから，$x[m^2]=0.5[m^2]$である。

2 (生物の成長と生殖：ニンニクの芽による体細胞分裂の観察と成長のしくみ・文献による発展研究)

問1　無性生殖の遺伝の特徴は，「子には親と同じ染色体が受けつがれるため，親と同じ形質が現れる。

問2　ニンニク芽のそれぞれの部分をえつき針でくずしたり，カバーガラスの上からおしつぶしたりするのは，1つ1つの細胞が離れ，重なりが少なくなるから，である。

問3　細胞Xでは，細胞分裂が始まる前に染色体が複製されているため，細胞Yに含まれる染色体の2倍の数の染色体が含まれている。

問4　観察結果の図から，ニンニクの芽が成長するとき，芽の根もとの部分で細胞の数がふえ，そのふえた細胞の1つ1つが大きくなっていくことがわかる。

問5　タマネギの根の細胞分裂の過程において，Aは細胞分裂の準備の時期で，それぞれの染色体が複製されて同じものができるが，染色体は細くて長いため1本1本を確認することはできない。Bは核をつつむ膜がなくなり，染色体が2本ずつくっついたまま太く短くなってそれぞれが，ひものように見えるようになる。Cは染色体が細胞の中央部に集まり並ぶ。Dは2本ずつくっついていた染色体が1本ずつさけるように分かれて，それぞれが細胞の両端に移動する。Eでは2個の核の形ができる。染色体は細く長くなり，やがて見えなくなる。以上より，ひも状の染色体が見られるのは，B, C, D, Eである。タマネギの根の場合，A〜Eの細胞の数と，それぞれの時期にかかる時間は比例の関係にあると考えられるため，ニンニクの芽の場合も応用して同様に考える。(ひも状の染色体が見られる時期にかかる時間)：核が見られる時期にかかる時間＝(B+C+D+E)の細胞の数：Aの細胞の数＝25：275＝1：11，より，ひも状の染色体が見られる時期にかかる時間は，核が見られる時期にかかる時間の11分の1である。

3 (水溶液：イオンの粒子モデルで考える水溶液・ろ過の操作・濃度・飽和・溶解度曲線・結晶，物質の成り立ち，水溶液とイオン)

問1　(1)　ビーカーAは，水50gに物質Xを5gずつ3回加えたが，飽和していないので全部とけたと考えるため，その濃度は，$15〔g〕÷(15〔g〕+50〔g〕)×100≒23(％)$，より23％である。　(2)　飽和したことが確認できたのは，物質がとけきらずに残っているという現象があったからである。

問2　(1)　ろ過の方法は，ろ紙を2回折り，円すい形に開いてろうとに入れ，そのろ紙を水でぬらして，ろうとに密着させる。ろうとの先の切り口が長いほうをビーカーのかべにつける。ろうとに液を入れるときはガラス棒を伝わらせて少しずつ入れる。　(2)　実験[3]により，ビーカーAには50gの水に，物質Xを50g($=5〔g〕×10$)加えた。次に56℃にしてすべて溶かし，20℃まで冷やしてろ過したところ，再び出てきたXの固体の質量は34gであった。よって，ろ液は水50gであり，とけている物質Xは，$50〔g〕-34〔g〕=16〔g〕$，である。溶解度は，水100gに物質をとかして飽和水溶液にしたとき，とけた溶質の質量〔g〕の値であるため，物質Xの溶解度は20℃のとき32g($=16〔g〕×2$)であることから，Xの溶解度曲線はPと考えられる。

問3　実験[5]で，ビーカーBには50gの水に，物質Yを50g($=5〔g〕×10$)加え，60℃まであたためたが，Yはとけ残った。そこで，ろ過をした。ろ液は溶質が50gよりも少なくなったが飽和水溶液である。ろ液の温度を20℃までゆっくり冷やしたが，ろ液からYの固体は，ほとんど出てこなかった。その理由は，溶解度が温度によってほとんど変化しないためである。20℃になったろ液も60℃のときのろ液とほとんど同じ濃度であり，図4の左のビーカーがその粒子モデルを表している。このろ液をビーカーCに入れ，ろ液の温度を20℃に保った状態で自然蒸発させた。1週間後，ろ液に含まれる水は半分になったが，物質Yの溶質の質量は変わらないため，粒子モデル

の全体数は変わらない。図4の右側のビーカーCにはYの固体が底に出てきているが、水溶液の濃度は自然蒸発させる前のろ液の濃度と同じであるため、水が半分になったので、とけているイオンの数も半分になる。よって、陽イオンの粒子2個と陰イオンの粒子2個を水の中に、くっ付けずに散在させてかく。底に出てきた固体は陽イオンの粒子1個と陰イオンの粒子1個が結びついて分子になったものと考えれば、分子を2個かく。溶解度曲線の特徴から物質Yは塩化ナトリウムであると考察した場合は、陽イオンの粒子2個と陰イオンの粒子2個を交互に規則的に並べて結晶のモデル（教科書参照）をかく。

4 （日本の気象：台風の進路，天気の変化：低気圧，気象要素の観測：気象データの読み，大気圧と圧力：台風の接近に伴う気圧の変化を調べる実験）

問1　（1）　日本では**熱帯低気圧**のうち，**最大風速が17m/s以上**のものを台風と呼ぶ。　（2）　夏になると太平洋に太平洋高気圧が発達し，あたたかく湿った小笠原気団が形成され，広く日本付近に張り出している。台風は，7月から8月頃には北西に向かって進み，9月頃になって，小笠原気団の勢力が弱まるにつれて，**太平洋高気圧のふちに沿って北東に向かって進む傾向がある**。北東に向かう台風は，偏西風の影響を受けて速さを増しながら日本に近づくことが多い。よって，図に書き込む気団の位置は小笠原方面の太平洋上であり，偏西風の風の向きは西から東へ向けての**矢印**である。　（3）　図1は，太平洋の南海上で発生して太平洋高気圧のふちに沿って北上する様子を示している。よって，**台風が発達するために必要な条件は，あたたかい海上を通過することによって水蒸気が供給されることである**。

問2　台風は低気圧であるため，風は反時計回りにふきこんでいる。表1，表2，表3において，気圧が最も下がったときに南風がふいていたのは表2のみであることから，**台風Yの進路は，P地点とQ地点の間とR地点とQ地点の間を通った，すなわち，台風はQ地点の北側を通った**と考えられる。台風の等圧線は同心円状であるため，気圧が最も低くなった時，台風に最も近かったと考えると，表3は17日20時で989.6hPa，表2は17日21時で983.0hPaであり，表1は18日3時で981.0hPaであり，観測データ表1はR地点のものである。上記から南風がふいた表2はQ地点のデータであるため，表3はP地点のデータである。台風YはPQRで囲まれた三角の中を通り，Rの地点の東側を，台風の中心からの距離がQ地点とほぼ同じ距離で通り抜け，北上し温帯低気圧になった。

問3　台風が近づいたとき，図2のストローの中の液面は上がる。その理由は，ペットボトルの中より，ペットボトルの外の気圧が低くなったためである。

5 （仕事とエネルギー：斜面から小球を転がして衝突する木片の移動距離の実験による仕事と力学的エネルギーの考察，力学的エネルギー：位置エネルギーと運動エネルギー，力のつり合いと合成・分解：重力の分解）

問1　（1）　**重力を対角線**として，斜面に平行な方向と斜面に垂直な方向をとなり合った2辺とする力の平行四辺形をかく。斜面に平行な分力は4目盛りの大きさの力の矢印をかく。斜面に垂直な分力は5目盛りの大きさの力の矢印をかく。　（2）　グラフの横軸の1目盛り毎に高さ(cm)の数値2，4，6，8をかく。グラフの縦軸の2目盛り毎に木片の移動距離(cm)の数値1，2，3，4，5，6をかく。【結果】の10gの小球の実験から得られた数値(2, 0.33)，(4, 0.67)，(6, 1.0)，(8, 1.3)の座標をグラフに×印でかく。【結果】の45gの小球の実験から得られた数値(2, 1.5)，(4, 3.0)，(6, 4.5)，(8, 6.0)の座標をグラフに●印でかく。全ての×印のなるべく近くを通るように原点を通る直線を引く。また，全ての●印のなるべく近くを通るように原点を通る直線を引

く。

問2　①　【結果】の表のグラフから，小球の質量が同じとき，小球の高さと木片の移動距離は比例することがわかる。質量45gの小球を木片に当てたとき，木片の移動距離が15cmになるための小球の高さを$x$cmとすると，質量45gの小球を高さ4cmから木片に当てると，木片の移動距離は3.0cmであることから，$x$cm：15cm＝4cm：3.0cmより，$x$cm＝20cmである。よって，質量45gの小球を木片に当てたとき，木片の移動距離が15cmになるための小球の高さは20cmである。また，【結果】の表から，木片の移動距離が同じとき，小球の質量と小球の高さは反比例することがわかる。よって，質量90gの小球を木片に当てたとき，木片の移動距離が15cmになるための小球の高さをyとすると，45〔g〕：90〔g〕＝y〔cm〕：20〔cm〕より，$y$cm＝10cmである。　②　小球がもつ位置エネルギー〔J〕＝小球にはたらく重力の大きさ〔N〕×小球の高さ〔m〕，である。質量100gの小球にはたらく重力の大きさを1Nとすると，質量90gの小球は，問2①より，高さ10cmの位置にあるため，位置エネルギー〔J〕＝0.9〔N〕×0.1〔m〕＝0.09〔J〕である。高さ6cmにある質量30gの小球がもつ位置エネルギー〔J〕＝0.3〔N〕×0.06〔cm〕＝0.018〔J〕である。よって，0.09〔J〕÷0.018〔J〕＝5，より，高さ10cmの位置にある質量90gの小球がもつ位置エネルギーは，高さ6cmの位置にある質量30gの小球がもつ位置エネルギーの5倍である。

問3　位置エネルギーは運動エネルギーへと変換するため，速さ測定器を，小球が木片に当たる直前の位置において，小球の速さを測定する実験を行うと，確かめることができる。

問4　小球が木片にした仕事は，木片に衝突した小球の運動エネルギーによるものであり，その運動エネルギーは，初めにもっていた位置エネルギーから変換されたものである。斜面の傾きが10°の場合も20°の場合も，小球は同じものであり，同じ高さからはなしたものであるから初めにもっていた位置エネルギーは等しい。よって，小球をはなした高さから水平面に達するまでに重力が小球にした仕事の大きさは等しい。よって，傾き10°のとき重力が小球にした仕事は，傾き20°のときに重力が小球にした仕事の1倍である。また，仕事率〔W〕＝$\dfrac{仕事〔J〕}{時間〔s〕}$であり，小球にした仕事の大きさは等しく，斜面上を転がり水平面に達するまでの時間は，図2のグラフから，傾きが10°のときは0.75秒，傾きが20°のときは0.48秒である。よって，仕事をz〔J〕とすると，仕事率は，傾きが10°のときは，傾きが20°のときの，$\dfrac{z〔J〕}{0.75〔s〕}÷\dfrac{z〔J〕}{0.48〔s〕}＝0.64$(倍)である。

＜社会解答＞

1　問1　(1)　①　北西　　(2)　②　北大西洋　　問2　(1)　①　イ　　②　ア　　(2)　(古い)B→A→C(新しい)　　問3　(1)　裁判員　　(2)　ア，イ，オ　　(3)　(例)企業の社会的責任を果たすこと。　　問4　(1)　排他的経済水域　　(2)　(例)リアス海岸が見られる　　問5　ウ　　問6　(1)　(記号)　イ　　(語句)　ナポレオン　　(2)　(語句)　ガンディー　(記号)　イ　　(3)　(例)農地改革によって，自作地が増加した。　　問7　(1)　ア，ウ，エ，オ　　(2)　①　契約　　②　クーリング・オフ

2　問1　(1)　(例)ムラ同士の争いが起こった　　問2　イ　　問3　エ　　問4　①　イギリス　②　ドイツ　　③　オランダ　　A　アジア　　B　アフリカ　　問5　(語句)　廃藩置県　(記号)　オ　　問6　(例)アメリカは，大西洋憲章で明らかにしたファシズムの打倒を主張した。それに対して日本は，欧米の支配からアジア諸国を解放し，大東亜共栄圏を建設することを主張した。

③ Ａ 問1 (記号) ア (位置) D 問2 (例)熱帯雨林(熱帯林)の減少 問3 キ
Ｂ 問1 ⓘ c ⓔ d 問2 ① 噴火 ② 津波 位置 Y 問3 (例)石灰石をセメントにするとセメントの方が軽くなり輸送しやすくなるため, 原料がとれる場所の近く

④ 問1 記事1 オ 記事2 ア 記事3 ウ 記事4 エ 問2 問題 南北(問題)
内容 (例)北半球に多く見られる先進国と, 南半球に多く見られる発展途上国との間に, 経済格差が見られる。 問3 ① イ ② ア ③ イ ④ イ 問4 ① 小選挙区 ② 比例代表 記号 ア, ウ 問5 ① 平和維持活動[PKO] ② 集団安全保障[集団的安全保障] 問6 (例)地球温暖化という環境課題の解決に向け, 多くの人々が自動車ではなく, なるべく公共交通機関を利用することを提案する。これによって, CO_2などの温室効果ガスの排出削減の効果が期待できる。

＜社会解説＞

① (地理的分野―世界地理－地形・気候, ―日本地理－地形・日本の国土, 歴史的分野―日本史時代別－古墳時代から平安時代・鎌倉時代から室町時代・明治時代から現代, ―日本史テーマ別－政治史・外交史・経済史・法律史, ―世界史－政治史・社会史, 公民的分野―裁判・憲法・国の政治の仕組み・経済一般・地方自治・国際社会との関わり)

問1 (1) ① 略地図2は**正距方位図**なので, 中心である札幌からの距離と方位が正しく描かれている。札幌からマルセイユの方角は北西である。正距方位図は, 飛行機の運行計画や飛行中の針路や位置を確認する際などの航空図で利用されている。正距方位図は出題されやすいので, 正確に理解し, 問題練習を重ねておく必要がある。 (2) ② ヨーロッパを流れる**北大西洋海流**は, 暖かい海流として知られている。北大西洋海流は**暖流**なので, 上にある空気が暖められ, **偏西風**によってヨーロッパに流れ込み, 緯度の高いわりに温暖な, 西ヨーロッパの**西岸海洋性気候**が生まれるのである。

問2 (1) ① **八幡製鉄所**は, 輸入の**鉄鉱石**に依存するために, 輸入に便利な北九州の沿岸部に設立された。また周辺には炭鉱が多く, 製鉄に必要な**石炭**を入手しやすかったためでもある。八幡製鉄所は地図上のYに位置する。なお, 八幡製鉄所の操業開始は, 1901年である。 ② **日清戦争**後の講和条約である**下関条約**には, **2億両**(テール)の賠償金の他, 遼東半島などの割譲が含まれていたが, ロシア・ドイツ・フランスから, 遼東半島を清国に返還するよう要求された。これが**三国干渉**である。日本はやむなく要求を受諾し, 清との間に還付条約を結んで, 先の2億両に加えて, 代償に3000万両を獲得した。この2億3000万両は, 当時の日本の**国家予算**の約4倍にあたる額である。その一部が八幡製鉄所の建設にあてられた。 (2) カードAの法令は, 鎌倉時代の1232年に, **北条泰時**によって定められた**御成敗式目**である。守護の職務についても明確に規定しており, この守護の職務は**大犯三箇条**と呼ばれた。カードBの法令は, 奈良時代の701年に制定された**大宝律令**であり, 班田収授について定めた部分である。カードCは, 江戸時代の1635年の**鎖国令**である。海外在住の日本人の帰国禁止など厳しい内容である。いわゆる鎖国体制は, この6年後に完成する。したがって, 年代の古い順は, B→A→Cとなる。

問3 (1) 殺人など, 重大な**刑事裁判**の第一審の裁判に, くじで選ばれた市民の**裁判員**が参加することが, 2009年から実施されている裁判員制度である。**民事裁判**には, 裁判員制度は取り入れられていない。 (2) ウ 憲法改正の発議は国会の仕事である。憲法第96条に以下のとおり明記されている。「この**憲法の改正**は, 各議院の総議員の三分の二以上の賛成で, 国会が, これ

を発議し，（以下略）」　　エ　**内閣総理大臣**の指名は国会の役割である。憲法第67条において「内閣総理大臣は，国会議員の中から**国会の議決で**，これを指名する。」と規定されている。　カ　法律の違憲審査は裁判所の仕事である。法律，命令，規則又は処分が憲法に適合するかしないかを決定するのは裁判所の権限であり，**違憲立法審査権**という。憲法第81条では「**最高裁判所は**，一切の法律，命令，規則又は処分が**憲法**に適合するかしないかを決定する権限を有する**終審裁判所である。**」と記されている。最高裁判所は終審裁判所として，その権限を有する。ウ・エ・カは別の機関の仕事であり，ア・イ・オが**内閣**の仕事として正しい。　（3）　**利潤**を追求するのが，企業の本来的目的であるが，現代では企業は利潤の追求だけでなく，従業員・消費者・地域社会・環境などに配慮した企業活動を行うべきとする考え方が打ち出され，それを**企業の社会的責任**という。英語では**CSR**（Corporate Social Responsibility）という。

問4　（1）　海岸線から12海里（約22km）の**領海**に接し，海岸線から**200海里**（約370km）までの海域を，**排他的経済水域＝EEZ**（Exclusive Economic Zone）という。排他的経済水域内では，漁業・天然資源の採掘・科学的調査などを自由に行う事ができる。逆に言えば，他国の排他的経済水域内では，自由に漁業を行うことができない。　（2）　起伏の多い山地が，海面上昇や地盤沈下によって海に沈みこんで形成された，**海岸線が複雑**に入り組んで，多数の島が見られる地形を**リアス海岸**という。長崎県も，海岸が複雑に入り組み多数の島があるため，海岸線が非常に長い。

問5　**歯舞**（はぼまい）群島・**色丹**（しこたん）島・**国後**（くなしり）島・**択捉**（えとろふ）島の4島は，**北方領土**と呼ばれる。**第二次世界大戦**の終戦直後，当時の**ソ連**によって占拠された。日本政府は，**ロシア連邦**政府に対して北方領土の返還を要求しているが，交渉は進まず，未解決のまま時が過ぎている。写真は知床半島から東に向けて撮影されたもので，眼前に見えるのは**国後島**である。

問6　（1）　記号　1789年のバスティーユ牢獄の襲撃を契機に**フランス革命**が起こり，そのさなか，**人権宣言**が発表された。そこには「人間は，生まれながらにして，自由で平等な権利をもっている。」と記されている。なお，**権利の章典**は，イギリスで1688年に起こった**名誉革命**の際に制定されたものである。　語句　革命後の混乱を収拾して，**ナポレオン**が皇帝となったのは1804年であり，帝政が成立した。この第一帝政のもとでは，革命精神の輸出と称してヨーロッパ征服に乗り出した。ナポレオンは，連戦連勝でヨーロッパの大部分を征服した。　（2）　語句　**第一次世界大戦**後の，**インド独立運動**の指導者が，**ガンディー**である。ガンディーは，第一次世界大戦後から**国民会議派**を率いて，インドの独立運動を**非暴力・不服従**という戦術で展開し，第二次世界大戦後に独立を達成した。　記号　主として第二次世界大戦後に独立したアジア・アフリカの国々と，日本を含む29か国の代表が，1955年に，インドネシアのバンドンで開催した国際会議が，**アジア・アフリカ会議**である。バンドン会議ともいう。平和十原則を共同宣言として発表した。　（3）　第二次世界大戦後，GHQの指令により行われた政策の一つが**農地改革**である。地主が持つ**小作地**を国が買い上げて，**小作人**に安い価格で売り渡すことで，多くの自作地が生まれることになった。

問7　（1）　イ　**外交**は，内閣（日本政府）が行うものである。　カ　郵便物の取り集めは「**日本郵便**」が扱うものである。残る，アの消防，ウのごみ収集，エの警察，オの上下水道の整備は，地方公共団体が行うものである。　（2）　①　売買の場合，「**売る**」という意思表示と，これに呼応する，「**買う**」という意思表示の二つが一致することにより合意がなされ，**契約**が成立する。②　**訪問販売**や**通信販売**などのセールスに対して，契約した後に冷静に考え直す時間を消費者に与え，一定期間内であれば無条件で契約を解除することができる制度のことを，**クーリング・オフ制度**という。

2 （歴史的分野―日本史時代別―旧石器時代から弥生時代・古墳時代から平安時代・安土桃山時代から江戸時代・明治時代から現代，―日本史テーマ別―政治史・外交史・社会史，―世界史―政治史）

問1　縄文時代から弥生時代に移り変わり，稲作を行なうことにより，身分の差が生じ，また農地や農作物を奪い合う，ムラ同士の争いが起こった。このような趣旨を15字以内にまとめればよい。この時代のことを述べるのに「村」という字を使わないことに注意する。

問2　ア　大仙古墳が築造されたのは，古墳時代中期の5世紀中頃のことである。　ウ　桓武天皇は，東北地方の蝦夷を制圧するため，征夷大将軍を置き，坂上田村麻呂を任じた。東北地方の制圧地を広げ，802年には陸奥国（現在の岩手県）に胆沢城（いざわじょう）を築いた。この略地図上に該当する場所はない。　エ　源義家が前九年合戦・後三年合戦を平定したのは，11世紀中期の陸奥国のことであり，④の地点の伊予国（現在の愛媛県）ではない。ア・ウ・エのどれも誤りを含んでおり，イが正しい。　イ　663年の白村江の戦いでの敗北後，②で示された北九州の筑前国に山城や水城（みずき）が築かれた。

問3　資料1は，織田信長が安土等で行った，楽市楽座令である。　ア　楽市・楽座は成功し，京都の町が灰燼と化したこととは関係がない。京都の町が灰燼と化したのは，1467年に起こった応仁の乱の際である。　イ　大山崎八幡の商人たちは，えごま油についての座を構成していた。しかし，信長の楽座令によって衰退していった。　ウ　新田開発が進み，農民が肥料として干鰯（ほしか）を購入するようになったのは，江戸時代である。ア・イ・ウのどれも誤りを含んだり，時代が異なったりしており，エが正しい。　エ　楽市楽座令の出された各市は，商人の往来が頻繁になり，また，城下町も発展し，信長の政策は成功だったと言える。

問4　①は，イギリスである。イギリスは，19世紀を通じて，アジア・アフリカに最も多くの植民地を持っていた国である。　②　ドイツは，18世紀の後期にはまだ植民地を領有してなかったが，19世紀の末には南西アフリカ・東アフリカ等に植民地を獲得した。また，中国の山東省もドイツの植民地となった。　③　オランダは，19世紀の後期にはイギリスとの競争に敗れ，その座を譲り，この時期には植民地が増えていない。　A　アジアに，群を抜いて多くの植民地を持っているのがイギリスである。Aはアジアである。　B　オランダは，アフリカには植民地を持っていないので，Bがアフリカである。

問5　語句　明治政府は，中央集権的近代国家の建設を目標とし，1869年に版籍奉還を行ったが，元の藩主に元の藩を治めさたので，改革の効果があがらなかった。そこで明治政府は，1871年に廃藩置県を行い，元の藩主ではなく，政府が任命した府知事・県令が新しい府や県を治めるようにした。この資料2は廃藩置県についてのものである。　a　政府の収入を増やすために行われたのは，同時期の地租改正である。廃藩置県は収入を増やすことが目的ではなかった。　c　この廃藩置県は地方分権に逆行するものだった。　d　島津久光や元藩主は，新しくつくられた平民ではなく「華族」となった。　f　江戸時代の武士身分は，「士族」となり，1873年に発せられた徴兵令により，新しい軍がつくられた。a・c・d・fには，それぞれ誤りがあり，正しいのはb・eである。　b　日本は欧米諸国に追いつくために，中央集権国家の建設を大目標としていた。　e　岩倉使節団に参加しなかった西郷隆盛らの参議は，鎖国の状態にあった朝鮮を，武力によって開国させようとした。これが征韓論である。大久保利通らとの征韓論争に敗れた西郷らは，1881年に政府から下野した。正しい組み合わせは，オである。

問6　アメリカ合衆国大統領ルーズベルトと，イギリス首相チャーチルは，大西洋上の軍艦で会談し，領土不拡大，民族自決，軍備縮小など8か条から成る大西洋憲章を宣言した。これによりファシズムの打倒が戦争目的として明確に主張された。一方，日本は，欧米諸国が植民地として支

配してきたアジア諸国を「解放」し，アジアの国々が手を組む**大東亜共栄圏**を建設することを主張していた。太平洋憲章・大東亜共栄圏の2語を軸とし，上記の趣旨をまとめて解答すればよい。

3 **(地理的分野―世界地理－気候・地形・産業・貿易，―日本地理－人口・都市・地形・地形図の見方・交通)**

A 問1　記号　はじめに，都市を確定する。Aは，ナイジェリアの首都アブジャである。Bは，サウジアラビアの首都リッドである。Cは，ブラジルの都市マナウスである。Dは，ボリビアの首都ラパスである。ラパスは，標高4000m以上のところにあり，4都市の中で標高が際立って高い。標高が100m上がるごとに気温は0.6℃下がる。年平均気温が9℃と低いラパスをこの文は説明している。正答は，アである。　位置　ラパスの位置は，南アメリカ大陸西部である。ラパスは，太平洋岸沿いに数千m級の山の連なるアンデス山脈の真ん中にある。記号のDの位置である。

問2　スマトラ島では，**プランテーション**の造営のための大規模な伐採により，**熱帯雨林**の減少が著しい。過去25年間で，熱帯雨林の半分以上が減少したといわれている。

問3　クロアチアは2013年に**EU**(ヨーロッパ連合)に加盟し，2023年から共通通貨のユーロを利用するようになった。クロアチアには，EUに対しての期待があり，クロアチアでは外国からの観光客を呼びやすくするというメリットがある反面，独自の文化が失われるというデメリットがある，という議論がされた。クロアチアでは，優秀な人材が流出する恐れがあるとの反対論も考えられた。クロアチアがX国である。一方，2020年にイギリスはEUを離脱した。イギリスでは，離脱した方が独自の経済政策を実施しやすくなるという，離脱賛成論があった。一方で離脱すると，輸出入に**関税**がかかり，貿易や国内企業が衰退するという離脱反対論もあった。X国はクロアチアであり，関係する文は，b・d・eである。イギリスは2020年にEUを離脱した。Y国がイギリスであり，関係する文は，a・c・fである。正しい組み合わせは，キである。

B 問1　まず，あいうえの県を確定する。あは，秋田県である。いは，神奈川県である。うは，愛知県である。えは，大分県である。　記号　い東京都は，企業や学校が多いため，地価の安い近隣の県に居住し，東京都内に通勤や通学をしている人が多い。よって，**夜間人口**の方が**昼間人口**を大きく上回る。いは，神奈川県である。神奈川県は，昼間に東京都の企業や大学に通勤・通学し，夜に神奈川県に帰ってくる人が多く，東京のベッドタウン化する傾向がみられる。いは，cである。　えこの四つのグラフのうち，高齢者の割合が最も高いのは，秋田県であり，2番目が大分県である。大分県は高齢者率で，全国第10位である。また，大分県は県外に通勤・通学する人は少なく，昼夜間人口比率は，ほぼ100%である。えは，dである

問2　①　「噴石」との語句から，**火山**の**噴火**を指すことがわかる。鹿児島の**桜島**は，日本全体でも例の少ない大規模な**活火山**である。　②　大地震は津波を伴うことが多い。写真2は建物が三階建てになっていることに注目する。一時的に**垂直避難**できる建造物として建設されている。　位置　Xの場所は海岸から離れており，また，近くに高台がある。Zの場所も一時的に避難できる高台が近い。Yの場所は海岸線からは離れているが，低地であり津波の被害が及ぶ可能性がある。写真2の避難の施設をつくる場所としては，Yが適切である。

問3　半導体や精密機械は飛行機で輸送されるため，空港の近くで生産するのが望ましい。金属・機械・自動車は製品の輸送に適した，港などの近くで生産されている。一方，セメントの原料である**石灰石**は，**セメント**にすると軽くなる性質があり，輸送するために莫大な費用を使

　う必要がなく，輸送しやすくなるため，原料がとれる場所の近くで生産されているのである。

④　（公民的分野—基本的人権・経済一般・政治の仕組み・地方自治・財政）

問1　記事1は，オの環境権に関わりが深い。環境権は，比較的新しい人権の一つで，良好な環境のもとで生活を維持する権利をいう。日照権はその一つである。記事2は，アの社会権に含まれる生存権についての記事である。憲法第25条は「すべて国民は，健康で文化的な最低限度の生活を営む権利を有する。」と定めており，人間が人間らしく生きるのに必要な諸条件を確保するよう国家に要求する権利を，生存権という。生存権は社会権の一つである。記事3は，ウの参政権と結びつく。国内の問題としてもすべての投票所をバリアフリーとするなど，参政権についての課題は残っている。記事4は，エの請求権と結びつく。人権が侵害されてしまった時に，その救済を国に求められる制度や権利のことである。請願権とは別の権利である。請願権とは，国や地方公共団体の政治について要求を出す権利のことである。

問2　問題　この問題は先進国と発展途上国の間に存在する，南北問題である。　内容　北半球に多くみられる先進国と南半球にみられる発展途上国の間に，著しい経済格差がみられることである。特に発展途上国の貧困・飢餓問題などが深刻である。

問3　①　資料4では，普段買っている日用品やサービスの値段(物価)が下がり，物価が全体的に下がる現象を表している。こう言った現象をデフレーション(Deflation)という。ものに対して相対的に貨幣の価値が上がっていく状態である。正答は，イである。　②　日本銀行は，インフレーションのときには，国債などを銀行に売る公開市場操作を行い，一般の銀行が保有する資金量を減らす。これを売りオペレーションという。これが日本銀行の金融政策の一例である。正答は，アである。　③　②の場合，一般の銀行は貸し出し金利を引き上げるため，個人や企業は銀行からお金を借りにくくなる。正答は，イである。　④　③の場合，市場に通貨が出回りにくくなるため景気がおさえられる。正答は，イである。

問4　①　一つの選挙区で一人の当選者を選ぶのが，小選挙区制である。小選挙区制では，どの選挙区でも，国民の支持率が一番高い大政党に有利に働くのである。　②　選挙において，各政党が獲得した投票数に比例して議席を配分する制度を比例代表制という。日本の国政選挙では，衆議院・参議院とも，小選挙区制と並んで，比例代表制が採り入れられている。　記号　ア　Xさんは，初当選のとき，在職期間が3年4か月であり，衆議院の解散を経験していることになり，衆議院議員である。Yさんは，在職期間が6年間であり，参議院議員である。Zさんは，28歳で初当選している。参議院議員の被選挙権年齢は満30歳であるから，Zさんは，衆議院議員である。正答は，アとウである。

問5　①　地域紛争で停戦を維持したり，紛争拡大を防止したり，公正な選挙を確保するなどのための活動が，国連のPKO(平和維持活動)である。日本は，1992年に国際平和協力法が成立して，それ以降この活動に参加している。　②　国家の安全をその国の軍備強化や他国との同盟に求めず，多数の国が共同して集団的に保障しようとするものが，集団安全保障である。具体的には国連の安全保障理事会がこれにあたるが，5か国の常任理事国のうち1国でも反対すると，実行できないという難しい面が残っている。

問6　(1)　地球温暖化という環境課題の解決に向けて行動することが緊急の課題である。多くの人々がガソリン車の自動車ではなく，なるべくハイブリッド車や電気自動車を利用する。バスや電車などの公共交通機関を利用することを提案する。これによって，CO_2等の温室効果ガスの排出削減の効果が期待できる。上記のような趣旨で，3条件を満たし，簡潔に述べればよい。

＜国語解答＞

一　問一　(1)　こうけん　　(2)　さと(す)　　問二　(1)　尊敬　　(2)　就職
　　問三　(1)　イ　　(2)　Ⅰ群　イ　　Ⅱ群　ケ　　問四　(1)　①　(例)軽すぎる
　　②　(例)重すぎる　　(2)　カ(不足)　　(3)　ウ
二　問一　1　こころよ(くて)　　2　おく(する)　　問二　イ　　問三　ひる
　　問四　①　(例)正しく伝えようとし続けていた　　②　(例)口訣集を受け取ってもらえない
　　問五　エ　　問六　(例)医術は人が生きるか死ぬかに関わるものであるため，みんなが最
　　新の成果を明らかにし，試し，認め合い，互いにたたき合うことを繰り返し，医術を進歩
　　させること。　　問七　(例)庶民が寝転んで本を読んでいたことは，ソファなどでリラック
　　スして読むことがある現代と共通しているが，本が大量に印刷できず貴重であったことは，
　　図書館や電子書籍等，たくさんの本がある現代とは異なる。
三　問一　②　　問二　エ　　問三　(1)　ア　　(2)　(例)鍾子期の死後，生涯二度と琴を弾
　　かなかった
四　問一　ウ　　問二　イ➡ウ➡ア　　問三　(例)(この彫刻は，)黒御影石を素材とした滑り台
　　でもあり，札幌市の大通公園に設置されている。　　問四　A　らせん状に逆巻く水流がそ
　　のエネルギーを失うことなく，次のらせんに手渡され，連綿と引き継がれていく
　　B　(例)「怒涛図」には，小さな渦状の波が無数に描かれており，消えることなく次から次
　　へと押し寄せて来る波の勢いが，ずっと続いていくような印象を受けた。

＜国語解説＞

一　(知識／俳句／会話・議論・発表―内容吟味，漢字の読み書き，語句の意味，表現技法・形式)
　問一　(1)　「貢献」は力を尽くして役に立つこと。　　(2)　「諭す」は，道理を言い聞かせてわか
　　らせるという意味である。
　問二　(1)　「尊敬」は，「尊」の上の部分の形に注意する。　　(2)　「就職」の「職」を形が似てい
　　る「織」や「識」と混同しない。
　問三　(1)　「枯野」は冬の季語である。選択肢の俳句の季語と季節は，ア「大蛍」―夏，イ「炭」
　　―冬，ウ「虫の声」―秋，エ「花の雲」―春，なのでイが正解。　　(2)　Ⅰ群　「てらてら」は様
　　子を表す言葉で，イの「擬態語」にあたる。　　Ⅱ群　カの「ダイヤモンドのように」は直喩，キ
　　の「小鳥が……歌っている」は擬人法，クの「かさこそ(と)」は擬音語で，ケの「ごろごろ」が
　　擬態語である。
　問四　(1)　「役不足」は，本来その人の力量に対して役目が軽すぎることや簡単すぎることを言
　　う。宮本さんはその意味で「役不足」という言葉を用いているので，①には「軽すぎる」など
　　が入る。上田さんは逆の意味で用いているので，②には「重すぎる」などが入る。　　(2)　その
　　人の力量に対して役目が重すぎるという意味の言葉は，「力不足」である。　　(3)　宮本さんは，
　　上田さんの不安な気持ちを受容しながら，上田さんがリーダーにふさわしいという考えを「みん
　　なの意見のよいところを上手にまとめてくれる」という具体的な理由を示して伝えているので，
　　ウが正解。アは「課題の解決策を検討する」が不適当。イは，「相手の考えに反対」が誤り。エ
　　は，「問題点」の「指摘」が発言と合わない。

二　(小説―情景・心情，内容吟味，漢字の読み書き，語句の意味，作文)

問一　1　「快い」は，送り仮名を間違えやすいので注意する。　　2　「臆する」は，気後れするという意味。

問二　「折り入って」は，特別に，ぜひとも，という意味。

問三　現在でも「正午」という言葉が使われるが，資料にあるように江戸時代の「午」は午前11時から午後1時までを指すので，「ひる」と読めばよい。

問四　①　先生の「それだけ正しく伝えようとしつづけるには」という言葉をもとに書く。
②　先生に「これは持ち帰ってください」と言われて口訣集を受け取ってもらえなかったことを，前後の表現につながるように書く。

問五　「唖然とする」は，思いがけないことに驚いて声も出なくなる様子を表す。「私」は口訣集は秘伝であり，後継ぎの淇平にしか伝えないものだと思っていた。しかし，先生は晴順が返そうとした口訣集の受け取りを拒み，「いくらでも口訣集を写していい」と言ったのである。このことを説明したエが正解。アは「本人が直接返すのでなければ」が不適当。西島晴順が持って来たとしても，先生は受け取らなかったはずである。イは，「私」の驚きの対象が門人たちになっているので誤り。ウは，「先生自身にも非があると言われた」が本文と合わない。

問六　「願ったり」は，「願ったりかなったり」とも言い，希望が実現することを言う。先生は，医術が「生きるか死ぬかであり，生かすか殺すか」のものであるため，「進歩」することを願っている。そして，そのためには「みんなが最新の成果を明らかにして，みんなで試して，互いに認め合い，互いに叩きあ」うことを繰り返す必要があると考えている。この内容を75字程度で書く。

問七　本に関して，江戸時代と現代とで，共通するところと異なるところを，身近な例を用いてそれぞれ書く。解答例では，共通点として「リラックスして読むこと」を挙げ，相違点として江戸時代では数が少なく貴重であった本が現代ではたくさんあることを挙げている。

三　(漢文─内容吟味，脱文・脱語補充，熟語)

〈口語訳〉　伯牙は巧みに琴を弾き，鍾子期は巧みに聴いた。伯牙が琴を弾き，高い山を心に思い浮かべる。子期が言うことには，「すばらしいなあ。高くそびえて泰山のようだ。」と。流れる水を心に思い浮かべる。子期が言うことには，「すばらしいなあ。広々として大きな川のようだ。」と。伯牙が心の中で想像したことを，子期はいつも悟った。

『呂氏春秋』によれば，「鍾子期が死ぬと，伯牙は琴を壊して弦を切り，生涯二度と琴を弾かなかった。筆者が思ったことには，「その人のために琴を弾く価値がある者がいないからだ」と。

問一　本文に「伯牙琴を鼓き，志，高山に在り。」とある。この後半部分は，②の直後の「志，流水に在り。」と対になる表現なので，「伯牙琴を鼓き，」は②に入れるのが適当である。

問二　伯牙が高い山を思い浮かべて琴を弾くと鍾子期が「泰山のごとし」と言うなど，伯牙が想像した内容を鍾子期が理解して発言していることから，エが適当である。アは「我慢」，イは「実現」が本文と合わない。ウは「希望したもの」を「手に入れる」という説明が不適当である。

問三　(1)　「断琴」は「琴を断つ」ということで，後の漢字が前の漢字の目的や対象を表している。選択肢の熟語の構成は，ア「植樹」─後の漢字が前の漢字の目的や対象を表すもの，イ「呼応」─対になる意味の漢字の組み合わせ，ウ「安穏」─似た意味の漢字の組み合わせ，エ「予知」─前の漢字が後の漢字を修飾するもの，オ「官製」─前の漢字が主語で後の漢字が述語になるものなので，アを選ぶ。　(2)　「鍾子期死し，伯牙琴を破り弦を断ち，終身復た琴を鼓かず。」をもとに，20字程度で書く。

四　(会話・議論・発表─内容吟味，文脈把握，短文作成，作文)

問一　【チラシ】(表)は，学校祭の名称，企画者，テーマのみを示して関心を引こうとしているので，ウが適当である。アの「説明」，イの「画像」，エの「作者紹介」にあたるものは示されていない。

問二　アは「人間が創り出すものにも」とあるが，イは「自然界には」とあるので，アはイより後になる。ウの「巻き貝」などは自然界に属するものなので，「そのなか」はイの内容を受けているとわかる。したがって，イ➡ウ➡アの順に並べればよい。

問三　素材が黒御影石であること，鑑賞以外の用途が滑り台であること，札幌市の大通公園に設置されていることを入れて35字程度で書く。

問四　Aは，資料から自分が着目したところを抜き出す。解答例は，「らせん状に逆巻く水流がそのエネルギーを失うことなく，次のらせんに手渡され，連綿と引き継がれていく」を抜き出している。Bは，抜き出したところをふまえ，自分が「怒涛図」を見て感じたことや考えたことを60〜80字で書く。解答例は，「怒涛図」に描かれた波から受けた印象を書いている。

大切なことはメモしておこうネ!

北海道公立高等学校

2023年度
★★★★★★★★★★★★★★★★★★★★★★

入 試 問 題

●くわしい解説 …… 51 ページ

＜数学＞　　時間　50分　　満点　100点

1　次の問いに答えなさい。(配点 33)

問1　(1)～(3)の計算をしなさい。

(1)　$9-(-5)$

(2)　$(-3)^2 \div \dfrac{1}{6}$

(3)　$\sqrt{2} \times \sqrt{14}$

問2　右の図のように，円筒の中に1から9までの数字が1つずつ書かれた9本のくじがあります。円筒の中から1本のくじを取り出し，くじに書かれた数が偶数のとき教室清掃の担当に，奇数のとき廊下清掃の担当に決まるものとします。Aさんが9本のくじの中から1本を取り出すとき，Aさんが教室清掃の担当に決まる確率を求めなさい。

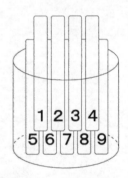

問3　下の表は，ある一次関数について，x の値と y の値の関係を示したものです。表の ☐ に当てはまる数を書きなさい。

x	$\cdots$	-1	0	$\cdots$	3	$\cdots$
y	$\cdots$	6	☐	$\cdots$	2	$\cdots$

問4　右の図のように，底面の半径が6cm，体積が132π cm³の円錐があります。この円錐の高さを求めなさい。

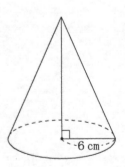

6 cm

問5　$x^2 -$ ☐ $x+14$ が $(x-a)(x-b)$ の形に因数分解できるとき，☐ に当てはまる自然数を2つ書きなさい。ただし，a，b はいずれも自然数とします。

問6　下の図のように，∠ACB＝75°，BA＝BCの二等辺三角形ABCがあります。△ABCの内部に点Pをとり，∠PBC＝∠PCB＝15°となるようにします。点Pを定規とコンパスを使って作図しなさい。

ただし，点を示す記号Pをかき入れ，作図に用いた線は消さないこと。

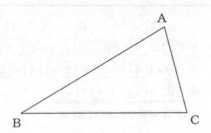

2　図1のように，小学校で学習したかけ算九九の表があります。優さんは，太線で囲んだ数のよ

図1

うに，縦横に隣り合う4つの数を とし

たとき，4つの数の和 $a + b + c + d$ がどんな数になるかを考えています。

例えば，

|8|10|
|12|15|
のとき　8＋10＋12＋15＝45

|10|15|
|12|18|
のとき　10＋15＋12＋18＝55　となります。

優さんは，45＝5×9，55＝5×11 となることから，次のように予想しました。

（予想Ⅰ）

縦横に隣り合う4つの数の和は，5の倍数である。

次の問いに答えなさい。（配点 17）

問1　予想Ⅰが正しいとはいえないことを，次のように説明するとき，ア ～ オ に当てはまる数を，それぞれ書きなさい。

（説明）

縦横に隣り合う4つの数が，

$a =$ ア ，$b =$ イ ，$c =$ ウ ，$d =$ エ のとき，

4つの数の和 $a + b + c + d$ は， オ となり，5の倍数ではない。

したがって，縦横に隣り合う4つの数の和は，5の倍数であるとは限らない。

問2　優さんは，予想Ⅰがいつでも成り立つとは限らないことに気づき，縦横に隣り合う4つ数それぞれの，かけられる数とかける数に注目して，あらためて調べ，予想をノートにまとめました。

（優さんのノート）

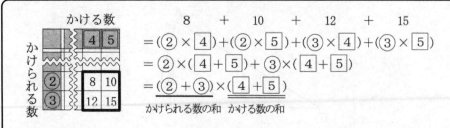

（予想Ⅱ）

> 縦横に隣り合う4つの数の和は，（かけられる数の和）×（かける数の和）である。

予想Ⅱがいつでも成り立つことを，次のように説明するとき，$\boxed{\text{ア}}$ ～ $\boxed{\text{キ}}$ に当てはまる式を，それぞれ書きなさい。

（説明）

a を，かけられる数 m，かける数 n の積として $a = mn$ とすると，
b, c, d は，それぞれ m, n を使って，
$b = \boxed{\text{ア}}$，$c = \boxed{\text{イ}}$，$d = \boxed{\text{ウ}}$ と表すことができる。
　このとき，4つの数の和 $a+b+c+d$ は，

$$a+b+c+d = mn + \boxed{\text{ア}} + \boxed{\text{イ}} + \boxed{\text{ウ}}$$
$$= 4mn + 2m + 2n + 1$$
$$= (2m+1)(2n+1)$$
$$= \{\boxed{\text{エ}} + (\boxed{\text{オ}})\}\{\boxed{\text{カ}} + (\boxed{\text{キ}})\} \text{ となる}$$

　したがって，縦横に隣り合う4つの数の和は，
（かけられる数の和）×（かける数の和）である。

問3　優さんは，図2の太線で囲んだ数のように，縦横に隣り合う6つの数の和について調べてみたところ，縦横に隣り合う6つの数の和も，（かけられる数の和）×（かける数の和）となることがわかりました。

図2において，$p+q+r+s+t+u = 162$ となるとき，p のかけられる数 x，かける数 y の値を，それぞれ求めなさい。

図2

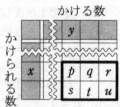

3　下の図のように，2つの関数 $y = ax^2$（a は正の定数）……①，$y = -3x^2$……② のグラフが
　あります。①のグラフ上に点Aがあり，点Aの x 座標を正の数とします。点Aを通り，x 軸に平
　行な直線と①のグラフとの交点をBとします。点Oは原点とします。
　　次の問いに答えなさい。（配点 17）

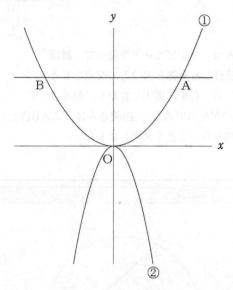

問1　$a = 2$ とします。点Aの y 座標が8のとき，点Aと点Bとの距離を求めなさい。

問2　①について x の値が1から3まで増加するときの変化の割合が，一次関数 $y = x + 2$ につ
　いて x の値が -1 から2まで増加するときの変化の割合に等しいとき，a の値を求めなさい。

問3　$a = \dfrac{1}{3}$ とします。点Aの x 座標を3とします。②のグラフ上に点Cを，x 座標が1となる
　ようにとります。点Cを通り，x 軸に平行な直線と②のグラフとの交点をDとします。線分AB，
　CD上にそれぞれ点P，Qをとり，点Pの x 座標を t とします。ただし，$0 < t \leqq 1$ とします。
　　陸さんは，コンピュータを使って直線PQを動かしたところ，直線PQが原点Oを通るとき，
　台形ABDCの面積を2等分することに気づきました。
　　直線PQが原点Oを通るとき，次の(1)，(2)に答えなさい。

(1)　点Qの座標を，t を使って表しなさい。

(2)　直線PQが台形ABDCの面積を2等分することを説明しなさい。

4　右の図のように，円Oの円周上に3点A，B，Cをとりま
す。∠BACの二等分線と線分BCとの交点をDとします。
　次の問いに答えなさい。（配点 16）

問1　AD＝CD，∠BAD＝35°のとき，∠ADCの大きさ
を求めなさい。

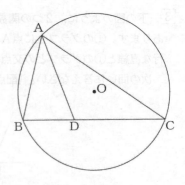

問2　悠斗さんと由美さんは，コンピュータを使って，画面
のように，線分ADを延長した直線と円Oとの交点をEと
しました。次に，点A，B，Cを円周上で動かし，悠斗さ
んは「△ABDと△CEDが相似である」，由美さんは「△ABDと△AECが相似である」と予
想し，それぞれ予想が成り立つことを証明しました。

画面

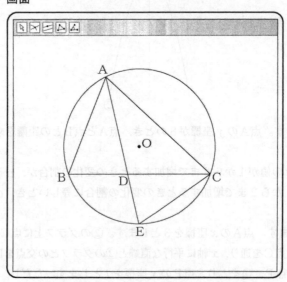

（悠斗さんの証明）

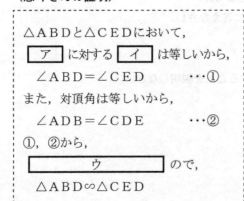

△ABDと△CEDにおいて，
　　ア　に対する　イ　は等しいから，
　　∠ABD＝∠CED　　…①
また，対頂角は等しいから，
　　∠ADB＝∠CDE　　　…②
①，②から，
　　　　　ウ　　　　　ので，
　　△ABD∽△CED

（由美さんの証明）

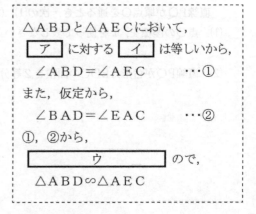

△ABDと△AECにおいて，
　　ア　に対する　イ　は等しいから，
　　∠ABD＝∠AEC　　　…①
また，仮定から，
　　∠BAD＝∠EAC　　　…②
①，②から，
　　　　　ウ　　　　　ので，
　　△ABD∽△AEC

次の(1), (2)に答えなさい。

(1)　 ア ～ ウ には，それぞれ共通する言葉が入ります。 ア ～ ウ に当てはまる言葉をそれぞれ書き入れ，証明を完成させなさい。

(2)　AB＝ADのとき，△ABE≡△ADCを証明しなさい。なお，悠斗さんや由美さんが証明したことを用いてもよいものとします。

5　A市に住む中学生の翼さんは，ニュースで聞いたことをもとに，先生と話し合っています。

翼さん　「昨日，ニュースで『今年の夏は暑くなりそうだ』と言っていましたよ。」
先生　　「先生が子どもだった50年くらい前は，もっと涼しかったんですけどね。」
翼さん　「どのくらい涼しかったんですか？」
先生　　「最高気温が25℃以上の『夏日』は，最近よりずっと少なかったはずです。」
翼さん　「そうなんですか。家に帰ったら調べてみますね。」

次の問いに答えなさい。（配点 17）

問1　翼さんは，今から50年前と2021年の夏日の日数を比べてみることにしました。翼さんは，A市の1972年と2021年における，7月と8月の日ごとの最高気温を調べ，その結果をノートにまとめました。次の ア ～ ウ に当てはまる数を，それぞれ書きなさい。

（翼さんのノート1）

A市の7～8月の日ごとの最高気温の度数分布表

階級（℃）	1972年		2021年	
	度数（日）	累積度数（日）	度数（日）	累積度数（日）
以上　　　未満 13 ～ 16	1	1	0	0
16 ～ 19	0	1	2	2
19 ～ 22	6	7	3	5
22 ～ 25	16	23	14	19
25 ～ 28	26	49	10	29
28 ～ 31	8	57	15	44
31 ～ 34	4	61	12	56
34 ～ 37	1	62	6	62
合　計	62		62	

【わかったこと】
A市の7～8月の夏日（最高気温が25℃以上）の日数は，
1972年が ア 日，
2021年が イ 日である。

【結論】
A市の夏日の日数は，
1972年と2021年とでは
ウ 日しか変わらない。

問2　翼さんは，ノート1を見せながら，先生と話し合っています。

翼さん　「A市の夏日の日数は，50年前とほとんど変わりませんでした。」
先生　　「本当ですか。ん？7月と8月以外の月でも夏日になることがありますよ。それ

に，調べた1972年と2021年の夏日の日数が，たまたま多かった，あるいは，たま
たま少なかったという可能性もありますよね。」
翼さん　「たしかにそうですね。もう少し調べてみます！」

翼さんは，A市の夏日の年間日数について，1962年から1981年までの20年間（以下，「X期間」
とします。）と，2012年から2021年までの10年間（以下，「Y期間」とします。）をそれぞれ調
べ，その結果をノートにまとめることにしました。

（翼さんのノート２）

A市の夏日の年間日数の度数分布表

階級（日）	X期間		Y期間	
	度数（年）	相対度数	度数（年）	相対度数
24 以上 ～ 30 未満	1	0.05	0	0.00
30 ～ 36	4	0.20	0	0.00
36 ～ 42	4	0.20	0	0.00
42 ～ 48	9	0.45	0	0.00
48 ～ 54	2	0.10	1	0.10
54 ～ 60	0	0.00	2	0.20
60 ～ 66	0	0.00	2	0.20
66 ～ 72	0	0.00	5	0.50
合　計	20	1.00	10	1.00

A市の夏日の年間日数の
相対度数の度数折れ線（度数分布多角形）

（相対度数）
0.6　0.5　0.4　0.3　0.2　0.1　0
24　30　36　42　48　54　60　66　72　（日）
------ X期間　　──── Y期間

【まとめ】
　A市の夏日の年間日数について，X期間とY期間を比較した結果，50年くらい前は，
今と比べて　□　といえる。

次の(1)〜(3)に答えなさい。

(1) ノート２の度数分布表をもとに，Y期間の相対度数の度数折れ線（度数分布多角形）を，
解答用紙にかき入れなさい。

(2) ノート２において，翼さんが「度数」ではなく「相対度数」をもとに比較している理由を
説明しなさい。

(3) □ に当てはまる言葉として最も適当なものを，次のア〜ウから選びなさい。また，選ん
だ理由を，X期間とY期間の２つの相対度数の度数折れ線（度数分布多角形）の特徴と，そ
の特徴から読み取れる傾向をもとに説明しなさい。
　ア　暑かった　　イ　変わらなかった　　ウ　涼しかった

＜英語＞　　　時間　50分　満点　100点

1　放送を聞いて，問いに答えなさい。(配点 35)

　問1　次の No.1 ～ No.3 について，それぞれ対話を聞き，その内容についての質問の答えとして最も適当なものを，それぞれア～エから選びなさい。**英文は1回読まれます。**

No.1

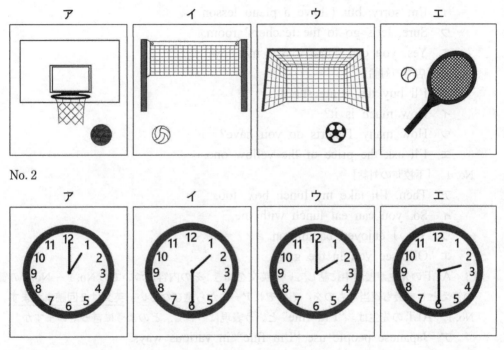

No.2

No.3

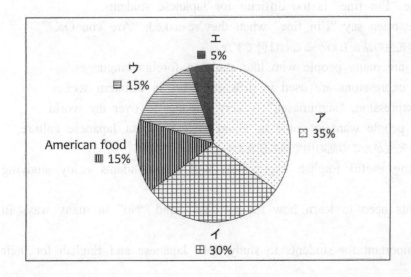

問2　次の No. 1 〜 No. 4 について，直子 (Naoko) とニック (Nick) の対話を聞き，チャイムの鳴るところで，直子が話す言葉として最も適当なものを，それぞれア〜エから選びなさい。**英文は1回読まれます。**

No. 1　[昼休みの対話]

　　ア　Yes, I am.　　　　　　　　イ　You're welcome.

　　ウ　No, it's not mine.　　　　エ　Here you are.

No. 2　[放課後の対話]

　　ア　No, you can't answer the questions.

　　イ　I'm sorry, but I have a piano lesson.

　　ウ　Sure, let's go to the teachers' room.

　　エ　Yes, you can come to see me now.

No. 3　[店での対話]

　　ア　I'll buy the white shoes.

　　イ　How much is it?

　　ウ　How many T-shirts do you have?

　　エ　I'll ask the price of the yellow one.

No. 4　[下校時の対話]

　　ア　Then, I'll take my lunch box, too.

　　イ　So, you can eat lunch with me.

　　ウ　Yes, I enjoyed badminton.

　　エ　OK, see you in the gym.

問3　ALT の先生が授業中に話している英文を聞き，その内容についての No. 1 〜 No. 3 の質問の答えとして最も適当なものを，それぞれア〜エから選びなさい。**英文は2回読まれます。**

No. 1　ALT の先生は，"I'm fine" という表現について，どのように言っていますか。

　　ア　Japanese people use "I'm fine" in various ways.

　　イ　It's interesting to know why people use "I'm fine" many times.

　　ウ　To use "I'm fine" is too difficult for Japanese students.

　　エ　People often say "I'm fine" when they're asked, "Are you OK?"

No. 2　ALT の先生の話からわかることは何ですか。

　　ア　There are many people who like studying foreign languages.

　　イ　Some expressions are used in different ways in different scenes.

　　ウ　The expression, "sumimasen" is very popular all over the world.

　　エ　Many people want to come to Japan to learn about Japanese culture.

No. 3　ALT の先生が，この話の中で最も伝えたいことは何ですか。

　　ア　Learning useful English expressions will help students enjoy studying English.

　　イ　Students need to learn how to say "Yes" and "No" in many ways in English.

　　ウ　It's important for students to study both Japanese and English for their future.

　　エ　Speaking in English will be easier for students if they learn more
　　　　expressions.

問4　英語の先生が生徒に指示をしている英文を聞き，あなたが生徒になったつもりで，条件にし
　　がって，次のスピーチを完成させなさい。**英文は2回読まれます。**

スピーチ

Hello, everyone!
I think ◯(1)◯ is the best.
In ◯(1)◯ , people can ◯(2)◯ .
◯(3)◯
Thank you.

条件

・ (1) には，共通して入る適当な英語を1語で書きなさい。
・ (2) には，2語以上の英語で自由に書きなさい。
・ (3) には，主語と動詞を含む英文1文で自由に書きなさい。
・ (1) 〜 (3) が，内容的につながりがあるスピーチとなるように書きなさい。

2　次の問いに答えなさい。(配点 16)

問1　次の(1), (2)の英文の　□　に入る最も適当な英語1語をそれぞれ語群から選んで書きなさ
　　い。

(1) Hi, my name is Takuya.　Please □ me Taku.

語群

show　　　ask　　　call　　　give

(2) Let's go to the □ and play soccer there.

語群

park　　library　　station　　restaurant

問2　次のページの絵の場面に合うように，(1), (2)の　□　に入る適当な英語1語をそれぞれ書き
　　なさい。

(1) Please □ quiet here.

(2) You □ eat here.

問3　次の(1), (2)の絵において，2人の対話が成り立つように，[　　]に主語と動詞を含む英文1文をそれぞれ書きなさい。

(1)

What did you do after dinner yesterday?

(2)

I can't find my phone!
I'll be late.
Please help me.

It's on the desk.

Thank you.

It's under the chair.

3　次の**A**〜**C**に答えなさい。(配点 37)

A　次の英文は，キャンプ場（campsite）の情報です。これを読んで，問いに答えなさい。

Campsite Information

Campsite	Happy Village	Holiday Fun	Lake Ezo	Nature Park
*Location	Mountain	Sea	Lake	Mountain
Pets	○	○	×	○
Fishing	×	×	○	○
*Hot Spring	×	11:00〜23:00	11:00〜21:00	×
Shop	15:00〜19:00	9:00〜21:00	15:00〜20:00	10:00〜19:00
Other Information	Flower garden	No fireworks	New *BBQ area	Horse riding
*Review	**Takashi**（★★★） This campsite is big and quiet. There are many kinds of flowers in the garden. You'll like this beautiful site.	**Meg**（★☆☆） Most *users enjoy surfing or swimming in the sea. I didn't enjoy the site because some people had a party late at night.	**Toru**（★★☆） This campsite is good for a BBQ! But the shop in the campsite doesn't sell foods for a BBQ. So, if you want to enjoy a BBQ, ☐.	**John**（★★★） Nature Park just opened last year, so it was very clean. My family enjoyed playing with our dog there.

　(注)　location 立地，場所　　hot spring 温泉　　BBQ バーベキュー　　review 感想
　　　　user(s) 利用者

問1　次の(1)，(2)の英文について，本文の内容から考えて，☐ に当てはまる最も適当なもの
　　を，それぞれ**ア**〜**エ**から選びなさい。

　(1)　You can stay with your dog at ☐ and enjoy the hot spring there.

　　　ア　Happy Village　　　**イ**　Holiday Fun
　　　ウ　Lake Ezo　　　　　**エ**　Nature Park

　(2)　We can't know ☐ from the campsite information.

　　　ア　what the users say about the campsites

　　　イ　which campsite is often used by people who love surfing

　　　ウ　what time the shops in the campsites close

　　　エ　when the four campsites first opened

問2　本文の内容から考えて，☐ に入る適当な英語を書きなさい。

B　次の英文は，ある中学校の ALT であるスミス先生（Mr. Smith）が，授業中に話している場
　面のものです。これを読んで，問いに答えなさい。

　　Today, I'll tell you about the two things I've learned about school life in
　Japan.

First, you spend most of your time in the same classroom. You usually study here with your classmates, and teachers come here to teach you. In my country, America, teachers usually have their own classrooms, and students go to different classrooms to study. Students study with different classmates because *timetables are different among the students. Also, in Japan, you often use classrooms after school. A few days ago, I saw some students in a classroom after school. They were doing their homework together. I was surprised when I saw this. In America, we don't use the classroom after school like this.

Second, you clean your own classroom. I also see some teachers who clean with the students. At first, I didn't understand why students and teachers clean the school. In America, schools usually have cleaning *staff, so students don't clean the classroom. Actually, cleaning schools is seen as a job in America. But, we often hear "When in Rome, do as the Romans do," so I started cleaning, too, like teachers here. Now, I feel it's good for us to clean the classrooms because we'll try to keep them *neat and clean.

Well, it was interesting to learn that the classroom is a very important part of school life in Japan. I hope you'll also be interested in the school life of other countries. You may learn something important about the school life of each country.

(注) timetable(s) 時間割　　staff スタッフ　　neat 整理された

問1　本文の内容に合うものを，ア～エから１つ選びなさい。

ア　Students in America study with the same classmates in almost every lesson.

イ　Teachers in America usually don't have to go to different classrooms to teach students.

ウ　Japanese junior high schools need to have cleaning staff like American schools.

エ　Cleaning activities make students study harder with their classmates in the classroom.

問2　下線部＿＿は，本文中でどのような意味で使われていますか。最も適当なものを，ア～エから選びなさい。

ア　When we're at home, it's necessary to keep the places we use clean.

イ　When foreign people need help in your country, do something to help them.

ウ　When you visit another place, try the local people's ways of doing things.

エ　When people travel abroad, they'll find something they don't like.

問3　本文の内容から考えて，次の問いに対する答えを，主語と動詞を含む英文１文で答えなさい。

Why was Mr. Smith surprised after school a few days ago?

C 次の英文は，佐藤先生（Mr. Sato）の英語の授業で，ディベート（debate）を行う準備として，高校生の健太（Kenta）と理子（Riko）が意見を述べている場面のものです。これを読んで，問いに答えなさい。

Mr. Sato : You've thought about today's topic as homework, right? First, I want to hear your own ideas as a *warm-up. Kenta, do you want to live in the city or in the *countryside in the future?

Kenta : I want to live in the countryside, especially near the sea, because I like fishing.

Mr. Sato : How about you, Riko?

Riko : I don't think I can make my dream come true in the countryside. I want to work at a TV company in Tokyo. That's my dream.

Mr. Sato : I see. I understand you have different ideas. Next, we'll think about the *case for *elderly people. Which is better for elderly people, living in the city or in the countryside? You've already thought of some reasons for both *sides. Now, Kenta, if living in the city is better, what's your reason?

Kenta : Well, I think it's easier for elderly people to live in the city. There are more stores and hospitals in the city than in the countryside, so they can go shopping and go to the doctor more easily.

Mr. Sato : Good. You mean [   ], right? Do you have anything else to tell us?

Kenta : Yes. Research shows that most of the doctors in Japan work in the city. *On the other hand, in some areas, especially in the countryside, there aren't enough doctors. I worry about this.

Mr. Sato : Good point! Next, Riko, if living in the countryside is better, what's your reason?

Riko : I think elderly people can enjoy a quiet life without *stress. Cities are full of *noise, and buses and trains are usually *crowded. People in cities always look busy. I also think, in the countryside, *connections with the local people keep them *active, and they can feel safe because they know each other well.

Mr. Sato : I see. You mean living in the countryside is good for their *mental health, right?

Riko : Yes. Well, according to research, there are many people who move to the countryside from the city because of various reasons. For example, many elderly people say that they want to live in a quiet place that has a lot of nature. I think they feel a lot of stress in the city.

Mr. Sato : Very good, Riko! Both Kenta and Riko talked about elderly people's health as a reason. I'm sure both of your ideas make us think about a better place for elderly people. In the next lesson, we're going to have a debate about this topic, so you need to *argue against each other's ideas. So, as practice, I want you to think of how to argue against Kenta's idea and Riko's idea. Now, everyone, let's make a group and start sharing your ideas!

(注) warm-up ウォーミングアップ, 準備　countryside 地方　case 場合　elderly 高齢の　side(s) 立場　on the other hand 一方で　stress ストレス　noise 騒音　crowded 混雑した　connection(s) つながり　active 活発な　mental 心の　argue against ～に反論する

問1　本文の内容から考えて，　　　　に入る最も適当なものを，ア～エから選びなさい。
ア　elderly people should use more money in the city
イ　cities have many places only for elderly people
ウ　most elderly people want to live in the city
エ　cities are more convenient for elderly people

問2　下線部＿＿の内容として最も適当なものを，ア～エから選びなさい。
ア　why a lot of people want to be a doctor
イ　which hospitals have good doctors
ウ　how many doctors work in each area
エ　where the doctors in the city come from

問3　次のワークシートは，理子が宿題として取り組んだものの一部です。本文の内容から考えて，　(1)　，　(2)　に入る適当な英語を1語で書きなさい

ワークシート

Warm-up:　In the future, where do you want to live, in the city or in the countryside?

Your Idea ⇒　I want to live in the 　(1)　 to make my dream come true.

Topic　Which is better for elderly people, living in the city or in the countryside?

Step 1　What's "Good" and what's "Not Good"?

	Living in the city	Living in the countryside
Good	· can go to hospitals easily · various stores · a lot of buses and trains	· quiet life · connections with people · a lot of 　(2)

問4　本文の内容に合うものを，ア～オからすべて選びなさい。

ア　Kenta believes elderly people should live near the sea to enjoy fishing.

イ　Riko said that elderly people feel more stress in the city than in the countryside.

ウ　Kenta asked Riko about elderly people who move to the countryside from the city.

エ　Both Kenta and Riko talked about how to help elderly people in their daily lives.

オ　Mr. Sato told the students in the class to share their ideas for the debate.

問5　次の英文は，健太が理子の意見に対する反論を書いたものの一部です。英文の内容から考えて，☐ に入る適当な英語を1語で書きなさい。

> I understand that elderly people may feel stress from crowded trains and buses in the city. However, in the countryside, there aren't enough trains and buses, so many elderly people have to use their ☐ to go to some places such as supermarkets and hospitals. I worry about these elderly drivers. I think using trains and buses is easier and safer for elderly people.

4　次の英文は，ある高校生が，英語の授業で，スマートフォンなどの機器（devices）の利用について，自分の考えを書いたものです。あなたがその高校生になったつもりで，資料をふまえ，条件にしたがって，英文を完成させなさい。（配点 12）

英文

> Devices such as smartphones are part of our life today.
> Actually, ☐(1)☐.
> Such devices are very useful because we can do many things with them. For example, by using them, we can communicate with others, or we can ☐(2)☐.
> However, we should be careful when we use them. ☐(3)☐
> We need to learn how to use them well.

資料

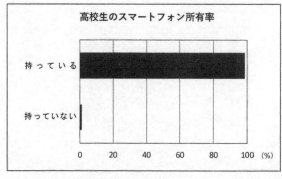

高校生のスマートフォン所有率

条件

- ┌(1)┐ には，資料からわかることを，主語と動詞を含む英文1文で書きなさい。
- ┌(2)┐ には，スマートフォンなどの機器を用いてできることについて，与えられた書き出しに続くように英語で自由に書きなさい。
- ┌(3)┐ には，スマートフォンなどの機器を使用するときにすべきだと思うこと，または，すべきでないと思うことについて，あなたの意見とその理由を，24語以上の英語で自由に書きなさい。ただし，英文は記入例の書き方にならうこと。

記入例

Hello	,	everyone	.	How	are	you	?	My	6語
name	is	Momoka	.	I'm	a	junior			12語

around	six	o'clock	.				36語

＜理科＞　　時間　50分　　満点　100点

1　次の問いに答えなさい。(配点 28)

問1　次の文の ① ～ ⑧ に当てはまる語句を書きなさい。

(1) 電車や自動車のスピードメーターのように刻々と変化する速さを，平均の速さに対し， ① の速さという。

(2) 原子は ② と電子からできており， ② は陽子と中性子からできている。

(3) タンポポのような双子葉類の根は，太い根である主根とそこから伸びる細い根である ③ からなる。

(4) 侵食された土砂が流水によって運搬され，川の流れがゆるやかなところでたまることを ④ という。

(5) 滑車やてこなどの道具を使うと，物体を動かすために加える力を小さくすることができるが，仕事の大きさ（量）は道具を使わない場合と変わらない。これを ⑤ という。

(6) BTB溶液は，酸性の水溶液では黄色，アルカリ性の水溶液では青色に変化する。このように変化した色で，溶液の酸性，中性，アルカリ性を調べる薬品を ⑥ という。

(7) 被子植物の花は受粉すると， ⑦ が成長して果実になり， ⑦ の中の胚珠は種子となる。

(8) 地震計に記録された地震のゆれのうち，はじめの小さなゆれを ⑧ という。

問2　長さ3cmのばねを引く力の大きさとばねののびとの関係を調べたところ，図のようになった。このばねを0.4Nの力で引くと，ばねの長さは何cmになるか，書きなさい。

図

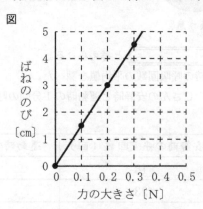

問3　4％の食塩水100gをビーカーに入れておくと，一部蒸発し，その食塩水は80gとなった。このとき80gの食塩水の濃度は何％か，書きなさい。

問4　エンドウの種子A～Gを育て，2つずつ選んでかけ合わせた。次のページの表は，かけ合わせた種子とかけ合わせてできた種子の形質と割合を示したものである。Gがしわの種子のとき，丸の純系の種子と考えられるものを，A～Fからすべて選びなさい。

表

かけ合わせた種子	かけ合わせてできた種子の形質と割合
種子Aと種子D	すべて丸
種子Bと種子E	すべて丸
種子Bと種子F	丸：しわ＝3：1
種子Cと種子G	丸：しわ＝1：1
種子Dと種子G	すべてしわ

問5　次のア〜ウを太陽の南中高度が高い順に並べて記号で書きなさい。

　ア　夏至の札幌市　　イ　冬至の札幌市　　ウ　夏至の那覇市

2　ヒトの肺のしくみとはたらきについて，科学的に探究した内容を，レポートにまとめました。次の問いに答えなさい。（配点 18）

レポート

肺による呼吸

【課題】　ヒトの肺のしくみとはたらきはどうなっているのだろうか。

【資料】　ヒトの吸う息とはく息のそれぞれにふくまれる気体の体積の割合（水蒸気を除く）

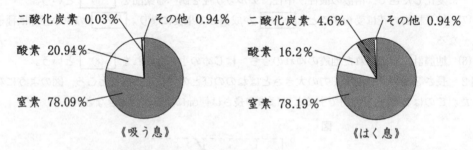

二酸化炭素 0.03%　　その他 0.94%　　二酸化炭素 4.6%　　その他 0.94%

酸素 20.94%　　酸素 16.2%

窒素 78.09%　　窒素 78.19%

《吸う息》　　《はく息》

考察　ヒトの肺では [　　　　　　　] と考えられる。

【実験1】　安静時と運動時の呼吸回数の平均値を調べた。

　方法　Aさん，Bさん，Cさんの安静時と運動時の1分間の呼吸回数をそれぞれ調べて，平均値を求めた。

結果

	安静時の呼吸回数〔回〕	運動時の呼吸回数〔回〕
Aさん	18	58
Bさん	23	63
Cさん	19	59
平均値	20	60

　考察　運動時に呼吸回数が増加したのは，酸素をより多くとりこむためだと考えられる。

【実験2】　ヒトの肺のモデルをつくって，ゴム膜を操作したときのゴム風船の動きを調べた。

方法　下半分を切りとったペットボトルに，ゴム膜と，ゴム
　　　風船をつけたガラス管つきゴム栓をとりつけた。次に，
　　　ゴム膜の中心を指でつまんで下に引いた。

結果　ガラス管から空気が入り，ゴム風船がふくらんだ。

考察　ヒトの肺では，ゴム膜のかわりに [①]
　　　することで空気を出し入れすると考えられる

【実験3】　血液に酸素を入れたときの色の変化を調べた。

方法　ブタの血液の入った試験管に酸素を入れた。

結果　あざやかな赤色に変化した。

考察　酸素が赤血球中の [②] ため，あざやかな
　　　赤色に変化したと考えられる。

【総合的な考察】

・ヒトの肺では [①] することによって呼吸が行われており，肺に吸い込ま
　れた空気中の酸素が血液にとりこまれて [②] ことで全身の細胞に運ばれ
　るのではないか。

・安静時と比べ，運動時には多くの [　　　] ことから，より多くの酸素が全身の細
　胞に運ばれて，細胞による呼吸がさかんに行われるのではないか。

問1　レポートの [ ] に共通して当てはまる語句を書きなさい。

問2　【実験1】において，平均値を求める理由として最も適当なものを，ア～エから選びなさい。

ア　運動の前後で，呼吸の回数が異なるから。

イ　同じ条件でも個体によって，呼吸の回数が異なるから。

ウ　同じ個体で調べるたびに，呼吸の回数が異なるから。

エ　測定する時間の長さによって，呼吸の回数が異なるから。

問3　次の表は，安静時と運動時の1回の呼吸における吸う息の体積と肺でとりこまれる酸素の
　　体積の割合を示したものである。【実験1】の結果と表から，肺で1分間にとりこまれる酸素の
　　体積を，安静時と運動時でそれぞれ求め，解答欄の図に棒グラフで表しなさい。

表

	1回の呼吸における吸う息の体積〔cm³〕	肺でとりこまれる酸素の体積の割合〔％〕
安静時	500	3
運動時	1000	6

問4　【実験2】において，下線部のような結果になった理由を書きなさい。

問5　レポートの ① ， ② にそれぞれ共通して当てはまる語句を書きなさい。

3 次の問いに答えなさい。(配点 18)

酸化と還元について調べるため，次の実験1，2を行った。

実験1 ［1］ 図1の装置を用いて，銅の粉末0.80gを薬さじでステンレス皿に広げて，ガスバーナーで3分間加熱し，加熱後の物質が冷めてからその質量を調べた。次に，銅の粉末の質量を，1.20g，1.60gにかえ，それぞれ同じように加熱後の物質の質量を調べた。表1は，このときの結果をまとめたものである。

　　　 ［2］ 図1の銅の粉末をマグネシウムの粉末0.60g，0.90g，1.20gにそれぞれかえて，ガスバーナーで完全に酸化するまで加熱し，加熱後の物質が冷めてからそれぞれの質量を調べた。表2は，このときの結果をまとめたものである。

図1

銅の粉末　　ステンレス皿

表1

加熱前の銅の粉末の質量〔g〕	0.80	1.20	1.60
加熱後の物質の質量〔g〕	0.89	1.34	1.80

表2

加熱前のマグネシウムの粉末の質量〔g〕	0.60	0.90	1.20
加熱後の物質の質量〔g〕	1.00	1.50	2.00

実験2 ［1］ 図2のように，赤茶色の酸化鉄の粉末と炭素の粉末の混合物が入った試験管を加熱したところ，気体が発生して石灰水が白くにごった。その後，試験管が冷めてから磁石を近づけると，混合物の一部が引きつけられた。次に，酸化鉄を酸化マグネシウムにかえて，同じように加熱したところ，反応は見られなかった。

　　　 ［2］ 図3のように，二酸化炭素で満たしてふたをした集気びんA，Bを用意し，Aの中には火のついたマグネシウムを，Bの中には火のついたスチールウールをそれぞれ入れた。Aに入れたマグネシウムは激しく燃えて白くなり，Aの内側には黒い粒がついたが，Bに入れたスチールウールの火はすぐに消え，Bの内側に黒い粒は見られなかった。

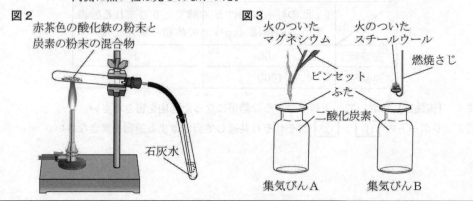

図2
赤茶色の酸化鉄の粉末と炭素の粉末の混合物

石灰水

図3
火のついたマグネシウム　　火のついたスチールウール

燃焼さじ

ピンセット

ふた

二酸化炭素

集気びんA　　　集気びんB

問1　図4は銅の粉末を加熱して完全に黒く酸化したときの，加熱前の銅の粉末の質量とその銅の粉末に結びついた酸素の質量の関係を示している。実験1について，次の(1)から(3)に答えなさい。

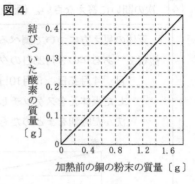

図4

(1)　図4と比較すると，表1の加熱後の物質の一部は酸化していないことがわかる。銅の粉末が酸化する割合を増やすためには，どのような操作を行えばよいか，書きなさい。ただし，使用する器具や試薬は変えないものとする。

(2)　表1の銅の粉末1.60 gの何％が酸化したと考えられるか，書きなさい。

(3)　表2と図4から，一定の質量の酸素と結びつく，マグネシウムの質量と銅の質量の比を最も簡単な整数で書きなさい。また，その比がマグネシウム原子の質量と銅原子の質量の比としても成り立つ理由を，それぞれの酸化物の化学式を用いて書きなさい。

問2　図5は，実験2について，ある中学生がまとめたものである。次の(1)，(2)に答えなさい。

図5

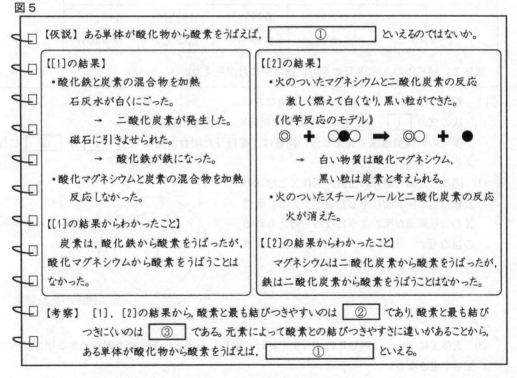

(1)　図5の《化学反応のモデル》は化学変化の前後で原子の数が合っていません。原子の数が合うようにモデルをかき直しなさい。ただし，◎はマグネシウム原子を，●は炭素原子を，○は酸素原子を示している。

(2)　①　に共通して当てはまる内容を書きなさい。また，②，③に当てはまる元素記号をそれぞれ書きなさい。

4 次の問いに答えなさい。(配点 18)

> 　天体の見え方について調べるため，北海道のA市で次の観察を行った。
>
> 観察1　ある年の3月25日の夕方，ひときわ明るい天体Xが西の空に見えた。表は，3月25日，4月25日，5月10日の同じ時刻，同じ場所で天体望遠鏡を用いて同じ倍率で観察した天体Xをスケッチしたものと，観察した日における天体Xと太陽が昇った時刻と沈んだ時刻をまとめたものである。
>
> 表
>
> | | | 3月25日 | 4月25日 | 5月10日 |
> |---|---|---|---|---|
> | 天体X | スケッチ | | | |
> | | 昇った時刻 | 7時6分 | 6時18分 | 5時43分 |
> | | 沈んだ時刻 | 22時1分 | 22時18分 | 21時43分 |
> | 太陽 | 昇った時刻 | 5時29分 | 4時37分 | 4時17分 |
> | | 沈んだ時刻 | 17時53分 | 18時29分 | 18時46分 |
>
> 観察2　同じ年の3月28日の夕方，西の空に月が見えた。

問1　観察1について，次の(1)～(3)に答えなさい。

(1) 次の文の ① ， ② に当てはまる語句を，それぞれ書きなさい。

　多くの天体望遠鏡で見える像の向きは，直接見た場合と異なり， ① が ② に見える。

(2) 図は，太陽と地球の位置，天体Xと地球の公転軌道を模式的に示したものである。天体Xの公転軌道が図のようになると考えられるのはなぜか，表から読み取れることをふまえ，書きなさい。

図

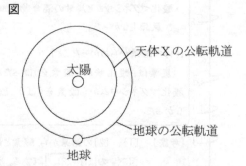

(3) 天体Xについて，同じ年の12月まで続けて観察したとき，ア～エを観察できる順に並べて記号で書きなさい。

　ア　大きく欠けた天体Xが，明け方，東の空に見られる。

　イ　天体Xが，太陽と地球の間を通過する。

　ウ　天体Xが，夕方，西の地平線に沈む。

　エ　欠け方の小さい天体Xが，明け方，東の空に見られる。

問2　観察2について，次の(1)，(2)に答えなさい。

(1) 観察を続けると天体Xと月が重なって見えた。このとき，北極側から見た天体X (◉) と

月（●）の位置関係を示しているものとして最も適当なものを，**ア**〜**エ**から選びなさい。また，観察される現象を説明した次の文の ① ， ② に当てはまる語句をそれぞれ書き，③の｛ ｝に当てはまるものを**ア**，**イ**から選びなさい。

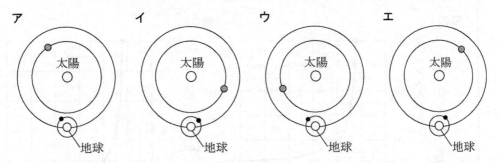

ア　　　　　　**イ**　　　　　　**ウ**　　　　　　**エ**
太陽　　　　　　太陽　　　　　　太陽　　　　　　太陽
地球　　　　　　地球　　　　　　地球　　　　　　地球

　天体Ｘと月が重なるとき，２つの天体は地球の自転によって１時間に約15°移動して見えるはずである。しかし，月の公転が地球の自転と ① 向きであるため，月の見かけの動きが15°よりも ② なる。このため，天体Ｘは月の③｛**ア**　東側から西側　　**イ**　西側から東側｝に移動して見える。

(2)　観察した日の約３日前に，観察できる可能性のある事象を，**ア**〜**カ**からすべて選びなさい。また，選んだ事象が観察できるときの天体の位置関係を説明しなさい。

ア　皆既日食　　**イ**　皆既月食　　**ウ**　満月

エ　部分月食　　**オ**　金環日食　　**カ**　新月

5　次の問いに答えなさい。（配点 18）

　凸レンズによってできる像について調べるため，LEDをＬ字形にとりつけた物体を使って図１のような装置を組み立て，次の実験１〜３を行った。

図1

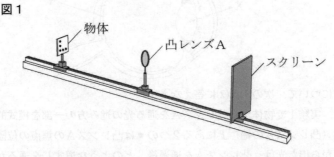

物体　　　凸レンズＡ　　　スクリーン

実験１　凸レンズＡの位置を動かさずに，スクリーンにはっきりとした像がうつるように物体とスクリーンの位置を動かし，像の大きさを調べた。次のページの図２，３はこのときの結果をグラフに表したものである。

実験２　物体とスクリーンの位置を動かさずに，凸レンズＡを物体側からスクリーン側に近づけていったところ，物体から凸レンズＡまでの距離が15cmのときと30cmのときにスクリーンにはっきりとした像がうつった。

実験３　物体を凸レンズＡとその焦点の間に置き，スクリーン側から凸レンズＡをのぞいた

ときの像の大きさを調べた。次に，物体と凸レンズAの位置を動かさずに，凸レンズAをふくらみの小さい凸レンズBにかえ，同じように像の大きさを調べると，凸レンズAのときに比べ，小さくなった。

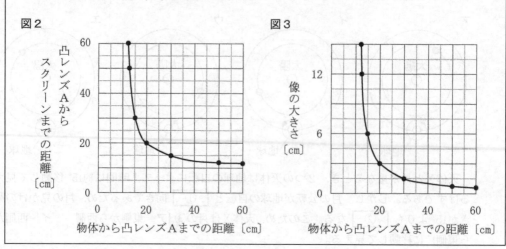

図2　凸レンズAからスクリーンまでの距離〔cm〕　物体から凸レンズAまでの距離〔cm〕

図3　像の大きさ〔cm〕　物体から凸レンズAまでの距離〔cm〕

問1　図4は，ヒトの目のつくりを模式的に示したものである。図4のXがYの上に像を結ぶしくみについて，XからYまでの距離は変わらないという条件を設定して，図1の装置でヒトの目のつくりを再現する実験を行うとき，変えない条件として最も適当なものを，ア～エから選びなさい。

ア　凸レンズAの位置　　　　　　　イ　物体から凸レンズAまでの距離
ウ　物体からスクリーンまでの距離　　エ　凸レンズAからスクリーンまでの距離

図4

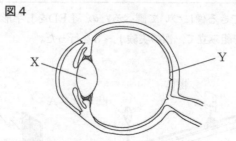

X　　　　　　　　　　Y

問2　実験1について，次の(1)，(2)に答えなさい。

(1)　図5は，実験1で物体から凸レンズAを通る光の進み方の一部を模式的に示したものであり，光軸（凸レンズAの軸）上にある2つの●は凸レンズAの焦点の位置を示している。物体の先端から出た光は，凸レンズAを通過後，どのような道すじを通るか，解答欄の図にかき加えなさい。ただし，作図に用いた線は消さないこと。

図5

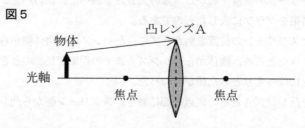

物体　　　　凸レンズA

光軸

焦点　　　　焦点

(2)　凸レンズAの焦点距離と物体の大きさはそれぞれ何㎝と考えられるか，書きなさい。

問3　実験1，2について，次の文の ① ～ ③ に当てはまる数値を，それぞれ書きなさい。また， ④ に当てはまる内容を書きなさい。

　　スクリーン上にはっきりとした像を見ることができる，物体，凸レンズA，スクリーンの位置について考えると，物体から凸レンズAまでの距離が15㎝のときは凸レンズAからスクリーンまでの距離は ① ㎝，物体から凸レンズAまでの距離が30㎝のときは凸レンズAからスクリーンまでの距離は ② ㎝であり，物体からスクリーンまでの距離はどちらも ③ ㎝である。したがって，物体からスクリーンまでの距離が一定のとき，実像ができる凸レンズの位置は2つあり， ④ という規則性があることがわかる。

問4　実験3について，凸レンズBをふくらみの限りなく小さい凸レンズにとりかえたとすると，像の大きさはどのようになると考えられるか，書きなさい。

＜社会＞　　時間 50分　満点 100点

1　次の問いに答えなさい。(配点 34)

問1　　図1を見て，次の(1)〜(3)に答えなさい。なお，図1の中の地図は，地図の中心からの距離と方位が正しくなるようにつくられたものです。

図1

(1)　図1の中の地図は，どこを中心につくられていますか，ア〜エから選びなさい。

　　　ア　東京　　イ　サンフランシスコ　　ウ　北極　　エ　ロンドン

(2)　次の文の　①　，　②　に当てはまる語句をそれぞれ書きなさい。

> 図1は，世界の平和と安全を維持することを目的として1945年に創設された組織である　①　の旗のマークである。図1の中の地図には，6つの大陸のうち5つの大陸が描かれており，描かれていない大陸は，　②　大陸である。

(3)　写真は，オーストラリアの先住民の芸術家による創作活動の様子です。オーストラリアの先住民の人々を何といいますか，書きなさい。また，オーストラリアの位置を，図1の⑤〜⑤から選びなさい。

写真

問2　次の(1)～(3)に答えなさい。

(1) 資料は，聖徳太子が，天皇（大王）の命令に従うことなど，役人の心構えを示した十七条の憲法の一部です。聖徳太子は，どのような教え（考え方）をもとに十七条の憲法をつくりましたか，簡単に書きなさい。

資料

> 一に曰く，和をもって貴しとなし，さからうことなきを宗とせよ。
> 二に曰く，あつく三宝を敬え。三宝とは仏・法・僧なり。
> 三に曰く，詔を承りては必ずつつしめ。

(2) 次の文の ① , ② に当てはまる人の名をそれぞれ書きなさい。

この絵は，わが国の武士と元軍が戦う様子を描いたものです。

元の皇帝 ① は，日本を従えようと，幕府に使者を送ってきましたが，8代執権の ② が，これを拒否したことから，元軍は博多湾に上陸しました。

(3) カードA～Cの ① ～ ③ に当てはまる語句を，ア～ウからそれぞれ選びなさい。また，カードA～Cを年代の古い順に並べなさい。

カードA

写真は，奈良県にある ① の釈迦三尊像で，飛鳥地方を中心に栄えた文化を代表する作品の1つです。

カードB

写真は，奈良県にある ② の金剛力士像で，運慶らが制作した，武士の力強い気風が反映された作品です。

カードC

写真は，京都府にある ③ の阿弥陀如来像（阿弥陀如来座像）で，極楽浄土をこの世に再現しようとした作品です。

ア　東大寺　　イ　法隆寺　　ウ　平等院鳳凰堂

問3　次の(1)〜(3)に答えなさい。

(1) 次の文の 　　 に当てはまる語句を書きなさい。また，{ } に当てはまる語句を，ア，イから選びなさい。

> 　日本国憲法第13条では，「生命，自由及び幸福追求に対する国民の権利については，　　　に反しない限り，立法その他の国政の上で，最大の尊重を必要とする。」と定めている。例えば，{ア　職業選択　　イ　表現}の自由があるからといって，他人の名誉を傷つけるような行為を行うことは認められない。

(2) 図2は，日本における民事裁判の三審制のしくみを表したものです。 ① 〜 ③ に当てはまる語句をそれぞれ書きなさい。また，A〜Fは，裁判の判決に不服な場合に行う「控訴」または「上告」のいずれかを表しています。「控訴」に当てはまるものを，A〜Fからすべて選びなさい。

図2

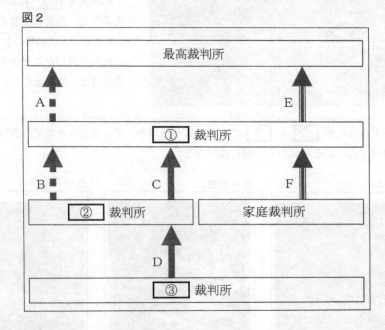

(3) 国家の領域を統治し，他国から支配を受けず，国内の政治や外交について決める権利をもつ国家を何といいますか，書きなさい。

問4　次のページの略地図を見て，(1)，(2)に答えなさい。

(1) 略地図のX，Yの島の名をそれぞれ書きなさい。

略地図

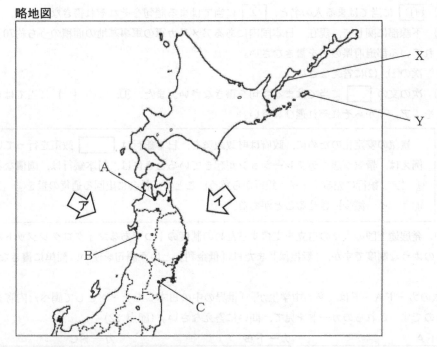

(2) 次の文の □ に当てはまる語句を書き，□ のおおよその向きを，略地図の**ア**，**イ**から
選びなさい。また，下線部の都市の位置を，略地図のA～Cから選びなさい。

写真は，仙台市で行われている七夕
まつりの様子です。東北地方は，日
本の穀倉地帯の1つですが，夏に吹
く「□」とよばれる冷たく湿っ
た風により，冷害が発生することも
あります。まつりには，豊作を願う
など，農家の生活と結びついている
ものがあります。

問5　次の文を読んで，(1)，(2)に答えなさい。

写真は，わが国の総理大臣（首
相）である ① が，アメリカな
ど48か国と平和条約を結んでいる
様子です。このとき同時に，アメ
リカとの間に ② 条約を結
び，引き続きアメリカ軍が日本国
内に軍事基地を置くことを認めま
した。

(1)　①　に当てはまる人の名と，②　に当てはまる語句をそれぞれ書きなさい。

(2)　下線部に関して，現在，日本国内にあるアメリカ軍の軍事基地の面積のうち約70％が置かれている都道府県の名を書きなさい。

問6　次の(1)，(2)に答えなさい。

(1)　次の文の　□　に当てはまる語句を書きなさい。また，①，②の｛　｝に当てはまる語句を，ア，イからそれぞれ選びなさい。

> 　景気の安定化のために，政府は財政政策を，日本銀行は　□　政策を行っている。例えば，景気が悪くデフレーションが起きているときには，日本銀行は，国債などを，①｛ア　銀行に売る　　イ　銀行から買う｝ことで，社会に出回る通貨の量を②｛ア　増加　　イ　減少｝させることがある。

(2)　発展途上国の人々の自立を支援するための制度の1つであるマイクロクレジットとは，どのような制度ですか，「無担保」または「低金利」という語句を使い，簡単に書きなさい。

2　次のカードA〜Fは，ある中学生が，「世界の中の日本」をテーマとして調べた内容をまとめたものです。これらのカードを見て，問いに答えなさい。（配点 22）

カードA

函館市にある遺跡から出土した古銭です。この古銭には，⑤紀元前から14世紀の中国でつくられたものが混ざっています。

カードB

ヨーロッパの船が描かれた屏風絵です。⑥新航路を開拓したヨーロッパの人たちは，日本にも来航するようになりました。

カードC

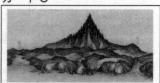

江戸時代に書かれた「北夷分界余話」の挿絵です。18世紀末頃に，⑥欧米諸国の船が日本の沿岸に頻繁に現れるようになりました。

カードD

⑥日本とある国との戦争の風刺画です。この戦いの後，日本は東アジアで勢力を強め，軍備の拡張を進めていきました。

カードE

1920年代に結ばれた，不戦条約に関する写真です。⑧大戦の反省から，日本を含む15か国が紛争の平和的解決を約束しました。

カードF

警察予備隊員を募集する広告です。⑩東西両陣営の緊張が高まる中，朝鮮戦争が始まり，日本では，警察予備隊が発足しました。

問1　下線部⑤について，先生と，カードAを作成した生徒との次のページの会話の　□　に当てはまる人の名を書きなさい。また，①，②の｛　｝に当てはまるものをア，イからそれぞれ

選びなさい。

先生：9世紀には，遣唐使の派遣が，□□□の提
　　　案により停止されましたが，その後の時代の
　　　中国の古銭も見つかっているようですね。
　　　なぜでしょうか？

生徒：はい，遣唐使の派遣が停止された後も商人を
　　　通じた交易は続いており，特に，平清盛が，
　　　略地図の①｛ア　X　イ　Y｝に港を整備
　　　して，中国との貿易に力を入れたことが関係
　　　しているのではないかと考えました。

先生：清盛が貿易を行っていた②｛ア　宋　　イ　明｝の時代の古銭が見つかっているの
　　　ですか？

生徒：はい，この遺跡から出土した古銭の中では最も多く見つかっています。

問2　下線部ⓑについて，資料1は，中学生が，16世紀の貿易の拡大の背景となる世界とわが国
のできごとを，それぞれ簡単にまとめたものです。□□に共通して当てはまる国の名を書き，
｛ ｝に当てはまる語句を，ア，イから選びなさい。また，下線部〜〜について説明した内容
として，最も適当なものをカ〜ケから選びなさい。

資料1

世界のできごと	わが国のできごと
バスコ＝ダ＝ガマのインド到達後，□□□は，アジアとの貿易に乗り出した。ヨーロッパでは宗教改革が始まり，イエズス会を中心とした｛ア　カトリックイ　プロテスタント｝教会の人々は，積極的に海外への布教を行った。	わが国に□□□人から鉄砲が伝わり，各地で争いを続けていた戦国大名の戦い方が変化した。また，イエズス会を中心とした宣教師たちの布教により，大名の中にも信者になる者が現れた。

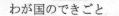

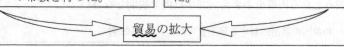

貿易の拡大

カ　この貿易は，朱印状をたずさえ，東南アジアの各地で行われた。

キ　この貿易は，勘合と呼ばれる合い札をたずさえ，朝貢の形で行われた。

ク　この貿易は，平戸や長崎で，南蛮人と呼ばれた人々と行われた。

ケ　この貿易は，横浜や兵庫（神戸）などの開港地に設けた外国人居留地で行われた。

問3　下線部ⓒに関して，次のページの資料2を読み，後の文の｛ ｝に当てはまる語句を，ア，
イから選びなさい。また，□①□に当てはまる語句と，□②□に共通して当てはまる人の名を，
それぞれ書きなさい。

資料2

> この島は蝦夷地の北限であるソウヤの北, 十三里 (約52km) を隔てたところにあり, 南北に長く, 東西に狭い。土地はやせ, 住んでいる人も少なく, この島の詳細がよくわかっていないため, 島という説や満州の岬であるという説があった。幕府はこの島を領地にしようとし, 文化五年 (1808年) に役人に探検させた。探検した役人は, この島から海を越えて大陸に渡った。
>
> 　　　　　　　　　　　　　　　　　　　　(「北夷分界余話」を現代語訳し, 一部要約したもの)

資料2には, 1804年にロシアが{ア　シベリア鉄道を建設　イ　通商を要求}したことなどに対応するため, 幕府が, 「この島」である ① を, 幕府の役人である ② に探検させたことが書かれている。 ② は, 「この島」が大陸とつながっていないと確認した。

問4　下線部ⓐについて, 資料3と次の文を読み, ① に共通して当てはまる国の名を書き, ②, ③の { } に当てはまるものを, ア, イからそれぞれ選びなさい。また, ④ に当てはまるできごとを漢字4字で書きなさい。

資料3

> 日本の新たな大陸の領土を踏んで旅行したことは, 私にとって実に愉快であった。
> 帰国すると, 新たな領土の返還となり, 私は涙も出ないほど悔しかった。ロシア, ドイツ, ① が憎くはなかった。彼らの要求に腰を折った, わが国の外交当局が憎かった。
>
> 　　　　　　　　　　　　　　　　　　　　(「蘇峰自伝」を現代語訳し, 一部要約したもの)

資料3は②{ア　19世紀後半　イ　20世紀前半}のできごとについて書かれたもので, 「新たな大陸の領土」とは, ③{ア　遼東半島　イ　山東省}のことである。筆者は, ロシア, ドイツ, ① による ④ よりも, 日本の対応を批判している。

問5　下線部ⓔに関して, グラフから読みとれる1920年代のわが国の軍事費の特徴を, 略年表全体から読みとれる内容をふまえ, 25字以内で説明しなさい。

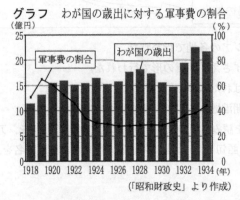

グラフ　わが国の歳出に対する軍事費の割合

(「昭和財政史」より作成)

略年表

西暦(年)	おもなできごと
1920	国際連盟が発足し, 日本やイギリスなどが常任理事国となる。
1921~22	アメリカの提案でワシントン会議が開かれる。
1926	ドイツの国際連盟への加盟が認められる。

問6　下線部ⓕに関して, カードFを作成した中学生が, 新聞を読んでまとめた次のページの資料4, 5にかかわりの深いものとして最も適当なものを, ア～エからそれぞれ選びなさい。

資料4

　　1969年8月，反戦運動などのうねりの中，アメリカで開かれた音楽祭「ウッドストック・フェスティバル」は今も語り草だ。戦争は泥沼化し，人種暴動も頻発。若者は世界のあり方に疑問を抱き，自分たちで変えたいと思っていた。

資料5

　　1989年11月9日20時，西ドイツの公共放送が「国境を開放すると宣言した」と伝え，続々と市民が壁に集まり始める。23時半，約2万人が押し寄せたボルンホルマー通りの検問所が最初に開放。集まった人々は歓喜に沸いていた。

ア	イ	ウ	エ

会談の開催記念に発行された切手	ドイツとソ連の接近を風刺した絵	日本で行われたデモ行進の様子	石油危機で買いだめに走る人々の様子

3　次のＡ，Ｂに答えなさい。（配点 22）

Ａ　次の略地図を見て，問いに答えなさい。

略地図

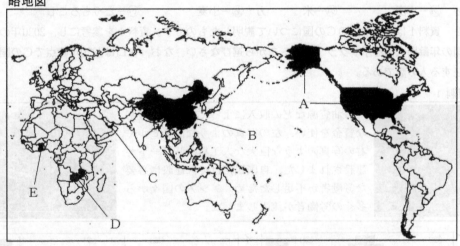

問1　次のページの主題図のあ，いは，略地図のＡ，Ｂの国における，ある農産物の生産量を州別，省別に示したものです。あ，いに当てはまる農作物の組み合わせとして正しいものを，ア～カから選びなさい。

主題図

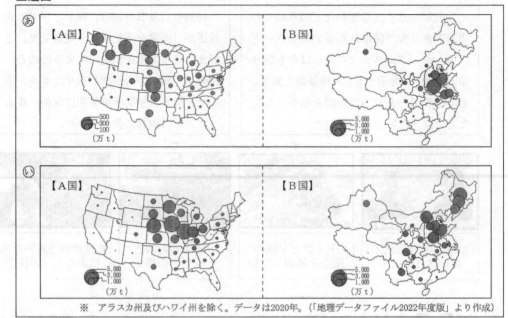

※ アラスカ州及びハワイ州を除く。データは2020年。(「地理データファイル2022年度版」より作成)

ア あ－米　　　　　い－小麦　　　イ あ－米　　　　　　い－とうもろこし
ウ あ－とうもろこし　い－米　　　　エ あ－とうもろこし　い－小麦
オ あ－小麦　　　　い－米　　　　　カ あ－小麦　　　　　い－とうもろこし

問2　資料1は，略地図のCの国について説明したものです。資料1を参考にし，2020年のCの国の年齢別人口を示すグラフをア～エから選びなさい。なお，人口は2020年時点でCの国に存在する人の数である。

資料1

石油資源などの収入によって得られた豊富な資金を使い，左の写真のような高層ビルや，右の写真のような巨大な人工島のリゾートが建設されました。自国民だけでは建設に必要な労働者が不足したため，アジアの国々から多くの労働者が流入しました。

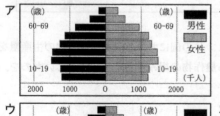

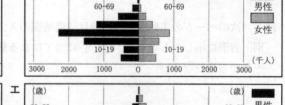

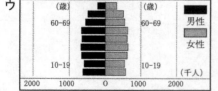

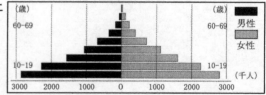

問3　図は，ある中学生が「世界のさまざまな地域の調査」の授業で，調査テーマを決定するために略地図のD，Eの国について調べ，作成した資料です。 X に当てはまる最も適当な内容を，ア～エから選びなさい。また， Y に当てはまる内容を，「収入」という語句を使い，10字以内で書きなさい。

図

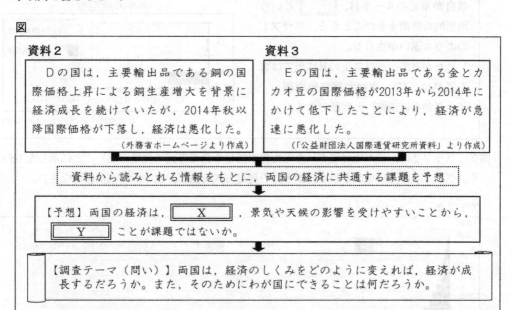

資料2

　Dの国は，主要輸出品である銅の国際価格上昇による銅生産増大を背景に経済成長を続けていたが，2014年秋以降国際価格が下落し，経済は悪化した。

(外務省ホームページより作成)

資料3

　Eの国は，主要輸出品である金とカカオ豆の国際価格が2013年から2014年にかけて低下したことにより，経済が急速に悪化した。

(「公益財団法人国際通貨研究所資料」より作成)

資料から読みとれる情報をもとに，両国の経済に共通する課題を予想

【予想】両国の経済は， X ，景気や天候の影響を受けやすいことから， Y ことが課題ではないか。

【調査テーマ（問い）】両国は，経済のしくみをどのように変えれば，経済が成長するだろうか。また，そのためにわが国にできることは何だろうか。

ア　さまざまな工業製品を自国で生産しており
イ　さまざまな工業製品の輸出に頼っており
ウ　特定の鉱産資源や農産物を自国で消費しており
エ　特定の鉱産資源や農産物の輸出に頼っており

B　次の略地図を見て，問いに答えなさい。

略地図

問1　略地図の道路に関して述べた次の文の □ に当てはまる内容を書きなさい。また，{　} に当てはまる語句を，ア，イから選びなさい。

名神高速道路のルートと比べて東海北陸自動車道のルートは，□ という地形的な特徴をもつことから，グラフ1のような違いが生じる。

したがって，グラフ1のBに当てはまる道路は，{ア　東海北陸自動車道　イ　名神高速道路}と判断できる。

グラフ1　それぞれのルートの総距離と　　　　　トンネルの総距離

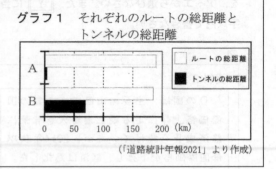

（「道路統計年報2021」より作成）

問2　グラフ2は，日本で発電された電力量の推移を発電方式（発電方法）ごとに示したものです。グラフ2のA～Cからいずれか1つの発電方式を選び，次の(1)，(2)に答えなさい。

グラフ2

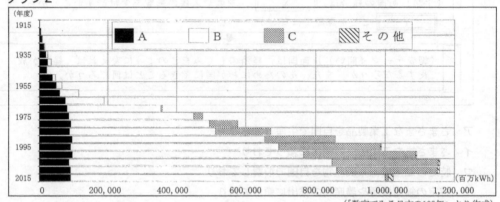

（「数字でみる日本の100年」より作成）

(1)　あなたが選んだ発電方式を，A～Cの記号で書きなさい。また，その発電方式の名を書きなさい。

(2)　次のア～ウは，2019年における，A～Cのおもな発電所がある場所をそれぞれ示しています。あなたが(1)で選んだ発電方式に当てはまるものを，ア～ウから選びなさい。

ア　　　　　　　　　　イ　　　　　　　　　　ウ

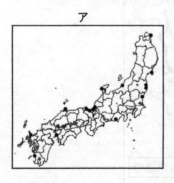
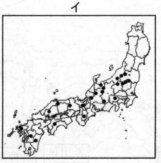
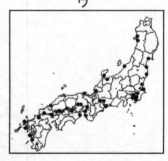

問3　略地図の香川県高松市に住む中学生が，身近な地域の調査を行うために，さまざまな資料，写真やグラフを収集し，レポートを作成しました。調査テーマ（問い）の答えとなる「まとめ」の部分を書き，このレポートを完成させなさい。

レポート

【地域の課題把握】
　江戸時代から昭和までにこの地を襲った干ばつは，記録にあるだけでも80回を超え，明治時代以降でも20数回もの干ばつがこの地を襲いました。

（中国四国農政局ホームページより作成）

【調査テーマ（問い）】
　私たちの地域は，干ばつによる被害をどう乗り越えたのだろうか。

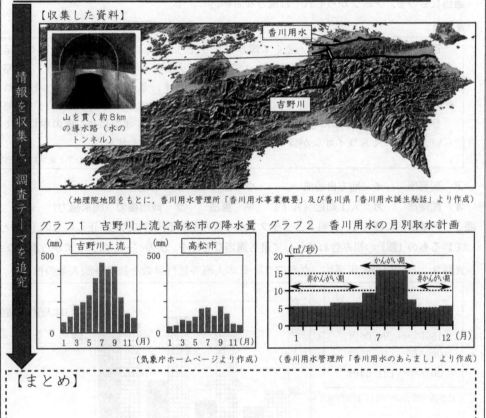

【収集した資料】

山を貫く約8kmの導水路（水のトンネル）

香川用水

吉野川

（地理院地図をもとに，香川用水管理所「香川用水事業概要」及び香川県「香川用水誕生秘話」より作成）

グラフ1　吉野川上流と高松市の降水量
（気象庁ホームページより作成）

グラフ2　香川用水の月別取水計画
（香川用水管理所「香川用水のあらまし」より作成）

情報を収集し，調査テーマを追究

【まとめ】

4 資料1は，ある中学校の社会科の授業で，生徒たちが班ごとに設定した，探究するための課題
についてまとめたものの一部です。これを見て，次の問いに答えなさい。(配点 22)

資料1

```
1班 ㋐国家の統治のしくみは，どのようになっているだろうか？
2班 ㋑為替相場が生活に与えた影響には，どのようなものがあるだろうか？
3班 国会と㋒地方議会の㋓選挙制度は，それぞれどのような特徴があるだろうか？
4班 都道府県における㋔地方財政の収入には，どのような違いがあるだろうか？
5班 日本では，㋕所得格差をどのように解消しようとしているだろうか？
```

問1　下線部㋐に関して，1班の生徒たちが集めた資料2では，国民の権利を守るためのしくみ
を，ライオンや檻のたとえを使って表しています。下線部①，②が表しているものとして最も
適当なものを，ア～クからそれぞれ選びなさい。

資料2

```
　百獣の王①ライオンなら，強くて頼りになりそうです。私たちが人間らしく生活で
きるように，ライオンにお願いして，いろいろ取り仕切ってもらいましょう。(中略)
　ライオンは強いうえに，わがままなことがあります。暴れ出したら手がつけられま
せん。歴史を振り返ると，ライオンが私たちに襲いかかることがよくありました。(中略)
　ライオンが，私たちに噛みついたりしないように，ライオンには②檻の中にいても
らいます。いくらライオンが偉くても，檻から出てはいけません。
```

(楾大樹「檻の中のライオン」より作成)

ア　刑務所　　イ　地方自治法　　　ウ　銀行　　エ　宗教
オ　国際法　　カ　人工知能（ＡＩ）　キ　憲法　　ク　政治権力（国家権力）

問2　下線部㋑に関して，資料3とグラフ1から読みとれる内容のうち，正しいもの（正）と誤っ
ているもの（誤）の組み合わせとして最も適当なものを，次のページのア～エから選びなさい。

資料3　為替相場の年平均　　グラフ1　日本人海外旅行者数と訪日外国人数の推移

	（円／1米ドル）
1985年	238.54円
1995年	94.06円
2005年	110.22円
2015年	121.04円

（「日本国勢図会2020/21」より作成）

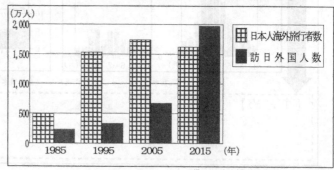

（「日本政府観光局資料」より作成）

a　アメリカの1ドルのチョコレートを日本の円で購入するとしたら，1985年より1995年の方
が140円以上安く買える。

b　2015年の訪日外国人数は，1995年の訪日外国人数に比べ，8倍以上となっている。

c　2005年と比べると，1985年に日本人海外旅行者数が少なかった理由の1つとして，1985年
は2005年より円高であったことが考えられる。

　　ア　a－誤，b－正，c－正　　イ　a－正，b－誤，c－正
　　ウ　a－正，b－誤，c－誤　　エ　a－誤，b－正，c－誤

問3　下線部⊙について，資料4の　X　，　Y　に共通して当てはまる語句をそれぞれ書きなさい。また，{　}に当てはまる語句を，ア，イから選びなさい。

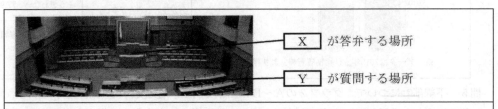

X	が答弁する場所
Y	が質問する場所

　　この写真のように，ある県では，議会の議場の形をそれぞれ相手に向かって質問・答弁を行う「対面演壇方式」に改修しました。
　　日本における地方選挙は，住民が都道府県の　X　及び議会の　Y　を，それぞれ{ア　直接選挙　イ　間接選挙}で選ぶこととしています。

問4　下線部㊤に関して，先生と生徒A～Cの会話を見て，それぞれの生徒が発表の際に用いる資料として最も適当なものを，ア～カからそれぞれ選びなさい。

　　先　生：皆さんは，選挙について発表するために，さまざまなことを調べたようですね。
　　生徒A：私は，選挙のしくみの変更点について発表します。2016年の参議院議員選挙から，選挙の原則の1つの平等選挙に対応するため，定数が増減しました。
　　生徒B：私は，衆議院議員選挙で，比例代表制に比べ，小選挙区制において課題とされる民意の反映について発表します。
　　生徒C：私は，若者の政治への関心の低さについて発表します。
　　先　生：中学生のうちから選挙について関心を持つことは，大事なことですね。

ア　女性議員数の割合

年	項目	当選者の割合
平成29年	衆議院議員選挙	10.1%
令和元年	参議院議員選挙	22.6%

（「男女共同参画白書令和3年版」より作成）

イ　ある選挙における期日前投票率

年	項目	投票率換算
平成29年	衆議院議員選挙	20.15%
令和元年	参議院議員選挙	16.11%

（「目で見る投票率」より作成）

ウ　ある選挙における年代別投票率

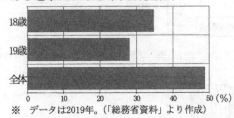

※　データは2019年。（「総務省資料」より作成）

エ　ある選挙区における得票率

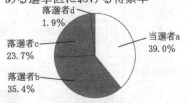

※　データは2021年。（「総務省資料」より作成）

y

y

y

y

y

y

y

y

y

y

y

y

y

y

y

y

y

y

y

y

オ　参議院議員一人当たり有権者数　　カ　ある調査結果の一部

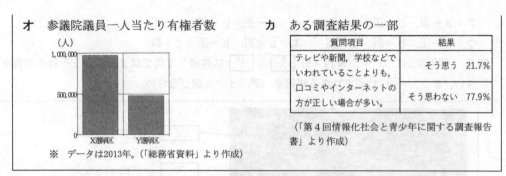

質問項目	結果
テレビや新聞，学校などでいわれていることよりも，口コミやインターネットの方が正しい場合が多い。	そう思う　21.7%
	そう思わない　77.9%

（「第4回情報化社会と青少年に関する調査報告書」より作成）

問5　下線部㊅について，グラフ2のA〜Dは国庫支出金，地方交付税（交付金），地方債，地方税のいずれかを示しています。グラフ2のA，Bに当てはまるものの組み合わせとして正しいものを，ア〜カから選びなさい。

グラフ2　各県の歳入項目の内訳

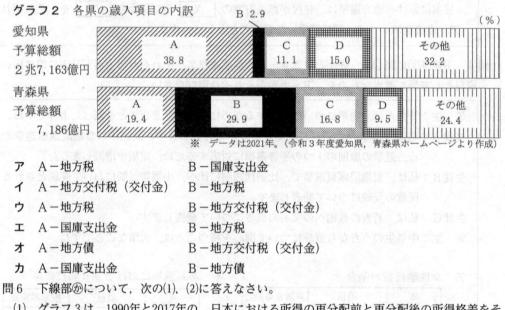

ア　A－地方税　　　　　　　　B－国庫支出金
イ　A－地方交付税（交付金）　B－地方税
ウ　A－地方税　　　　　　　　B－地方交付税（交付金）
エ　A－国庫支出金　　　　　　B－地方税
オ　A－地方債　　　　　　　　B－地方交付税（交付金）
カ　A－国庫支出金　　　　　　B－地方債

問6　下線部㊆について，次の(1)，(2)に答えなさい。

(1)　グラフ3は，1990年と2017年の，日本における所得の再分配前と再分配後の所得格差をそれぞれ示したものです。所得格差についてグラフ3から読みとれることを，1990年と2017年を比較して書きなさい。ただし，所得の再分配の具体的な方法に1つふれること。

グラフ3

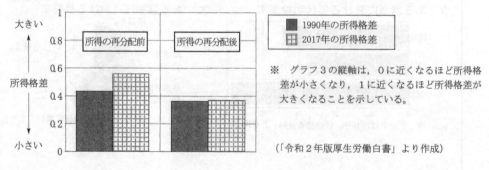

（「令和2年版厚生労働白書」より作成）

(2)　資料5は，5班の生徒たちが所得格差の解消について，授業でディベートを行うために準備したものの一部です。意見に対する反論の根拠として，□□□ に当てはまる内容を，世代間の公平の視点から書きなさい。

資料5

意見　政府は，これまで以上に国債を発行し続け，歳入を増やして社会保障を充実させ，所得格差を縮小するべきである。

反論　政府は，国債を発行し続けることで所得格差を縮小する方法を見直すべきである。なぜなら，表を見ると，□□□□□□□□ ことになるからである。

表　国債残高の推移

	国債残高（億円）
1997年度	2,579,875
2007年度	5,414,584
2017年度	8,531,789

（「国債等関係諸資料」より作成）

問一　レポートの ① ～ ③ に当てはまるものの組み合わせとして最も適当なものを、ア～エから選びなさい。

ア　① 事前調査　② 分析方法　③ 情報収集
イ　① 調査目的　② 調査内容　③ 問題提起
ウ　① きっかけ　② 分析結果　③ 振り返り
エ　① はじめに　② 調査方法　③ 調査結果

問二　──線「X市の方言は観光資源になり得る」とありますが、X市役所観光課の職員がそのように気付いた理由について、次の条件1～3にしたがって書きなさい。

条件1　解答欄に示した表現に続けて、一文で書くこと。
条件2　グラフの内容を根拠にして書くこと。
条件3　グラフの「X市に住んでいる人」と「X市以外に住んでいる人」を比較して書くこと。

問三　次は、「4．考察」の □ について、高木さんが書いた下書き（A）と、それについての班での話し合いの場面（B）です。話し合いの内容を踏まえ、（A）を百字程度で書き直しなさい。ただし、二つの文で書くこと。

（A）下書き

4．考察

　X市では、方言を観光PRに活用したことで、観光客数が前年度よりも増加した。こうした活用例や成果から、方言には、「親しみやすい」や「味がある」といったイメージがあることがわかった。

（B）話し合いの場面

（高木さん）「4．考察」の下書きを書いたんだけれど、なんか上手く書けなくて。どうすればいいかな。

（小林さん）一文目の方言の観光PRへの活用については、もっと具体的に書いた方が、観光客数が増加した理由がわかりやすいよね。

（高木さん）わかった。二文目はどうかな。

（小林さん）「考察」だから、二文目にはX市の方言の観光PRへの活用例や成果から、自分が考えたことを書く必要があると思うよ。

（坂本さん）下書きに書いている方言のイメージだね。それを書くんじゃなくて、レポートのテーマである「方言のもつ力」について、自分で考えたことを書くといいんじゃないかな。

（高木さん）そうか。じゃあ、方言にはどんな力があるかということについて、地域の魅力と関連付けて書いてみるかな。なんか書けそうな気がしてきた。

	見映えのする桜	見劣りする桜
	・葉が ① く照り映えて、細いのが ③ に混じって、花が多く咲いている。 ・空がすがすがしく光が差す方向から見る。 ・木が ② くしげっているこちら側に咲いている。	・葉が ② くて、花が ③ に咲いている。 ・日でも、背景に松などの樹 ④ 日に、日 ・すっかり ⑤ 空が背景にある。

問三　この文章の内容に合うものを、ア～エから一つ選びなさい。

(1) ① 、 ② に当てはまる適当な語を、それぞれ漢字一字で書きなさい。

(2) ③ ～ ⑤ に当てはまる適当な表現を、ア～エから一つ選びなさい。

ア　桜というものは、朝日でも夕日でも、十分な日光が当たっているときこそ香りが強くなり、鮮烈な印象を与える。

イ　同じ種類の桜でもよく観察してみると、一本一本の木ごとに少しずつ違いがあって、全く同じものはない。

ウ　桜が咲くときに葉は重要な役割を果たすものであり、どんなに花が美しくても、葉がしおれているのは風情がなく興ざめする。

エ　様々な種類がある桜の中でも、桐がやっという種類の桜が八重で咲いているのがこの世で最も美しく、素晴らしい。

四　次は、中学生の高木さんが、総合的な学習の時間の「地域の魅力について考えよう」という単元で、同じ班の小林さん、坂本さんとともに、自分たちで設定したテーマについて調べ、レポートにまとめたものです。これを読んで、問いに答えなさい。（配点　18）

テーマ　方言のもつ力　　　　2班　高木・小林・坂本

1. ▢ ①
　　「地域の魅力」について考えるため、地域に特有の言葉である方言に着目した。近隣のX市が方言を観光PRに活用していることを知り、その取り組みについて詳しく調べることにした。

2. ▢ ②
　・X市役所のホームページの閲覧。
　・X市役所観光課職員へのインタビュー。

3. ▢ ③
　(1) 方言を観光PRに活用しようとした背景
　・観光課で「X市の魅力」についてアンケートを実施した。
　・アンケート項目の一つである「X市の方言に対するイメージ」について、観光課の職員が予想していたものと異なる結果が得られた。
　　→X市の方言は観光資源になり得ると気付いた。
　　※グラフ（X市役所のホームページより引用）を参照。
　(2) 活用例
　・方言によるPR動画を作成し、インターネットで公開した。
　・地域の特産品に方言を生かしたキャッチコピーを付けた。
　(3) 成果
　・方言によるPR動画や、特産品に方言でキャッチコピーを付けたことが、インターネットやテレビなどで話題となった。
　　→X市への観光客数が前年度よりも増加した。

グラフ

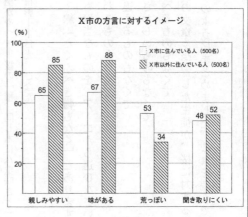

X市の方言に対するイメージ

（%）

□ X市に住んでいる人（500名）
▨ X市以外に住んでいる人（500名）

	親しみやすい	味がある	荒っぽい	聞き取りにくい
X市に住んでいる人	65	67	53	48
X市以外に住んでいる人	85	88	34	52

4. 考察

5. 参考資料
「X市の魅力調査」X市役所 https://www ……○年○月○日閲覧

ここに立って東の方に眼を開いており遠くに富士山が見える、ということになる。だからこの日常描写と科学的描写は共に、一にして「同じ状況」の二通りの描写なのである。換言すれば日常描写に科学的描写が「重ね描き」されるのである。だから、原子集団としての「物」と、色あり匂いある「知覚像」とが実は一にして「同じもの」であったように、日常的に描写される風景と、科学的に描写される光波や脳細胞などは実は一にして「同じもの」なのである。

（大森荘蔵「知の構築とその呪縛」による）

問六　本文で筆者が述べている「こと」と「もの」の関係を、自分自身の経験を例にして説明しなさい。ただし、文中にある『「こと」』と『「もの」』の二つの言葉を用いて書くこと。

左の枠は、下書きに使って構いません。解答は必ず解答用紙に書くこと。

三　次の文章を読んで、問いに答えなさい。（配点　14）

花はさくら。桜は、山桜の、葉赤くてりて、ほそきが、まばらにまじりて、花しげく咲きたるは、またたぐふべき物もなく、うき世の物とも思はれず。葉青くて、花のまばらなるは、こよなくおくれたり。大かた山桜といふ中にも、しなじなの有りて、一木ごとに、いささかかはれるところ有りて、またく同じきはなきやうなり。また今の世に、桐がやつ八重一重などいふも、やうやうかはりて、いとめでたし。すべてくもれる日の空に見あげたるは、花の色あざやかならず。松も何も、青やかにしげりたるこなたに見ゆ。空きよくはれたる日、日影のさすかたより見たるは、にほひこよなくて、同じ花ともおぼえぬまでに。朝日はさらなり、夕ばえも。

（本居宣長「玉勝間」による）

（注）　山桜——桜の一種。若葉は赤褐色で、春、葉と同時に淡紅色の花を開く。
桐がやつ——桜の一種。同じ木に八重咲きと一重咲きが混じって咲く。
日影——日光。ひなた。

問一　〜〜〜線「たぐふべき物もなく」とありますが、ここでの意味として最も適当なものを、ア〜エから選びなさい。
ア　交わるものもなくて
イ　間違えるものもなくて
ウ　ふさわしいものもなくて
エ　比べるものもなくて

問二　この文章を学習した生徒が、桜に対する筆者の考えを、次のページのようにまとめました。これを読んで、(1)、(2)に答えなさい。

問二　——線1「こと」には表情があると表現してもよいと思います」とありますが、この記述の仕方に関する説明として最も適当なものを、ア〜エから選びなさい。

ア　「『こと』には表情がある」と遠回しに述べることで、筆者の伝えたいことを読み手に押し付けないように配慮している。

イ　「『こと』には表情がある」と比喩的に述べることで、筆者が伝えたいことを読み手にイメージしやすくしている。

ウ　「表現してもよいと思います」と断定的に述べることで、筆者の考えの正しさを証明している。

エ　「表現してもよいと思います」と控えめに述べることで、たとえを用いて説明することへのためらいを表している。

問三　——線2「その表情や意味である」とありますが、「表情」や「意味」を表している文中の語として適当なものを、ア〜オから全て選びなさい。

ア　記憶　　イ　恐怖　　ウ　材質　　エ　物体　　オ　感覚

問四　——線3「一匹の猛犬が私に襲いかかってくるとき、……目の前の犬それ自体が恐ろしいのです」とありますが、筆者がこのような例を示した理由を次のようにまとめるとき、　①　に当てはまる表現を書きなさい。ただし、　①　は文中から三十一字で抜き出し、最初と最後の五字をそれぞれ書くこと。また、　②　は文中の言葉を用いて、二十字程度で書くこと。

　　私たちの経験をいきいきとしたものにしているにおいや音などは、　　①　　という考えに対して、　犬がじかに私の恐怖に関わっていることを例として示すことで、　　②　　であるということを主張するため。

問五　——線4「『こと』の世界を、それぞれの視点に縛られない三次元空間のなかに置き直して『もの』として説明する」について、次の(1)、(2)に答えなさい。

(1)　——線4の例として適当なものを、ア〜オから全て選びなさい。

ア　雨が降る前に現れるいわし雲の名前の由来を、いわしの群れに見えるからだと説明する。

イ　ミネラルを多く含む水は、人によって好みが分かれると説明する。

ウ　自分が好きな花火の色彩について、燃焼する物質に含まれている銅の量で説明する。

エ　おいしいアップルパイを作るコツは、愛情を込めることだと説明する。

オ　毎年冬に祖母が作ってくれた思い出のミートパイのおいしさの理由を、成分表で説明する。

(2)　——線4とほぼ同じことを表している部分を、次に示す【資料】から二十字で書き抜きなさい。

【資料】

　　正常な風景が見えているときは、物から光波が眼に入り、神経や脳は正常で（視線上で）透明である。このとき光波がどのような動きをしているのかを調べるのが物理学であり、脳や神経が分子レベルでどうなっているかを調べるのが生理学なのである。つまり、例えば向こうに富士山に至るまで物理学的、生理学的に描くのである。この同じ状況を日常語で描けば、私は

人によって違っています。同じ万年筆でも書きやすいと感じる人もいれば、書きにくいと感じる人もいます。その万年筆のデザインに注目する人もいれば、それを使って書いたときの思い出に1║浸る人もいます。同じ川面を見ても、光を背に受けるか、正面から浴びるかで、その見え方は大きく異なります。雨降りの陰鬱さを嫌う人もいるし、その風情を好む人もいます。「こと」は千差万別です

そこから、私たちが経験しているものは、どこまでもあいまいな、そのときどきに変化するものであり、そのあいまいなものが事柄の実相であるとは言えないという意見も当然出てくるでしょう。「こと」は私たちが意識の内側だけで経験している、つねに移り変わっていくものであり、実在の世界を考えるためには排除されるべきものだという考えがそこに生まれてきます。

しかし、私たちが実際に経験している色やにおい、音、あるいはそれに2║伴うさまざまな思いがただ単に「意識の内面」に属するものであり、事柄そのものとは関わりがないという考えは、やはりおかしいのではないでしょうか。

私たちの具体的な経験においては、やはり、先ほど言った「表情」が重要な位置を占めています。私の万年筆は、十二、三センチ程度の黒いセルロイド製の物体であると同時に、さまざまな思い出と結びついたものです。両者は別々のものではなく、一体になっています。その一体になったもので、私たちの世界は作りあげられていると言えるのではないでしょうか。

もう一つ別の例を挙げます。3一匹の猛犬が私に襲いかかってくるとき、私はただ単に意識の内側だけでその恐ろしさを感じているのではありません。目の前の犬それ自体が恐ろしいのです。その犬が私の恐怖にじかに関わっているのです。犬そのものと、私の意識の内面と

いう二つの世界があるのではありません。両者はどこまでも一つです。それこそ事柄の真相であると言えると思います。

もちろん「こと」の第一次性を主張することは、科学的なものの見方を否定するものではありません。それは、私たちが具体的な仕方で見ているものを、それぞれの視点に縛られない三次元空間のなかに置き直して見るということ、さらにはそれを分子や原子の世界として説明することを、無意味なものとして退けようとするものではありません。

ただ、分子や原子からなる「もの」の世界こそが真実の世界であり、色やにおいは私たちが私たちの意識のなかだけで感じているものにすぎない、したがって、真実の世界からは排除されるべきものだという考えに反対するのです。

さまざまな表情をもった「こと」の世界、先ほどの万年筆の例で言えば、それが切なく、懐かしい思いを引き起こすということ、この4「こと」の世界を、それぞれの視点に縛られない三次元空間のなかに置き直して「もの」として説明することは、決して否定されるべきものではありません。むしろ、そのことによって、公共的な言葉で語る場が開かれると言えます。そこに自然科学が成立します。

この二つの見方は共存することができます。しかし、何度も言いましたように、「もの」の世界が真実であり、「こと」の世界が虚妄であるとは決して言えません。美しく咲き誇り、私たちをうきうきとした気分に誘う桜の花は、それがそのまま真実の世界であり、分子や原子の世界としても説明することができるのです。そういう仕方で、両者は共存していると言えます。

（藤田正勝「哲学のヒント」による）

問一　━線1、2の読みを書きなさい。

(1) 場面①の三人の発言について説明した内容の文として、最も適当なものを、ア〜エから選びなさい。

ア 三谷さんの考えに、中原さんは具体的なよさをあげて同意し、平田さんは自分の考えを付け加えている。

イ 三谷さんと中原さんは互いに意見を主張し、平田さんは二人が気付いていない問題点と解決策を示している。

ウ 三谷さんは自分の考えに意見を求め、中原さんは賛成したが、平田さんは課題を指摘し反対している。

エ 三谷さんは話を進行させ、中原さんは問題を整理し、平田さんはその解決に向けた意見を提案している。

(2) 場面③で、平田さんは、紹介の仕方について、これまでの話し合いの内容をまとめる発言をしようとしています。 🔲 に当てはまる適当な表現を三十五字程度で書きなさい。

二 次の文章を読んで、問いに答えなさい。（配点 40）

私たちが実際に経験するもの、たとえばいま一個の鉄球を手にしているとしますと、それを私たちはもちろん丸い形をしたものとしても見ますが、その場合の「形」は、色や手触りなどを除き去った単なる形ではありません。銀色に輝く、そしてずっしりと重い鉄球です。またそれを落とせば、落下しますが、それは単なる落下運動ではありません。しまったという思い、あるいは足の上に落ちて大きな痛みを与えるのではないかという恐怖とともにある運動です。この恐怖はただ単に私たちの意識の内側でなされている経験ではありません。それはこのずっしりと重い鉄球とともになされているのであり、それと分かちがたく結びついています。 事柄の真実の相を捉える上で、私たちは、このずっしりと重いという感覚やしまったという思いを、不必要なものとして排除する必要はないのです。この鉄球は、銀色に輝きつつ丸い形をしており、しまったという思いを引き起こしつつ落下運動をするのです。

このことを、1「こと」には表情があると表現してもよいと思います。たとえば私たちは自分がいま座っている椅子について、ぐらぐらしていて不安定だとか、逆にどっしりと安定していると感じているとか、高価に見えるとか、そういった意識をもって見ていると思います。このような思いが「こと」を作りあげていると言えます。

あるいは普段私が使っている万年筆は、十二、三センチ程度の黒いセルロイド製の普通の物体ですが、それと、使い古したものではあるが他の万年筆にない独特の書きやすさがあるという感覚とは切り離すことができません。またそれは、人生の節々でそれを用いて大切な文字を記してきたという記憶とも結びついています。つまり、この万年筆はさまざまな意味で満たされているのです。あるいは、さまざまな表情をもっていると言ってもよいでしょう。私たちの経験のなかでは、この意味や表情が非常に重要な意味をもっています。そしてそうした表情や意味から「こと」は成り立っているのです。

もちろん私たちは、私たちの生活のなかでつねにこの表情を積極的に意識しているわけではありません。万年筆の材質のほうに関心が向けられ、その表情が背景に退いていることもあります。しかし、私たちの経験をいきいきとしたものにしているのは「こと」であり、2その表情や意味であると言えます。

「こと」の世界こそが真実の世界であると言いますと、いろいろな疑問や批判が出されると思います。予想されるいくつかの問題点について考えてみたいと思います。

いま、「こと」には表情があると言いました。その表情はもちろん、

〈国語〉

時間　五〇分　満点　一〇〇点

一　次の問いに答えなさい。（配点　28）

問一　(1)～(3)の——線部の読みを書きなさい。

(1)　姉は多忙な毎日を送っている。

(2)　編集長が敏腕を振るう。

(3)　水泳の全国大会に臨む。

問二　(1)～(3)の——線部を漢字で書きなさい。

(1)　地図ではんとうの名前を調べる。

(2)　進む方向をあやまり、道に迷った。

(3)　神社・仏閣とその宝物をはいかんする。

問三　(1)、(2)の　□　に当てはまる表現として最も適当なもの
を、それぞれア～エから選び、文を完成させなさい。

(1)　縄跳びの難しい技を披露した彼は、　□　。

ア　所在ない　　　　イ　根も葉もない

ウ　隅に置けない　　エ　身もふたもない

(2)　□　板に付いてきた。

ア　入学したばかりのため、制服姿が

イ　入社して二年が経ち、接客の仕方が

ウ　長年使い続けている、油絵の道具が

エ　来日して間もないので、日本語での会話が

問四　次のAの文を内容を変えないように、Bの文に書きかえると
き、　□　に当てはまる表現を書きなさい。

A　不意に漂ってきた甘い香りは、私の遠い記憶を呼び起こした。

B　私の遠い記憶は、　□　。

問五　ある中学校の三年生が、新入生の教室で、中学校の生活や学校
行事について紹介することになりました。次は、文化祭のステージ
発表について紹介するグループの【話し合いの一部】です。これを
読んで(1)、(2)に答えなさい。

【話し合いの一部】

場面①

三谷さん：文化祭のステージ発表の様子は、躍動感があった方が伝わりやすいから、動画で見てもらうのがいいと思うのだけれど、どうかな。

中原さん：いいね。動画だと、ステージ発表がどんな雰囲気なのか、よく伝わりそうだね。

平田さん：本番だけではなくて、準備の様子も伝えたいな。困ったことが起きたときに、みんなで協力して解決したのは、いい思い出だよね。

場面②

三谷さん：そうだね。新入生に紹介する時間は5分あるから、準備の様子も動画に入れられそうだね。

中原さん：でも、見る側に立つと、動画を5分も見続けるのは長いと思うな。それに、準備期間の醍醐味は動画だけでは伝えきれないから……、紙芝居はどうかな。

平田さん：いいね。紙芝居だと、その時の気持ちをうまく伝えられそうだよね。準備期間のエピソードを絵やせりふで表現してみよう。読むときの声の大きさや紙をめくるスピードに変化をつけるとか、色々と工夫ができそうだね。

場面③

三谷さん：動画にも紙芝居にもいいところがあるよね。

中原さん：ステージ発表の本番の様子と準備の様子で、使い分けるのはどうだろう。

平田さん：そうだね。では、[　　　　　　　　　　　]

2023年度

解 答 と 解 説

《2023年度の配点は解答用紙集に掲載してあります。》

＜数学解答＞

1 問1 (1) 14　(2) 54　(3) $2\sqrt{7}$　問2 $\dfrac{4}{9}$　問3 5　問4 11cm

　問5 9, 15　問6 下図1

2 問1 ア (例)1　イ (例)2　ウ (例)2　エ (例)4　オ (例)9

　問2 ア (例)$m(n+1)$　イ (例)$(m+1)n$　ウ (例)$(m+1)(n+1)$　エ m

　オ $m+1$　カ n　キ $n+1$　問3 $x=4$, $y=5$

3 問1 4　問2 $a=\dfrac{1}{4}$(途中の計算は解説参照)　問3 (1) $\mathrm{Q}(-t, -3)$

　(2) 解説参照

4 問1 110度　問2 (1) ア (例)$\overgroup{AC}$　イ 円周角　ウ (例)2組の角がそれぞれ等

　しい　(2) 解説参照

5 問1 ア 39　イ 43　ウ 4　問2 (1) 下図2　(2) 解説参照

　(3) (記号) ウ(説明は解説参照)

図1

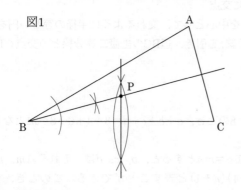

図2 (相対度数)

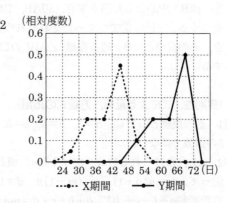

＜数学解説＞

1 (数・式の計算，平方根，確率，一次関数，円錐の高さ，因数分解，作図)

　問1 (1) 正の数・負の数をひくには，符号を変えた数をたせばよい。$9-(-5)=9+(+5)=9+5=14$

　(2) $(-3)^2=(-3)\times(-3)=9$だから，$(-3)^2\div\dfrac{1}{6}=9\div\dfrac{1}{6}=9\times\dfrac{6}{1}=54$

　(3) $\sqrt{2}\times\sqrt{14}=\sqrt{2\times14}=\sqrt{2\times2\times7}=2\sqrt{7}$

　問2 Aさんが9本のくじの中から1本を取り出すとき，すべての取り出し方は9通り。このうち，Aさんが教室清掃の担当に決まるのは，書かれた数が偶数である2, 4, 6, 8のくじを取り出す4通りだから，求める確率は$\dfrac{4}{9}$

　問3 表の□□□に当てはまる数をaとおくと，xの値が-1から0まで増加するときの**変化の割合**は

$\dfrac{a-6}{0-(-1)}=a-6\cdots$① また，$x$の値が$-1$から$3$まで増加するときの**変化の割合**は，$\dfrac{2-6}{3-(-1)}=$ $-1\cdots$② **一次関数では，変化の割合は一定**だから，①，②より，$a-6=-1$　$a=5$

問4 円錐の高さを$h$cmとおくと，体積が132πcm³であることから，$\dfrac{1}{3}\times\pi\times6^2\times h=132\pi$　$12\pi h$ $=132\pi$　$h=11$(cm)

問5 ☐に当てはまる自然数をcとおく。$(x-a)(x-b)=\{x+(-a)\}\{x+(-b)\}=x^2+\{(-a)+$ $(-b)\}x+(-a)\times(-b)=x^2-(a+b)x+ab$　これが，$x^2-cx+14$と等しくなるとき，

$\begin{cases} a+b=c\cdots① \\ ab=14\cdots② \end{cases}$ が成り立つ。②を満たす自然数a，bの値の組は，$(a,\ b)=(1,\ 14)$，$(2,\ 7)$，$(7,$

$2)$，$(14,\ 1)$の4組が考えられ，そのそれぞれに対して，cの値は，$1+14=15$，$2+7=9$，$7+2=$ 9，$14+1=15$である。よって，☐に当てはまる自然数は9と15である。

問6 **(着眼点)** ∠PBC＝∠PCBより，△PBCはPB＝ PCの二等辺三角形だから，点Pは辺BCの**垂直二等分 線上**にある。また，∠ABC＝$180°-2∠ACB=180°$ $-2\times75°=30°$より，∠PBC＝$\dfrac{1}{2}$∠ABC＝$15°$だから，点Pは∠ABCの二等分線上にある。　**(作図手順)** 次 の①～③の手順で作図する。　① 点B，Cをそれぞ れ中心として，交わるように半径の等しい円を描き， その交点を通る直線(辺BCの垂直二等分線)を引く。 ② 点Bを中心とした円を描き，辺AB，BC上に交点 をつくる。　③ ②でつくったそれぞれの交点を中心として，交わるように半径の等しい円を描 き，その交点と点Bを通る直線(∠ABCの二等分線)を引き，辺BCの垂直二等分線との交点をPと する。

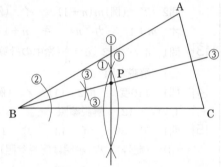

2 **(規則性，式による証明，方程式の応用)**

問1 他の**反例**としては，$a=3$，$b=4$，$c=6$，$d=8$のとき，$a+b+c+d=3+4+6+8=21$となり， 5の倍数ではない。

問2 aを，かけられる数m，かける数nの積として$a=mn$とすると，b，c，dは，それぞれm，nを 使って，$b=m(n+1)$，$c=(m+1)n$，$d=(m+1)(n+1)$と表すことができる。このとき，4つ の数の和$a+b+c+d$は，$a+b+c+d=mn+m(n+1)+(m+1)n+(m+1)(n+1)=mn+mn+$ $m+mn+n+mn+m+n+1=4mn+2m+2n+1=2m(2n+1)+(2n+1)=(2m+1)(2n+1)=$ $\{m+(m+1)\}\{n+(n+1)\}$となる。ここで，$m+(m+1)$はかけられる数の和を表し，$n+(n+1)$ はかける数の和を表すから，縦横に隣り合う4つの数の和は，(かけられる数の和)×(かける数の 和)である。

問3 問題文の「縦横に隣り合う6つの数の和も，(かけられる数の和)×(かける数の和)となることが わかった」ということより，$p+q+r+s+t+u=\{x+(x+1)\}\{y+(y+1)+(y+2)\}=(2x+1)(3y+3)$ $=3(2x+1)(y+1)$となる。これが162となるとき，$3(2x+1)(y+1)=162$　$(2x+1)(y+1)=54$ ここで，$2x+1$は奇数であることと，問題が小学校で学習したかけ算九九の表を題材としてい ることから，$1\leqq x\leqq9$，$1\leqq y\leqq9$より，$3\leqq2x+1\leqq19$，$2\leqq y+1\leqq10$であることに注意すると， $2x+1=9$，$y+1=6$と決まり，これを解いて$x=4$，$y=5$

3 **(図形と関数・グラフ)**

問1　点Aは$y=2x^2$上にあるから，そのx座標は$y=8$を代入して，$8=2x^2$　$x^2=4$　ここで，点Aのx座標は正の数だから，$x=\sqrt{4}=2$　よって，A$(2, 8)$　また，**放物線はy軸に関して線対称である**ことから，B$(-2, 8)$　以上より，（点Aと点Bとの距離）$=$（点Aのx座標）$-$（点Bのx座標）$=2-(-2)$ $=4$

問2　（途中の計算）（例）関数$y=ax^2$の変化の割合は$\dfrac{9a-a}{3-1}=4a$　一次関数$y=x+2$の変化の割合は 1　$4a=1$より$a=\dfrac{1}{4}$

問3　(1)　点Aは$y=\dfrac{1}{3}x^2$上にあるから，そのy座標は$y=\dfrac{1}{3}\times3^2=3$　よって，A$(3, 3)$　点Cは$y=-3x^2$上にあるから，そのy座標は$y=-3\times1^2=-3$　よって，C$(1, -3)$　x軸に平行な線分AB上にある点Pのy座標は，点Aのy座標と等しく3だから，P$(t, 3)$　直線OPの傾きは$\dfrac{3-0}{t-0}=\dfrac{3}{t}$　直線OPの式は$y=\dfrac{3}{t}x\cdots①$　x軸に平行な線分CD上にある点Qのy座標は，点Cのy座標と等しく-3だから，そのx座標は，①に$y=-3$を代入して，$-3=\dfrac{3}{t}x$　両辺に$\dfrac{t}{3}$をかけて，$x=-3\times\dfrac{t}{3}=-t$　よって，Q$(-t, -3)$

(2)　（説明）（例）（台形PQCAの面積）$=\{(3-t)+(t+1)\}\times6\times\dfrac{1}{2}=12\cdots①$　となる。（台形ABDCの面積）$=(6+2)\times6\times\dfrac{1}{2}=24\cdots②$　となる。①，②より，（台形PQCAの面積）$=$（台形ABDCの面積）$\times\dfrac{1}{2}$である。したがって，直線PQは台形ABDCの面積を2等分する。

4 （角度，図形の証明）

問1　線分ADは$\angle$BACの二等分線だから，$\angle$DAC$=\angle$BAD$=35°\cdots①$　$\triangle$ACDはAD$=$CDの二等辺三角形だから，$\angle$DAC$=\angle$DCA$\cdots②$　$\triangle$ACDの内角の和が$180°$であることと，①，②より，$\angle$ADC$=180°-2\angle$DAC$=180°-2\times35°=110°$

問2　(1)　2つの三角形の相似は，「3組の辺の比がそれぞれ等しい」か，「2組の辺の比とその間の角がそれぞれ等しい」か，「2組の角がそれぞれ等しい」ときにいえる。悠斗さんも由美さんも，「2組の角がそれぞれ等しい」を示すことで証明した。悠斗さんは，$\overset{\frown}{\text{AC}}$に対する**円周角は等しい**ことから，$\angle$ABD$=\angle$CED　**対頂角は等しい**ことから，$\angle$ADB$=\angle$CDE　これらより，2組の角がそれぞれ等しいことを示した。由美さんは，$\overset{\frown}{\text{AC}}$に対する円周角は等しいことから，$\angle$ABD$=\angle$AEC　仮定の，線分ADが$\angle$BACの二等分線であることから，$\angle$BAD$=\angle$EAC　これらより，2組の角がそれぞれ等しいことを示した。

(2)　（証明）（例1）$\triangle$ABEと$\triangle$ADCにおいて，仮定より，AB$=$AD$\cdots①$　$\overset{\frown}{\text{AB}}$に対する円周角は等しいので，$\angle$BEA$=\angle$DCA$\cdots②$　また，仮定より，$\angle$BAE$=\angle$DAC$\cdots⑦$　$\angle$ABE$=180°-(\angle$BEA$+\angle$BAE$)\cdots④$　$\angle$ADC$=180°-(\angle$DCA$+\angle$DAC$)\cdots⑦$　②，⑦，④，⑦より，$\angle$ABE $=\angle$ADC$\cdots③$　①，②，③より，1組の辺とその両端の角がそれぞれ等しいので，$\triangle$ABE$\equiv$ $\triangle$ADC　（例2）（①までは例1と同様とする。）また，仮定より，$\angle$BAE$=\angle$DAC$\cdots②$　$\triangle$ABD $\infty\triangle$AECから，対応する辺の比は等しいので，AB：AD$=$AE：AC$=1:1$　よって，AE$=$ AC$\cdots③$　①，②，③より，2組の辺とその間の角がそれぞれ等しいので，$\triangle$ABE$\equiv\triangle$ADC　（例3）（①までは例1と同様とする。）$\triangle$ABD$\infty\triangle$AECから，対応する辺の比は等しいので，AB：AD$=$AE：AC$=1:1$　よって，AE$=$AC$\cdots②$　$\triangle$ABD$\infty\triangle$CEDから，対応する辺の比は等しいので，AB：AD$=$CE：CD$=1:1$　よって，CD$=$CE$\cdots⑦$　仮定より，$\angle$BAE$=\angle$EACであるから，$\overset{\frown}{\text{BE}}$と$\overset{\frown}{\text{CE}}$の長さが等しいので，$\angle$BCE$=\angle$EBC　底角が等しいので，$\triangle$BECは，BE$=$CEの二等辺三角形である。$\cdots④$　⑦，④より，BE$=$DC$\cdots③$　①，②，③より，3組の

辺がそれぞれ等しいので，△ABE≡△ADC

5 (資料の散らばり・代表値)

問1 A市の7~8月の夏日(最高気温が25℃以上)の日数は，1972年が62−23=39(ア)日，2021年が62−19=43(イ)日である。A市の夏日の日数は，1972年と2021年とでは43−39=4(ウ)日しか変わらない。

問2 (1) 分布の特徴をわかりやすくするために，**ヒストグラム**でおのおのの長方形の上の辺の中点を結んだ折れ線を**度数折れ線(度数分布多角形)**という。ただし，その左端は1つ手前の階級の度数を0とし，右端は1つ先の階級の度数を0としてつくる。

(2) (理由) (例)X期間とY期間では，度数の合計が異なるから。(補足説明)度数の合計が異なる**度数分布表**同士の分布のようすを比べる場合，度数の代わりに，各階級の度数の全体に対する割合を求めて，その割合で比べることができる。各階級の度数の全体に対する割合を，その階級の**相対度数**といい，相対度数＝$\frac{階級の度数}{度数の合計}$で計算する。

(3) (説明) (例)2つの度数折れ線が同じような形をしていて，X期間の方がY期間よりも左側にあり，X期間は，Y期間より夏日の年間日数が少ない傾向にあるといえるから。

＜英語解答＞

1 問1 No.1 ウ No.2 イ No.3 ウ 問2 No.1 ア No.2 ウ No.3 イ No.4 エ 問3 No.1 エ No.2 イ No.3 ア 問4 (1) (例)winter (2) (people can) (例)enjoy skiing (3) (例)My hometown is popular among people who love skiing.

2 問1 (1) call (2) park 問2 (1) (例)be (2) (例)mustn't 問3 (1) (例)I watched TV. (2) (例)Where's my cap?

3 A 問1 (1) イ (2) エ 問2 (So, if you want to enjoy a BBQ,) (例)you should bring foods(.) B 問1 イ 問2 ウ 問3 (例)Some students were doing their homework together in a classroom. C 問1 エ 問2 ウ 問3 (1) (例)city (2) (例)nature 問4 イ, オ 問5 (例)cars

4 (1) (Actually,) (例)most high school students have smartphones(.) (2) (For example, by using them, we can communicate with others, or we can) (例)get some information we need(.) (3) (例)I think we shouldn't use our smartphones for many hours. We forget the time easily and don't have enough time to do other things.

＜英語解説＞

1 (リスニング)
放送台本の和訳は，59ページに掲載。

2 (文法問題・会話問題：語句の問題，語句補充・選択，文の構造，名詞・代名詞，助動詞，現在・過去，疑問詞)

問1　(1)　Hi, my name is Takuya. Please call me Taku. (問題文訳)こんにちは，私の名前はタクヤです。私をタクと呼んでください。　語群　示す　問う　呼ぶ　与える　文脈から call が適当。call A B で「AをBと呼ぶ」。　(2)　Let's go to the park and play soccer there. (問題文訳)公園へ行って，そこでサッカーをしようよ。　語群　公園　図書館　駅　レストラン　問題文のカッコにはサッカーをする場所を入れることから park が適当。

問2　(1)　Please be quiet here.(ここでは静かにしてください。)　問題の絵から「話をしてはいけない」と考えられるので，正答例では「静かにする」として空欄に be を入れている。問題文は Please から始まる命令文なので動詞は原形とする。be は「〜である」という状態を表す表現。　(2)　You mustn't eat here. (ここでは食べないでください。)　問題の絵から「飲食禁止」だと考えられるので，正答例では空欄に mustn't(must not)を入れて，「〜してはならない」と禁止の表現にしている。

問3　(1)　(正答例)I watched TV.　(問題文と正答例訳)きみは昨日の夕食後に何をしたの？／私はテレビを見た。　昨日のことを聞かれているので，空欄の文は過去形とする。　(2)　(正答例)Where's my cap?　(問題文と正答例訳)ぼくの電話がみつからない！　遅れちゃうよ。ぼくを助けてください。／机の上にあるよ。／ありがとう。ぼくの帽子はどこ？／椅子の下にあるよ。　正答例では，絵に描かれた椅子の下にある帽子の場所を聞く疑問文としている。正答例の where's は where is の短縮形。

3 (読解問題：表などを用いた問題，スピーチ文，会話文，語句補充・選択，英問英答，内容真偽，助動詞，間接疑問，動名詞，分詞の形容詞用法，現在完了，関係代名詞，比較，接続詞)

A

キャンプ場の情報				
キャンプ場	Happy Village	Holiday Fun	Lake Ezo	Nature Park
立地	山	海	湖	山
ペット	○	○	×	○
釣り	×	×	○	○
温泉	×	11：00〜23：00	11:00〜21：00	×
店	15:00-19:00	9：00〜21：00	15:00〜20:00	10:00-19:00
その他の情報	花壇	花火禁止	新たなバーベキューのエリア	乗馬
感想	タカシ（★★★）このキャンプ場は大きくて静か。庭にはたくさんの種類の花が咲いている。この美しい場所が気に入るはず。	メグ（★☆☆）ほとんどの利用者は，海でサーフィンや海水浴を楽しんでいる。夜遅くまでパーティーをしている人々がいたので，私はこの場所を楽しめなかった。	トオル（★★☆）このキャンプ場は，バーベキューに適している！でも，キャンプ場内の売店にはバーベキュー用の食材は売っていない。だから，バーベキューを楽しみたいなら，食べ物を持ってきてきたほうがいい。	ジョン（★★★）Nature Park は昨年オープンしたばかりなので，とてもきれいだった。私の家族はそこで私たちの犬と遊んで楽しんだ。

問1　(1)　(問題文と正答訳)　イHoliday Fun では，犬と一緒に滞在でき，そこでは温泉を楽しむことができる。　問題文からペットを同伴可能で温泉のある場所となり，問題の表から Holiday Fun が該当する。　(2)　ア　利用者がキャンプ場について何を言っているのか　イ　どのキャンプ場がサーフィンの大好きな人によく利用されるのか　ウ　キャンプ場内のショップが何時に閉まるのか　エ　4つのキャンプ場がいつ初めてオープンしたのか(○)　(問題文と正答訳)　エ4つのキャンプ場がいつ初めてオープンしたのかは，私たちはキャンプ場の情報から知ることはできない。キャンプ場の情報に各選択肢の内容の記載があるか確認す

ると，エについての記載がないことがわかる。問題文は間接疑問の表現で，各選択肢はそれぞれ「疑問詞＋主語＋動詞」の形になっている。また，選択肢イの love surfing の surfing は動名詞で「サーフィンをすること」という表現になる。

問2　(正答例)So, if you want to enjoy a BBQ, you should bring foods.(だから，バーベキューを楽しみたい人は，食べ物を持ってきてきたほうがいい。) 空欄の前の文 But the shop～には，「キャンプ場内の売店にはバーベキュー用の食材は売っていない」とあり，空欄の「もしバーベキューをしたいのならば」に続くので，正答例ではyou should bring foods(食べ物を持ってきてきたほうがいい)としている。

B　(全訳)　今日は，私が日本の学校生活について学んだ二つのことをお話しします。

　一つ目は，みなさんはほとんどの時間を同じ教室で過ごすことです。普段はクラスメイトと一緒に勉強し，みなさんを教えるために先生がここまで来てくれます。私の国のアメリカでは，先生はたいてい自分の教室を持っていて，生徒は勉強をするために異なる教室に行きます。時間割が生徒によって違うので，生徒はさまざまなクラスメイトと一緒に勉強します。また，日本ではみなさんは放課後に教室を使うことが多いですね。数日前，放課後に教室で何人かの生徒を見かけました。彼らは一緒に宿題をやっていました。これを見たとき，私は驚きました。アメリカでは，放課後に教室をこのように使うことはありません。

　二つ目は，みなさんが自分自身の教室を掃除することです。生徒と一緒に掃除をする先生も見かけます。最初は，なぜ生徒や先生が学校を掃除するのか分かりませんでした。アメリカでは，たいてい学校に掃除のスタッフがいるので，生徒は教室を掃除しません。実際，アメリカでは学校の掃除は仕事として見られています。でも，私たちは「ローマにいる時は，ローマの人々がするようにしろ」とよく耳にしますので，私もここの先生たちのように掃除をやり始めました。私たちは教室を整理して清潔に保とうとするので，今では教室を掃除することは私たちにとって良いことだと感じています。

　さて，日本の学校生活において，教室がとても重要な部分であることを知り，興味深かったです。皆さんも他の国の学校生活に興味を持ってください。それぞれの国の学校生活について，何か大切なことを学ぶことができるかもしれません。

問1　ア　アメリカの学生は，ほとんどすべての授業で同じクラスメイトと一緒に勉強する。　イ　アメリカの先生はたいてい，生徒を教えるために異なる教室に行く必要はない。(○)　ウ　日本の中学校でも，アメリカの学校のように掃除のスタッフを置く必要がある。　エ　清掃活動は，生徒を教室でクラスメイトと一緒により一生懸命に勉強するようにさせる。　問題本文の第2段落第3文 In my country,～には，「アメリカでは，先生はたいてい自分の教室を持っていて，生徒は異なる教室に行って勉強する」とあるのでイが適当。選択肢エの Cleaning activities の Cleaning は activities を説明する動詞の形容詞用法で「清掃する活動」という表現になる。

問2　ア　私たちが家にいるとき，自分が使う場所を清潔に保つことが必要です。　イ　あなたの国で外国人が助けを求めているとき，何か彼らを助けることをしてあげよう。　ウ　別の場所を訪れるのなら，物事をする地元の人たちのやり方を試してみよう。(○)　エ　人々が海外を旅行すると，何か嫌なことに出会うだろう。　問題の下線部の文の意味は，「ローマにいる時は，ローマの人々がするようにしろ」となり，これに近い内容は選択肢ウとなる。選択肢アの keep the places we use clean は keep A B(AをBにしておく)の形で，ここでは A ＝ the places we use と B ＝ clean であり，「私たちが使う場所をきれいに保つ」となる。

問3　(正答例)Some students were doing their homework together in a classroom.

(何人かの生徒が，教室で一緒に宿題をやっていた。)　(問題文訳)数日前の放課後，スミス先生はなぜ驚いたのですか？　スミス先生が驚いている場面は，問題本文第2段落第6文 A few days~から第8文　I was surprised~にかけてであり，「数日前，放課後の教室で何人かの学生が一緒に宿題をやっていて，これを見たとき驚いた」とあるので，これらの文を参考に解答を作成したい。

C　(全訳)

佐藤先生：あなたたちは，宿題として今日のテーマについて考えてきましたね？　まず，ウォーミングアップとして，みなさん自身の考えを聞いてみたいと思います。健太さん，将来住みたいのは，都会または地方ですか？

健太：　　私は釣りが好きなので，地方，特に海の近くに住みたいです。

佐藤先生：理子さんはどうですか？

理子：　　私は地方では夢がかなうとは思いません。私は東京のテレビ局で働きたいのです。それが私の夢です。

佐藤先生：そうですか。いろいろな考え方を，みなさんが持っていることがわかりました。次に，高齢の人々の場合について考えてみましょう。都会に住むのと地方に住むのとでは，どちらが高齢の人々にとって良いのでしょうか？　両方の立場の理由について，みなさんはすでに考えていますね。さて，健太さん，都会に住むことがいいとしたら，どのような理由がありますか？

健太：　　そうですね，都会のほうが高齢の人々は住みやすいと思います。地方より都会の方がお店や病院がより多いから，容易に買い物へ行くことも，医者へ行くこともできます。

佐藤先生：いいですね。高齢の人々にとっては都会の方が便利という意味ですね？　他に私たちに何か言いたいことがありますか？

健太：　　はい。調査は，日本の医者の多くは都会で働いていることを示しています。一方で，ある地域，特に地方では十分な医者がいません。私はこれを心配しています。

佐藤先生：いい点ですね！　次に，理子さん，地方の暮らしがより良いならば，その理由は何ですか？

理子：　　高齢の人々はストレスがなく静かな生活を楽しむことができると思います。都会は騒音に満ちていて，バスや電車がたいてい混雑しています。都会の人々はいつも忙しそうに見えます。また，地方では，地域の人々とのつながりが高齢の人々を活動的にし続け，お互いをよく知っているので安心できるとも思います。

佐藤先生：わかりました。地方の暮らしは心の健康にも良いという意味ですね？

理子：　　そうです。ええと，調査によると，さまざまな理由で都会から地方に移り住む人がたくさんいます。たとえば，多くの高齢の人々が，自然が多くある静かなところで暮らしたいと言っています。高齢の人々は都会では多くのストレスを感じるのだと思います。

佐藤先生：とてもいいですね，理子さん！　健太さんと理子さんの二人は，高齢の人々の健康が理由だと話していました。二人の考えは，高齢の人々のためにより良い場所について，私たちに考えさせるのだと思います。次の授業では，このトピックについてディベートを行うので，お互いの考えに反論する必要があります。そこで，練習として，健太さんの考えと理子さんの考えにどう反論するかをみなさんに考えてほしいです。では，みなさん，グループを作って，自分の考えを共有し始めましょう！

問1　ア　高齢の人々は都会でもっとお金を使うべきだ　イ　都会には高齢の人々のための場所がたくさんある　ウ　ほとんどの高齢の人々は都会に住みたい　エ　都会は高齢の人々にとってより便利だ(○)　問題本文の空欄の前の健太の発話 Well, I think～では，「都会のほうが高齢の人々は住みやすい。地方より店も病院も多いので買い物や医者へ行きやすい」とあり，空欄の文 you mean～はこれを言い換えていると考えられるので選択肢エが適当。

問2　ア　多くの人がなぜ医者になりたいのか　イ　どの病院に良い医者がいるのか　ウ　各地域で何人の医者が働いているか(○)　エ　都市の医者はどこの出身なのか　下線のある健太の発話に調査の内容が述べられている。ここでは，「日本の医者の多くは都会で働いている一方，特に地方では医者が足りない地域もある」と言っていることから，調査の内容としてはウが適当。選択肢アの to be～は不定詞で「～になる」という意味を表す。

問3　ワークシート

> ウォーミングアップ：　将来，都会と地方のどちらに住みたいですか？
>
> あなたの考え ⇒ 私は，私の夢をかなえるために(1)都会に住みたい。
>
> トピック　　都会か地方に住むのか，高齢の人々にとってどちらがより良いのか？
>
> ステップ1　何が "良い" のか，そして何が "良くない" のか？
>
> | | 都会に住む | 地方に住む |
> |---|---|---|
> | 良いこと | ・容易に病院へ行くことができる
・さまざまなお店
・多くのバスと鉄道 | ・静かな生活
・人々とのつながり
・多くの(2)自然 |
> | | | |

(1)　(正解例)　city(都会)　問題本文第4番目の理子の発話 I don't think～には「地方では夢がかなわない。私の夢は東京のテレビ局に勤めること」とあるので，「都会で夢をかなえたい」と考えられることから，正解例では空欄に都会(city)を入れている。　(2)　nature(自然)　問題本文第12番目の理子の発話第3文 For example, many～には，地方で暮らす利点が述べられていて，「自然が多くある静かなところで暮らしたいという高齢の人々は多い」とあり，正解例ではこの文を参考に空欄には自然(nature)を入れている。

問4　ア　健太は，釣りを楽しむために，高齢の人々は海の近くに住むべきだと信じている。　イ　理子は，高齢の人々は地方よりも都会の方が多くのストレスを感じると言った。(○)　ウ　健太は理子に，都会から地方へ引っ越してきた高齢の人々について尋ねた。　エ　健太と理子の両方は，日常生活で高齢の人々を助ける方法について話した。　オ　佐藤先生はクラスの生徒たちに，ディベートのためにアイデアを共有するように言った。(○)　問題本文第10番目の理子の発話最初の文 I think elderly～では，「(地方では)高齢の人々はストレスなく静かに暮らせる」と言い。また問題本文第12番目の理子の発話の最後の文 I think they～では，「高齢の人々は都会では多くのストレスを感じる」と言っていることから選択肢イが適当。また，問題本文最後の2文 So, as practice～と Now, everyone, let's～では，佐藤先生が「健太と理子の考えに反論するために，グループを作って自分の考えを共有し始めましょう」と言っていることから選択肢オが適当。選択肢ウの people who move to～の who は主語のはたらきをする関係代名詞で，who～が people を説明して「～へ移動する人々」という表現になる。

問5　(正答例)　cars(車)　(問題文と正答例訳)高齢の人々は，都会の混雑した電車やバスでは，ストレスを感じるかもしれないと理解しています。しかし，地方では十分な電車やバスがないの

で，スーパーマーケットや病院などのいくつかの場所へ行くために自分たちの囲車を使わなければならない多くの高齢の人々がいます。私は高齢のドライバーが心配です。高齢の人々にとって電車やバスを使うことが，より簡単でより安全だと思います。　空欄は，「スーパーマーケットや病院などへ行くために使う手段」を示している考えられ，また空欄の次の文 I worry about ～では「高齢者のドライバーが心配」とあることから，正答例では車(cars)としている。問題文の最初の文 I understand that～にある crowded trains の crowded は crowd(群がる，込み合う)の過去分詞形で trains (電車)を説明して「混雑している電車」という表現になる。

4 （自由・条件英作文：接続詞）
(1) （正答例）most high school students have smartphones　(2) （正答例）get some information we need　(3) （正答例）I think we shouldn't use our smartphones for many hours. We forget the time easily and don't have enough time to do other things.　（問題文と正答例訳）スマートフォンなどのデバイスは，今日の私たちの生活の一部です。／実際，(1)ほとんどの高校生はスマートフォンを持っています。／このようなデバイスは，これを使ってさまざまなことができるので非常に便利です。たとえば，それらを使用することで，他の人と交流したり，(2)必要とする情報を取得したりできます。／しかし，それらを使う時には注意する必要があります。(3)私たちはスマートフォンを長時間使うべきではないと思います。時間を忘れやすく，他のことをするための十分な時間がありません。／私たちはそれらを上手に使う方法を学ぶ必要があります。　問題に示された資料や条件をよく読んで英文を作成したい。(2)の正答例の英文にある information we need の information と we の間には目的語のはたらきをする関係代名詞 which が省略されている。

2023年度英語　聞き取りテスト

〔放送台本〕
　ただいまから，英語の聞き取りテストを行います。
　問題は，問1から問4まであります。英文が読まれる回数は，問1と問2は1回，問3と問4は2回です。放送を聞きながら，メモを取ってもかまいません。
　それでは，問1です。3題とも最初に短い対話が読まれます。次に，それぞれの対話の後で，その内容について，クエスチョンと言った後に英語で質問があります。その質問の答えとして最も適当なものを，問題用紙のア，イ，ウ，エから選びなさい。英文は1回読まれます。では，始めます。

No.1　A: Do you do any club activities, Megumi?
　　　B: Yes. I'm in the volleyball club. What club do you want to join, Tom?
　　　A: Well, I like soccer, so I want to join the soccer club.
　　　Question: What club does Tom want to join?
No.2　A: What time will the concert start, Cathy?
　　　B: It'll start at two o'clock, Dad. The hall will open at one thirty.
　　　A: Then, let's leave the house at one o'clock.
　　　Question: What time will the concert hall open?
No.3　A: Look at this figure. I asked my classmates a question, "What foreign

food do you like?"
B: Well, Italian food is the most popular.
A: Right. Korean food is also very popular. It's more popular than my favorite foreign food, Chinese. Chinese food is as popular as American food.
B: I like French food, but it's only five percent!
Question: Which one shows Chinese food in the figure?

〔英文の訳〕
No.1　A：何かクラブ活動をしているの，メグミ？
　　　　B：うん。バレーボール部に入っている。何のクラブに入りたい，トム？
　　　　A：そうだね。サッカーが好きだから，サッカー部に入りたい。
　　　　質問：トムはどのクラブに入りたいですか？
　　　　答え：ウ（サッカー）
No.2　A：コンサートは何時に始まるの，キャシー？
　　　　B：2時に始まるよ，お父さん。ホールは1時30分に開くの。
　　　　A：では，1時に家を出よう。
　　　　質問：コンサートホールは何時に開きますか？
　　　　答え：イ（1時30分）
No.3　A：この図を見て。私はクラスメートに「あなたが好きな外国の食べ物は何ですか？」と質問をしたよ。
　　　　B：そうね，イタリア料理が一番人気だね。
　　　　A：その通り。韓国料理もとても人気があるね。私の好きな外国料理の中国料理よりも人気があるね。中国料理はアメリカ料理と同じくらい人気があるね。
　　　　B：私はフランス料理が好きだけれども，たったの5％だ！
　　　　質問：図の中で中国料理を表しているのはどれですか？
　　　　答え：ウ（15％）

〔放送台本〕
　続いて，問2です。4題とも，問題用紙に示された場面における，直子とニックの対話です。最初に，直子が，続いてニックが話します。その次に，直子が話すところで，次のチャイムが鳴ります。このチャイムの鳴るところで，直子が話す言葉として最も適当なものを，問題用紙のア，イ，ウ，エから選びなさい。英文は1回読まれます。では，始めます。
No. 1　[昼休みの対話]
　Naoko:　I haven't eaten lunch yet.
　Nick:　　Oh, you're hungry, right?
　Naoko:　（チャイム音）
No. 2　[放課後の対話]
　Naoko:　I'll see Mr. Suzuki to ask some questions about today's science class now.
　Nick:　　I also have some questions. Can I go with you?
　Naoko:　（チャイム音）
No. 3　[店での対話]
　Naoko:　I like this yellow T-shirt, but it's too expensive!

Nick:　　How about this white one?　It's also good and cheaper.

Naoko:　(チャイム音)

No.4　[下校時の対話]

Naoko:　Hi, Nick.　Do you have time tomorrow?　I want to play badminton in the gym.

Nick:　　I'm going to eat lunch with my family tomorrow, so I can play it with you after that.　Let's meet at three.

Naoko:　(チャイム音)

〔英文の訳〕

No.1　[昼休みの対話]

　　直子　：私はまだ昼食を食べていないの。

　　ニック：ああ，おなかがすいたでしょう？

　　直子　：ア　はい，そうです。(○)　イ　どういたしまして。　ウ　いいえ，それは私のものではありません。　エ　はい，どうぞ。

No.2　[放課後の対話]

　　直子　：今スズキ先生に会って，今日の理科の授業についていくつか質問するよ。

　　ニック：ぼくもいくつか質問がある。きみと一緒にいってもいい？

　　直子　：ア　いいえ，あなたは質問には答えられません。　イ　すみませんが，私はピアノのレッスンがあります。　ウ　もちろん，先生の部屋に行きましょう。(○)　エ　はい，今私に会いに来てください。

No.3　[店での対話]

　　直子　：この黄色いTシャツは気に入っているけれど，高すぎるよ！

　　ニック：この白いのはどうかな？　これも良くて安いよ。

　　直子　：ア　私は白い靴を買う。　イ　それはいくらかな？(○)　ウ　あなたはTシャツを何枚持っているの？　エ　私は黄色いものの値段を聞く。

No.4　[下校時の対話]

　　直子　：こんにちは，ニック。明日時間ある？　体育館でバドミントンをしたい。

　　ニック：明日は家族と一緒に昼食を食べに行くから，その後きみと一緒にバドミントンができるよ。3時に会おうか。

　　直子　：ア　それでは，私もお弁当を持っていく。　イ　だから，あなたは私と一緒に昼食を食べることができる。　ウ　はい，私はバドミントンを楽しんだ。　エ　わかった，体育館で会いましょう。(○)

〔放送台本〕

　続いて，問3です。次に読まれる英文は，ALTの先生が授業中に話している場面のものです。その内容について，問題用紙にある，No. 1からNo. 3の質問の答えとして最も適当なものを，問題用紙のア，イ，ウ，エから選びなさい。このあと15秒取りますので，No. 1からNo. 3の質問に目を通しなさい。それでは，英文が2回読まれます。英文が読まれた後には，それぞれ解答時間を20秒取ります。では，始めます。

　　I enjoy learning Japanese.　The expression I often use is "sumimasen." When I came to Japan last year, I knew it means "I'm Sorry." But, I didn't understand why people say "sumimasen" many times.　Now I know it also

means "Excuse me" and "Thank you." I think this is a very useful expression.
In English, we also have such useful expressions. For example, we say, "I'm
fine." This expression is used in various scenes. If someone asks, "Are you
OK?," we often say, "I'm fine." We use this when we want to say "Yes." Also,
at a convenience store, we're asked, "Do you need a bag?" We can use "I'm
fine" if we don't need a bag. In this way, we can use this expression when we
can use this expression when we want to say "Yes" and also when we want to
say "No." Learning languages interesting, right? I want you to learn useful
English expressions and try to use them. I hope studying English will be more
interesting for you!

〔英文の訳〕

　私は日本語を学ぶことを楽しんでいます。私がよく使う表現は「すみません」です。去年日本に来たとき，それが I'm sorry. という意味だと知っていました。でも，なぜ「すみません」と何度も言うのかは理解していませんでした。今では，Excuse me と Thank you も意味することがわかりました。とても便利な表現だと思います。英語にも，このような便利な表現があります。たとえば，私たちは I'm fine と言います。この表現はさまざまな場面で使われます。誰かに Are you OK? と聞かれたら I'm fine.と言うことがよくあります。私たちはこれを Yes と言いたいときに使います。また，コンビニでは Do you need a bag? と聞かれます。バッグが必要ない場合，I'm fine が使えます。このように，Yesと言いたいときも No と言いたいときも，私たちはこの表現を使うことができます。言葉を学ぶことは楽しいですね？　みなさんは役に立つ英語の表現を学び，それらを使ってみてほしいです。英語を学ぶことが，みなさんにとってより興味深くなることを願っています！

No. 1　ア　日本人は I'm fine をいろいろな意味で使います。
　　　　イ　人々が I'm fine を何度も使う理由を知ることは興味深いことです。
　　　　ウ　I'm fine を使うことは，日本人の学生には難しすぎる。
　　　　エ　Are you OK? と聞かれた時に，人々はよく I'm fine. と言います。（○）

No. 2　ア　外国語を勉強することが好きな人々はたくさんいます。
　　　　イ　いくつかの表現は，さまざまな場面でさまざまな方法で使用されます。（○）
　　　　ウ　「すみません」という表現は，世界中でとても普及しています。
　　　　エ　多くの人々が日本に来て日本の文化を学びたいと思っています。

No. 3　ア　役立つ英語表現を学ぶことは，生徒が英語を学ぶことを楽しむ手助けになるでしょう。（○）
　　　　イ　生徒は英語でさまざまな方法による Yes と No の言い方を学ぶ必要がある。
　　　　ウ　将来のために日本語と英語の両方を勉強することは学生にとって重要だ。
　　　　エ　生徒がもっと表現を学べば，英語で話すことはより簡単になるでしょう。

〔放送台本〕

　続いて，問4です。次に読まれる英文は，英語の先生が生徒に指示をしている場面のものです。あなたが生徒になったつもりで，問題用紙に示された条件にしたがって，スピーチを完成させなさい。このあと10秒取りますので，問題用紙のスピーチと条件に目を通しなさい。それでは，英文が2回読まれます。英文が読まれた後には，それぞれ解答時間を30秒取ります。では，始めます。

　In the next lesson, you'll make a short speech. The topic is, "Which season is
the best to visit your hometown?" If you're asked about it by tourists from other

countries, how will you answer? In your speech, I want you to tell us which season is the best and why you chose the season. Then, please tell us more information about the reason.

　　Your speech is not about your favorite season. You should think about the foreign tourists who would like to visit your hometown. Also, your speech should be understood by people who don't speak Japanese. Well, I can't wait for our next lesson! Good luck!

　これで，英語の聞き取りテストを終わります。

〔英文の訳〕

　次の授業では，みなさんは短いスピーチを行います。トピックは，「あなたの故郷を訪れるのに最適な季節はどれですか？」です。外国からの旅行者にこれについて聞かれたら，どう答えますか？みなさんのスピーチでは，どの季節が一番いいのか，なぜその季節を選んだのかを，私たちに話してください。それから，理由についてさらなる情報を私たちに話してください。／あなたのスピーチはあなたの好きな季節についてではありません。あなたの故郷を訪れたい外国人観光客のことを考えてください。また，あなたのスピーチは，日本語を話さない人にも理解されるべきです。／さて，私は次のレッスンが待ちきれません！　幸運を！

　(正答例) Hello, everyone! I think (1) winter is the best. In (1) winter , people can (2) enjoy skiing . (3) My hometown is popular among people who love skiing. Thank you.

　(正答例訳) こんにちは，みなさん！　私は (1) 冬 が一番だと思います。 (1) 冬 に人々は (2) スキーを楽しむこと ができます。 (3) 私の故郷はスキーが大好きな人々に人気があります。 ありがとう。

＜理科解答＞

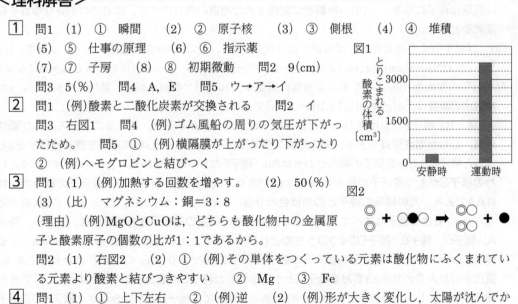

1　問1　(1)　①　瞬間　　(2)　②　原子核　　(3)　③　側根　　(4)　④　堆積
　　(5)　⑤　仕事の原理　　(6)　⑥　指示薬
　　(7)　⑦　子房　　(8)　⑧　初期微動　　問2　9(cm)
　　問3　5(%)　　問4　A，E　　問5　ウ→ア→イ
2　問1　(例)酸素と二酸化炭素が交換される　　問2　イ
　　問3　右図1　　問4　(例)ゴム風船の周りの気圧が下がったため。　　問5　①　(例)横隔膜が上がったり下がったり
　　②　(例)ヘモグロビンと結びつく
3　問1　(1)　(例)加熱する回数を増やす。　　(2)　50(%)
　　(3)　(比)　マグネシウム：銅＝3：8
　　(理由)　(例)MgOとCuOは，どちらも酸化物中の金属原子と酸素原子の個数の比が1：1であるから。
　　問2　(1)　右図2　　(2)　①　(例)その単体をつくっている元素は酸化物にふくまれている元素より酸素と結びつきやすい　　②　Mg　　③　Fe
4　問1　(1)　①　上下左右　　②　(例)逆　　(2)　(例)形が大きく変化し，太陽が沈んでから天体Xが沈むまでの限られた時間にしか観察することができないから。
　　(3)　ウ→イ→ア→エ　　問2　(1)　記号　ウ　　①　(例)同じ　　②　(例)小さく

図1
とりこまれる酸素の体積 [cm³]
3000
1500
0
安静時　　運動時

図2

③　ア　　(2)　(記号)　ア，オ，カ　　(説明)　(例1)太陽，月，地球の順に並んでいる。
(例2)地球から見て，太陽と同じ方向に月がある。

⑤　問1　エ　　問2　(1)　右図3　　　　　　　　　　　図3
(2)　(焦点距離)　10(cm)　(大きさ)　3(cm)

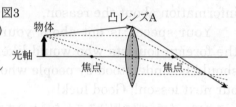

問3　①　30　　②　15　　③　45
④　(例)物体から凸レンズまでの距離と凸レン
ズからスクリーンまでの距離が入れかわる
問4　(例)物体とほぼ同じ大きさになる。

＜理科解説＞

① (小問集合－力と物体の運動，原子の成り立ちとイオン，植物の特徴と分類，地層の重なりと過去の様子，仕事とエネルギー，酸・アルカリとイオン，地震と地球内部のはたらき，力のはたらき：フックの法則，水溶液：濃度，遺伝の規則性と遺伝子，天体の動きと地球の自転・公転：太陽の南中高度)

問1　(1)　電車や自動車のスピードメーターのように刻々と変化する速さを，平均の速さに対し，**瞬間の速さ**という。　(2)　原子は**原子核と電子**からできており，**原子核は陽子と中性子**とからできている。　(3)　タンポポのような双子葉類の根は，太い根である**主根**とそこから伸びる細い根である**側根**からなる。　(4)　侵食された土砂が流水によって運搬され，川の流れがゆるやかなところでたまることを**堆積**という。　(5)　滑車やてこなどの道具を使うと，物体を動かすために加える力を小さくすることができるが，仕事の大きさ(量)は道具を使わない場合と変わらない。これを**仕事の原理**という。　(6)　BTB溶液は，酸性の水溶液では黄色，アルカリ性の水溶液では青色に変化する。このように変化した色で，溶液の酸性，中性，アルカリ性を調べる薬品を**指示薬**という。　(7)　被子植物の花は受粉すると，**子房**が成長して果実になり，子房の中の**胚珠**は種子になる。　(8)　地震計に記録された地震のゆれのうち，はじめの小さなゆれを**初期微動**という。

問2　ばねを引く力の大きさとばねののびは比例する。これを**フックの法則**という。よって，0.2 [N]：0.4[N]＝3[cm]：x[cm]より，x[cm]＝6[cm]である。よって，ばねの長さは9cmになる。

問3　4％の食塩水100gにふくまれる食塩の質量は，100[g]×0.04＝4[g]，蒸発して80gとなった食塩水の濃度は，4[g]÷80[g]×100＝5[％]である。

問4　種子Bと種子Fをかけ合わせてできた種子は，丸：しわ＝3：1，であることから，丸が顕性形質，しわが潜性形質である。丸の形質を表す遺伝子をAとし，しわの形質を表す遺伝子をaとすると種子Bのもつ遺伝子の組み合わせはAa，種子Fのもつ遺伝子の組み合わせもAaである。しわの種子Gがもつ遺伝子の組み合わせはaaであり，丸の純系の種子がもつ遺伝子の組み合わせはAAである。丸の純系の種子とのかけ合わせは，AA×AA，AA×Aa，AA×aa，の3種類が考えられ，「できる種子はすべて丸」であるため，丸の純系の遺伝子をもつ種子は，表より，種子A，種子D，種子B，種子Eの4つのうちのどれかである。上記の遺伝子の組み合わせがAaである種子Bとかけ合わせた種子Eの遺伝子の組み合わせはAAであり，Aa×AAのかけ合わせである。遺伝子の組み合わせがaaである種子Gとかけ合わせた種子Dの遺伝子の組み合わせは，「できた種子がすべてしわ」であることから，aaである。よって，種子Dとかけ合わせた種子Aの遺伝子の組み合わせはAAであり，AA×aaのかけ合わせである。以上から，丸の純系の種子と考えられるのは，種子Aと種子Eである。

問5　太陽の南中高度は，冬至より夏至の方が高く，**北緯が低いほど高い**。赤道の緯度が0°，南極・北極の緯度が90°であるため，太陽の南中高度が高い順は，**ウ→ア→イ**である。

2 （動物の体のつくりとはたらき：ヒトの肺のしくみとはたらき・安静時と運動時の呼吸回数の実験・肺のモデル実験・酸素と血液との反応実験・細胞の呼吸・探究活動）

問1　(1)【資料】のグラフの考察では，≪吸う息≫に比べて，≪はく息≫では酸素が減少し，二酸化炭素が増加している。よって，ヒトの肺の肺胞では**酸素と二酸化炭素が交換される**と考えられる。

問2　安静時と運動時の1分間の呼吸回数は3人の平均値を求めた。その理由は，**同じ条件でも個体によって，呼吸の回数が異なる**からである。

問3　**安静時の1分間の呼吸回数の平均値は20回**であり，肺で1分間にとりこまれる酸素の体積は，$500 [cm^3] \times 20 \times 0.03 = 300 [cm^3]$，であるため，縦軸の1メモリを棒グラフにする。運動時の，肺で1分間にとりこまれる酸素の体積は，安静時に比べて呼吸回数が3倍，1回の呼吸における吸う息の体積が2倍，肺でとりこまれる酸素の体積の割合[%]が2倍になるため，肺で1分間にとりこまれる酸素の体積は，$300 [cm^3] \times 3 \times 2 \times 2 = 3600 [cm^3]$であり，**12メモリを棒グラフ**にする。

問4　【実験2】ヒトの肺のモデル実験において，ゴム膜の中心を指でつまんで下に引いたとき，「ガラス管から空気が入り，ゴム風船がふくらんだ。」のは，**ゴム風船の周りの気圧が下がったため**である。

問5　【総合的な考察】・【実験2】から，ヒトの肺では，ゴム膜のかわりに**横隔膜が上がったり下がったり**することで空気を出し入れすると考察できた。また，【実験3】において，ブタの血液の入った試験管に酸素を入れるとあざやかな赤色に変化したことから，ヒトの肺に吸い込まれた空気中の酸素が血液中にとりこまれて，**酸素が赤血球中のヘモグロビンと結びつくことで全身の細胞**に運ばれているのではないかと考察できる。　・問3グラフから，安静時と比べ，**運動時には多くの酸素と二酸化炭素が交換される**ことから，より多くの酸素が全身の細胞に運ばれて，細胞による呼吸がさかんに行われるのではないかと考察できる。

3 （化学変化と物質の質量：実験操作・質量保存の法則・化学変化に関係する物質の質量の比・応用問題の計算とグラフ，化学変化：酸化・還元・化学変化のモデル，物質の成り立ち：元素記号・化学式，探究活動）

問1　(1)　銅0.8gを加熱して，完全に酸化させた場合，図4グラフから0.2gの酸素が化合する。表1のデータから，加熱後の物質の一部は酸化していないことがわかる。銅の粉末が酸化する割合を増やすためには，**加熱する回数を増やす**操作を行う。加熱後の物質の質量が増加しなくなるまで行う。　(2)　図4グラフから，銅の粉末1.6gと過不足なく化合する酸素は0.4gである。実験1の結果表1では，銅1.60gと化合した酸素の質量は，$1.80g - 1.60g = 0.20 (g)$，であった。よって，酸化された銅の質量をxgとすると，$1.60g : xg = 0.40 : 0.20$，$x = 0.80 (g)$，であることから，**50%**である。　(3)　マグネシウムが過不足なく酸素と化合する割合は，表2から，**マグネシウムの質量：酸素の質量**$= 1.20g : (2.00g - 1.20g) = 1.20g : 0.80g = 3 : 2$，である。また，銅が過不足なく酸素と化合する割合は，問1(2)から，**銅の質量：酸素の質量**$= 1.6g : 0.4g = 4 : 1 = 8 : 2$，である。よって，**マグネシウムの質量：酸素の質量：銅の質量**$= 3 : 2 : 8$，より，一定の質量の酸素と化合する，マグネシウムの質量と銅の質量の比は，**3：8**である。また，その比がマグネシウム原子の質量と銅原子の質量の比としても成り立つ理由を説明する。マグネシウムの酸化の化学反応式は，$2Mg + O_2 \rightarrow 2MgO$，であり，化学反応の結果できたMgOは，マグネ

シウム原子2個の質量：酸素原子2個の質量＝マグネシウム原子1個の質量：酸素原子1個の質量＝3：2，の化合物である。そして，銅の酸化の化学反応式は，$2Cu+O_2→2CuO$，であり，化学反応の結果できたCuOは，銅原子2個の質量：酸素原子2個の質量＝銅原子1個の質量：酸素原子1個の質量＝4：1＝8：2，の化合物である。よって，マグネシウム原子1個の質量：酸素原子1個の質量：銅原子1個の質量＝3：2：8，であり，マグネシウム原子1個の質量：銅原子1個の質量＝3：8，である。この計算は，MgOとCuOがどちらも酸化物中の金属原子と酸素原子の個数の比が1：1であるため，成立する。

問2　(1)　マグネシウムと二酸化炭素の酸化・還元の化学反応式は，$2Mg+CO_2→2MgO+C$，である。◎をマグネシウム原子，●を炭素原子，○を酸素原子として，《化学変化のモデル》にかき直すときには，マグネシウムや炭素は分子でできていない単体なので，原子1個のモデルで表す。質量保存の法則により，化学変化の前後で原子の種類と数は変わらないようにすると，◎　◎＋○●○　→　◎○　◎○＋●，である。　(2)　【仮説】「ある単体が酸化物から酸素をうばえば，その単体をつくっている元素は酸化物にふくまれている元素より酸素と結びつきやすい」に対する実験[1]の結果と考察は，「炭素は酸化鉄から酸素をうばったが，酸化マグネシウムから酸素をうばうことはなかった。」ことから，酸素との結びつきやすさは，マグネシウム＞炭素＞鉄，である。また，[2]の結果と考察は，「マグネシウムは二酸化炭素から酸素をうばったが，鉄は二酸化炭素から酸素をうばうことはなかったことから，酸素との結びつきやすさは，マグネシウム＞炭素＞鉄，である。[1]，[2]の結果と考察から，仮説は検証できた。酸素と最も結びつきやすいのは元素記号Mgのマグネシウムであり，酸素と最も結びつきにくいのは元素記号Feの鉄である。

④　(月や金星の運動と見え方：位置関係の変化と見え方・日食・天体望遠鏡)
問1　(1)　多くの天体望遠鏡で見える像の向きは，直接見た場合と異なり，上下左右が逆に見える。　(2)　天体Xの公転軌道が図のようになると考えられるのは，表から，天体Xの形が変化し，太陽が沈んでから天体Xが沈むまでの限られた時間しか観察することができないからである。　(3)　図のように，北極側から見た天体Xは地球と同じ向きの反時計回りに公転する。天体Xは公転周期が地球の公転周期より小さいため，地球と天体Xの位置関係は変化していく。天体Xは地球から太陽と地球の間に近づいてきて，夕方，西の空に沈むようになる。次に，天体Xは太陽と地球の間を通過する。天体Xが太陽と地球の間に近いときは欠け方が大きく，明け方，東の空に見られる。次に，天体Xが太陽と地球の間から離れて遠くなると，欠け方が小さく，明け方，東の空に見られる。

問2　(1)　観察2は，同じ年の3月28日の夕方，西の空に月が見えて，観察を続けると天体Xと月が重なって見えたのであるから，天体Xと月の位置関係を示しているのはウである。天体Xの形は3月25日に天体望遠鏡で見た天体Xとは上下左右が異なり，実際には西側が光って見える。月の公転が地球の自転と同じ向きであり，1日につき約12°，1時間で約0.5°西から東へ移動するため，月の見かけの動きが地球の自転による15°よりも小さくなる。このため，天体Xは月の東側から西側に移動して見える。　(2)　観察した日の約3日前に，観察できる可能性のある事象は，皆既日食と金環日食と新月である。このときの天体の位置関係は，地球から見て，太陽と同じ方向に月があり，太陽，月，地球の順に並んでいるときである。

⑤　(光と音：凸レンズによる実像と虚像，動物の体のつくりとはたらき：目のつくりとはたらき)
問1　Xはヒトの目の水晶体(レンズ)であり，図1の装置の凸レンズAに相当する。Yは網膜であり，

スクリーンに相当する。X(水晶体(レンズ))からY(網膜)までの距離は変わらないという条件を設定して，図1の装置で実験を行うとき，**変えない条件は，凸レンズAからスクリーンまでの距離**である。

問2　(1)　**以下の3つのうちの2つの光の道すじをかき，その交点を求める。**　①　光軸に平行に凸レンズAに入った光は，屈折した後，反対側の焦点を通る。　②　凸レンズAの中心を通った光は，そのまま直進する。　③　物体側の焦点を通って凸レンズAに入った光は，屈折した後，光軸に平行に進む。図5の物体から出た光は，凸レンズAの上端から上記の交点を通る直線の道すじを通る。　(2)　**物体から凸レンズAまでの距離が焦点距離の2倍であるとき，凸レンズAからスクリーンまでの距離が焦点距離の2倍の位置に，物体と同じ大きさで上下・左右が逆向きの実像がスクリーン上にできる。**図2より，物体から凸レンズAまでの距離と，凸レンズAからスクリーンまでの距離が等しいのは，20cmのときである。よって，凸レンズAの焦点距離は10cmである。図3より，物体から凸レンズAまでの距離が20cmのときの像の大きさは3cmである。よって，物体の大きさは3cmである。

問3　図2より，物体から凸レンズAまでの距離が15cmのときは凸レンズAからスクリーンまでの距離は30cmである。図2より，物体から凸レンズAまでの距離が30cmのときは凸レンズAからスクリーンまでの距離は15cmである。物体からスクリーンまでの距離はどちらも15＋30＝30＋15＝45(cm)である。したがって，**物体からスクリーンまでの距離が一定のとき，実像ができる位置は2つあり，物体から凸レンズまでの距離と凸レンズからスクリーンまでの距離が入れかわるという規則性がある。**

問4　物体を凸レンズAとその焦点の間に置き，スクリーン側から凸レンズAをのぞくと物体と上下左右が同じ向きで，物体より大きい虚像ができる。凸レンズAにより見える**虚像の大きさは，以下の2つの光の道すじをかき，その交点を求めることにより分かる。**　①　光軸に平行に凸レンズAに入った光は，屈折した後，反対側の焦点を通る。その道すじを物体側に延長する。　②　凸レンズAの中心を通った光は，そのまま直進する。その道すじを物体側に延長する。2つの延長線の交点から光軸に垂直線を引く。垂直線の長さが虚像の大きさである。凸レンズBをふくらみの限りなく小さい凸レンズにとりかえると，**焦点距離は限りなく長くなり，2つの延長線の交点は物体に限りなく近くなり，物体とほぼ同じ大きさになる。**

＜社会解答＞

1　問1　(1)　ウ　　(2)　①　国際連合[国連]　　②　南極　　(3)　(先住民)　アボリジニ
(位置)　あ　　問2　(1)　(例)仏教や儒教[儒学]の教え[考え方]。　　(2)　①　フビライ＝
ハン　　②　北条時宗　　(3)　①　イ　　②　ア　　③　ウ　　A→C→B
問3　(1)　(語句)　公共の福祉　　(記号)　イ　　(2)　①　高等　　②　地方　　③　簡易
記号　B，D，F　　(3)　主権(国家)　　問4　(1)　X　国後(島)　　Y　色丹(島)
(2)　(語句)　やませ　　(おおよその向き)　イ　　(位置)　C　　問5　(1)　①　吉田茂
②　日米安全保障　　(2)　沖縄県　　問6　(1)　(語句)　金融　　①　イ　　②　ア
(2)　(例)事業を始めたい人に，無担保[低金利]で少額の融資を行う制度。

2　問1　(人の名)　菅原道真　　①　イ　　②　ア　　問2　(国の名)　ポルトガル
(記号)　ア　　(内容)　ク　　問3　(記号)　イ　　①　樺太[サハリン]　　②　間宮林蔵
問4　①　フランス　　②　ア　　③　ア　　④　三国干渉　　問5　(例)国際協調が進め

られ，軍事費がおさえられている。　　問6　資料4　ウ　　資料5　ア
3 Ⓐ　問1　カ　問2　イ　問3　Ｘ　エ　Ｙ　（例）収入が不安定になる
　 Ⓑ　問1　（内容）（例）山が多い　　（記号）ア
　　問2　(1)・(2)　Ａ・水力（発電）・イ[Ｂ・火力（発電）・ウ／Ｃ・原子力（発電）・ア]
　　問3　（例）降水量の多いところから水を運ぶ香川用水を建設し，農業に必要な水を確保でき
　　るようにした。
4 　問1　①　ク　　②　キ　問2　ウ　問3　Ｘ　首長[知事]　　Ｙ　議員　　記号　ア
　　問4　生徒A　オ　　生徒B　エ　　生徒C　ウ　問5　ウ　問6　(1)　（例）1990年と
　　2017年を比べると，2017年の方が所得の再分配前の所得格差は大きくなっているが，所得
　　の再分配後の所得格差には，累進課税などの所得の再分配により，大きな違いがみられな
　　くなっている。　　(2)　（例）将来の世代に負担を残す

＜社会解説＞

1 （地理的分野—世界地理－地形・人々のくらし，―日本地理－地形・日本の国土・気候・都市，
歴史的分野—日本史時代別－古墳時代から平安時代・鎌倉時代から室町時代・明治時代から現
代，―日本史テーマ別－政治史・外交史・文化史，―世界史－政治史，公民的分野—基本的人権・
裁判・財政・国際社会との関わり）

問1　(1)　図1は，距離と方位が正しく描かれた**正距方位図**である。ユーラシア大陸と北アメリカ
大陸に挟まれた**北極海**が真ん中に描かれている。中心となるのは**北極**である。　(2)　①　**第二
次世界大戦**を防げなかった**国際連盟**の反省を踏まえ，1945年に51か国の加盟国で設立されたの
が，**国際連合**である。　②　世界の**六大陸**とは，ユーラシア大陸・アフリカ大陸・北アメリカ大
陸・南アメリカ大陸・オーストラリア大陸・南極大陸の六つの大陸を指す。この中で地図1に描
かれていないのは**南極大陸**である。　(3)　（先住民）4万年以上前にアジアからオーストラリ
アに渡ってきたオーストラリア大陸の**先住民**を，**アボリジニ**という。アボリジニは，伝統的に狩
猟・採集生活を営み，自然と調和して独自の文化を築き上げてきた。オーストラリアでは，アボ
リジニの文化の価値が認められ，それと共存する**多文化社会**が実現されている。　（位置）　オー
ストラリアの位置は，ⓐである。正距方位図のため，形が変わって描かれていることに注意が必
要である。

問2　(1)　**聖徳太子**が604年に制定した**十七条の憲法**は，第一条や第三条などでは上下関係を重ん
じる**儒教**（儒学）の教えや考え方が反映されている。第二条などでは，**仏教**の教えや考え方が反映
されている。　(2)　①　13世紀に，**モンゴル民族**が築き上げた大帝国は，**チンギス＝ハン**の孫
の**フビライ＝ハン**の時代に都を大都（現在の北京）に定め，国名を**元**とした。フビライ＝ハンは南
宋を滅ぼして中国全土を支配するに至った。フビライ＝ハンはその後さらに高麗等を征服し，日
本にも二度来襲した。これが**元寇**である。　②　鎌倉幕府の8代執権は，**北条時宗**である。17歳
で執権の座につき，1274年の**文永の役**と1281年の**弘安の役**の二度の元寇を退け，33歳で死去し
た。　(3)　①　カードAは，**聖徳太子**が607年に創建した，**法隆寺の釈迦三尊像**である。なお，
法隆寺は670年に焼失し，再建されたとの説が有力である。　②　カードBは，**東大寺南大門**の
金剛力士像である。源平の争乱に関与して**東大寺**が焼き討ちにあって焼失し，鎌倉時代に**運慶**ら
によって再建されたものである。　③　カードCは，**藤原頼通**によって1053年に建立された**平等
院鳳凰堂の阿弥陀如来像**である。浄土信仰が全盛を迎えた平安時代中期につくられた。したがっ
て，年代の古い順に並べると，A→C→Bとなる。

問3　(1)　語句　**日本国憲法**第13条に「すべて国民は，個人として尊重される。生命，自由及び幸福追求に対する国民の権利については，**公共の福祉**に反しない限り，立法その他の国政の上で，最大の尊重を必要とする。」との記載がある。空欄に入る語句は「公共の福祉」である。

記号　日本国憲法第21条に「集会，結社及び言論，出版その他一切の**表現の自由**は，これを保障する」との規定がある。一方，憲法に示されていない新しい人権に**プライバシーの権利**がある。したがって，表現の自由があるからといって，他人のプライバシーを損ねる出版などは，公共の福祉に反することになる。　(2)　一つの事件について三回まで裁判を受けることができるしくみを，**三審制**という。三審制には，公正で慎重な裁判を行い裁判の誤りを防ぎ，人権を守る目的がある。　①　三審制で，**最高裁判所**の下に位置するのは，**高等裁判所**である。日本の8か所の大都市(東京・大阪・名古屋・広島・福岡・仙台・札幌・高松)に置かれている。　②　高等裁判所の下に位置するのが家庭裁判所と**地方裁判所**である。　③　日常生活における紛争を取り扱う裁判所が，**簡易裁判所**である。　記号　**第一審**の判決に対して不服がある場合に，上級の裁判所に対して，その判決の確定を遮断して，新たな判決を求める不服申立てを**控訴**という。第二審は高等裁判所で審理されるが，その結果に不服があり，なおかつ憲法に違反があると考えられる時には，最高裁判所に**上告**することが可能とされている。第一審から第二審に不服申し立てを行うのが控訴であるから，A〜Fのうち，B・D・Fが控訴に当てはまる。　(3)　主権・領土(領域)・国民の三要素を持った近代の国家形態を主権国家という。

問4　(1)　X　北方四島のうち，最も広い面積を持つのは**択捉(えとろふ)島**である。択捉島は日本の国土の最北端である。四島のうち，択捉島に次ぐ面積であるのは，**国後(くなしり)島**である。Xが国後島である。　Y　四島のうち最も面積が狭いのは，**歯舞(はぼまい)群島**である。この三島と色丹(しこたん)島からなるのが，**北方領土**である。Yが色丹島である。北方領土は，**第二次世界大戦**の終戦直後，当時のソ連によって占拠された。日本政府は**ロシア連邦政府**に対して北方領土の返還を要求しているが，交渉は進まず，未解決のまま時が過ぎている。なお，北海道立高校の入試問題では，毎年北方領土のことが出題されている。　(2)　語句　梅雨明け後に，**オホーツク海気団**より吹く，冷たく湿った北東風を**やませ**という。この**やませ**が東北地方の太平洋側に吹き付けて冷害をもたらす。　おおよその向き　北東風であるから，おおよその向きはイである。　位置　仙台市は，宮城県の中部に位置する，**県庁所在地**である。人口100万人を超える，東北地方唯一の**政令指定都市**である。略地図上の位置は，Cである。

問5　(1)　①　写真は日本の首相である全権吉田茂が，1951年に**サンフランシスコ平和条約**に署名・調印するところである。　②　サンフランシスコ平和条約により48か国の**資本主義諸国**との国交が回復した日本は，同時に**日米安全保障条約**を締結することにより，**資本主義陣営**の中に組み込まれた。　(2)　1945年の敗戦以来，アメリカの**占領**下に置かれていた沖縄には，多数の**アメリカ軍基地**が置かれた。1972年に日本に**返還**された後も，沖縄に置かれた基地は，アメリカの東アジア戦略上，そのまま残された。日本国内にあるアメリカ軍基地の約70%が沖縄県に置かれている。

問6　(1)　語句　政府は景気を安定させるために，増減税や，公共投資を増減させる**財政政策**を行う。これに対し，**日本銀行**が金利や通貨供給量を調整することで，経済の安定と成長を目的として行うのが**金融政策**である。　①　不景気で**デフレーション**が起きているときには，日本銀行は，市中銀行の持つ国債を買う金融政策を行う。　②　こうした金融政策により，市場に出回る通貨の量を増加する政策である。　(2)　貧困層・低所得者・失業者など，事業を始めたいが銀行から融資を受けられない人に対し，**無担保・低金利**で小口資金を提供する金融サービスのことを，**マイクロクレジット**という。特に**発展途上国**の人々の自立を支援する目的のものを指して言

うことが多い。

2 （歴史的分野—日本史時代別−古墳時代から平安時代・鎌倉時代から室町時代・安土桃山時代から江戸時代・明治時代から現代，—日本史テーマ別−政治史・外交史・社会史，—世界史−政治史・文化史）

問1　人の名　618年に建国された唐は，7世紀中期には国力を強め，日本はその政治制度や文化を吸収しようとし，630年から遣唐使を派遣した。894年に菅原道真の建言により，遣唐使が停止されて以来，中国との正式な国交は途絶えた。　①　平安時代末期，政権を握った平清盛は，現在の神戸港にあたる大輪田泊（おおわだのとまり）に大規模な修築をし，日宋貿易を盛んに行って，経済の基盤を作り上げた。大輪田泊の略地図上の位置は，Yである。　②　平清盛が行った日宋貿易では，日本からは刀や工芸品などが輸出され，宋からは大量の宋銭が輸入された。流入した宋銭は，日本の市場で広く流通するようになった。

問2　国の名　バスコ＝ダ＝ガマは，ポルトガル人の航海者・探検家である。ポルトガル王の命を受けて，東回り航路をとり，アフリカ大陸の南端の喜望峰を回って，1498年にインドに到達した。その後，ポルトガルはアジアとの貿易に乗り出した。　記号　宗教改革が進展する中で，プロテスタントに対抗し，カトリックを再興するためにイエズス会がつくられた。イエズス会は海外布教に力を入れ，宣教師フランシスコ＝ザビエルは，1549年に日本での布教のため鹿児島に上陸した。その後も宣教師の来日が相次ぎ，大名や庶民の中にキリシタンになるものが多数出現した。　内容　カは，16世紀後期から17世紀初期の朱印船貿易についての説明である。キは，室町時代に行われた勘合貿易についての説明である。ケは，19世紀後期の幕末の貿易についての説明である。カ・キ・ケのどれも別の時代の説明である。クが正しい。ポルトガルと日本との交易は，平戸や長崎で行われ，ポルトガル人や，ポルトガルに少し遅れて来航するようになったスペイン人は南蛮人と呼ばれ，彼らとの交易は南蛮貿易と称された。

問3　記号　1804年に，ロシアのレザノフが通商を求めて長崎に来航し，幕府は対応することを迫られた。　①　蝦夷地の北限であるソウヤの北方にある島とは，樺太である。樺太は，江戸中期まで，大陸と陸続きであるか，島であるかが定かでなかった。　②　幕府の役人として，樺太探検の任に当たったのは，間宮林蔵である。満州と樺太との間には海峡があり，島であることを発見したのは間宮林蔵である。この海峡は間宮林蔵の名をとって間宮海峡と呼ばれている。

問4　①　日清戦争後の講和条約である下関条約には，2億両（テール）の賠償金の他，台湾・遼東半島などの割譲が含まれていたが，ロシア・ドイツ・フランスから，遼東半島を清国に返還するよう要求された。日本はやむなく要求を受諾し，清との間に還付条約を結んで代償に3000万両を獲得した。　②　日清戦争は1894年から1895年であり，下関条約が締結さたのは1895年である。19世紀の末期である。　③　ロシア・ドイツ・フランスから，清国に返還するよう要求されたのは，遼東半島である。　④　この一連の外交関係を三国干渉という。

問5　1921年から1922年のワシントン会議の海軍軍縮条約に調印したことに見られるように，国際協調路線が進められ，歳出全体に占める軍事費の割合がおさえられている。上記の後半部を簡潔にまとめ，制限字数内に収まるように解答すればよい。

問6　資料4　1964年の北爆開始以来本格化したベトナム戦争に対する反戦運動が，世界各国で活発に行われた。　資料5　1989年のマルタ会談は，アメリカ合衆国大統領ジョージ・ブッシュとソビエト連邦共産党書記長ミハイル・ゴルバチョフによる首脳会談である。この会談では，第二次世界大戦末期に始まった，アメリカを中心とする西側諸国とソ連を中心とする東側諸国の対立である「冷戦」の終結が宣言された。

3 （地理的分野―世界地理－産業・都市・人口・貿易，―日本地理－交通・エネルギー・気候・農林水産業）

Ａ　問1　アメリカでは**適地適作**が進み，中西部では**とうもろこし**が盛んにつくられており，**コーンベルト**とよばれている。また，北アメリカでは**小麦**の生産が盛んである。一方，中国では，河南省・山東省付近で小麦が盛んにつくられ，吉林省を中心とした東北三省で，とうもろこしがつくられている。**あ**は小麦，**い**はとうもろこしである。正しい組み合わせは，カである。

問2　Ｃの国は**アラブ首長国連邦**であり，首都はアブダビである。最大の都市**ドバイ**には，世界で一番高いタワーがある。**人口ピラミッド**は，流入した**外国人男性労働者**が多いため，イである。

問3　Ｘ　Ｄ国もＥ国も，特定の鉱産資源や農産物の輸出に頼る**モノカルチャー**経済といわれる状態にある。　Ｙ　このような国では国際価格の変動や気候の変化等により，収入が不安定になる。上記のような趣旨のことを，簡潔に10文字以内でまとめればよい。

Ｂ　問1　内容　**東海北陸自動車道**のルートには山が多いという特徴がある。　記号　グラフ1のＢは極端にトンネルが多く，東海北陸自動車道であるとわかる。

問2　Ａ　(1)　Ａは，1915年から始まった**水力発電**である。　(2)　水力発電はダムで行われるため，ダムがつくられる河川の上流の山間部に多い。地図のイである。　Ｂ　(1)　Ｂは，長い間日本の発電の中心であった**火力発電**である。当初は国産の石炭が燃料の中心であったが，やがて輸入の石油にかわった。　(2)　火力発電所は，輸入の石油を燃料として利用するため，都市に近い臨海部に作られるのが特徴である。地図のウである。　Ｃ　(1)　Ｃは，1975年から本格化した原子力発電である。　(2)　**原子力発電所**は海水を冷却水として使用するため，沿岸部に多い。また，都市部を避けて日本海側や東北地方に作られるのが特徴である。地図のアである。

問3　香川県高松市は，中国山地と四国山地に挟まれていて，**季節風**の影響を受けにくく，1年を通して降水量が少ない**瀬戸内式気候**である。そのため農業用水を貯めておく**ため池**や，降水量の多いところから水を運ぶ香川用水を建設し，農業に必要な水を確保できるようにした。

4 （公民的分野―民主主義・経済一般・政治の仕組み・地方自治・財政）

問1　①　ライオンは国王などの大きな**政治権力（国家権力）**を象徴している。　②　**法（憲法）の支配**とは，国民の代表が制定した**法（憲法）**の制限下で国王や政府が権力を行使するため，国民の人権は保障されることである。

問2　a　1985年には，238円だったチョコレートが，**為替相場**の変動により，1995年には94円になっている。aは正である。　b　2015年の訪日外国人数は1995年の8倍にはなっていない。bは誤である。　c　1985年は2005年よりも，ドルに対して円の価値が下がる**円安**である。cは誤である。

問3　Ｘ　**地方公共団体**では，その長を**首長**という。　Ｙ　議会には**議員**が在籍する。　（記号）　その首長と議会の議員がいずれも住民の**直接選挙**によって選ばれる。これを**二元代表制**という。いずれも住民の代表である首長と議会が，互いに抑制し合う必要があるので，議会は首長に対して**不信任決議**をすることができ，首長は議会を**解散**することができるという関係になっている。

問4　生徒Ａには，平等な選挙にする手がかりとして，**議員一人当たりの有権者数**を調べるオの資料が適当である。生徒Ｂには，**小選挙区制**における**死票**を手がかりとして，特定の選挙区における得票率を調べるエの資料が適当である。生徒Ｃには，若者の関心の低さを調べる**年代別投票率**のウの資料が適当である。

問5 **地方公共団体**には，愛知県のように，産業が活発で**地方税収入**が潤沢なところもあり，青森県のように，地方税収入の少ないところもある。そこで，地方公共団体間の**財政格差**を減らすため，**地方交付税交付金**が存在する。国が国税として徴収した税の中から，一定割合を地方に配分し，その用途は地方公共団体が自由に決められるというのが，地方交付税交付金である。Aが地方税であり，Bが地方交付税交付金である。

問6 (1) グラフ3を見て，1990年と2017年を比べると，2017年の方が**所得の再分配前**の**所得格差**は大きくなっていることを読み取り指摘する。次に，所得の再分配後の所得格差には，**累進課税**などが有効であることに触れる。そして，所得の再分配により，2017年には大きな違いがみられなくなっていることを結論とする。 (2) **国債**は，満期になるごとに償還できれば問題はないが，それができずに国債を償還するために新たな国債を発行すると，国の借金が年を追って増大していく状態になり，将来の世代に**国債償還**の莫大な負担を負わせることになる。

＜国語解答＞

一 問一 (1) たぼう (2) びんわん (3) のぞ(む) 問二 (1) 半島 (2) 誤(り) (3) 拝観 問三 (1) ウ (2) イ 問四 (例)不意に漂ってきた甘い香りに呼び起こされた 問五 (1) ア (2) (例)ステージ発表の本番の様子を動画で，準備の様子を紙芝居で紹介しよう。

二 問一 1 ひた(る) 2 ともな(う) 問二 イ 問三 ア，イ，オ 問四 ① (最初)「意識の内 (最後) わりがない ② (例)事柄そのものと私の意識の内面はどこまでも一つ 問五 (1) ウ，オ (2) 日常描写に科学的描写が「重ね書き」される 問六 (例)私の身に着けてきた腕時計が，他の時計にはない使いやすさや愛着があるという「こと」であると同時に，分針や秒針の付いているアナログタイプの時計という「もの」であるというように，「こと」と「もの」は一体になっている。

三 問一 エ 問二 (1) ① 赤 ② 青 ③ (例)まばら ④ (例)晴れている ⑤ (例)くもっている 問三 イ

四 問一 エ 問二 (例1)(アンケートを行った結果，)X市以外に住んでいる人の方がX市に住んでいる人よりも，X市の方言に対して「味がある」や「親しみやすい」という肯定的なイメージをもつ人が多いことがわかったから。 (例2)(アンケートを行った結果，)X市以外に住んでいる人の方がX市に住んでいる人よりも，X市の方言に対して「荒っぽい」という否定的なイメージをもつ人が少ないことが明らかになったから。
問三 (例)X市では，方言によるPR動画を公開したことや，特産品に方言でキャッチコピーを付けたことが話題となり，観光客数が前年度よりも増加した。このことから，方言には，地域の魅力を強く印象付けて宣伝する力があると考えた。

＜国語解説＞

一 (知識／会話・議論・発表―内容吟味，漢字の読み書き，ことわざ・慣用句，短文作成)
問一 (1) 「多忙」は，非常に忙しいこと。 (2) 「敏腕」は，物事を処理する能力が優れていること。 (3) 「臨む」は，目の前にする，直面するという意味。
問二 (1) 「半島」は，陸地が海に向かって長く突き出たところ。 (2) 「誤る」を同訓の「謝

る」と混同しないように注意する。　　(3)　**「拝観」**の「拝」のつくりの部分の横画は4本である。

問三　(1)　選択肢の語句の意味は，ア**「所在ない」**＝することがなくて退屈である，イ**「根も葉もない」**＝何の根拠もない，ウ**「隅に置けない」**＝思いのほか才能や知識があって油断できない，エ**「身もふたもない」**＝あまりに露骨で情緒も何もない，という意味なので，ウが正解。

　　(2)　**「板に付く」**は，役目や仕事に慣れている様子を表すので，イが正解となる。

問四　「私の遠い記憶は」が主部となるので，述語を受け身の**「呼び起された」**とする。「不意に漂ってきた甘い香り」は，修飾部として**「不意に漂ってきた甘い香りに」「不意に漂ってきた甘い香りによって」**などとする。

問五　(1)　三谷さんの「文化祭のステージ発表の様子を動画で見てもらう」という意見に対し，中原さんは「いいね」と**同意**している。また，平田さんは「準備の様子も伝えたい」という**自分の考えを付け加えている**。このことを説明したアが正解となる。　　(2)　場面②では平田さんが準備の様子を紙芝居で紹介することを提案し，場面③では中原さんがステージ発表の本番の様子と準備の様子で動画と紙芝居を使い分けることを提案している。この内容をふまえ，**ステージ発表の本番の様子を動画で紹介すること，準備の様子を紙芝居で紹介すること**の2点を含めて，**35字程度**で書く。

□　(論説文—内容吟味，文脈把握，漢字の読み書き，作文)

問一　1　**「思い出に浸る」**は，思い出の世界に入り込み，そこに身を任せたような状態になること。　2　この場合の**「伴う」**は，同時に生じるという意味を表す。

問二　「『こと』には表情がある」は，「遠回し」な表現ではなく，「こと」があいまいで変化しやすいものであることを**比喩的に述べてイメージしやすくしている**表現なので，アは不適当でイが適当。「表現してもよいと思います」は，「表現できる」ということを婉曲に述べたものなので，ウの「断定的」は誤り。エの「ためらい」もここからは読み取れない。

問三　第一段落で説明された**「恐怖」**は，鉄球とともにある思いの一つであり，「表情」や「意味」を表す。第三段落の，万年筆に結びつく「感覚」や「記憶」は，「そうした表情や意味」とまとめられている。しかし，球や万年筆を単なる「物体」として扱うことや，「材質」という観点から鉄やセルロイドであると確認することは，「表情」や「意味」とは無関係である。したがって，正解はア，イ，オである。

問四　①　空欄の前後の語句に注目する。本文で「経験」「におい」などに対する考えが書いてある部分を探すと，第八段落に「私たちが実際に経験している色やにおい，音，あるいはそれに伴うさまざまな思いがただ単に『意識の内面』に属するものであり，事柄そのものとは関わりがないという考え」とあるので，ここから抜き出す。　②　傍線部3の後に「犬そのものと，私の意識の内面という二つの世界があるのではありません。両者はどこまでも一つです」をもとに，具体的な「犬」を抽象的な「事柄」に置きかえて20字程度で書く。

問五　(1)　傍線部4は，「こと」から「表情」や「意味」を切り離し，個人の視点に縛られない形で捉え直して説明することを表している。「花火」を「好き」という自分の思いとは無関係な「銅の量」で説明するウと，「ミートパイ」から「思い出」を切り離して「成分表」で説明するオが，適当である。アは「見える」という感覚，イは「好み」，エは「愛情」という個人の視点に縛られるものに結びつけて説明するので，いずれも不適当である。　　(2)　**「日常描写に科学的描写が『重ね書き』される」**の「科学的描写」が「それぞれの視点に縛られない」，「重ね書き」が「置き直」すに対応する。

問六　「こと」と「もの」の関係について。**自分自身の経験を例に**，「こと」と「もの」が一体にな

っていることを説明する。解答例は，「腕時計」を例に，「こと」「もの」について具体的に説明し，「一体になっている」とまとめている。「一体になっている」の代わりに「共存している」などとしてもよいが，指定語句の「こと」「もの」を必ず入れて書くこと。

三 （古文―内容吟味，文脈把握，古文の口語訳）

〈口語訳〉 花はさくら。桜は，山桜で，葉が赤く照り映えて，細いのがまばらに混じって，花が多く咲いているのは，また比べるものもなく（すばらしく）て，この世のものとも思われない。葉が青くて，花がまばらに咲いているのは，ひどく劣っている。だいたい山桜という中でも，いろいろあって，細かく見れば，木一本ごとに少しずつ変わったところがあって，まったく同じものはないようである。また，今の時代に，桐がやつといって八重と一重が同じ木に混じって咲くなどというのも，様子が変わっていてとてもすばらしい。総じてくもっている日の空に見上げたものは，花の色が鮮やかでない。背景に松などの樹木が，青くしげっているこちら側に咲いているのは，色が映えて，特別（すばらしいもの）に見える。空がすがすがしく晴れている日に，日光が差す方向から見たのは，色つやがすばらしくて，同じ花とも思われないほどである。朝日は言うまでもないが，夕映えも（すばらしい）。

問一　「たぐふ」は漢字では「類ふ」「比ふ」などと書き，「並ぶ」「つり合う」という意味なので，波線部はエの意味となる。

問二　(1)　①　見映えのする桜は，「葉赤くてりて」と表現されている。　②　見劣りする桜は「葉青くて」と表現されている。また，「松も何も，青やかにしげりたるこなたに咲ける」桜は見映えがするとされている。　③　見劣りする桜は「花のまばらなる」と表現されている。
④　「空きよくはれたる日」の桜は見映えがするとされている。　⑤　「くもれる日の空に見上げたる」桜は，見劣りするとされている。ただし，「くもれる日」でも，松などが背景にあれば見映えがするとされている。

問三　アは，本文では桜の香りについて述べていないので不適当。古語の「にほひ」は，香りではなく，色つやのことである。イは，「大かた山桜といふ中にも，しなじなの有りて，こまかに見れば，一木ごとに，いささかかはれるところ有りて，またく同じきはなきやうなり」と合致するので適当である。ウは，本文では葉がしおれているかどうかについては述べていないので不適当。エは，同じ木に八重咲きと一重咲きが混じって咲く「桐がやつ」について，「八重で咲いている」としている点が誤りである。

四 （会話・議論・発表―段落・文章構成，短文作成，作文）

問一　1は，レポートのはじめに，調査の目的や着眼点，調査の対象について述べたものである。2は，具体的な調査方法について述べている。3は，2による調査結果をまとめたものである。3項目のすべてについて，それぞれの内容に対応する見出しを示しているのは，エである。

問二　条件を満たして書くこと。アンケート結果をもとにX市の方言に対するイメージを示したグラフを見ると，X市以外に住んでいる人の方がX市に住んでいる人よりも，「味がある」や「親しみやすい」という肯定的なイメージをもつ人が多いことがわかる。また，X市以外に住んでいる人は，X市に住んでいる人ほど，「荒っぽい」という否定的なイメージをもっていないことがわかる。このどちらかの内容を，「アンケートを行った結果，」に続けて一文で書く。

問三　一文目は，小林さんの初めの発言内容をふまえて，方言の観光PRへの活用について具体的に書く。レポート3(2)の「方言によるPR動画を作成し，インターネットで公開した」「地域の特産品に方言を生かしたキャッチコピーを付けた」の内容を一文にまとめるとよい。二文目は，高

木さんの最後の発言をふまえ，**方言のもつ力**について，**地域の魅力と関連付けて書く**。解答例では「方言には，地域の魅力を強く印象付けて宣伝する力がある」という考えを書いている。二つの文を合わせて**100字程度**になるように書くこと。

MEMO

大切なことはメモしておこうネ！

北海道公立高等学校

2022年度
★★★★★★★★★★★★★★★★★★★★

入 試 問 題

●くわしい解説……47ページ

＜数学＞　　時間　50分　　満点　100点

1　次の問いに答えなさい。（配点　33）

問1　(1)～(3)の計算をしなさい。

(1)　$8 \times (-4)$

(2)　$(-5)^2 - 9 \div 3$

(3)　$4\sqrt{5} + \sqrt{20}$

問2　$a = 7$，$b = -3$ のとき，$a^2 + 2ab$ の値を求めなさい。

問3　下の図のように，関数 $y = -2x + 8$ ……① のグラフがあります。①のグラフと x 軸との交点をAとします。点Oは原点とします。点Aの座標を求めなさい。

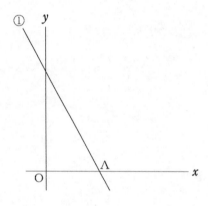

問4　方程式 $3x - 2y = -x + 4y = 5$ を解きなさい。

問5　「飛行機の機内に持ち込める荷物の重さは10kg以下です」という数量の関係を，飛行機の機内に持ち込める荷物の重さを x kgとして不等式で表しなさい。

問6　右の図のように，△ABCがあります。辺ABの中点をDとし，点Dを通り辺BCに平行な直線と辺ACとの交点をEとします。辺AC上に点Pを，AP：PC＝3：1となるようにとります。点Pを定規とコンパスを使って作図しなさい。

ただし，点を示す記号Pをかき入れ，作図に用いた線は消さないこと。

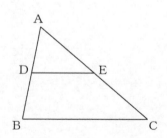

2 春奈さんたちの中学校では，3年生のA組30人全員と，B組30人全員の50m走の記録を調査しました。

　次の問いに答えなさい。(配点　16)

問1　図1は，A組，B組全員の記録を，それぞれ箱ひげ図にまとめたものです。

　　　次の(1)，(2)に答えなさい。

図1

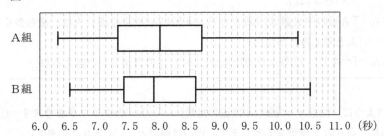

(1) B組の記録の第3四分位数を求めなさい。

(2) データの散らばり（分布）の程度について，図1から読みとれることとして最も適当なものを，次のア～エから1つ選びなさい。

　ア　範囲は，A組の方がB組よりも小さい。

　イ　四分位範囲は，A組の方がB組よりも大きい。

　ウ　平均値は，A組の方がB組よりも小さい。

　エ　最大値は，A組の方がB組よりも大きい。

問2　A組，B組には，運動部に所属する生徒がそれぞれ15人います。図2は，A組，B組の運動部に所属する生徒全員の記録を，箱ひげ図にまとめたものです。

図2

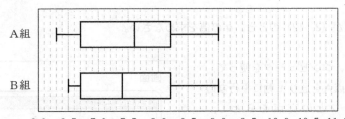

　春奈さんたちは，運動部に所属する生徒全員の記録について，図2を見て話し合っています。

　ア ， イ に当てはまる数を，それぞれ書きなさい。

　また， ウ に当てはまる言葉を，下線部　　　の答えとなるように書きなさい。

> 春奈さん　「A組，B組の運動部に所属する生徒では，A組とB組のどちらに速い人が多いのかな。」

ゆうさん	「どうやって比べたらいいのかな。何か基準があるといいよね。」
春奈さん	「例えば，平均値を基準にしたらどうかな。先生，平均値は何秒でしたか。」
先生	「この中学校の運動部に所属する生徒の平均値は，7.5秒でしたよ。」
ゆうさん	「それなら，7.5秒より速い人は，A組とB組のどちらの方が多いのか考えてみよう。」
春奈さん	「B組の中央値は7.4秒だから，B組に7.5秒より速い人は，少なくても ア 人いるよね。」
ゆうさん	「A組の中央値は7.6秒だから，A組に7.5秒より速い人は，最も多くて イ 人と考えられるね。」
春奈さん	「つまり，7.5秒より速い人は， ウ の方が多いと言えるね。」

3　下の図のように，関数 $y = ax^2$（a は正の定数）……① のグラフがあります。①のグラフ上に点Aがあり，点Aの x 座標を t とします。点Oは原点とし，$t > 0$ とします。

次の問いに答えなさい。（配点　16）

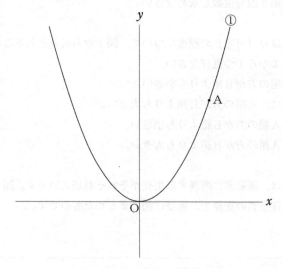

問1　点Aの座標が (2, 12) のとき，a の値を求めなさい。

問2　太郎さんは，コンピュータを使って，画面のように，点Aを通り x 軸に平行な直線と①のグラフとの交点をBとし，△OABをかきました。

次に，a と t の値をいろいろな値に変え，∠AOBの大きさを調べたところ，「∠AOB＝90°となる a と t の値の組がある」ということがわかりました。

そこで，太郎さんは，a の値をいくつか

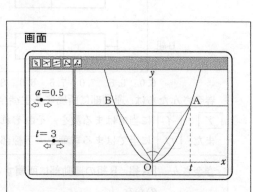

画面

a と t の値をいろいろな値に変化させて，∠AOBの大きさを調べる。

決めて，∠AOB＝90°となるときの t の値を，それぞれ計算し，その関係を示した表と予想を
ノートにまとめました。

（太郎さんのノート）

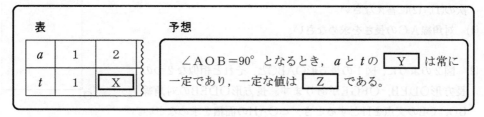

表		
a	1	2
t	1	X

予想

∠AOB＝90°となるとき，a と t の　Y　は常に
一定であり，一定な値は　Z　である。

次の(1)，(2)に答えなさい。

(1)　X ，Z に当てはまる数を，それぞれ書きなさい。また，Y に当てはまる言葉と
して正しいものを，次のア～エから1つ選びなさい。

ア　和　　イ　差　　ウ　積　　エ　商

(2)　太郎さんの予想が成り立つことを説明しなさい。

4　右の図のように，∠BCA＝90°の直角三角形ABCがあ
り，∠ABCの二等分線と辺ACの交点をDとします。
次の問いに答えなさい。（配点　16）

問1　∠BAC＝40°のとき，∠ADBの大きさを求めなさ
い。

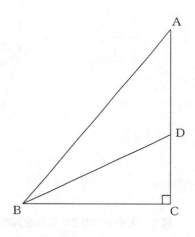

問2　望さんは，辺AB上に点Eを，BC＝BEとなるよう
にとり，線分BDとCEの交点をFとしました。さらに，
望さんは，それぞれの点の位置を調べ，「4点B，C，
D，Eが1つの円周上にある」と予想し，予想が成り立
つことを証明するために，次のような見通しを立ててい
ます。

（望さんの見通し）

　4点B，C，D，Eが1つの円周上にあることを証明するためには，2点D，Eが直線
BCについて同じ側にあるので，∠BEC＝∠　ア　であればよい。
　このことから，△　イ　と△　ウ　が相似であることを示したい。

次の(1)，(2)に答えなさい。

(1)　ア ～ ウ に当てはまる文字を，それぞれ書きなさい。

(2)　望さんの見通しを用いて，予想が成り立つことを証明しなさい。

5 次の問いに答えなさい。(配点 19)

問1　図1のように，長方形OABCがあり，OA＝4 cm，OC＝
4√2 cmとします。

図1

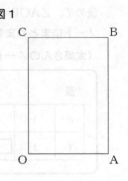

次の(1)，(2)に答えなさい。

(1) 対角線ACの長さを求めなさい。

(2) 図2のように，図1の長方形OABCと，それと相似な2つの
長方形ODEB，OFGEがあります。長方形ODEBの対角線
BD，OEの交点をHとするとき，△OAHの面積を求めなさい。

ただし，3点B，A，Dは一直線上にあることがわかっています。

図2

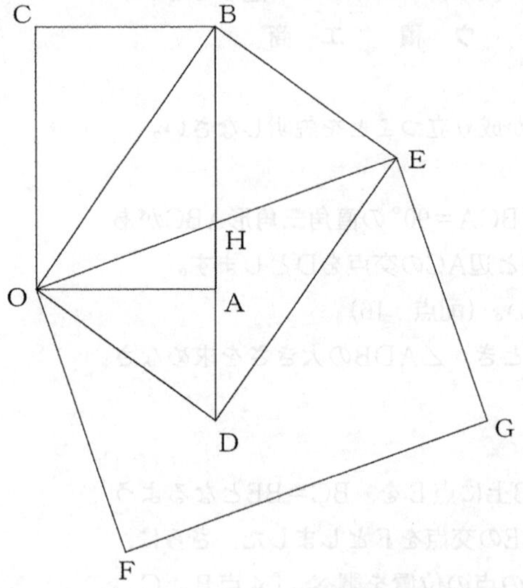

問2　大小2つのさいころを同時に投げるとき，出た目の数の和を n とします。
次の(1)，(2)に答えなさい。

(1) $\sqrt{102n}$ が $a\sqrt{b}$ の形で表すことができるとき，n の値をすべて求めなさい。また，その求
め方を説明しなさい。

ただし，a，b は自然数とし，$a>1$ とします。

(2) $\sqrt{102n}$ が $a\sqrt{b}$ の形で表すことができる確率を求めなさい。

ただし，a，b は自然数とし，$a>1$ とします。

＜英語＞　　時間　50分　　満点　100点

1　放送を聞いて，問いに答えなさい。(配点　35)

　問1　次の No.1〜No.3について，それぞれ対話を聞き，その内容についての質問の答えとして最も適当なものを，それぞれア〜エから選びなさい。**英文は1回読まれます。**

　No.1

　No.2

　No.3

問2　次の No.1～ No.4について，真理（Mari）とデイブ（Dave）の対話を聞き，チャイムの鳴るところで，真理が話す言葉として最も適当なものを，それぞれア～エから選びなさい。**英文は1回読まれます。**

No.1　［店での対話］
　　　ア　No, it's about me.
　　　イ　Yes, you'll be good.
　　　ウ　No, it looks like a cup.
　　　エ　Yes, she'll like it.

No.2　［学校での対話］
　　　ア　I'll play basketball tomorrow.
　　　イ　It'll begin at ten.
　　　ウ　The video game is good.
　　　エ　I get up at seven.

No.3　［休日，出かけた時の対話］
　　　ア　That's a good idea.
　　　イ　You know it's my garden.
　　　ウ　A dog is running around.
　　　エ　We live in this big town.

No.4　［学校からの帰り道での対話］
　　　ア　Well, it'll stop raining.
　　　イ　Oh, it's your umbrella.
　　　ウ　OK, let's go.
　　　エ　Sorry, I'm at the station.

問3　日本に来ている留学生が，英語の授業で話している英文を聞き，その内容についての No.1～ No.3の質問の答えとして最も適当なものを，それぞれア～エから選びなさい。**英文は2回読まれます。**

No.1　オーストラリアのクリスマスについて，どのように述べられていますか。
　　　ア　It's in spring every year.
　　　イ　They have another Christmas in July.
　　　ウ　It's in June without snow.
　　　エ　People have a party outside in winter.

No.2　この留学生は，日本でクリスマスを過ごした際，どのようなことに気付きましたか。
　　　ア　The Christmas party was held outside in Japan.
　　　イ　Christmas trees in Japan were colorful with blue and green.
　　　ウ　The cake in Japan was different from her country's one.
　　　エ　Many kinds of fruits she ate in Japan were delicious.

No.3　この留学生は，日本のクリスマスの体験を通じて，どのように考えたと言っていますか。
　　　ア　Japanese people should enjoy "Christmas in July" like people in Australia.

イ　Making a colorful Christmas cake in Australia is difficult.

ウ　People in Australia should have Christmas in winter without snow.

エ　It's interesting to learn the differences between Japan's events and Australia's events.

問4　智也（Tomoya）の冬のある日の出来事についての英文を聞き，No.1, No.2の質問に対する答えとなるように，□　に入る適当な英語をそれぞれ書きなさい。**英文は2回読まれます。**

No.1　Question:（放送で読まれます）

Answer : He enjoyed it in a tent on ☐ .

No.2　Question:（放送で読まれます）

Answer : He ☐ and ate them with Tomoya.

2　次の問いに答えなさい。（配点　16）

問1　次の(1), (2)の英文が，それぞれの日本語と同じ意味になるように，□　に入る最も適当な英語1語をそれぞれ語群から選んで書きなさい。

(1)　☐ to meet you.

はじめまして。

語群

Kind	First	Nice	Now

(2)　This is your card. ☐ you are.

これはあなたのカードです。はい，どうぞ。

語群

Give	Here	Please	Yes

問2　次の絵に合うように，(1), (2)の□　に入る適当な英語1語をそれぞれ書きなさい。

(1)　Tom ☐ some beautiful pictures last week.

(2)　Tom is ☐ the pictures to Ken now.

問3 次の(1), (2)の絵において，2人の対話が成り立つように質問に対する答えを，主語と動詞を含む英文1文でそれぞれ自由に書きなさい。

(1)

When is your birthday?

(2)

What do you think of this song?

3 次の**A**〜**C**に答えなさい。(配点 37)

A

次のページの英文は，ステーションホテル (Station Hotel) から北海スタジアム (Hokkai Stadium) への行き方を示した案内図 (Access Information) です。これを読んで，問いに答えなさい。

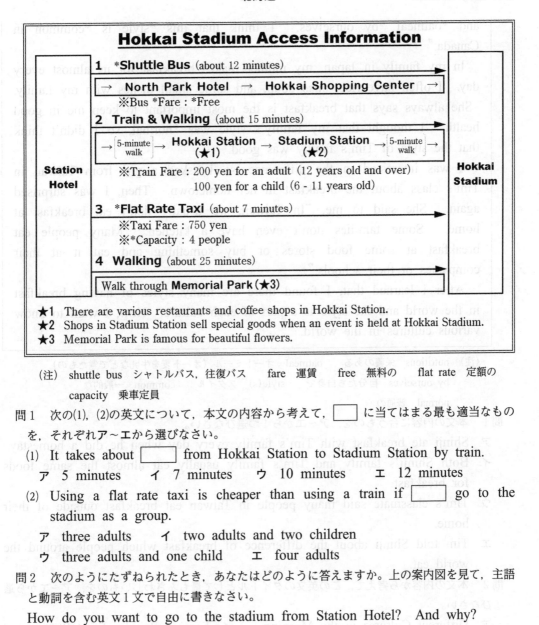

Hokkai Stadium Access Information

1 *Shuttle Bus (about 12 minutes)

→ **North Park Hotel** → **Hokkai Shopping Center** →

※Bus *Fare : *Free

2 Train & Walking (about 15 minutes)

→ 5-minute walk → **Hokkai Station (★1)** → **Stadium Station (★2)** → 5-minute walk →

※Train Fare : 200 yen for an adult (12 years old and over)
　　　　　　 100 yen for a child (6 - 11 years old)

3 *Flat Rate Taxi (about 7 minutes)

※Taxi Fare : 750 yen
※*Capacity : 4 people

4 Walking (about 25 minutes)

Walk through **Memorial Park (★3)**

Station Hotel / **Hokkai Stadium**

★1　There are various restaurants and coffee shops in Hokkai Station.
★2　Shops in Stadium Station sell special goods when an event is held at Hokkai Stadium.
★3　Memorial Park is famous for beautiful flowers.

(注)　shuttle bus　シャトルバス, 往復バス　　　fare　運賃　　　free　無料の　　　flat rate　定額の
　　　capacity　乗車定員

問1　次の(1), (2)の英文について, 本文の内容から考えて, ☐ に当てはまる最も適当なもの
を, それぞれア〜エから選びなさい。

(1)　It takes about ☐ from Hokkai Station to Stadium Station by train.

　　ア　5 minutes　　　イ　7 minutes　　　ウ　10 minutes　　　エ　12 minutes

(2)　Using a flat rate taxi is cheaper than using a train if ☐ go to the
stadium as a group.

　　ア　three adults　　　イ　two adults and two children
　　ウ　three adults and one child　　　エ　four adults

問2　次のようにたずねられたとき, あなたはどのように答えますか。上の案内図を見て, 主語
と動詞を含む英文1文で自由に書きなさい。

How do you want to go to the stadium from Station Hotel?　And why?

B

次の英文は, 高校生の真司 (Shinji) が, 中学生の時にカナダにホームステイ (homestay)
したときのことについて書いたものです。これを読んで, 問いに答えなさい。

　　Three years ago, I visited Canada and did a homestay there.　On the
first day, my host mother explained the family rules.　I was surprised
because they don't usually eat breakfast together.　My host brother, Tim,
said, "We usually eat a simple and *nutritious breakfast like some fruits

and *oatmeal *by ourselves.　I think that this *style is *common in Canada."

　　In my family in Japan, my mother makes breakfast for us almost every day.　I often have rice, *miso* soup, and some small dishes with my family.　She always says that breakfast is the most important to keep me in good health.　I thought that my family's style was *normal, so I didn't think that the style of Tim's family was good.

　　I was interested in the difference, so I asked a girl from Taiwan in Tim's class about the breakfast in her hometown.　Then, I was surprised again.　She said to me, "In Taiwan, we usually don't eat breakfast at home.　Some families don't even have a kitchen.　Many people eat breakfast at some food stores or buy something and eat it at their companies or their schools."

　　After I learned that, I found there are many styles of having breakfast in the world and the style is a part of each culture.　Now, I want to know various cultures in the world.

(注)　nutritious　栄養のある　　　　oatmeal　オートミール（オート麦を牛乳などで煮たもの）
　　　by ourselves　自分たち自身で　　style(s)　スタイル　　common　一般的な
　　　normal　普通の

問1　本文の内容に合うものを，ア～エから1つ選びなさい。

ア　Shinji ate breakfast with Tim's family every day when he did a homestay.

イ　Both Shinji's family and Tim's family usually eat almost the same foods for breakfast.

ウ　Tim's classmate said many people in Taiwan eat breakfast outside of their home.

エ　Tim told Shinji about the difference of breakfast which people around the world eat.

問2　本文の内容から考えて，この英文のタイトルとして最もふさわしいものを，ア～エから選びなさい。

ア　Different Cultures in the Morning　　イ　Foreign Popular Food Stores

ウ　Common Breakfasts in Canada　　　　エ　My Experience in Taiwan

問3　本文の内容から考えて，次の問いに対する答えを，主語と動詞を含む英文1文で答えなさい。

What does Shinji's mother always tell Shinji about breakfast?

C　次の英文は，高校生の直樹（Naoki）が，シンガポール（Singapore）から来た留学生のルーカス（Lucas）と会話している場面のものです。これを読んで，問いに答えなさい。

Naoki : Hi, Lucas. Today's English class was interesting. It was my first time to use the *web meeting system. It was really fun.

Lucas : Yes. I enjoyed talking with the students in Korea on the Internet.

Naoki : If we use this web meeting system, we can talk and see each other's faces. This information *technology helps us have good communication.

Lucas : That's true. I sometimes use this system to talk with my family in Singapore.

Naoki : Wow, you've already used the system in your daily life, too.

Lucas : Yes. It's really useful, but my family sometimes send me *handwritten *postcards with pictures of Singapore. The postcards always make my heart warm and *remind me of my country. So both the new technology and the traditional things are important for me.

Naoki : I understand what you mean. Your story reminds me of my uncle's job. He's a farmer and has grown *cabbages on his large *field for a long time. One of the important jobs he has is checking all his fields by himself to find areas which have some problems, but it takes so much time to do that. So he's trying to use new technologies now. He's using *drones and *AI. His drones are used for taking pictures of his fields and the *data is sent to AI. Then it finds which areas have problems by using the data.

Lucas : Wow, that's wonderful. His work is getting easier because he checks only the areas with problems.

Naoki : I think so, too. But he says that AI isn't good enough because it can't show why the areas have problems.

Lucas : What do you mean?

Naoki : *Even if it shows that some areas have a *common problem such as having smaller cabbages, the reasons for the problem may be different in each area. Some areas need more *fertilizers, and other areas need more water.

Lucas : Really? Then, how does he find the reason?

Naoki : Well, he goes to the areas with problems and finds the reason with the *knowledge from his past experience. He remembers the *similar conditions of the field in the past.

Lucas : Wow, that sounds interesting!

Naoki : Yes. I think that he's using both new technologies and his knowledge *effectively.

Lucas : I agree with you. Both of them are useful for his job, so we don't need to think about which is better.

Naoki : That's right. It's important for us to decide when to use new technologies and traditional things and how to use them.

（注） web meeting system　ウェブ会議システム　　technology(technologies)　技術
　　　 handwritten　手書きの　　postcard(s)　絵はがき
　　　 remind ～ of …　～に…を思い出させる　　cabbage(s)　キャベツ　　field(s)　畑
　　　 drone(s)　ドローン（無人航空機）　　AI　人工知能　　data　情報，データ
　　　 even if　たとえ～だとしても　　common　共通の　　fertilizer(s)　肥料
　　　 knowledge　知識　　similar condition(s)　同じような状況　　effectively　効果的に

問1　下線部において行ったこととして，最も適当なものを，ア～エから選びなさい。

ア　ウェブ会議システムを使った，韓国の生徒との会話

イ　初めて来日した外国人との交流

ウ　海外への手紙の書き方についての学習

エ　情報技術を使った農業についての学習

問2　本文の内容に合うものを，ア～オから2つ選びなさい。

ア　Lucas has used the web meeting system to talk with his family in Korea.

イ　Lucas's heart gets warm when he reads handwritten postcards from his family.

ウ　Naoki says his uncle's drones give fertilizers and water to the field.

エ　Naoki's uncle uses AI to find the areas with problems in the field.

オ　Naoki says his uncle can't use the data from his drones to grow cabbages.

問3　次の図は，直樹とルーカスの会話の内容について整理したものです。本文の内容から考えて，[(1)]～[(3)]に入る英語を書きなさい。ただし，(1)は2語，(2)，(3)はそれぞれ1語とします。

図

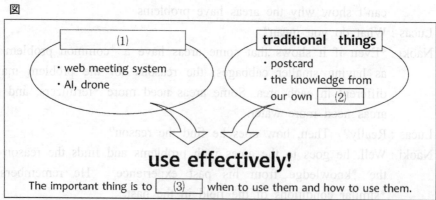

The important thing is to [(3)] when to use them and how to use them.

問4　次のページの英文はルーカスが直樹との会話の後に書いた日記の一部です。日記の内容から考えて，□□に共通して入る適当な英語を1語で書きなさい。

After I talked with Naoki, I remembered another story. I was looking for a new guitar and found some good ones on the Internet, but I didn't decide to buy one because I can't ☐ them on the Internet. So I went to a shop to ☐ them. The shop worker gave me some advice, too. Finally I bought the best one.

4 次の英文は，あるラジオ番組の放送内容の一部です。┊┄┄┊で囲んだ部分では，ある中学生の投稿が紹介されました。あなたがその中学生になったつもりで，条件にしたがって，その中学生の投稿を完成させなさい。（配点　12）

放送内容の一部

The next part of the *program is "YOU DID A GOOD JOB!" In this part, I'll read a story about your kind *actions for other people in your daily lives. Today's story is from *Wasabi. Now I'll read it!

Hi. I'm *Wasabi*. _____(1)_____
I'll tell you my story. _____(2)_____
I _____(3)_____ .

Thank you, *Wasabi*. YOU DID A GOOD JOB! You got an *original sticker!

（注）　program 番組　　action(s) 行動　　Wasabi ある中学生のラジネーム（本名以外の名）
　　　　original sticker （番組の）オリジナルステッカー

条件

 (1) には，自己紹介を，主語と動詞を含む英文2文で自由に書きなさい。
 (2) には，下線部について，次の①～③の内容を含むよう，24語以上の英語で自由に書きなさい。ただし，英文は記入例の書き方にならうこと。
 ①　どのような状況だったか。
 ②　どのような行動をとったか。
 ③　どのような結末になったか。
 (3) には，(2)の出来事の後のあなたの気持ちを，与えられた書き出しに続くように英語で自由に書きなさい。

記入例

I	have	two	dogs	,	Pochi	and	6語
Taro	. They're	cute	and		make	me	12語

in	the	future	?				36語

＜理科＞　　時間　50分　　満点　100点

1　次の問いに答えなさい。(配点　28)

問1　次の文の ① ～ ⑧ に当てはまる語句を書きなさい。

(1)　光が異なる物質の境界へ進むとき，境界面で折れ曲がる現象を光の ① という。

(2)　金属をみがくとかがやく性質を金属 ② という。

(3)　タマネギの種子から出た根の先端を酢酸オルセイン液で染め，顕微鏡で観察すると，核やひも状の ③ が見られる。

(4)　太陽の表面にある周囲より温度が低いために暗く見える部分を ④ という。

(5)　たいこやスピーカーなど振動して音を出すものを，発音体または ⑤ という。

(6)　蒸留とは，混合物中の物質の ⑥ のちがいを利用して，物質をとり出す方法である。

(7)　19世紀の中ごろメンデルは，対になっている遺伝子が減数分裂によってそれぞれ別の生殖細胞に入るという ⑦ の法則を発表した。

(8)　太陽系にある水星，金星，地球，火星，木星，土星，天王星，海王星の8つの天体を ⑧ という。

問2　1秒間に50回打点する記録タイマーで運動を記録したテープを5打点ごとに切ると，どの長さも4.2cmだった。この運動の平均の速さは何cm/sか，書きなさい。

問3　次の文の ① に当てはまる語句を書きなさい。また，②の { } に当てはまるものを，ア，イから選びなさい。

マグネシウム原子Mgは， ① を2個②{ア　受けとって　　イ　失って}，マグネシウムイオンMg^{2+}となる。

問4　図1のA～Dは，アブラナの花弁，がく，おしべ，めしべのいずれかを模式的に示したものである。花の最も外側にある部分を，A～Dから選びなさい。また，選んだ部分の名称を書きなさい。

図1

A 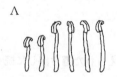　　　　　　　　B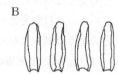

C 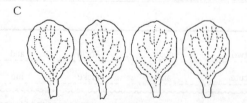　　　　　　　　D

問5　次のページの図2は，同じ地域の露頭P，Qを観察し，結果をまとめた柱状図である。観察中にBとIの砂岩の層からアンモナイトの化石が見つかった。最も古い層を，A～Lから選

びなさい。ただし，この地域の各地層は水平に積み重なっており，断層やしゅう曲，地層の逆
転はないものとする。

図2

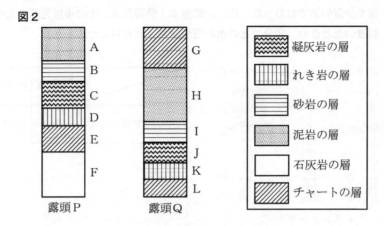

露頭P　　　露頭Q

凝灰岩の層
れき岩の層
砂岩の層
泥岩の層
石灰岩の層
チャートの層

2　次の問いに答えなさい。(配点　18)

　　植物のからだのしくみについて調べるために，身のまわりの植物を用いて，次の観察と実
験を行った。

観察　[1] アスパラガスとキクの茎を赤く着色した
水に1時間さしておいた。

　　　[2] アスパラガスの茎の一部を切り取り，横
　　　　断面をルーペで観察した。図1は，そのと
　　　　きのようすを模式的に示したものである。
　　　　また，Ⓐ図1のXの部分を顕微鏡で観察し
　　　　た。

図1

アスパラガスの茎の横断面

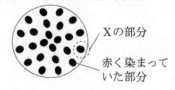

Xの部分

赤く染まって
いた部分

　　　[3] キクの茎の一部を切り取り，横断面を
　　　　ルーペで観察した。図2は，そのときのよ
　　　　うすを模式的に示したものである。

図2

キクの茎の横断面

赤く染まって
いた部分

　　　[4] [3]のキクの茎を，縦に半分に切って，縦
　　　　断面をルーペで観察すると，赤く染まって
　　　　いた部分が見られた。

実験　[1] 葉の枚数と葉の大きさ，茎の太さがほぼ同じキクA〜Dを用意し，花を切ったも
　　　　のをキクA，花と葉を切ったものをキクB，何も切らずにそのままの状態にしたも
　　　　のをキクC，Dとした。切り取った部分からの蒸散を防ぐために，AとBの花や葉
　　　　を切り取った部分にワセリンを塗った。

　　　[2] 図3のようにキクA〜Cを10cm³の水が入っているメスシリンダーに1本ずつ入
　　　　れ，それぞれの⒝メスシリンダー内の水面を少量の油でおおった。

　　　[3] キクA〜Cを入れた3つのメスシリンダーを日中の明るく風通しがよいところに
　　　　置き，3時間後にメスシリンダー内の水面の目盛りを読んで，それぞれの水の減少量

を調べた。表は，このときの結果をまとめたものである。

[4] キクDを10cm³の水が入っているメスシリンダーに入れ，メスシリンダー内の水面を少量の油でおおった。次に，暗室で1時間置き，その後蛍光灯の光を当て1時間置いたときの，30分ごとの水の減少量を4回記録した。

図3

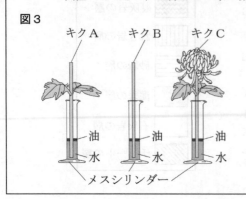

表

	キクA	キクB	キクC
水の減少量〔cm³〕	2.2	0.3	2.7

問1　観察について，次の(1)，(2)に答えなさい。

(1) 図4は，下線部ⓐのときに見られたようすを模式的に示したものである。次の文の①，②の { } に当てはまるものを，それぞれア，イから選びなさい。

赤く染まっていた部分のうち赤い水が通った部分は，図4の① {ア　A　　イ　B} であり，② {ア　道管　　イ　師管} という。

図4

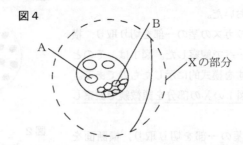

(2) [4]の縦断面のようすを模式的に示したものとして，最も適当なものを，ア～エから選びなさい。

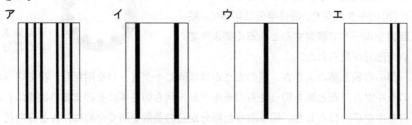

問2　実験について，次の(1)～(3)に答えなさい。

(1) 次の文は，下線部ⓑのようにメスシリンダー内の水面を少量の油でおおった理由を説明したものである。説明が完成するように， [ ] の中に当てはまる語句を書きなさい。

メスシリンダー内の水面から [　　　　　　　　] ため。

(2) 次のページの文の①の { } に当てはまるものを，ア～ウから選びなさい。また， ②

に当てはまる数値を書きなさい。

　　水の減少量がキクの蒸散量と等しいとしたとき，花の部分で蒸散が起こっていることは，
①{ア　AとB　　イ　BとC　　ウ　AとC} の水の減少量を比較するとわかり，葉の蒸
散量は花の　②　倍である。

(3) [4]をグラフに表したものとして，最も適当なものを，ア～ウから選びなさい。また，選ん
だ理由を明るさと気孔の状態にふれて書きなさい。

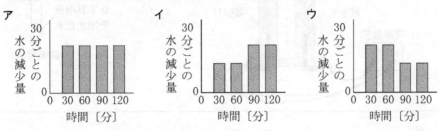

$\boxed{3}$　次の問いに答えなさい。（配点　18）

　　うすい塩酸と塩化銅水溶液を用いて，次の実験1，2を行った。
実験1　[1] 図1のように，うすい塩酸に電流を流すと，電極A，Bの両方で気体が発生し
　　　　た。
　　　　[2] しばらくしてから電流を流すのをやめ，気体の量を調べたところ，@電極A側と
　　　　電極B側では，集まった気体の量が異なっていた。
　　　　[3] 電極A側のゴム栓をはずし，マッチの火を近づけたところ，音を立てて燃えた。
　　　　[4] 図2のように，赤インクで着色した水を入れた試験管Pと，BTB溶液を数滴加
　　　　えた水を入れた試験管Qを用意した。
　　　　[5] 電極B側のゴム栓をはずし，気体のにおいを調べたところ，特有の刺激臭があっ
　　　　た。また，電極B付近の液体をスポイトでとって，試験管P，Qにそれぞれ少し
　　　　ずつ加えると，試験管Pの水溶液は赤インクの色が消えて無色になり，試験管Q
　　　　の水溶液は黄色くなった後に色が消えて無色になった。

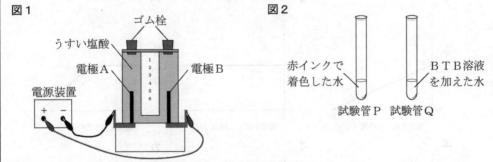

実験2　[1] 次のページの図3のように，塩化銅水溶液に電流を流すと，電極Cに赤色（赤
　　　　茶色）の物質が付着し，電極Dで気体が発生した。
　　　　[2] 図4のように，BTB溶液を数滴加えた水を入れた試験管Rを用意した。
　　　　[3] 電極D側のゴム栓をはずし，電極D付近の液体をスポイトでとって，試験管R

に少しずつ加えると，試験管Rの水溶液は黄色になった後にうすい青色になった。

[4] ⓑ図3の塩化銅水溶液にさらに30分間電流を流すと，その水溶液の色は実験前に比べ，うすくなった。

図3

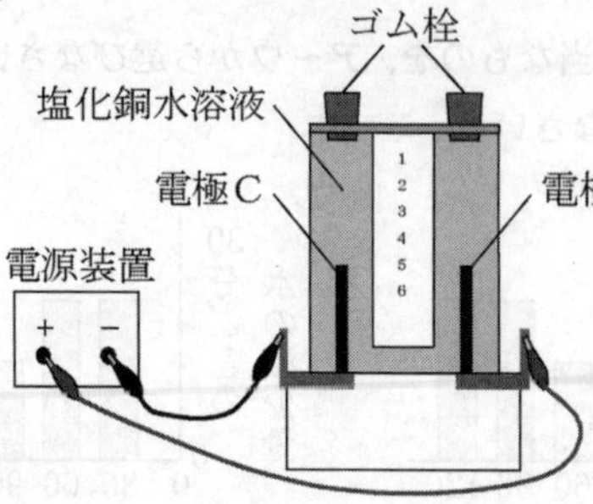

ゴム栓
塩化銅水溶液
電極C
電源装置
＋　－
電極D

図4

BTB溶液
を加えた水

試験管R

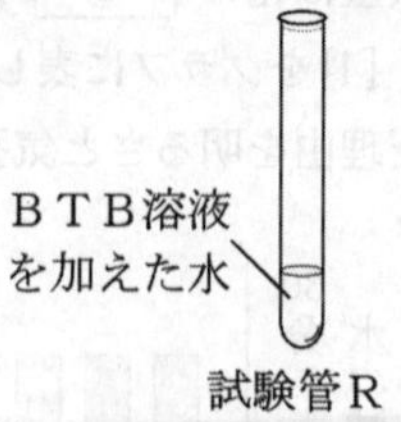

問1　実験1について，次の(1)，(2)に答えなさい。

(1) 次の文の ① に当てはまる語句を書きなさい。また，②の { } に当てはまるものを，ア，イから選びなさい。

　　電極Aで発生した気体は ① であることから，うすい塩酸から生じた ① イオンは②{ア　陽極　　イ　陰極} に向かって移動したことがわかる。

(2) 下線部ⓐについて説明した次の文の①の { } に当てはまるものを，ア，イから選び， ② に当てはまる語句を書きなさい。

　　電極A，Bで発生した気体の量は同じであるが，集まった気体の量が①{ア　電極A　イ　電極B} で少なかったのは，発生した気体が ② という性質をもつからである。

問2　実験2について，次の(1)，(2)に答えなさい。

(1) 電極Cに付着した物質は何か。化学式を書きなさい。

(2) 下線部ⓑについて塩化銅水溶液中のイオンの数の変化を表したグラフとして最も適当なものを，ア～カから選びなさい。

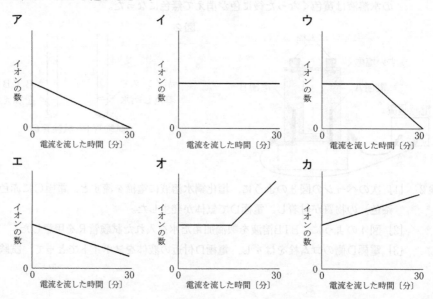

問3　次の文は，実験1，2の結果から，試験管Rの水溶液の色について説明したものである。説明が完成するように，①，③に当てはまる語句を書き，②の{　}に当てはまるものを，ア，イから選びなさい。ただし，①に当てはまる語句は物質名とその性質にふれて書きなさい。

　　実験1で，赤インクの色が消えた理由は┌──①──┐からであり，BTB溶液の色が消えた理由も同じと考えられる。実験2では，試験管Rに電極D付近の液体を入れると，BTB溶液の色が黄色になったことから，試験管Rの水溶液は②{ア　酸性　　イ　アルカリ性}になったことがわかる。これらのことから，黄色になった後の試験管Rの水溶液のうすい青色は，③の色であると考えられる。

4　次の問いに答えなさい。(配点　18)

　　電熱線a，bを用いて，次の実験1～3を行った。
実験1　図1のような回路をつくり，電熱線aの両端に電圧を加え，電圧計の示す電圧と，電流計の示す電流の大きさを調べた。次に，電熱線aを電熱線bにかえ，同じように実験を行った。図2は，このときの結果をグラフに表したものである。
実験2　次のページの図3のように電熱線a，bをつないだ回路をつくり，電圧計の示す電圧と電流計の示す電流の大きさを調べた。
実験3　図3の電熱線bを抵抗の大きさがそれぞれ30Ω，100Ω，500Ω，1200Ω，1400Ωの別の抵抗器にとりかえ，電熱線aと抵抗器の両端に5Vの電圧を加え，とりかえた抵抗器の抵抗の大きさと電流計を流れる電流の大きさとの関係を調べると，次のページの図4のようになった。

図1

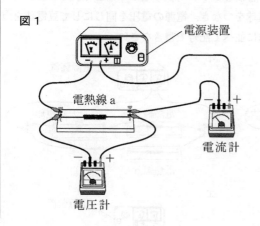

図2

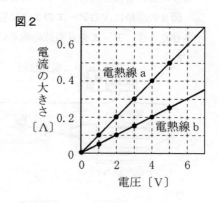

図3

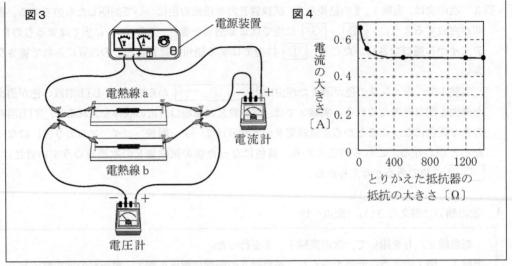

図4

電源装置

電熱線a

電熱線b

電流計

電圧計

とりかえた抵抗器の
抵抗の大きさ〔Ω〕

電流の大きさ〔A〕

問1　実験1について，次の(1)，(2)に答えなさい。

(1)　図5に，電気用図記号をかき加えて，前のページの図1の
　　回路のようすを表す回路図を完成させなさい。

(2)　前のページの図2のグラフから，電熱線a，bの電圧が同
　　じとき，aの電流の大きさはbの何倍か，書きなさい。

図5

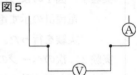

問2　実験2について，次の(1)，(2)に答えなさい。

(1)　図3の回路について，電圧計の示す電圧と電流計の示す電流の大きさとの関係をグラフに
　　かきなさい。その際，横軸，縦軸には目盛りの間隔（1目盛りの大きさ）がわかるように目
　　盛りの数値を書き入れ，グラフの線は解答欄のグラフ用紙の端から端まで引くこと。

(2)　図3の回路に次のア～エのように豆電球をつなぎ，電源の電圧を同じにして豆電球を点灯
　　させたとき，ア～エを豆電球の明るい順に並べて記号で書きなさい。

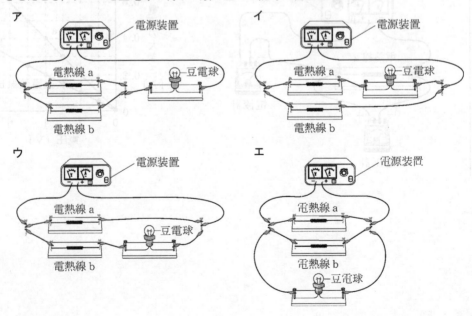

問3　実験3について，次の文の　①　に当てはまる数値を書きなさい。また，　②　に当てはまる語句を書きなさい。

　　前のページの図4のグラフで，とりかえる抵抗器の抵抗を大きくしていくと，電流計を流れる電流の大きさが一定になった理由は，電熱線aを流れる電流は　①　Aであるのに対して，　　②　　からと考えられる。

5　次の問いに答えなさい。（配点　18）

北海道の冬の天気の特徴について調べるため，次の実習を行った。
実習　気象衛星からとった12月のある日の雲の写真をインターネットで調べたところ，図1
　　　のように日本海上にすじ状の雲が写っていた。また，この日の天気図は，図2のような
　　　気圧配置になっていた。さらに，同じ日の北海道の日本海側のA市と太平洋側のB市の
　　　気象台で観測された気象要素を調べた。表1はA市の結果を，表2はB市の結果をそれ
　　　ぞれ6時間ごとにまとめたものである。

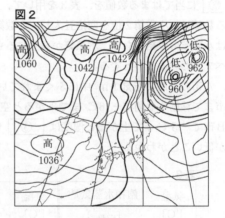

図1　　　　　　　　　　　図2

表1　A市の観測結果

時	気温〔℃〕	湿度〔%〕	天気	風向	風力
2	−7	90	雪	南西	2
8	−7	78	雪	南西	2
14	−6	93	雪	西	3
20	−7	94	雪	西南西	4

表2　B市の観測結果

時	気温〔℃〕	湿度〔%〕	天気	風向	風力
2	−6	46	晴	西	3
8	−5	42	晴	西	2
14	−2	35	晴	西	3
20	−6	58	晴	西北西	2

問1　図2について，次の(1)，(2)に答えなさい。

(1)　次の文の　①　に当てはまる語句を書きなさい。また，②の　{　}　に当てはまるものを，ア，イから選びなさい。

　　　冬はシベリアに高気圧が発達し，日本付近では南北方向の　①　の間隔が狭くなることから，オホーツク海上では，風が②{ア　強く　　イ　弱く}なると考えられる。

(2)　次のページの図3は高気圧の風のようすを模式的に示したものである。次の文の　　　に

当てはまる語句を,「密度」という語句を使って書きなさい。　　図3

　空気は冷えることによって, 体積が □□□□□□□ た

め, 下降気流が生じて気圧が上がり, 地表では高気圧の中心

からふきだすように風がふく。

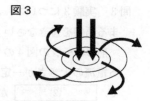

問2　表1, 2について, 次の(1)〜(3)に答えなさい。

(1)　図4は, 天気の記号を書く部分を○で示し, 4方位を点線で表し　　図4
たものである。B市の14時の天気, 風向, 風力を, 解答欄の図に天
気記号で書きなさい。

(2)　A市とB市のように, 日本海側では雪, 太平洋側では晴れの天気
となることが多い。この理由を,「山脈」という語句を使い, 気圧
配置にふれて書きなさい。

(3)　次の文は, B市がA市に比べて湿度が低いことについて説明したものである。 ① 〜
③ に当てはまる数値を, 表3を用いて, それぞれ書きなさい。ただし, ③ に当てはま
る数値は, 小数第2位を四捨五入し, 小数第1位まで求めなさい。なお, 空気が移動する間
は水蒸気の供給がなく, 水蒸気から生じるものはすべて水滴とし, その水滴は空気中からす
べて失われるものとする。

　A市の2時の空気1m³中にふくまれている水蒸気量は ① gである。この空気がB
市まで移動する間に−16℃ まで下がると空気1m³あたり ② gの水滴を生じ, その後
B市で−5℃ まで上がると湿度は ③ ％となる。このことから, B市はA市に比べ湿度
が低いことがわかる。

表3

気温〔℃〕	飽和水蒸気量〔g/m³〕	気温〔℃〕	飽和水蒸気量〔g/m³〕	気温〔℃〕	飽和水蒸気量〔g/m³〕
0	4.9	−7	3.0	−14	1.7
−1	4.5	−8	2.7	−15	1.6
−2	4.2	−9	2.5	−16	1.5
−3	3.9	−10	2.4	−17	1.4
−4	3.7	−11	2.2	−18	1.3
−5	3.4	−12	2.0	−19	1.2
−6	3.2	−13	1.9	−20	1.1

＜社会＞　　時間　50分　　満点　100点

1　次の問いに答えなさい。（配点　34）

問1　次の(1), (2)に答えなさい。

(1)　図は，世界の6つの大陸（六大陸）について，北半球にあるもの，南半球にあるもの，両方にまたがるものがわかるように示したものです。$\boxed{A}$ ～ $\boxed{C}$ に当てはまる大陸の名を，それぞれア～ウから選びなさい。

図

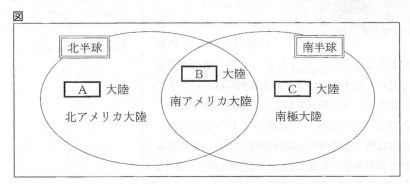

ア　アフリカ　　イ　オーストラリア　　ウ　ユーラシア

(2)　表は，世界の6つの州のうち，ある州についてまとめたものの一部です。$\boxed{}$ に当てはまる州の名を書きなさい。

表

	$\boxed{}$ 州
人口	約46億137万人
気候	・西部は乾燥帯に属するところが多い。
生活と環境	・東部では，米を主食とする地域が多い。 ・仏教，ヒンドゥー教，イスラム教が広く信仰されている。

※　人口のデータは，2019年。（「データブック　オブ・ザ・ワールド　2020年版」より作成）

問2　次の(1)～(3)に答えなさい。

(1)　次の文の $\boxed{}$ に当てはまる語句を，漢字2字で書きなさい。

A～Dは，世界各地で生まれた，おもな古代文明に関する写真である。A～Dの共通点として，いずれの文明でも $\boxed{}$ が使われていたことがわかる。

A　　　　　　　B　　　　　　　C　　　　　　　D

(2) カードは，略地図1のア〜エのいずれかの都市についてまとめたものです。このカードの
　　□ に共通して当てはまる語句を書きなさい。また，この都市の位置を，略地図1のア〜
　　エから選びなさい。

カード

この絵には，この都市で行われていた祭りの様子が描かれています。11年間にわたって続いた □ という争いのため，祭りが行われない時期がありました。□ によってこの都市が荒廃していた様子について，ある資料には「いつまでも栄えていると思っていた花の都が，狐や狼のすみかとなってしまうとは思ってもみなかった。偶然に残った東寺や北野天満宮でさえ，建物が焼けて荒れ果ててしまった。」と記録されています。

略地図1

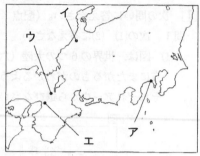

(3) 次のア〜ウのできごとを，年代の古い順に並べなさい。

　ア　隋がほろび唐が中国を統一した。

　イ　家柄にとらわれず役人を取り立てる冠位十二階の制度が定められた。

　ウ　大化の改新とよばれる政治の改革が始まった。

問3　資料1を読んで，次の(1)，(2)に答えなさい。

資料1

　経済生活の秩序は，すべての者に人間に値する生存を保障することをめざす，正義の諸原則にかなうものでなければならない。

略地図2

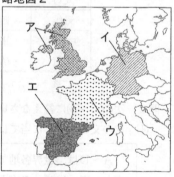

(1) 資料1は，略地図2のア〜エのいずれかの国が，1919年に制定した憲法です。この憲法を制定した国を，略地図2のア〜エから選びなさい。また，その国の現在の名を書きなさい。

(2) 資料1から読みとれる権利は，社会のどのような変化を背景として主張されるようになったものですか，「差」または「格差」という語句を使い，簡単に書きなさい。

問4　あとの(1)〜(3)に答えなさい。

(1) 次の文の ① に当てはまる記号を，地形図のア，イから選びなさい。また，② に当てはまる語句を書きなさい。

　写真には，地形図の　①　の方向から撮影された和田山町竹田が写されている。和田山町竹田は，かつて城の周辺に家臣や商人などが集められてつくられた　②　町であった。

写真

地形図

（「地理院地図」より作成）

(2)　次の文の①～③の｛　｝に当てはまる語句を，ア，イからそれぞれ選びなさい。

　日本列島は，①｛ア　アルプス・ヒマラヤ造山帯　　イ　環太平洋造山帯｝に位置しており，標高の高い山が多い。
　山地をけずる河川によって山間部から平野や盆地に運ばれた土砂により，②｛ア　扇状地　　イ　三角州｝がつくられる。また，河川によって河口まで運ばれた細かい土砂や泥により，③｛ア　扇状地　　イ　三角州｝がつくられる。

(3)　資料2は，過去の災害を現在に伝えるためにつくられた石碑（自然災害伝承碑）の写真と，石碑に記された内容の一部です。　□　に共通して当てはまる語句をⅠ群のア～ウから選びなさい。また，この石碑がある揚所を，次のページのⅡ群のカ，キから選びなさい。

資料2

　昭和13年（1938年）7月5日の豪雨により，各所で山が崩れ，　□　が発生し，川は一斉に氾濫した。この地区でも，川の上流の　□　を伴う氾濫のため，数名の死者が出たり家屋が流失したりするなどの被害が出た。

（「地理院地図」より作成）

［Ⅰ群］ア　津波　　イ　土石流　　ウ　火砕流

［Ⅱ　群］

カ　　　　　　　　　　　　　　　　　　　　キ

※　地図記号の 🛆 は，自然災害伝承碑をあらわす。

問5　次の文を読んで，(1)，(2)に答えなさい。

> 　1951年9月，アメリカで講和会議が開かれ，日本はアメリカを中心とする資本主義諸国
> などとの間に［　　　］平和条約を結び，日本は独立を回復した。これにより，日本は朝鮮
> の独立を認め，台湾，千島列島，南樺太などを放棄した。

(1)　［　　　］に当てはまる語句を書きなさい。

(2)　下線部に関して，日本が返還を求めている四島（群島）のうち，1956年の日ソ共同宣言に
　　おいて，ソ連との間に平和条約が締結された後にソ連が返還することに同意した島（群島）
　　を，略地図3の**ア～エ**から2つ選びなさい。

略地図3

問6　次のページの資料3を見て，あとの(1)，(2)に答えなさい。

資料3

> 「仕事を選ぶ際に，どのようなことを重視しますか。(複数回答可)」という質問に対する，日本，アメリカ，ドイツそれぞれの国の満13歳から満29歳までの若者の回答の割合

（%）

項目 ＼ 国	日本	アメリカ	ドイツ
収入	70.7	70.0	68.5
労働時間	60.3	63.4	61.4
通勤のしやすさ	38.7	41.4	53.3
仕事内容	63.1	55.1	44.2
職場の雰囲気	51.1	40.8	55.2
能力を高める機会があること	17.3	29.1	33.0
自分を生かすこと	25.4	31.3	20.4

(内閣府「我が国と諸外国の若者の意識に関する調査（平成30年度）」より作成)

(1) 下線部に関して，次の文の　　　に共通して当てはまる語句を，漢字2字で書きなさい。

> 労働時間は，労働基準法で定められている。また，労働　　　法では，労働者が使用者と労働条件などについて交渉するために，労働　　　を結成することが保障されている。

(2) 資料3から読みとったことがらとして正しいものを，ア～エから1つ選びなさい。

ア　「通勤のしやすさ」について，日本は他の国と比較して，高くなっている。

イ　「仕事内容」について，日本は他の国と比較して，低くなっている。

ウ　「能力を高める機会があること」について，日本以外の国は2割を超えている。

エ　日本では，「職場の雰囲気」が「自分を生かすこと」より，低くなっている。

問7　次の文の①，②の{ }に当てはまる語句を，ア，イからそれぞれ選びなさい。また，　　　に当てはまる語句を書きなさい。

> 価格は，一般に，①{ア　需要量　イ　供給量}が②{ア　需要量　イ　供給量}より多いときに上がり，逆のときに下がる。需要量と供給量がつり合ったときの価格を　　　価格という。

2　次のページのカードA～Eは，ある中学生が，わが国の土地や経済などにかかわる資料について調べた内容をまとめたものです。これらのカードを見て，問いに答えなさい。(配点　22)

カードA

　鎌倉時代の武士の館を復元した模型です。武士は，堀などに囲まれた屋敷に住み，①土地などを支配していました。

カードB

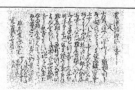

　室町時代にあった②惣でつくられたおきてです。惣では有力農民を中心に，用水の管理などが行われました。

カードC

　江戸時代につくられた小判の絵です。江戸幕府は，貨幣を発行したり，③発行する貨幣の大きさや質を変えたりして，収入を増やそうとしました。

カードD

　④明治時代の日本が置かれた国際情勢について描かれた風刺画です。欧米諸国は競ってアジアに進出し，さまざまな利権を手に入れ，勢力範囲を拡大しました。

カードE

　満州の土地を日本人が開拓している写真です。日本軍による⑤奉天郊外の鉄道爆破後，満州へ移住する⑥小作農なども増えました。

問1　下線部①に関して，次の文の(1)，(2)の ｛ ｝ に当てはまる語句を，それぞれ**ア**，**イ**から選びなさい。

　　鎌倉時代の武士には，(1)｛**ア**　地頭　　**イ**　守護｝として土地の管理や年貢の取り立てを行った者もいた。武士は一族の長が子や兄弟などをまとめ，武士が亡くなると領地は分割して一族の(2)｛**ア**　男性のみ　　**イ**　男性と女性｝に相続された。

問2　下線部②に関して，室町時代の様子について書かれた資料1，2から共通して読みとれる室町時代の民衆の成長を背景とした社会の特徴について，簡単に書きなさい。

資料1

　菜園で，他人の野菜をそぎ取ったり，自分の土地を増やすために土を掘り動かしてはいけない。これらのことは，村人たちの集まりで議決し，定めた。

（「日吉神社文書」を現代語訳し，一部要約したもの）

資料2

　日本全国で堺の町より安全なところはない。（中略）堺で争いが起こったとき，堺の人々が犯人を捕まえて処罰している。　　　　　（「耶蘇会士日本通信」を現代語訳し，一部要約したもの）

問3　下線部③について，先生と，カードCを作成した生徒との次の会話の(1)，(2)の ｛ ｝ に当てはまる語句を，それぞれ**ア**，**イ**から選びなさい。また，□ に当てはまる内容を書きなさい。

先生：幕府はなぜ時期によって小判の大きさや質を変えたのでしょうか。また，そのこと
　　　は人々の生活にどのような影響を与えたのでしょうか？
生徒：幕府は，元禄時代には，質の(1){ア　よい　　イ　悪い}小判を多量に発行するこ
　　　とで，収入を増やそうと考えました。そのことで小判の価値が下がり，人々の生活
　　　は混乱したようです。
先生：小判などの貨幣の価値は，一定ではなかったのですね。
生徒：はい。貨幣の価値が一定にならなかった要因は他にもあります。例えば，幕府が
　　　開国すると，日本と外国では金と銀とを　　　　　　　が異なっていたことから，
　　　(2){ア　金　　イ　銀}が外国に流出し，一時的に国内の物価が不安定になりまし
　　　た。

問4　下線部④に関して，資料3，4の風刺画について説明した文の　a　，　b　に当てはまる
　　国の名をそれぞれ書きなさい。また，{　}に当てはまる語句をア，イから選びなさい。

資料3

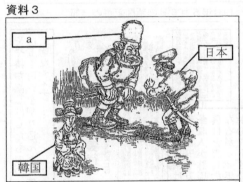

　　義和団事件後も満州に大軍をとどめ，
勢力下に置こうとした　a　と，日本
との対立の一因として，韓国をめぐる争
いがあったことを表している。

資料4

　　b　の仲介によって　a　との
間に講和条約が結ばれたことを表してい
る。この条約で，日本は望んでいた
{ア　賠償金　　イ　台湾}を得る
ことはできなかった。

問5　下線部⑤について，次の文の(1)，(2)の{　}に当ては
　　まる語句をそれぞれア〜ウから選びなさい。

略地図

　　1931年，日本軍は略地図の(1){ア　X　　イ　Y
ウ　Z}にあった鉄道の線路を爆破すると，これを中
国側のしたこととして，中国に対して攻撃を始めた。
　　国際社会から不信感をもたれた日本は，1933年，
(2){ア　日独伊三国同盟に参加　　イ　日中戦争を開
始　　ウ　国際連盟を脱退}し，国際的に孤立を深め
た。

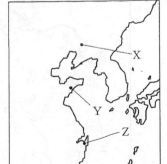

問6　下線部⑥が当時おかれた経済状況をふまえて，グラフに示した小作争議の発生件数が1920年代に急激に増えた理由と，1930年代に急激に増えた理由を，資料5～7を使い，説明しなさい。

グラフ　小作争議の発生件数

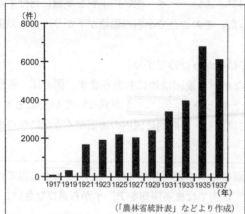

（「農林省統計表」などより作成）

資料5　明治時代に刊行された著書

田地一段につき二石一斗（17円85銭）を得ているのは貧しい小作農でもよい方であるが，それでも，肥料や労働力をできるだけ節約し，小作米九斗（7円65銭）と諸費用を除けば，手元に残るのはわずかに20銭である。これでは利益を得ないで労作しているようなものである。

（「日本之下層社会」を現代語訳し，一部要約したもの）

資料6　略年表

西暦(年)	で き ご と
1920	労働争議が活発になる
	女性の参政権を求める運動が始まる
1922	全国水平社が設立される
	日本農民組合が設立される
1929	世界恐慌が始まる

資料7　1934年5月6日の新聞記事の一部

3　次の A , B に答えなさい。（配点　22）

A　略地図1を見て，あとの問いに答えなさい。

略地図1

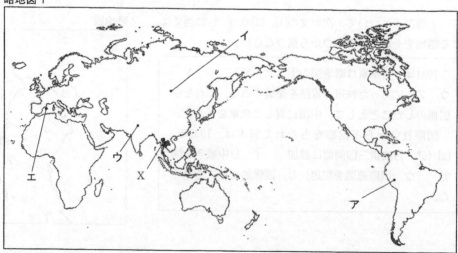

問1　A～Dのカードは，ある中学生が，世界各地の祭りについて調べ，まとめたものです。
カードに書かれている祭りが行われている都市の位置を，略地図1のア～エからそれぞれ選び
なさい。

カードA

「インティ・
ライミ」

インカ文明の時代に行われていた太陽の
祭りを再現したもので，ケチュア族によ
り，さまざまな儀式が行われる。

カードB

「ホーリー」

色のついた粉や水をかけあうこの祭りは，
ヒンドゥー教のクリシュナ神に縁のある
都市で盛んに行われる。

カードC

「ブドウの
収穫祭」

キリスト教の教会の広場に積まれたブド
ウを，町中の人たちが投げつけ合うブド
ウの大合戦が行われる。

カードD

「ナーダム」

13世紀に大帝国を築いた際の騎馬の技術
を起源とし，1000人以上が参加する競
馬などが行われる。

問2　略地図1のXの国に関して述べた次の文の ☐ に当てはまる語句を書きなさい。また，
｛　｝に当てはまる語句を，ア～ウから選びなさい。

　　安い労働力が得られるこの国では，日本を含む外国の企業の工場が建設され，衣類，電
気製品や自動車などが生産されている。生産された製品の多くは，日本だけでなくアメリ
カやヨーロッパの国々にも ☐ されている。
　　このような特徴をふまえて，略地図2の中の北部，首都周辺部，東部それぞれの地域の
工業生産額を示したグラフを見ると，グラフの①に当てはまる地域は，｛ア　北部
イ　首都周辺部　　ウ　東部｝となる。

略地図2

北部

東部

首都周辺部

グラフ　各地域の工業生産額

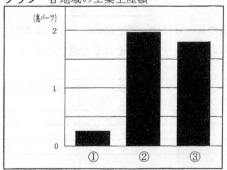

(兆バーツ)

①　②　③

※　データは2019年。（「国家経済社会開発委員会資料」
より作成）

問3　表は，2017年における地熱発電の発電量の多い国を上位7位まで示したものです。資料を参考にし，[　　]に当てはまる国を，ア～エから選びなさい。

表

順位	1位	2位	3位	4位	5位	6位	7位
国名	アメリカ	インドネシア	フィリピン	ニュージーランド	[　　]	トルコ	メキシコ
発電量（億kWh）	187	128	103	79	62	61	59

（「世界国勢図会2020/21年版」より作成）

資料　おもな火山のおおよその位置

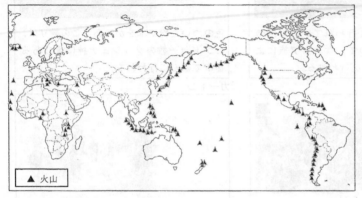

（「理科年表2020」より作成）

ア　ブラジル　　イ　イギリス　　ウ　南アフリカ　　エ　イタリア

B　略地図を見て，次の問いに答えなさい。

略地図

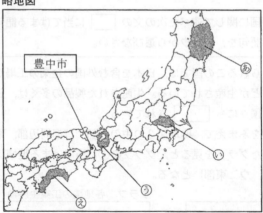

問1　表のa～dには，略地図のあ～えの県のいずれかが当てはまります。いとえの県が当てはまるものを，a～dからそれぞれ選びなさい。

表

県 ＼ 項目	2010年から2015年にかけての人口増減率（％）	養殖漁業収獲量（t）	外国人労働者数（人）	米の収穫量（t）
a	0.20	2	65,290	155,400
b	0.03	598	17,238	162,300
c	−0.97	18,878	2,592	50,700
d	−0.77	37,817	4,509	273,100

※　養殖漁業収獲量のデータは2017年，外国人労働者数及び米の収穫量のデータは2018年。（「データで見る県勢2020年版」より作成）

問2　略地図の豊中市に住む中学生が，市内北部に位置する千里ニュータウンを調査するために，資料とグラフ1，2を収集し，レポートを作成しました。これらを見て，次の(1)，(2)に答えなさい。

資料

> 　1960年代に都市部の住宅問題が深刻化しました。大阪府は，人々に安くて良質の住宅と宅地を大量に供給するため，大阪府北部の千里丘陵に千里ニュータウンの建設を計画し，1962年～1970年のわずか8年間で建設しました。

(千里ニュータウン情報館ホームページ「千里ニュータウンとは」より作成)

グラフ1　千里ニュータウンの年齢別人口割合の推移

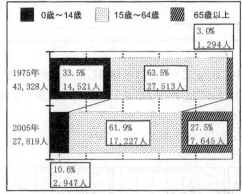

(「豊中市ホームページ資料」より作成)

グラフ2　日本の年齢別人口割合の推移

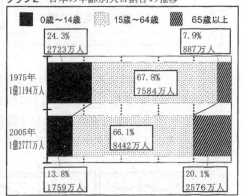

(総務省統計局「国勢調査結果」より作成)

レポート

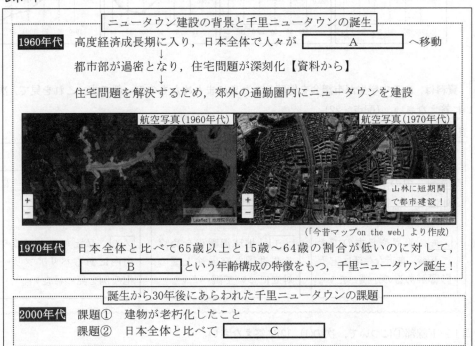

ニュータウン建設の背景と千里ニュータウンの誕生

1960年代　高度経済成長期に入り，日本全体で人々が［　　A　　］へ移動
↓
都市部が過密となり，住宅問題が深刻化【資料から】
↓
住宅問題を解決するため，郊外の通勤圏内にニュータウンを建設

航空写真(1960年代)　　航空写真(1970年代)

山林に短期間で都市建設！

(「今昔マップon the web」より作成)

1970年代　日本全体と比べて65歳以上と15歳～64歳の割合が低いのに対して，［　　B　　］という年齢構成の特徴をもつ，千里ニュータウン誕生！

誕生から30年後にあらわれた千里ニュータウンの課題

2000年代　課題①　建物が老朽化したこと
課題②　日本全体と比べて［　　C　　］

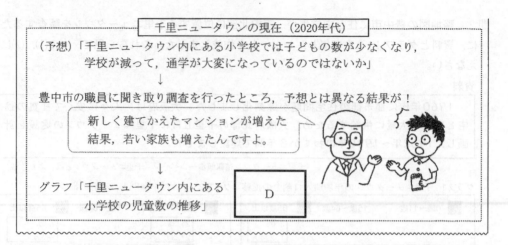

千里ニュータウンの現在（2020年代）

（予想）「千里ニュータウン内にある小学校では子どもの数が少なくなり，学校が減って，通学が大変になっているのではないか」
↓
豊中市の職員に聞き取り調査を行ったところ，予想とは異なる結果が！

新しく建てかえたマンションが増えた結果，若い家族も増えたんですよ。
↓
グラフ「千里ニュータウン内にある小学校の児童数の推移」　　D

(1) A に当てはまる内容を，どのような目的で，どこからどこへ移動したのかがわかるように書きなさい。また，B，C に当てはまる内容を，グラフ1，2をもとに書きなさい。ただし，C には，「高齢者」という語句を使うこと。

(2) D に当てはまるグラフを，ア〜エから選びなさい。

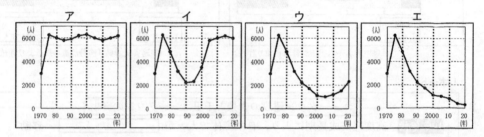

4　資料は，ある中学生が市議会を傍聴したときにまとめたものの一部です。これを見て，次の問いに答えなさい。（配点　22）

資料

市議会の議題とメモ

議題　国の①規制緩和や外国との②貿易交渉の市への影響について	議題　③地球温暖化と持続可能な開発目標（SDGs）について	議題　④バリアフリーについて
メモ　世界や日本のできごとが，身近な生活にどう影響があるのか調べたい。	メモ　地球温暖化をめぐる先進国と発展途上国の対立について調べたい。	メモ　私たちの中学校や市内にあるバリアフリー化の例を見つけたい。

問1　下線部①について，次の(1)，(2)に答えなさい。

(1) 電気事業における規制緩和の効果について述べた文として最も適当なものを，次のページのア〜エから選びなさい。

　　ア　電気を売る企業が中小企業から大企業に置きかわり，電気料金が下がる。

　　イ　企業の自由な経済活動や競争がうながされ，電気料金が下がる。

　　ウ　電気を売る企業が一社になり，電気料金が下がる。

　　エ　民間企業が電気事業に新たに参入しにくくなり，電気料金が下がる。

(2)　表1は，規制緩和についての授業で，生徒の意見をまとめたものの一部です。また，表2は，授業のまとめで使われたものです。生徒A，Bの意見を表2の**ア～エ**に当てはめたとき，最も適当なものを，**ア～エ**からそれぞれ選びなさい。

表1

生徒Aの意見	生徒Bの意見
規制緩和によって電気料金が下がったり，コンビニで薬が買えるようになったりしたので，多くの人に利益をもたらし，利便性が高まっていると思う。 　私は，規制緩和によって，時間や物，お金や労力などが無駄なく使われる社会にしていくべきだと思う。	規制緩和によって救急の業務を民間企業が担うことになったら，お金がないと救急車をよべなくなり，すべての人の命が平等に守られなくなるかもしれない。 　私は，すべての人が対等な立場で，差別的な扱いを受けず，一人一人が尊重される社会にしていくべきだと思う。
生徒Cの意見	生徒Dの意見

表2

	効率を重視	公正を重視
規制緩和を進める	ア	イ
規制緩和を進めない	ウ	エ

問2　下線部②について，次の文の ① に共通して当てはまる語句を漢字2字で書きなさい。また，②，③の｛ ｝に当てはまる語句を，**ア，イ**からそれぞれ選びなさい。

　　　関税など，貿易をさまたげるしくみを取りのぞくことを，貿易の ① 化といい，この貿易を ① 貿易という。
　　　この貿易の考え方に当てはまるのは，表3の②｛ア　A国　　イ　B国｝になる。また，この貿易を促進する協定を③｛ア　NGO　　イ　FTA｝という。

表3

項目 国	関税	産業の現状
A国	輸入品の関税をできるだけ減らす。	国内産業が影響を受けることもある。
B国	輸入品の関税を高くする。	競争力の弱い国内産業が守られている。

問3　下線部③について，温室効果ガスの排出削減をめぐり，先進国と発展途上国の間には主張の対立が見られました。次のページの条件1～3にしたがって，パリ協定が採択されるまでの対立について，先進国または発展途上国の立場を選び，自分が選んだ立場から，相手がどうすべきと主張していたか説明しなさい。

条件1　選んだ立場を書くこと。
条件2　グラフをふまえること。
条件3　京都議定書の内容をふまえること。

グラフ　1990年から2015年までのCO₂排出量の推移

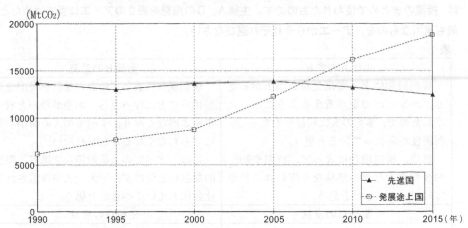

※　MtCO₂とは，二酸化炭素の排出量をメガトン（100万トン）単位で表したものである。

(IEA 「CO₂ emissions from fuel combustion 2019」より作成)

問4　下線部④について，バリアフリー化の例として適当なものを，ア～カから2つ選びなさい。

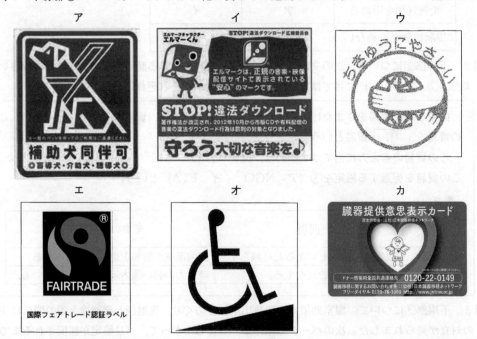

問5　市議会を傍聴した中学生が，地方自治の直接請求権に興味をもちました。有権者数が
25,600人であるこの市において，条例の制定を請求する場合，何人以上の有権者の署名が必要
ですか，書きなさい。

られるように【回答案】を書き直し、次のように掲示することにしました。次の⑴、⑵に答えなさい。

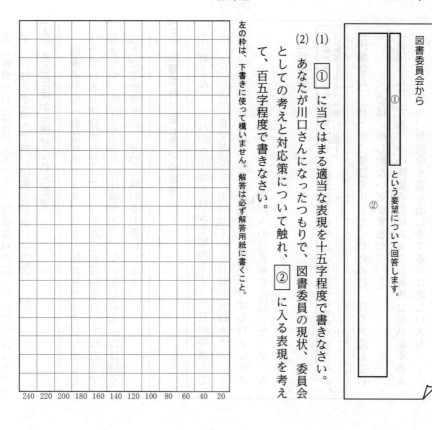

図書委員会から

① という要望について回答します。

②

⑴　①　に当てはまる適当な表現を十五字程度で書きなさい。

⑵　あなたが川口さんになったつもりで、図書委員の現状、委員会としての考えと対応策について触れ、　②　に入る表現を考えて、百五字程度で書きなさい。

左の枠は、下書きに使って構いません。解答は必ず解答用紙に書くこと。

240　220　200　180　160　140　120　100　80　60　40　20

四　次は、K中学校の図書委員会に対して、意見箱を通してある生徒から寄せられた要望（A）と、図書委員の話し合いの場面（B）です。これらを読んで問いに答えなさい。（配点　18）

(A)　ある生徒から寄せられた要望

図書委員会へ要望があります。現在、図書室で本の貸し出しを行っているのは昼休みだけです。それを放課後も行ってはどうでしょうか。私は放送委員の仕事があり、なかなか昼休みには行くことができません。ぜひ、検討をお願いします。

(B)　図書委員の話し合いの場面

（小野さん）　これから図書委員会を始めます。今日の委員会では、意見箱担当の川口さんからお話があります。

（川口さん）　意見箱に図書委員会への要望が寄せられました。掲示板に張り出す要望への回答案を作成したので、みんな見てください。

【回答案】
対応できる委員がいないので、放課後の貸し出しを行うことはできません。昼休みに利用するようお願いします。

（伊藤さん）　せっかく要望を出してくれたのに、何も対応しないのは、申し訳ない気がするね。

（秋田さん）　でも、今の図書委員はみんな放課後に部活動があるから、放課後も貸し出しをするのは難しいよね。

（中西さん）　だけど、放課後の貸し出しを始めたら、今よりも多くの人が読書をしてくれるようになるんじゃないかな。

（小野さん）　そうだね、図書委員会としては、一人でも多くの人が本を手に取る機会をつくることで、読書をする人を増やしたいよね。なんとか放課後も貸し出しができる方法はないかな。

（伊藤さん）　例えば、図書委員が部活動の休みの日に交代で、放課後の貸し出しを行うのはどうだろう。

（秋田さん）　でも、全員が部活動の曜日もあるよね。

（中西さん）　それなら、放課後の貸し出しを手伝ってくれるボランティアを募集するのはどうかな。

（秋田さん）　それはいいね。毎日二人ぐらい手伝ってくれる人が集まれば、放課後も貸し出しができるね。

（川口さん）　いいですね。そのアイデアを取り入れて回答案を書き直します。

問一　（B）の［　］で囲んだ小野さんの発言について説明したものとして、最も適当なものを、ア〜エから選びなさい。

ア　中西さんの考えに同意した上で、課題の解決策を検討するよう呼びかけている。

イ　中西さんの考えに反対しながら、具体的な根拠に基づいて相手を説得している。

ウ　中西さんの考えを尊重しながら、課題について的確に指摘している。

エ　中西さんの考えを確認した上で、自分の考えとの違いについて説明している。

問二　川口さんは、図書委員の話し合いの内容を踏まえ、要望に応え

て華・王の優劣を定む。

（注）依附せんと欲する——連れて行ってほしいと頼む。
　　　すなはち——ひたすらに。　難む——断る。
　　　疑ひし——ためらった。　自託を納る——頼みを引き受ける。
　　　携拯する——連れて行って助ける。

（「世説新語」による）

問一　——線1「朗曰く」とありますが、このときの王朗の言葉を全て抜き出し、最後の三字を書きなさい。

問二　——線2「王携へし所の人を捨てんと欲す」とありますが、このように読むことができる漢文として正しいものを、ア〜エから選びなさい。

ア　王　欲レ捨二所携人一

イ　王　欲レ捨二所レ携人一

ウ　王　欲捨二所携人レ

エ　王　欲捨二所携人レ

問三　ある生徒が華歆と王朗の行動を下のようにまとめました。①〜④に当てはまる言葉の組み合わせとして最も適当なものを、ア〜エから選びなさい。

	①	②	③	④
ア	乗せようとした	乗せようとしなかった	降ろそうとした	降ろそうとした
イ	乗せようとしなかった	乗せようとした	降ろそうとした	降ろそうとしなかった
ウ	乗せようとした	乗せようとした	降ろそうとした	降ろそうとした
エ	乗せようとしなかった	乗せようとした	降ろそうとしなかった	降ろそうとした

問四　——線3「世此を以て華・王の優劣を定む」とありますが、あなたは華歆と王朗のどちらが優れていると考えますか。次の条件1〜4にしたがって書きなさい。

条件1　二つの文で書くこと。
条件2　一文目は、二人のうち、どちらが優れていると考えるかを書くこと。
条件3　二文目は、あなたが優れていると考える理由を書くこと。
条件4　一文目は「私は」で書き始め、二文目は「からです。」という文末で結ぶこと。

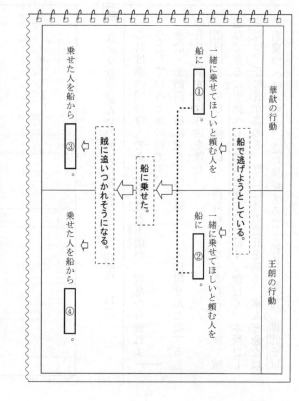

華歆の行動
一緒に乗せてほしいと頼む人を船に①　　。
乗せた人を船から③　　。

王朗の行動
一緒に乗せてほしいと頼む人を船に②　　。
乗せた人を船から④　　。

船で逃げようとしている。
船に乗せた。
賊に追いつかれそうになる。

問四　──線2「香りがした」とありますが、このとき千穂が感じた「香り」は何の香りですか、最も適当なものを、ア〜エから選びなさい。

ア　焼きたてのパン　　イ　アスファルトで固められていない土

ウ　大きな樹　　エ　花屋

問五　──線3「枝に腰かけると、眼下に街が見渡せた」とありますが、この後千穂は、小学生だったころに、大樹の上でどのような気持ちになったことを思い出しますか。解答欄に示した表現に続けて、六十字程度で書きなさい。

問六　──線4「大きく、深く、ため息をつく」とありますが、このとき、なぜ千穂はため息をついたのですか、適当なものを、ア〜オから全て選びなさい。

ア　お母さんは、芸術科のある高校に進学したいという私の気持ちを全くわかろうとしてくれないと思ったから。

イ　芸術科のある高校に進学するなんてとんでもない話だと、お母さんに言われたことを思い出したから。

ウ　医系コースのある高校に通いながら画家を目指す覚悟を、お母さんに認めてもらえる自信がなかったから。

エ　お母さんは、ロボットのように感情を表に出さず、私の趣味を一笑に付すに違いないと思ったから。

オ　お母さんは、父の跡を継ぐために医者になる未来を押しつけてくるに違いないと思ったから。

問七　──線5「緑の香りが強くなる」とありますが、千穂が強くなったと感じた「緑の香り」は、千穂にどのようなことを思い出させ、どのような決意をもたらしましたか。八十字程度で書きなさい。

左の枠は、下書きに使って構いません。解答は必ず解答用紙に書くこと。

（解答欄の枠、下部に数字：300　280　260　240　220　200　180　160　140　120　100　80　60　40　20）

三　次の文章を読んで、問いに答えなさい。（配点　14）

　これは漢の国の役人であった華歆と王朗が、戦乱から逃れようとしているときの話です。

　華歆・王朗倶に船に乗りて難を避く。一人依附せんと欲するもの有り。歆難んぞ之を難む。朗曰く、幸ひに尚ほ広し、何為れぞ可ならざらんと。後、賊追ひて至るに、王携へし所の人を捨てんと欲す。歆曰く、本疑ひし所以は、正に此の為のみ。既已に其の自託を納る、寧んぞ急を以て相棄つべけんやと。遂に携拯すること初めの如し。世此を以

つく。

お母さんはあたしの気持ちなんかわからない。わかろうとしない。なんでもかんでも押しつけて……あたし、ロボットじゃないのに。

ざわざわと葉が揺れた。

そうかな。

かすかな声が聞こえた。聞こえたような気がした。耳を澄ます。

そうかな、そうかな。本当にそうかな。

そうよ。お母さんは、あたしのことなんかこれっぽっちも考えてくれなくて、命令ばかりするの。

そうかな、そうかな、よく思い出してごらん。

緑の香りが強くなる。頭の中に記憶がきらめく。

千穂が枝から落ちたと聞いて美千恵は、血相をかえてとんできた。そして、泣きながら千穂を抱きしめたのだ。

「千穂、千穂、無事だったのね。よかった、よかった。生きていてよかった」

美千恵はぼろぼろと涙をこぼし、「よかったよかった」と何度も繰り返した。

「だいじな、だいじな私の千穂」そうも言った。母の胸に抱かれ、その温かさを感じながら、千穂も「ごめんなさい」を繰り返した。

ごめんなさい、お母さん。ありがとう、お母さん。

思い出したかい?

うん、思い出した。

そうだった。この樹の下で、あたしはお母さんに抱きしめられたんだ。しっかりと抱きしめられた。

緑の香りを吸い込む。

これから家に帰り、ちゃんと話そう。あたしはどう生きたいのか、お母さんに伝えよう。ちゃんと伝えられる自信がなくて、ぶつかるのが怖くて、お母さんのせいにして逃げていた。そんなこと、もうやめよう。お母さんに、あたしの夢を聞いてもらうんだ。あたしの意志であたしの未来を決めるんだ。

（あさのあつこ「みどり色の記憶」による）

（注）カンバス—キャンバス。油絵用の画布。

問一　＝＝線1、2の読みを書きなさい。

問二　〜〜〜線1、2の文における意味として最も適当なものを、それぞれア〜エから選びなさい。

1　大仰なもの
ア　大げさなもの
イ　運任せなもの
ウ　流行しているもの
エ　お金のかかるもの

2　血相をかえて
ア　さっそうと
イ　激怒して
ウ　機嫌をそこねて
エ　あわてて

問三　——線1「うつむいて、そっと唇を噛んだ」とありますが、このときの気持ちを次のようにまとめるとき、　　　に当てはまる表現を文中から八字で書き抜きなさい。

高校卒業後にパンの専門学校に行きたいと話すことができる真奈に比べ、　　　をもって、進路について話すことができない自分に悔しさを感じた。

ない土の道は緩やかな傾斜の上り坂になっていた。この坂の上には小さな公園がある。そして、そこには……。

大きな樹。

枝を四方に伸ばし、緑の葉を茂らせた大きな樹がある。小学校の三、四年生まで真奈たちとよく公園に遊びに行った。みんな、大樹がお気に入りで、競って登ったものだ。

あれは、今と同じ夏の初めだった。幹のまん中あたりまで登っていた千穂は足を踏み外し、枝から落ちたことがある。かなりの高さだったけれど奇跡的に無傷ですんだ。しかし、その後、大樹の周りには高い柵が作られ簡単に近づくことができなくなった。木登りができなくなると、公園はにわかに退屈なつまらない場所となり、しだいに足が遠のいてしまった。中学生になってからは公園のことも、大樹のことも思い出すことなどほとんどなかった。

それなのに、今、よみがえる。

大きな樹。卵形の葉は、風が吹くとサワサワと優しい音を奏でる。息を吸い込むと、緑の香りが胸いっぱいに満ちてくる。

千穂は足の向きを変え、細い道を上る。どうしても、あの樹が見たくなったのだ。塾の時間が迫っていたけれど、我慢できなかった。ふいに鼻腔をくすぐった緑の香りが自分を誘っているように感じる。大樹が呼んでいるような気がする。

だけど、まだ、あるだろうか。とっくに切られちゃったかもしれない。切られてしまって、何もないかもしれない。心が揺れる。ドキドキする。

「あっ！」

叫んでいた。大樹はあった。四方に枝を伸ばし、緑の葉を茂らせて立っていた。昔と同じだった。何も変わっていない。周りに

設けられた囲いはぼろぼろになって、地面に倒れている。だけど、大樹はそのままだ。

千穂はカバンを放り出し、スニーカーを脱ぐと、太い幹に手をかけた。あちこちに小さな洞やコブがある。登るのは簡単だった。

まん中あたり、千穂の腕ぐらいの太さの枝がにゅっと伸びている。足を滑らせた枝だろうか。よくわからない。枝に腰かけると、眼下に街が見渡せる。金色の風景だ。光で織った薄い布を全部にふわりとかぶせたような金色の風景。そして、緑の香り。

そうだ、そうだ、こんな風景を眺めるたびに、胸がドキドキした。この香りを嗅ぐたびに幸せな気持ちになった。そして思ったのだ。

あたし、絵を描く人になりたい。

理屈じゃなかった。描きたいという気持ちが突き上げてきて、千穂の胸を強く叩いたのだ。そして今も思った。

描きたいなあ。

今、見ている美しい風景をカンバスに写し取りたい。画家なんて大仰なものでなくていい。絵を描くことに関わる仕事がしたかった。芸術科のある高校に行きたい。けれど母の美千恵には言い出せなかった。母からは、開業医の父の跡を継ぐために、医系コースのある進学校を受験するように言われていた。祖父も曽祖父も医者だったから、一人娘の千穂が医者を目ざすのは当然だと考えているのだ。芸術科なんてとんでもない話だろう。絵を描くのなら趣味程度にしときなさい。夢みたいなこと言わないの。千穂、あなた、何を考えてるの。絵を描くのなら趣味程度にしときなさい。夢みたいなこと言わないの。そう、一笑に付されるにちがいない。大きく、深く、ため息を

それぞれ書きなさい。

【祖母との会話】

お父さんの誕生日に、カレーチャーハンを作りたいの。作り方を教えて！

あら、それは喜ぶと思うわ。それじゃあ教えるわね。最初に、ピーマン、タマネギ、ニンジンをみじん切りにするの。カレールーもひとかけら細かく切っておいてね。手を切らないようにね。次にフライパンに油をひいて熱くなったら、ひき肉を入れ、全体的に火が通るまでいためるのよ。

しっかりいためるのが大切なのね。

そうよ。ひき肉に火が通ったら、切っておいた野菜を加えて、しんなりするまでいためるのよ。そのとき塩こしょうを軽くふるのを忘れないでね。次にカレールーを加えて混ぜ合わせるの。その後に小さじ一杯のウスターソースを入れるのが大切だからね。少なくても多くてもだめよ。最後にご飯を入れて、強火で一気にいためたら完成よ。頑張って作ってみてね。

ありがとう！頑張って作るね。

【作り方をまとめたメモ】

1　材料
　ピーマン、タマネギ、ニンジン、ひき肉、カレールー、ご飯、塩こしょう、ウスターソース
2　作り方
(1)下ごしらえ（野菜は均等に）
・野菜をみじん切りにする。
・カレールーをひとかけら細かくする。
(2)いため方（順番に注意）
・　　　①
・ひき肉を入れ、全体に火が通るまでいためる。
・野菜を加えてしんなりするまでいためる。
(3)味付け（量に注意）
・塩こしょうを少々振る。
・ひとかけらのカレールーを細かくしたものを加えて混ぜる。
・　　　②
(4)仕上げ（火加減に注意）
・ご飯を入れ、強火で一気にいためて完成。

二　次の文章を読んで、問いに答えなさい。（配点　40）

　これは、中学三年生の千穂が塾に向かう途中、同級生の山野真奈と昼休みに話した内容を思い出しているところから始まる話です。

「この前、お父さんと一緒にパン、作ってみたの」
「へえ、真奈が？」
「うん。もちろん、売り物じゃなくて自分のおやつ用なんだけど、すごく楽しくて……あたし、パン作るの好きなんだって、本気で思った。だからね、高校卒業したらパンの専門学校に行きたいなって……思ってんだ」

　少し照れているのか、頬を赤くして真奈がしゃべる。そこには確かな自分の意志があった。

　真奈って、すごい。

　心底から感心してしまう。すごいよ、真奈。

　真奈が顔を覗き込んでくる。

「千穂は画家志望だよね。だったら、やっぱり芸術系の高校に行くの？」
「え……あ、それはわかんない」
「だって、千穂、昔から言ってたじゃない。絵描きさんになりたいって。あれ、本気だったでしょ？」
「……まあ。でも、それは……」

　夢だから。口の中で呟き、目を伏せる。うつむいて、そっと唇を噛んだ。

　山野のおばさんに頭を下げて、また、歩きだす。さっきより少し足早になっていた。

　花屋、喫茶店、スーパーマーケット、ファストフードの店、写真館……見慣れた街の風景が千穂の傍らを過ぎていく。

　香りがした。とてもいい香りだ。焼きたてのパンとはまた違った芳しい匂い。

　立ち止まったまま視線を辺りに巡らせた。写真館と小さなレストランの間に細い道がのびている。アスファルトで固められてい

〈国語〉

時間　五〇分　満点　一〇〇点

【注意】　問いのうち、字数が指示されているものについては、句読点や符号も字数に含めて答えなさい。

一　次の問いに答えなさい。（配点　28）

問一　(1)〜(3)の——線部の読みを書きなさい。
(1)　実験に失敗した原因を探す。
(2)　柔道の稽古に励む。
(3)　苦手教科の学習に時間を割いた。

問二　(1)〜(3)の——線部を漢字で書きなさい。
(1)　頼んでいた本が宅配便でとどいた。
(2)　トレーニングではいきんを鍛える。
(3)　台所をせいけつに保つ。

問三　次のAの文を、——線部を強調する文に書きかえるとどのようになりますか。Bの文の□□に当てはまるように——線部の語を適切な形に書き直しなさい。
A　この料理には、みずみずしい大きなトマトの重要だ。
B　この料理には、大きなトマトの□□□□が重要だ。

問四　次は、中学三年生の武田さんが、生徒会だよりの部活動紹介に「部長としての決意」という題名で書いた文章です。武田さんはその文章を分かりやすく書き直すことにしました。③の文を、事実を表す文と考えを表す文の二つに分けるとき、考えを表す文はどこから始まりますか、最初の五字を書きなさい。

①サッカー部、新キャプテンの武田です。②今年、サッカー部には、一年生が十人入部しました。③その中には、小学生の時に違うスポーツをやっていて、体育の授業でしかサッカーボールを蹴ったことのない初心者が三人いて、私はこれまでのサッカーの経験を生かしてサッカーの楽しさを伝えていきたいと思っています。

問五　次は、高校生の三浦さんが、中学三年生の時の担任の先生にあてた手紙の一部です。——線1「拝啓」、——線2「ようやく春めいてまいりました」のような言葉をそれぞれ何と言いますか。組み合わせとして正しいものを、ア〜カから選びなさい。

1　拝啓
2　ようやく春めいてまいりました。きっとあの頃と同じで、分かりやすく楽しい授業をされていると思います。

中山先生、いかがお過ごしでしょうか。

ア　【1　頭語　　　2　時候の挨拶】
イ　【1　時候の挨拶　2　頭語】
ウ　【1　頭語　　　2　安否の挨拶】
エ　【1　時候の挨拶　2　安否の挨拶】
オ　【1　安否の挨拶　2　頭語】
カ　【1　安否の挨拶　2　時候の挨拶】

問六　次は、中学生の北沢さんが、父が小さい頃から好きな「カレーチャーハン」を作るために、祖母に作り方を聞いたときの【祖母との会話】と、【作り方をまとめたメモ】です。【作り方をまとめたメモ】の　①　、　②　に当てはまる文を、【祖母との会話】をもとに

2022年度

解 答 と 解 説

《2022年度の配点は解答用紙集に掲載してあります。》

＜数学解答＞

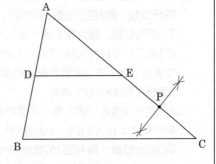

1 問1 (1) －32　　(2) 22　　(3) $6\sqrt{5}$

　 問2 7　　問3 A(4, 0)　　問4 $x=3$, $y=2$

　 問5 $x \leqq 10$　　問6 右図

2 問1 (1) 8.6秒　　(2) イ　　問2 ア 8

　 イ 7　　ウ B組

3 問1 $a=3$　　問2 (1) X $\dfrac{1}{2}$　　Y ウ　　Z 1

　 (2) 解説参照

4 問1 115度　　問2 (1) ア BDC　　イ BFE

　 ウ BCD　　(2) 解説参照

5 問1 (1) $4\sqrt{3}$ cm　　(2) $2\sqrt{2}$ cm²(途中の計算は解説参照)

　 問2 (1) (nの値)$n=2$, 3, 4, 6, 8, 9, 10, 12(求め方は解説参照)　　(2) $\dfrac{2}{3}$

＜数学解説＞

1 (数・式の計算, 平方根, 式の値, 一次関数, 連立方程式, 不等式, 作図)

問1 (1) 異符号の2数の積の符号は負で, 絶対値は2数の絶対値の積だから, $8 \times (-4) = -(8 \times 4)$
　　　 $= -32$

　　 (2) 四則をふくむ式の計算の順序は, 指数→かっこの中→乗法・除法→加法・減法となる。
　　　 $(-5)^2 = (-5) \times (-5) = 25$だから, $(-5)^2 - 9 \div 3 = 25 - 9 \div 3 = 25 - 3 = 22$

　　 (3) $\sqrt{20} = \sqrt{2^2 \times 5} = 2\sqrt{5}$ だから, $4\sqrt{5} + \sqrt{20} = 4\sqrt{5} + 2\sqrt{5} = (4+2)\sqrt{5} = 6\sqrt{5}$

問2 $a=7$, $b=-3$のとき, $a^2 + 2ab = a(a+2b) = 7 \times \{7 + 2 \times (-3)\} = 7 \times (7-6) = 7 \times 1 = 7$

問3 点Aはx軸上の点だから, そのy座標は0。点Aのx座標は, 関数$y = -2x + 8$に$y=0$を代入して,
　　 $0 = -2x + 8$　$2x = 8$　$x = 4$　よって, A(4, 0)

問4 問題の方程式を, 連立方程式 $\begin{cases} 3x - 2y = 5 \cdots ① \\ -x + 4y = 5 \cdots ② \end{cases}$ と考える。①×2＋②より, $2(3x - 2y) +$

　　 $(-x + 4y) = 5 \times 2 + 5$　$6x - 4y - x + 4y = 10 + 5$　$5x = 15$　$x = 3$　これを②に代入して, $-3 +$
　　 $4y = 5$　$4y = 8$　$y = 2$　よって, 連立方程式の解は, $x=3$, $y=2$

問5 2つの数a, bについて, 「aはb以下である」というのは, $a < b$か$a = b$ということで, これを
　　 記号≧, ≦を使って, $a \leqq b$または$b \geqq a$と表す。よって, 「飛行機の機内に持ち込める荷物の重さ
　　 $x$kgは10kg以下です」という数量の関係は, 記号≧, ≦を使って, $x \leqq 10$または$10 \geqq x$と表される。

問6 (着眼点) DE//BCより, 平行線と線分の比の定理を用いると, AE：EC＝AD：DB＝1：1

　　 AE$= \dfrac{1}{1+1}$AC$= \dfrac{1}{2}$AC$\cdots ⑦$　AP：PC＝3：1　AP$= \dfrac{3}{3+1}$AC$= \dfrac{3}{4}$AC$\cdots ①$　⑦, ①より, EP：PC

　　 $=$(AP$-$AE)：(AC$-$AP)$= \left(\dfrac{3}{4}\text{AC} - \dfrac{1}{2}\text{AC}\right)$：$\left(\text{AC} - \dfrac{3}{4}\text{AC}\right) = \dfrac{1}{4}$AC：$\dfrac{1}{4}AC=1$：1　よって, 点P

は線分ECの中点である。　（作図手順）　次の①～②の
手順で作図する。　①　点E, Cをそれぞれ中心として,
交わるように半径の等しい円を描く。　②　①でつくっ
た交点を通る直線(線分ECの垂直二等分線)を引き, 線
分ECとの交点をPとする。

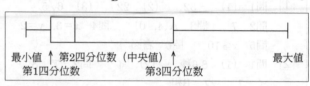

2 **(資料の散らばり・代表値)**

問1　(1)　**箱ひげ図**とは, 右下図のように, 最小値, 第1
　　四分位数, 第2四分位数(中央値),
　　第3四分位数, 最大値を箱と線(ひ
　　げ)を用いて1つの図に表したもの
　　である。よって, B組の記録の第
　　3四分位数は8.6秒である。

(2)　資料の最大の値と最小の値の差が**分布の範囲**だから, A組の範囲は10.3－6.3＝4.0(秒), B
　　組の範囲は10.5－6.5＝4.0(秒)で, A組とB組の範囲は等しい。アは正しくない。**四分位範囲＝
　　第3四分位数－第1四分位数**だから, A組の四分位範囲は8.7－7.3＝1.4(秒), B組の四分位範囲
　　は8.6－7.4＝1.2(秒)で, A組の方がB組よりも大きい。イは正しい。**平均値**は, 箱ひげ図から
　　は分からない。ウは判断できない。A組の最大値は10.3秒, B組の最大値は10.5秒で, B組の方
　　がA組よりも大きい。エは正しくない。

問2　**中央値**は資料の値を大きさの順に並べたときの中央の値。生徒の人数は15人で奇数だから,
　　記録の速い方から8番目の生徒の記録が中央値。これより, B組の中央値が7.4秒ということは,
　　記録の速い方から8番目の生徒が7.4秒ということであり, B組に7.5秒より速い人は, 少なくとも
　　8人(ア)いる。同様に考えると, A組の中央値が7.6秒ということは, 記録の速い方から8番目の
　　生徒が7.6秒ということであり, A組に7.5秒より速い人は, 最も多くて, 記録の速い方から7番目
　　の生徒が7.5秒以下の場合の7人(イ)と考えられる。つまり, 7.5秒より速い人は, B組(ウ)の方が
　　多いと言える。

3 **(図形と関数・グラフ)**

問1　$y＝ax^2$は点A(2, 12)を通るから, $12＝a×2^2＝4a$　$a＝3$

問2　(1)　∠AOB＝90°となるとき, **放物線のy軸に関する対称性**より, △OABはOA＝OBの直角
　　二等辺三角形である。また, ABとy軸の交点をCとすると, △OACはCO＝CAの直角二等辺三
　　角形となる。ここで, 点A$(t, 2t^2)$より, $2t^2＝t$　$t＞0$より両辺をtで割ると, $2t＝1$　$t＝X＝\dfrac{1}{2}$
　　これより, $(a, t)＝(1, 1), \left(2, \dfrac{1}{2}\right)$に関して, aとtの和は$1+1＝2$, $2+\dfrac{1}{2}＝\dfrac{5}{2}$より等しくな
　　い。aとtの差は$1-1＝0$, $2-\dfrac{1}{2}＝\dfrac{3}{2}$より等しくない。$a$と$t$の積は$1×1＝1$, $2×\dfrac{1}{2}＝1$より等し
　　い。aとtの商は$1÷1＝1$, $2÷\dfrac{1}{2}＝4$より等しくない。以上より, aとtの積(Y)は常に一定であ
　　り, 一定な値は1(Z)である。

(2)　(説明)　(例)△OABはOA＝OBの直角二等辺三角形である。また, ABとy軸の交点をCと
　　すると, △OACはCO＝CAの直角二等辺三角形となる。ここで, 点A(t, at^2)より, $at^2＝t$
　　$t＞0$より, $at＝1$と表せるので, aとtの積は常に一定であり, 一定な値は1である。

④ (相似の性質，円の性質，角度，図形の証明)

問1　三角形の内角の和は180°だから，∠ABC＝180－∠BCA－∠BAC＝180－90－40＝50(°)　△DBCの内角と外角の関係から，∠ADB＝∠DBC＋∠BCD＝$\frac{1}{2}$∠ABC＋∠BCD＝$\frac{1}{2}$×50＋90＝115(°)

問2　(1)　4点B，C，D，Eが1つの円周上にあることを証明するためには，2点D，Eが直線BCについて同じ側にあるので，**円周角の定理の逆**より，∠BEC＝∠BDC(ア)であればよい。このことから，∠BECと∠BDCをそれぞれ内角にもつ△BFEと△BCD(イ，ウ)が相似であることを示したい。

(2)　(証明)　(例)△BFEと△BCDにおいて，仮定より，∠EBF＝∠DBC…①　また，△BCEはBC＝BEの二等辺三角形であり，線分BFは頂角の二等分線であるから，∠BFE＝90°…②　②と仮定より，∠BFE＝∠BCD…③　①，③より，対応する2組の角がそれぞれ等しいので，△BFE∽△BCD　よって，対応する角はそれぞれ等しいので，∠BEF＝∠BDC　したがって，2点D，Eが直線BCについて同じ側にあり，∠BEC＝∠BDCとなるので，4点B，C，D，Eが1つの円周上にある。

⑤ (対角線の長さ，面積，場合の数，確率)

問1　(1)　△OACに**三平方の定理**を用いて，AC＝$\sqrt{OA^2+OC^2}$＝$\sqrt{4^2+(4\sqrt{2})^2}$＝$\sqrt{16+32}$＝$\sqrt{48}$＝$4\sqrt{3}$ (cm)

(2)　(途中の計算)　(例)△OABは直角三角形であるから，OB²＝4²＋$(4\sqrt{2})^2$＝48　OB＞0より，OB＝$4\sqrt{3}$　OD：OB＝OA：OCより，OD：$4\sqrt{3}$＝4：$4\sqrt{2}$であるから，OD＝$2\sqrt{6}$　また，△OBDは直角三角形であるから，BD²＝$(4\sqrt{3})^2$＋$(2\sqrt{6})^2$＝72　BD＞0より，BD＝$6\sqrt{2}$　ここで，長方形ODEBの対角線OE，BDは，それぞれの中点で交わるから，BH＝$\frac{1}{2}$BD＝$3\sqrt{2}$　また，AH＝AB－BH＝$\sqrt{2}$　よって，△OAH＝$\frac{1}{2}$×OA×AH＝$2\sqrt{2}$

問2　(1)　(求め方)　(例)102を**素因数分解**すると，102＝2×3×17　$\sqrt{102n}$が$a\sqrt{b}$ の形で表すことができるのは，102nが整数の2乗を**因数**に含むときである。2≦n≦12より，n＝2，3，4，6，8，9，10，12

(2)　大小2つのさいころを同時に投げるとき，全ての目の出方は6×6＝36(通り)。このうち，$\sqrt{102n}$が$a\sqrt{b}$ の形で表すことができないのは，出た目の数の和nがn＝5，7，11のときだから，大きいさいころの出た目の数をx，小さいさいころの出た目の数をyとしたとき，(x, y)＝(1，4)，(1，6)，(2，3)，(2，5)，(3，2)，(3，4)，(4，1)，(4，3)，(5，2)，(5，6)，(6，1)，(6，5)の12通り。よって，求める確率は$\frac{36-12}{36}$＝$\frac{24}{36}$＝$\frac{2}{3}$

＜英語解答＞

① 問1　No.1　ア　　No.2　ウ　　No.3　ア　　問2　No.1　エ　　No.2　イ　　No.3　ア　No.4　ウ　　問3　No.1　イ　　No.2　ウ　　No.3　エ　　問4　No.1　(He enjoyed it in a tent on) (例)the lake.　　No.2　(He) (例)cooked fish (and ate them with Tomoya.)

② 問1　(1)　Nice　　(2)　Here　　問2　(1)　(例)took　　(2)　(例)showing　問3　(1)　(例)It's July 4.　　(2)　(例)It's nice.

3　Ａ　問1　(1)　ア　　(2)　エ　　問2　(例)I want to use a train because I can eat lunch at a restaurant in Hokkai Station.　　Ｂ　問1　ウ　問2　ア
問3　(例)She says that breakfast is the most important to keep him in good health.　Ｃ　問1　ア　　問2　イ, エ　　問3　(1)　(例)new technologies
(2)　(例)experience　　(3)　(例)decide　　問4　(例)play
4　(1)　(例)I'm 15 years old. I'm a junior high school student.
(2)　(例)One day, a little girl was crying in the station, so I looked for her mother with her. Then, we found her mother quickly.　　(3)　(例)(I) was happy(.)

＜英語解説＞
1　(リスニング)
　　放送台本の和訳は，54ページに掲載。

2　(文法問題：語句の問題，語句補充・選択，英問英答，現在・過去・未来と進行形)
　問1　(1)　Nice to meet you.　**Nice to meet you**で「はじめまして」。　(2)　Here you are.　**Here you are**で「はい，どうぞ」。誰かにものを渡すときに使う言い方。
　問2　(1)　トムは先週何枚かの美しい写真を撮った(took)。問題の左の絵 Last week(先週)ではトムが写真を撮っていることから，took pictures(写真を撮った)が適当。took は take の過去形　(2)　今トムはケンに写真を見せている(showing)。問題の右の絵Now(現在)ではトムがケンへ写真を見せていることから，showing the pictures(写真を見せる)が適当。show は is に続くので現在進行形として showing とする。
　問3　(1)　(問題文訳)あなたの誕生日はいつなの？　(解答例)It's July 4.(7月4日です。)
　(2)　(問題文訳)この歌をどう思う？　(解答例)It's nice.(それはいいね。)

3　(読解問題，会話文：絵・図・表・グラフなどを用いた問題，メモ・手紙・要約文などを用いた問題，内容真偽，英問英答，関係代名詞，動名詞，不定詞，受け身，比較，文の構造，形容詞・副詞，現在完了，名詞・冠詞・代名詞，間接疑問文)
　Ａ　問1　(1)　(問題文と正答訳)電車では北海駅からスタジアム駅まで約5分かかる。　ア　5分(○)　イ　7分　ウ　10分　エ　12分　問題の案内図で項番2に「電車と徒歩」では約15分かかるとあり，徒歩は10分(5分を二回)なので，電車の時間は約5分となる。
　(2)　(問題文と正答訳)もし大人4人のグループでスタジアムに行くならば，定額タクシーを利用する方が電車を利用するよりも安いです。　ア　おとな3人　イ　おとな2人に子供2人　ウ　大人3人に子供1人　エ　大人4人(○)　各選択肢の条件で，電車の運賃と定額タクシーの運賃を計算して比較する。大人4人であれば，定額タクシーが750円で電車の運賃の合計は800円であることからタクシーのほうが安くなるのでエが適当。問題文の**using**は動名詞形で「使うこと」。
　問2　(問題文訳)ステーション・ホテルからスタジアムへはどのように行きたいですか？　それはなぜ？　(正答例)I want to use a train because I can eat lunch at a restaurant in Hokkai Station.(北海駅のレストランで昼食が食べられるので電車を使いたい。)　正答例は，問題本文★1の「北海駅にはさまざまなレストランやコーヒー・ショップがある」を参

照して作成している。正答例の **to use** は名詞の働きをする不定詞で「使うこと」。

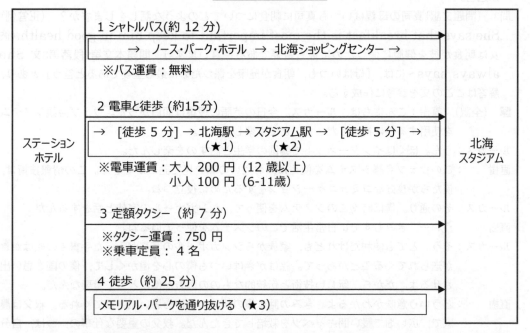

北海スタジアムの案内図

★1 北海駅にはさまざまなレストランやコーヒー・ショップがあります。
★2 スタジアム駅のショップでは、北海スタジアムでイベントが開催されると特産品を販売しています。
★3 メモリアル・パークは美しい花で有名です。

B　（全訳）　3年前，私はカナダを訪れ，そこでホームステイをしました。初日，ホストマザーが家族のルールを説明しました。普段は一緒に朝食を食べないことに，私はびっくりしました。ホストブラザーのティムは，「私たちは普通，果物やオートミールのような簡素で栄養のある朝食を私たち自身で食べます。このスタイルはカナダでは一般的だと思います」と言いました。

　日本の私の家族では，母がほぼ毎日朝食を作ってくれます。家族と一緒にご飯，みそ汁，小皿料理をよく食べます。母はいつも，朝食が私を健康に保つために最も重要であると言います。私の家族のスタイルは普通だと思っていたので，ティムの家族のスタイルは良いとは思いませんでした。

　その違いに興味があったので，ティムのクラスの台湾の女の子に，地元での朝食について聞いてみました。そして，またびっくりしました。彼女は私に「台湾では，私たちは通常家で朝食を食べません。一部の家族は台所さえ持っていません。多くの人々はいくつかの食料品店で朝食を食べたり，何かを買って会社や学校で食べたりします」と言いました。

　それを知った後，世界には朝食をとるスタイルがたくさんあり，そのスタイルはそれぞれの文化の一部であることに気づきました。今，私は世界のさまざまな文化を知りたいです。

問1　ア　真司はホームステイをしたとき，毎日ティムの家族と一緒に朝食を食べました。
　イ　普通，真司の家族とティムの家族は，朝食にほぼ同じ食べ物を食べます。　ウ　ティムの同級生は，台湾の多くの人々が家の外で朝食を食べると言いました。（○）　エ　ティムは真司に世界中の人々が食べる朝食の違いについて話しました。問題本文第3段落第3文 She said to ～ の会話文には，「台湾では，多くの人々はいくつかの食料品店で朝食を食べる」とあるのでウが適当。選択肢エの **which** は関係代名詞で直前の **breakfast** が目的語となる。

問2　ア　朝の異文化（○）　　イ　外国の人気食料品店　　ウ　カナダの一般的な朝食　　エ　台湾での私の経験　全体を通したテーマは，国によってスタイルの異なる朝食と考えられるのでアが適当。

問3　(問題文訳)真司の母親はいつも真司に朝食についてどのような話しをしますか？　(正答例)　She says that breakfast is the most important to keep him in good health.(彼女は朝食が彼を健康に保つために最も重要であると言います。)　問題本文第2段落第3文 She always says~には，「母はいつも，朝食が健康を保つために最も重要であると言う」とあり，解答はここの文を参考に作成する。

Ⓒ　（全訳）　直樹：こんにちは，ルーカス。今日の英語の授業は面白かった。ウェブ会議システムを使用するのは初めてだった。とても楽しかった。

ルーカス：うん。ぼくはインターネットで韓国の学生と話すのを楽しんだ。

直樹　　：このウェブ会議システムを使えば，お互いの顔を見て話しができる。この情報技術は，僕たちが良好なコミュニケーションをするために役立つね。

ルーカス：その通り。僕は時々このシステムを使って，シンガポールの家族と話をするんだ。

直樹　　：うわー，きみもすでに日常生活でこのシステムを使っているね。

ルーカス：そう。とても便利だけれども，家族からシンガポールの写真が入った手書きの絵はがきが送られてくることがあって。絵はがきはいつも僕の心を温かくして，僕の国を思い出させるよ。だから，新しい技術と伝統的なものの両方が僕にとって重要なんだ。

直樹　　：どういう意味かわかるよ。きみの話は僕の叔父の仕事を思い出させてくれる。叔父は農家で，広い畑で長い間キャベツを栽培してきたんだ。叔父の重要な仕事の一つは，自分のすべての畑を自分でチェックして，問題のある場所を見つけることだけど，それを行うには非常に時間がかかる。そこで叔父は今，新しい技術を使おうとしているんだ。叔父はドローンと人工知能を使っている。叔父のドローンは畑の写真を撮るために使われて，データは人工知能に送信される。それから，そのデータを使うことで，人工知能はどの場所に問題があるかを見つける。

ルーカス：うわー，それは素晴らしい。問題のある場所だけチェックするから，叔父さんの作業が簡単になるね。

直樹　　：ぼくもそう思う。けれども，人工知能はその場所に問題がある理由を示すことができないため，十分ではないと叔父は言っている。

ルーカス：どういう意味？

直樹　　：キャベツが小さいなど，たとえ場所によっては共通の問題があるとはいえ，場所ごとに原因が異なる場合があるんだ。より多くの肥料を必要とする場所があれば，より多くの水を必要とする場所もある。

ルーカス：本当に？　それでは，叔父さんはどのようにして理由を見つけるの？

直樹　　：ええと，問題のある場所へ行って，過去の経験からの知識を持って理由を見つける。叔父は過去に畑であった同じような状況を覚えているんだ。

ルーカス：うわー，それは面白そうだね！

直樹　　：うん。叔父は新しい技術と自分の知識の両方を効果的に使っていると思う。

ルーカス：その通り。どちらも叔父さんの仕事に役立つので，どちらが良いかを考える必要はないね。

直樹　　：そうだね。新しい技術やいままでのものをいつ使うのか，そしてそれらをどのように使うのかを決めることが，ぼくたちにとって重要なんだね。

問1　問題本文第2番目のルーカスの発話第2文 I enjoyed talking〜には「私はインターネットで韓国の学生と話すのを楽しんだ」とあるのでアが適当。

問2　ア　ルーカスは，ウェブ会議システムを使用して，韓国の家族と話をした。　イ　ルーカスは家族からの手書きの絵はがきを読むと心が温まる。（○）　ウ　直樹は，叔父のドローンが畑に肥料と水を与えると言う。　エ　直樹の叔父は，人工知能を使用して，畑で問題のある場所を見つける。（○）　オ　直樹は，叔父がキャベツを育てるためにドローンのデータを使うことができないと言う。　問題本文の第6番目のルーカスの発話第2文 It's really useful〜と第3文 The postcards always〜には，「家族から手書きの絵はがきが送られてきて，絵はがきは心を温かくしてくれる」とあるのでイが適当。また，問題本文第7番目の直樹の発話最後の文 Then it finds〜とその前の文 His drones are〜には，「叔父はドローンのデータを人工知能に送ってどの場所に問題があるかを見つける」とあるのでエが適当。選択肢オの to grow は不定詞で「育てるために」。

問3

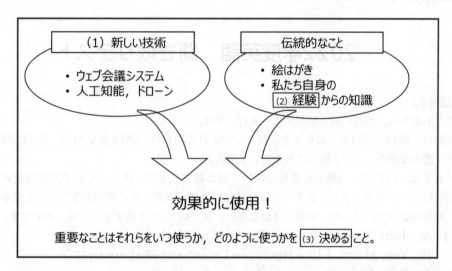

(1)　問題本文第6番目ルーカスの発話の最後の文 So both the〜では，「新しい技術と伝統的なもの両方が重要だ」とある新しい技術（new technology）は，ウェブ会議システムを指していると考えられる。また，問題本文第15番目の直樹の発話第2文 I think that〜にある new technologies は，直樹の叔父が使っている人工知能とドローンだと考えられることから，空欄には new technologies（新な技術）が適当。technologies と複数形にする。　(2)　空欄の語句がある「伝統的なこと」の一つは，問題本文第13番目の直樹の発話第1文 Well, he goes〜にある「過去の経験からの知識で理由を見つける」ことであり，空欄はこの部分を参考にすると experience（経験）が適当。　(3)　問題本文最後の直樹の発話第2文 It's important for〜では，「新しい技術やいままでのものをいつどのように使用するかを決めることが重要だ」とあることから空欄には decide（決める）が適当。

問4　（問題文と正答訳）　直樹と話した後，別の話を思い出しました。新しいギターを探していて，インターネットで良いギターを見つけましたが，インターネットで演奏（play）できないので購入はしませんでした。それで店に演奏（play）に行きました。店員さんからもアドバイスをいただきました。ついに最高のものを買いました。　空欄はいずれも「ギターを演奏する」という意味だと考えらえれるので空欄には play が適当。問題文にある gave me some advice は give A B の形であり「AにBを与える」で「私にアドバイスを与える」となる。

4　（自由・条件英作文：接続詞）

（問題文と正答例訳）　番組の次のパートは「あなたは良い仕事をしました！」です。このパートでは，あなたの日常生活における他の人々へのあなたの親切な行動についての話を読みます。今日の話はわさびからです。さあ読みます！

　こんにちは，わさびです。(1) 私は15歳です。私は中学生です。私の話しをします。(2) ある日，駅で小さな女の子が泣いていたので，一緒に母親を探しました。それから，私たちはすぐに彼女の母親を見つけました。私は (3) うれしかった。

ありがとう，わさび。あなたは良い仕事をしました！　あなたは，オリジナルステッカーがもらえました！　　(1)　（正答例）I'm 15 years old.　I'm a junior high school student.
(2)　（正答例）One day, a little girl was crying in the station, so I looked for her mother with her.　Then, we found her mother quickly.　　(3)　（正答例）(I) was happy.（私はうれしかった。）

2022年度英語　聞き取りテスト

〔放送台本〕

　ただいまから，英語の聞き取りテストを行います。

　問題は，問1から問4まであります。英文が読まれる回数は，問1と問2は1回，問3と問4は2回です。放送を聞きながら，メモを取ってもかまいません。

　それでは，問1です。3題とも最初に短い対話が読まれます。次に，それぞれの対話の後で，その内容について，クエスチョンと言った後に英語で質問します。その質問の答えとして最も適当なものを，問題用紙のア，イ，ウ，エから選びなさい。英文は1回読まれます。では，始めます。

No.1　A: John, there are many kinds of animals in this zoo.
　　　B: Yes, Mary. I like tigers, so I want to see them first.
　　　A: OK. I want to see elephants after that.
　　　Question: What animal does John like?

No.2　A: What are you making with origami paper, Kumi? It looks like a mountain.
　　　B: This is a kind of old Japanese hat, Mike. If you make one with bigger paper, you can wear it on your head.
　　　A: That's very interesting! I'll try to make one.
　　　Question: What is Kumi making?

No.3　A: Where is your desk in your classroom, Ken?
　　　B: Now I sit near the blackboard, and Miho is next to me.
　　　A: Do you like your place?
　　　B: Yes. It's so bright because my desk is by the window.
　　　Question: Where is Ken's desk?

〔英文の訳〕

No. 1　A：ジョン，この動物園にはたくさんの種類の動物がいるね。

B：そうだね，メアリー。僕はトラが好きなので，最初に見たい。

A：いいよ。そのあと象が見たい。

質問：ジョンはどんな動物が好きですか？

答え：ア(トラ)

No. 2　A：折り紙で何を作っているの，クミ？　山のようだけど。

B：これは一種の古い日本の帽子よ，マイク。もっと大きな紙で作れば，頭にかぶることができる。

A：それはとても興味深い！　一つ作ってみる。

質問：クミは何を作っているのですか？

答え：ウ(かぶと)

No. 3　A：教室では机はどこにあるの，ケン？

B：今は黒板の近くに座っていて，ミホが隣にいる。

A：あなたはその場所が気に入っている？

B：うん，机が窓際にあるからとても明るい。

質問：ケンの机はどこにありますか？

答え：ア(窓際でミホが隣にいる場所)

〔放送台本〕

　続いて，問2です。4題とも，問題用紙に示された場面における，真理とデイブの対話です。最初に，真理が，続いてデイブが話します。その次に，真理が話すところで，次のチャイムが鳴ります。(チャイム音)このチャイムの鳴るところで，真理が話す言葉として最も適当なものを，問題用紙のア，イ，ウ，エから選びなさい。英文は1回読まれます。では，始めます。

No. 1　[店での対話]

Mari: Dave, what should I buy for my mother's birthday?

Dave: Well, how about this cup? It looks nice.

Mari: (チャイム音)

No. 2　[学校での対話]

Mari: We'll have a basketball game next Sunday. Will you come to see our game, Dave?

Dave: Of course I will! What time will the game start, Mari?

Mari: (チャイム音)

No. 3　[休日，出かけた時の対話]

Mari: This is the biggest park in this town. We can enjoy jogging and playing some sports here.

Dave: Great. Look, there are big flower gardens. Let's go to see them.

Mari: (チャイム音)

No. 4　[学校からの帰り道での対話]

Mari: It's going to rain, Dave. I don't have an umbrella now. Do you have one?

Dave: No, I don't. But if we run to the station, I think we'll be all right.

Mari: (チャイム音)

〔英文の訳〕

No. 1　［店での対話］
　　　真理　：デイブ，母の誕生日に何を買えばいいの？
　　　デイブ：じゃあ，このカップはどう？　いい感じだね。
　　　真理　：ア　いいえ，それは私のこと。　イ　はい，あなたは元気になる。　ウ　いいえ，カップのように見える。　エ　はい，彼女はそれを気に入るでしょう。（○）

No. 2　［学校での対話］
　　　真理　：来週の日曜日にバスケットボールの試合があります。デイブ，私たちのゲームを見に来ませんか？
　　　デイブ：もちろんです！　真理，ゲームは何時に始まりますか？
　　　真理　：ア　明日私はバスケットボールをします。　イ　10時に始まります。（○）　ウ　テレビゲームはおもしろいですね。　エ　私は7時に起きます。

No. 3　［休日，出かけた時の対話］
　　　真理　：ここはこの町で一番大きな公園なの。ここではジョギングやスポーツを楽しむことができる。
　　　デイブ：素晴らしいね。みて，大きな花畑がある。それらを見に行こう。
　　　真理　：ア　いい考えですね。（○）　イ　あなたはそれが私の庭であることを知っています。　ウ　犬が走り回っています。　エ　私たちはこの大きな町に住んでいます。

No. 4　［学校からの帰り道での対話］
　　　真理　：雨が降るよ，デイブ。今は傘を持っていない。持っている？
　　　デイブ：いや，持っていない。でも駅まで走れば，大丈夫だと思うよ。
　　　真理　：ア　そうね，雨はやむでしょう。　イ　ああ，それはあなたの傘ね。　ウ　わかった，行こう。（○）　エ　すみません，駅にいる。

〔放送台本〕

　続いて，問3です。次に読まれる英文は，日本に来ている留学生が英語の授業で話している場面のものです。その内容について，問題用紙にあるNo.1からNo.3の質問の答えとして最も適当なものを，問題用紙のア，イ，ウ，エから選びなさい。このあと15秒取りますので，No.1からNo.3の質問に目を通しなさい。それでは，英文が2回読まれます。英文を読んだ後には，それぞれ解答時間を20秒取ります。では，始めます。

Today, I'll tell you about Christmas in my country.

In Australia, we have Christmas without snow because it's summer in my country. It's usually very hot on Christmas, so we have a party outside with our family. And we have another Christmas called "Christmas in July." July is winter in my country, so we can also enjoy Christmas in winter.

Last year, I spent Christmas in Japan. I enjoyed the party at home and found some differences between Christmas in Japan and Christmas in Australia. Christmas trees in Japan were colorful with colors like red and gold. But in my country, we usually use blue, white, and green colors. And the Christmas cake I ate in Japan was different from ours. Christmas cake in my country has more fruits in it.

It's very interesting to me to know our Christmas is different from Japan's.

I want to learn more about the differences of other events.

〔英文の訳〕

　今日は，私の国のクリスマスについてお話します。／オーストラリアでは雪のないクリスマスです，なぜなら，私の国では夏だからです。クリスマスはたいていとても暑いので，家族と一緒に外でパーティーをします。そして，「7月のクリスマス」と呼ばれる別のクリスマスがあります。私の国では7月が冬なので，冬にもクリスマスを楽しめます。／昨年，私は日本でクリスマスを過ごしました。私は家でパーティーを楽しんで，日本のクリスマスとオーストラリアのクリスマスの間にいくつかの違いを見つけました。日本のクリスマスツリーは，赤や金のような色でカラフルでした。しかし，普通私の国では，青，白，緑の色を使っています。そして，私が日本で食べたクリスマスケーキは，私たちのものとは異なっていました。私の国のクリスマスケーキには，もっと果物が入っています。／私たちのクリスマスが日本のクリスマスとは違うことを知るのは，私にとって非常に興味深いことです。他のイベントの違いについて，もっと知りたいのです。

No.1　ア　毎年春です。

　　　　イ　彼らは7月に別のクリスマスがあります。(〇)

　　　　ウ　雪のない6月です。

　　　　エ　人々は冬に外でパーティーを開きます。

No.2　ア　日本ではクリスマスパーティーが外で開かれていました。

　　　　イ　日本のクリスマスツリーは青と緑で色鮮やかでした。

　　　　ウ　日本のケーキは彼女の国のものとは異なっていました。(〇)

　　　　エ　彼女が日本で食べた多くの種類の果物は美味しかった。

No.3　ア　日本の人はオーストラリアの人と同じように「7月のクリスマス」を楽しむべきです。

　　　　イ　オーストラリアでカラフルなクリスマスケーキを作るのは難しいです。

　　　　ウ　オーストラリアの人々は，冬に雪のないクリスマスを過ごすべきです。

　　　　エ　日本のイベントとオーストラリアのイベントの違いを学ぶのは興味深いことです。(〇)

〔放送台本〕

　続いて，問4です。最初に，智也が冬のある日の出来事について書いた英文が読まれます。次に，クエスチョンズと言った後に，No.1，No.2として，英語で2つ質問があります。質問の答えとして適当な英語をそれぞれ書きなさい。

　英文と質問は2回読まれます。質問が読まれた後には，それぞれ解答時間を10秒取ります。では，始めます。

　　There's a large lake in my town. Every winter, the lake water becomes ice. One day, I went fishing on the lake with my father. We put a tent there and started fishing in the tent. At first, I couldn't catch fish, so my father taught me how to do it. Then, I caught one and my father smiled. Two hours later, we had about thirty fish. My father stopped fishing and began to cook them. The fish were delicious and I felt it's special to eat them on the ice with my father. It was my first experience and it was very fun.

　　I'd like to go fishing with my father again!

Questions No.1　Where did Tomoya enjoy fishing?

　　　　　　No.2　What did Tomoya's father do after he stopped fishing?

これで，英語の聞き取りテストを終わります。

〔英文の訳〕

　私の町には大きな湖があります。毎年冬になると，湖の水は氷になります。ある日，父と一緒に湖の上の釣りに行きました。そこにテントを張って，テントの中で釣りを始めました。最初は魚が釣れなかったので，釣り方を父が教えてくれました。それから，私は魚を一匹捕まえ，そして私の父はほほえみました。2時間後，私たちは約30匹の魚を釣っていました。父は釣りをやめ，魚を料理し始めました。魚は美味しく，父と一緒に氷の上で食べるのは特別だと感じました。初めての経験で，とても楽しかったです。／また父と釣りに行きたいです！

質問　No.1　（問題）智也はどこで釣りを楽しんだのですか？

　　　　　　（答え）He enjoyed it in a tent on the lake. （彼はそれを湖の上のテントの中で楽しみました。）

　　　No.2　（問題）智也の父親は釣りをやめた後，何をしましたか？

　　　　　　（答え）He cooked fish and ate them with Tomoya. （彼は魚を料理して，智也と一緒に食べました。）

＜理科解答＞

1 問1 (1) ① 屈折　(2) ② 光沢　(3) ③ 染色体
　(4) ④ 黒点　(5) ⑤ 音源　(6) ⑥ 沸点
　(7) ⑦ 分離　(8) ⑧ 惑星　問2 42(cm/s)
　問3 ① 電子　② イ　問4 記号 B　名称 がく
　問5 F

図1

2 問1 (1) ① ア　② ア　(2) イ
　問2 (1) （例）水が蒸発するのを防ぐ　(2) ① ウ
　② 3.8　(3) グラフ イ　理由 （例）明るいところでは気孔が開くから。

3 問1 (1) ① 水素　② イ　(2) ① イ
　② （例）水に溶けやすい　問2 (1) Cu
　(2) エ　問3 ① （例）塩素に漂白作用がある［「漂白」は「脱色」でもよい。］　② ア
　③ （例）塩化銅水溶液［銅イオン］

4 問1 (1) 右図1　(2) 2(倍)　問2 (1) 右図2
　(2) 明るい→暗い　エ→ア→イ→ウ　問3 ① 0.5
　② （例）抵抗器を流れる電流がほとんどなくなった

5 問1 (1) ① 等圧線　② ア　(2) （例）小さく密度が大きくなる　問2 (1) 右図3　(2) （例1）西高東低の気圧配置により，湿った空気が山脈で雪を降らせ，乾燥して太平洋側にふき下りるため。　（例2）北西の季節風が，山脈で雪を降らせて，太平洋側に流れるため。　(3) ① 2.7　② 1.2　③ 44.1

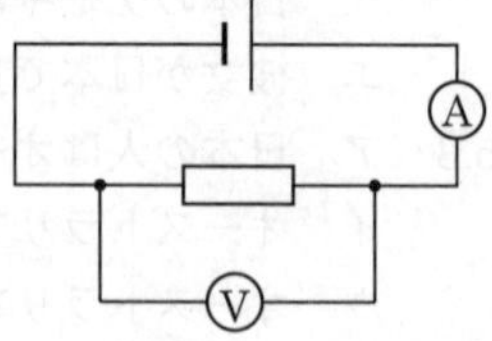

図2

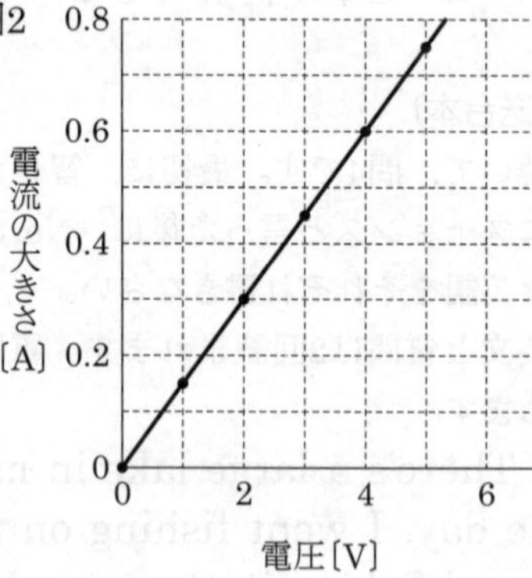

図3

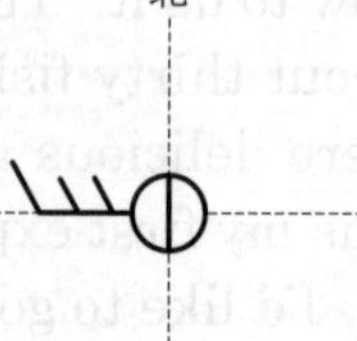

＜理科解説＞

1 　(小問集合－光と音，身のまわりの物質とその性質：金属，生物の成長と生殖：体細胞分裂，太陽系と恒星：太陽・惑星，状態変化：蒸留，遺伝の規則性と遺伝子：分離の法則，力と物体の運動，原子の成り立ちとイオン，植物の体のつくりとはたらき，地層の重なりと過去の様子)

問1　(1)　光が異なる物質の境界へ進むとき，境界面で折れ曲がる現象を光の**屈折**という。
(2)　金属をみがくとかがやく性質を**金属光沢**という。　(3)　タマネギの種子から出た根の先端を**酢酸オルセイン液**で染め，顕微鏡で観察すると，核やひも状の染色体が見られる。　(4)　太陽の表面にある周囲より温度が低いために暗く見える部分を**黒点**という。　(5)　たいこやスピーカーなど振動して音を出すものを，**発音体または音源**という。　(6)　蒸留とは，混合物中の物質の**沸点のちがい**を利用して，物質をとり出す方法である。　(7)　19世紀の中ごろメンデルは，対になっている遺伝子が減数分裂によってそれぞれ別の生殖細胞に入るという**分離の法則**を発表した。　(8)　太陽系にある水星，金星，地球，火星，木星，土星，天王星，海王星の8つの天体を**惑星**という。

問2　1秒間に50回打点する記録タイマーで運動を記録したテープを5打点ごとに切った。どの長さも4.2cmであるとき，この運動の平均の速さ〔cm/s〕＝4.2〔cm〕÷0.1〔s〕＝**42〔cm/s〕**である。

問3　マグネシウム原子Mgは，**電子を2個失って**，マグネシウムイオンMg^{2+}となる。

問4　アブラナの花のつくりは，中心から外側に向かって，Dのめしべ→Aのおしべ→Cの花弁→Bのがく，の順で並んでいる。よって，花の最も外側にある部分は，**Bのがく**，である。

問5　地層Bと地層Iから**中生代の示準化石であるアンモナイトの化石**が見つかったことから，BとIは同じ時期に堆積したと考えられる。CとJもかぎ層といわれる凝灰岩層で，同じ時期に火山活動による噴出物が堆積したと考えられる。よって，最も古い層は**露頭PのF**である。

2 　(植物の体のつくりとはたらき：維管束の観察・蒸散量の対照実験・気孔の開閉)

問1　(1)　図4は単子葉類であるアスパラガスの維管束のXの部分を顕微鏡で観察した拡大図である。赤く染まっていた部分のうち赤い水が通った部分は，丸い大きい管の**A**であり，**道管**という。**道管は死んだ細胞であり，中身がなくて効率よく水を通す水道管のようなつくりになっている。**　(2)　双子葉類であるキクの維管束は輪のように並んでいるため，縦に半分に切って，**縦断面**をルーペで観察すると，**赤く染まっていた部分は図のイのように見える**。

問2　(1)　蒸散実験でメスシリンダー内の水面を少量の油でおおうのは，**水が蒸発するのを防ぐためである**。　(2)　水の減少量がキクの蒸散量と等しいとき，花の部分で蒸散が起こっていることは，キクAとキクCの水の減少量を比較するとわかり，花の蒸散量は，2.7〔cm³〕－2.2〔cm³〕＝0.5〔cm³〕，であり，葉の蒸散量は，キクAの水の減少量－キクBの水の減少量＝2.2〔cm³〕－0.3〔cm³〕＝1.9〔cm³〕である。よって，葉の蒸散量は，1.9〔cm³〕÷0.5〔cm³〕＝3.8より，花の蒸散量の**3.8倍**である。　(3)　気孔はふつう昼開き，夜閉じる。明るいところでは気孔が開き蒸散量が多くなる。気孔で蒸散が行われると吸水が起こるため，メスシリンダーの水の減少量が多くなる。よって，蛍光灯の光を当てて置いたときの方が，暗室内に置かれていたときよりも，水の減少量が多いためグラフは**イ**である。

3 　(水溶液とイオン：塩酸の電気分解・塩化銅の電気分解，気体の発生とその性質，酸・アルカリとイオン)

問1　(1)　うすい塩酸では，塩化水素が電離し，イオンになっている。化学式とイオン式を用いて表すと，$HCl→H^+ + Cl^-$，である。図1より**陰極である電極A**には，陽イオンである**水素イオ**

ンH$^+$が向かって移動するため，水素の気体が発生する。　(2)　**陽極である電極Bには，陰イオ**
ンである塩化物イオンCl$^-$が向かって移動するため，塩素の気体が発生する。電極A，Bで発生
した気体の量は同じであるが，集まった気体の量が電極Bで少なかったのは，発生した気体が**水**
に溶けやすいという性質をもっているからである。

問2　(1)　塩化銅の電離を化学式とイオン式を用いて表すと，CuCl$_2$→Cu^{2+}+2Cl$^-$，である。
よって，陰極である電極Cに付着した物質は，**銅**で，化学式は**Cu**である。　(2)　図3の塩化銅
水溶液に，さらに30分間電流を流すとその水溶液の色は実験前に比べ，うすくなった理由は次
のようである。塩化銅が1分子電離すると，銅イオン：塩化物イオン＝1：2，の割合でイオンに
なる。銅イオンが，陰極から2個の電子を受け取り，Cu^{2+}+2$\ominus$→Cu，により銅原子Cuになる。
逆に塩化物イオンは，電子を陽極に与えて，Cl$^-$→Cl+$\ominus$，により塩素原子になり，その塩素原
子が2個結びついて塩素分子Cl$_2$の気体となって発生する。よって，塩化銅水溶液中のイオンの
数は，比例定数が負の比例の直線をえがきながき減少するが，塩化銅水溶液の青色が実験
前に比べてうすくなっても**青色は残っている**ので，グラフは**エ**である。

問3　実験1[5]で，陽極である電極B側から発生した気体は，特有の刺激臭があることから**塩素**で
あり，塩素には漂白作用があるため，赤インクの色が消え，試験管QのBTB溶液との反応では**黄**
色になった後に色が消え無色になった。実験2塩化銅の電気分解では，(2)より，陽極付近から
発生する気体は**塩素**であり，塩素は水にとけやすく，その水溶液は酸性である。よって，BTB溶
液を加えた水が入った試験管Rに陽極である電極D付近の液体を入れると，BTB溶液の色が黄色
になったことから，**試験管Rの水溶液は酸性になったことがわかる。**これらのことから，黄色に
なった後，塩素の漂白作用でその黄色は消えるので，試験管Rの水溶液のうすい青色は，塩化銅
水溶液の色（銅イオンの色）であると考えられる。

4　(電流：回路図・オームの法則のグラフ化・回路の電圧と電流と抵抗の実験の考察・並列回路の
応用実験)

問1　(1)　電源装置の電源の電気用図記号を**電流計と直列つなぎ**になるようにして，電流計の＋
端子と接続するほうが＋極となるように記号は長いほうをかく。そして，電熱線の電気抵抗の電
気用図記号を**電圧計と並列つなぎ**になるようにかく。　(2)　図2のグラフから，電熱線a，bの
電圧が4Vのとき，aの電流は0.4Aであり，bの電流は0.2Aであるため，aの電流の大きさは，bの
2倍である。

問2　(1)　電熱線aの抵抗〔Ω〕$=\dfrac{4〔V〕}{0.4〔A〕}=10$〔Ω〕である。電熱線bの抵抗〔Ω〕$=\dfrac{4〔V〕}{0.2〔A〕}=20$〔Ω〕

である。電熱線a，bの合成抵抗をR_{ab}とすると，$\dfrac{1}{R_{ab}〔Ω〕}=\dfrac{1}{10〔Ω〕}+\dfrac{1}{20〔Ω〕}=\dfrac{3}{20〔Ω〕}$であり，

$R_{ab}=\dfrac{20〔Ω〕}{3}$，である。このときの電流Iと電圧VはI〔A〕$=\dfrac{V〔V〕}{R_{ab}〔Ω〕}$であるから，I〔A〕$=\dfrac{3〔V〕}{20〔Ω〕}$

により，電流Iと電圧Vを求めると，（電圧V〔V〕，電流I〔A〕）は（2〔V〕，0.3〔A〕），（4〔V〕，0.6〔A〕）
となる。横軸は1目盛りの大きさが1Vになるように，2目盛りごとに0，2，4，6をかく。縦軸は
1目盛りの大きさが0.1Aになるように，2目盛りごとに0，0.2，0.4，0.6，0.8をかく。**グラフは，**
原点を通り，(2，0.3)，(4，0.6)の点を通る比例の直線をグラフの端まで引く。　(2)　電源
の電圧をV〔V〕とし，豆電球の抵抗を$R_豆$〔Ω〕として，豆電球を流れる電流をもとめる。アの場合，
(1)より，電熱線a，bの合成抵抗R_{ab}〔Ω〕$=\dfrac{20〔Ω〕}{3}\fallingdotseq6.7$〔Ω〕であるため，$I_ア$〔A〕$=$

$\dfrac{V〔V〕}{R_{ab}〔Ω〕+R_豆〔Ω〕}\fallingdotseq\dfrac{V〔V〕}{6.7〔Ω〕+R_豆〔Ω〕}$である。並列回路では電圧が一定であるため，イの場合，

$I_イ[A]=\dfrac{V[V]}{10[\Omega]+R_豆[\Omega]}$である。ウの場合，$I_ウ[A]=\dfrac{V[V]}{20[\Omega]+R_豆[\Omega]}$である。エの場合，

$I_エ[A]=\dfrac{V[V]}{R_豆[\Omega]}$である。$\dfrac{V[V]}{R_豆[\Omega]}>\dfrac{V[V]}{6.7[\Omega]+R_豆[\Omega]}>\dfrac{V[V]}{10[\Omega]+R_豆[\Omega]}>\dfrac{V[V]}{20[\Omega]+R_豆[\Omega]}$

であるから，電流が大きいものから，$I_エ[A]>I_ア[A]>I_イ[A]>I_ウ[A]$である。よって，豆電球の明るい順は，エ→ア→イ→ウである。

問3　図3の電熱線bを抵抗の大きさが異なる別の抵抗器にとりかえた場合も，電熱線aと別の抵抗器は並列回路であるため，かかる電圧はどの場合も5Vであり，電流計が示す値は，電熱線aを流れる電流と，別の抵抗器を流れる電流の和である。問2(1)より，抵抗が10Ωの電熱線aを流れる電流$I_a[A]=\dfrac{5[V]}{10[\Omega]}=0.5[A]$である。別の抵抗器を流れる電流は，抵抗の大きさをかえていくと，

$I_抵[A]=\dfrac{5[V]}{30[\Omega]}\fallingdotseq0.17[A]$，$I_抵[A]=\dfrac{5[V]}{100[\Omega]}=0.05[A]$，$I_抵[A]=\dfrac{5[V]}{500[\Omega]}=0.01[A]$，

$I_抵[A]=\dfrac{5[V]}{1200[\Omega]}\fallingdotseq0.004[A]$，$I_抵[A]=\dfrac{5[V]}{1400[\Omega]}\fallingdotseq0.004[A]$である。以上から，電熱線bを別の抵抗器にとりかえた場合，とりかえる抵抗器の抵抗を大きくしていくと，電流計を流れる電流の大きさが一定になった理由は，電熱線aを流れる電流は0.5Aであるのに対して，別の抵抗器の抵抗が非常に大きくなると電流がほとんど流れなくなるため，0.5Aに近づくと考えられるからである。

5 （天気の変化：天気の変化と大気の動き・雲画像と天気図・空気1m³中の水蒸気量・湿度，気象要素の観測：天気図記号，日本の気象：冬）

問1　(1)　冬はシベリアに高気圧が発達し，日本付近では南北方向の等圧線の間隔が狭くなることから，オホーツク海上では風が強くなると考えられる。　(2)　高気圧での風のふきかたは，空気が冷えることによって，体積が小さくなり，密度が大きくなるため，下降気流が生じて気圧が上がり，地表では高気圧の中心からふきだすように風がふく。

問2　(1)　B市14時の気象は，天気は晴れで天気記号は①，風向は，風がふいてくる方向に中心の円から直線をかき，この問題では西風であるため，中心の円から左の方向に直線をかき，風力が3であるため円から直線の方向に対して右側に3本の矢羽根をかく。　(2)　冬の北海道は，日本海側では雪，太平洋側では晴れの天気となることが多い。その理由は，西高東低の気圧配置により，シベリア気団からふきだす冷たい北西の季節風が，日本海の上を通過する間に多量の水蒸気をふくみ，湿った空気が山脈で雪を降らせ，乾燥して太平洋側にふき下りるためである。
(3)　A市の2時の空気1m³中にふくまれる水蒸気量は，気温が−7℃における飽和水蒸気量は3.0[g/m³]であり，湿度が90％であるため，3.0[g/m³]×0.9=2.7[g/m³]である。この空気がB市まで移動する間に−16℃まで下がると飽和水蒸気量が1.5[g/m³]であるため，空気1m³あたり，2.7[g/m³]−1.5[g/m³]=1.2[g/m³]，の水滴を生じ，その後B市で−5℃まで上がると飽和水蒸気量が3.4[g/m³]であるため，湿度は，1.5[g/m³]÷3.4[g/m³]×100≒44.1[％]である。

＜社会解答＞

1　問1　(1)　A　ウ　　B　ア　　C　イ　　(2)　アジア　　問2　(1)　文字
　　(2)　語句　応仁の乱　　記号　ウ　　(3)　古い→イ→ア→ウ→新しい
　　問3　(1)　記号　イ　　国の名　ドイツ　　(2)　(例)貧富の差(格差)が拡大した。[経済的な差(格差)が広がった。]　　問4　(1)　①　ア　　②　城下　　(2)　①　イ　　②　ア

　　　③　イ　　（3）　Ⅰ群　イ　　Ⅱ群　キ　　問5　（1）　サンフランシスコ　（2）　イ，ウ
　　問6　（1）　組合　　（2）　ウ　　問7　①　ア　　②　イ　　語句　均衡
2 問1　（1）　ア　　（2）　イ　　問2　（例）住民による自治が行われていた。　　問3　（1）　イ
　　（2）　ア　　内容　交換する比率　　問4　a　ロシア　　b　アメリカ　　記号　ア
　　問5　（1）　ア　　（2）　ウ　　問6　（例）高い小作料に苦しむ小作農が，1920年代には社会
　　運動が活性化したこと，1930年代には昭和（世界）恐慌の影響でさらに生活が困窮したこと
　　により，小作争議を増加させた。
3 Ⓐ　問1　カードA　ア　　　カードB　ウ　　　カードC　エ　　　カードD　イ
　　問2　語句　輸出　記号　ア　　問3　エ　　Ⓑ　問1　ⓘ　a　ⓔ　c
　　問2　（1）　A　（例）仕事を求めて地方から都市部　　B　（例）0歳～14歳の割合が高い
　　C　（例）高齢者の割合が高くなったこと　　（2）　ウ
4 　問1　（1）　イ　　（2）　生徒A　ア　　　生徒B　エ　　問2　①　自由　　②　ア
　　③　イ　　問3　（例1　先進国の立場）　発展途上国はCO₂排出量が増加しているので，京
　　都議定書のように先進国にだけ排出削減義務を課すのではなく，発展途上国にも削減義務
　　を課すべきである。　　（例2　発展途上国の立場）　先進国はこれまでCO₂を多く排出して
　　きたので，京都議定書のように先進国にだけ排出削減義務を課し，先進国は排出削減し続
　　けるべきである。　　問4　ア，オ　　問5　512人以上

＜社会解説＞

1 （地理的分野—世界地理－地形・人口，—日本地理－地形図の見方・地形・日本の国土，歴史的
　　分野—日本史時代別－古墳時代から平安時代・鎌倉時代から室町時代・明治時代から現代，—日本
　　史テーマ別－政治史・外交史，—世界史－政治史・文化史，公民的分野—基本的人権・経済一般）
　問1　（1）　**六大陸**とは，ユーラシア大陸・アフリカ大陸・北アメリカ大陸・南アメリカ大陸・オ
　　　ーストラリア大陸・南極大陸の六つの大陸を指す。　　A　**ユーラシア大陸**は，全体が**北半球**に位
　　置している。　　B　**アフリカ大陸**は，**北半球・南半球**の両方にまたがって位置している。
　　C　**オーストラリア大陸**は，全体が**南半球**に位置している。　（2）　**六大州**とは，アジア州・ア
　　フリカ州・北アメリカ州・南アメリカ州・ヨーロッパ州・オセアニア州のことを指す。世界の国
　　の人口ランキングは，第1位中国14億4000万人，第2位インド14億1千万人，第3位アメリカ3億3
　　千万人，第4位インドネシア2億8千万人，第5位パキスタン2億3000万人である。上位5か国のう
　　ち，4か国が入っている**アジア州**が最も人口が多い。
　問2　（1）　古代エジプト文明の**ヒエログリフ**，メソポタミア文明の**楔形文字**，インダス文明の**象
　　形文字**，黄河文明の**甲骨文字**など，古代の**四大文明**はそれぞれ**文字**を発明し，使用していた。
　　（2）　語句　室町幕府の8代将軍足利義政の後継問題をめぐって，管領の**細川勝元**と侍所の所司
　　山名宗全の対立が激化し，管領家の細川氏や斯波氏の家督争いも関わって起こったのが，**応仁の
　　乱**である。全国の**守護大名**も加わって，1467年から1477年まで争いが続いた。　記号　応仁の
　　乱は京都で起こり，町中を荒廃させた。位置は略地図1の記号のウである。　　（3）　ア　**唐**が中
　　国を統一したのは，618年である。　　イ　**聖徳太子**が推古天皇の**摂政**として補佐し，**冠位十二階**
　　の制度を定めたのは，603年である。　　ウ　**中大兄皇子**が中臣鎌足とともに，645年に**蘇我氏**を
　　打倒して始めた，古代政治史上の一大改革を，**大化の改新**という。したがって，年代の古い順に
　　並べると，以下のようになる。古い→イ→ア→ウ→新しい
　問3　（1）　記号　アはイギリス，イはドイツ，ウはフランス，エはスペインである。以下の国の

名の部分で解説している通り，この憲法を制定したのは，**ドイツ**であり，地図上の記号はイである。　**国の名**　1919年に，**第一次世界大戦**の敗戦国ドイツで制定されたのが，**ワイマール憲法**である。当時の世界で最も先進的な憲法といわれ，世界で初めて国家が最低限の生活を保障する**生存権**を含む社会権を規定した憲法である。　(2)　社会で，貧しい人と豊かな人の**格差**が開いたことを背景として，生存権の規定が憲法に明記された。このような趣旨のことを簡潔に記せばよい。

問4　(1)　①　地形図によれば，川は鉄道の竹田駅の南東を流れており，アの方向から見て遠くを流れている。また，川や鉄道の屈曲のようすから，アの方向から撮った写真だと推測される。　②　領主の居城を中心として開発され，展開した都市を**城下町**という。　(2)　①　太平洋を環状にとりまく，中生代以後の新しい造山帯を**環太平洋造山帯**という。アンデス山脈・ロッキー山脈・アリューシャン列島・日本列島・フィリピン諸島・ニューギニア島を経て，ニュージーランドの諸島につながる。　②　河川が，山地から平野や盆地に移る所などに見られる，運んできた土砂の堆積によりできるのが**扇状地**である。　③　河川が運んできた土砂の堆積により河口部にできる地形を**三角州**という。　(3)　Ⅰ群　山腹や川底の石や土砂が，長雨や集中豪雨などによって，一気に下流へと押し流されるものを**土石流**という。　Ⅱ群　カは，海岸近くの標高の低いところ，キは標高の高い丘である。土石流が起こりやすいのは，キである。

問5　(1)　日本は，1951年にアメリカなど48か国の**資本主義(西側)**諸国と**サンフランシスコ平和条約**を結び，独立を回復した。ソ連など**社会主義(東側)**諸国との平和条約は結ばれなかったため，**片面講和**であるとの批判もなされた。　(2)　歯舞(はぼまい)群島・色丹(しこたん)島・国後(くなしり)島・択捉(えとろふ)島の4島は，北方領土と呼ばれる。**第二次世界大戦**の終戦直後，当時のソ連によって占拠された。日本政府は，ロシア連邦政府に対して北方領土の返還を要求しているが，交渉は進まず，未解決のまま時が過ぎている。1956年の**日ソ共同宣言**において以下のことが同意された。**日ソ平和条約**が締結されればそののちに，ソ連が歯舞群島・色丹島を返還する。略地図上のイ，ウである。

問6　(1)　労働者が，**労働組合**を結成して，使用者と交渉できると定めているのは，**労働組合法**である。　(2)　ア　通勤のしやすさは，日本は他の国に比較して低くなっている。　イ　仕事内容については，日本は他の国と比較して高くなっている。　エ　日本では「職場の雰囲気」が「自分を生かすこと」に比べて高くなっている。ア・イ・エのどれも誤りであり，ウが正しい。

問7　①　**需要曲線**は，価格が高くなるほど需要が少なくなる右下がりの曲線である。　②　**供給曲線**は，価格が高くなるほど多くなる右上がりの曲線である。　**語句**　需要量が供給量よりも多いときに価格が上がり，逆のときに下がる。この2つの曲線が交わってつりあうところが，**均衡価格**である。

2　(歴史的分野―日本史時代別―鎌倉時代から室町時代・安土桃山時代から江戸時代・明治時代から現代，―日本史テーマ別―政治史・外交史・経済史・社会史)

問1　(1)　**鎌倉幕府**により，荘園・公領ごとに配置された役職が**地頭**である。地頭は軍事警察権を持ち，治安維持や**年貢**の徴収にあたった。　(2)　鎌倉時代の御家人は，長子があとを相続する**単独相続**ではなく，領地を**分割相続**する方法をとっていたため，鎌倉時代中期には領地が細分化し，窮乏するようになっていた。また，**女子相続権**も認められていたため，所領はより細分化した。

問2　**惣**と呼ばれる自治組織を持ち，**寄合**を開き，代表者を決め，また資料1のような「**掟**」を定めて，自治を行っていた。上記の趣旨を簡潔に記せばよい。

問3　(1)　江戸時代には**貨幣鋳造**は幕府の権限であったが，幕府は出費の増加による財政難のため，元禄時代には金の含まれる割合が低い質の悪い小判をつくった。　(2)　諸外国との貿易が始まって間もない1850年代末から，**金銀の交換比率**の違いによって，日本の**金貨が海外に流出**し，物価が急上昇した。　内容　金と銀とを交換する比率が，日本は金1：銀5なのに対して，外国では金1：銀15であったため，日本の金貨が海外に流出することになった。

問4　a　ロシアは，1900年の**義和団事件**後も大軍を**満州**に留め置き，満州を勢力下に置こうとして，同じく満州進出を目指す日本との対立を深めつつあった。　b　日露戦争後の講和条約である**ポーツマス条約**を仲介したのは，アメリカ合衆国の**セオドア・ルーズベルト大統領**であった。なお，ポーツマスとはアメリカの地名である。　記号　ポーツマス条約では，**日清戦争後の下関条約**のときのような賠償金がなかったために，日本国民の反発を買い，講和に反対する**日比谷焼打ち事件**が起こった。なお，**台湾**は日清戦争後の下関条約で日本の植民地となっている。

問5　(1)　日本軍が爆破した**南満州鉄道**があったのは，**柳条湖**であり，略地図のXの**遼東半島**の北方である。なお，Yは山東半島である。　(2)　日本は**国際連盟**創立以来の**常任理事国**であったが，**満州事変**以降の満州国建国までの動きを国際連盟の総会で非難され，撤兵を求める勧告が決議されて，1933年に国際連盟から**脱退**した。

問6　**小作農**が地主に払うのが**小作料**である。高い小作料に苦しむ小作農が，1920年代には，**労働争議**など社会運動が活性化したことの影響を受け，**小作争議**を起こした。1930年代には，1929年にアメリカに端を発した**世界恐慌**の影響が日本にも及び，出口のない**昭和恐慌**により，繭価格が暴落するなどで，さらに生活が困窮したことにより，小作争議を増加させた。

3　(地理的分野─世界地理─人々のくらし・産業・地形，─日本地理─工業・農林水産業・都市・人口)

A　問1　カードA　インティライミは，ペルーの**マチュピチュ**で行われる太陽の祭りである。地図上のアがあてはまる。　カードB　ホーリーとは，インドやネパールの**ヒンドゥー教**の春祭りである。地図上のウがあてはまる。　カードC　ブドウの収穫祭は，スペインの他にヨーロッパの各国で行われる。地図上のエがあてはまる。　カードD　ナーダムとは**モンゴル**の言葉で「祭り」そのものを指す。地図上のイがあてはまる。

問2　語句　問題となっているのは**タイ**である。低賃金で労働力が得られるタイには，多くの**外国企業が進出**している。生産された電気製品や自動車などは，日本だけでなく，欧米の各国に輸出されている。　記号　しかし，こうした外国企業の進出は，国の北部には及ばず，北部の工業生産額は他の地域と比べて極めて低い。

問3　選択肢の，アのブラジル，イのイギリス，ウの南アフリカには，資料に見られるように主だった火山はなく，エのイタリアが正解である。**イタリア**は，**地中海火山帯**に含まれる。地中海火山帯とは，北部のイタリアを中心に，ギリシャ・トルコ・中央アジアへと走る火山帯である。イタリアの**エトナ火山**は，**ヨーロッパ最大の活火山**である。

B　問1　はじめに，あ～えの県を確定する。あは岩手県，いは埼玉県，うは滋賀県，えは高知県である。このうち，**養殖漁業収穫量**の最も少ないaは，海に面していない埼玉県である。**米収穫量**が最も多いdは，全国ランキング10位に入っている岩手県である。残るb，cのうち，人口が増えているbが滋賀県，減っているcが**過疎化**の進んでいる高知県である。したがって，いがaの埼玉県，えがcの高知県である。

問2　(1)　A　人々が仕事を求めて，地方から千里ニュータウンなどの都市部に移動したことを指摘する。　B　0歳～14歳の年少人口の割合が，日本全体に比べて高いことを指摘する。　C　高齢化が進み，65歳以上の**高齢者**の割合が高くなったことを指摘する。　(2)　千里ニュータウン

内にある小学校の児童数の推移は，1970年代にピークに達し，その後減少を続けていた。しかし，マンションの建て替えが増えた結果，2010年代から再び増加を始めた。グラフのウである。

4　(公民的分野—経済一般・基本的人権・国際社会との関わり・地方自治，地理的分野—環境問題)
問1　(1)　ア　電気事業における**規制緩和**では，電気事業への中小企業の参入も増える。　ウ　電気を売る企業が独占化されることはない。　エ　**民間企業**は電気事業に参加しやすくなる。ア・ウ・エは誤りであり，イが正しい。　(2)　時間・費用・労力の面で無駄を省く考え方が「**効率**」である。手続き・機会や結果において公平を期す考え方が「**公正**」である。　生徒A　生徒Aは，規制緩和を進める考え方である。時間や物，お金や労力などが無駄なく使われる方向を目指すべきだと，「効率」の考え方をとっているので，アにあてはまる。　生徒B　生徒Bは，規制緩和を進めない考え方である。すべての人が対等な立場で差別的な扱いを受けないことが大事だと，「公正」の考え方をとっているので，エにあてはまる。

問2　①　あてはまる語句は「**自由**」貿易である。反対語は，「**保護**」貿易である。　②　自由貿易のためには，関税をなくすか，できるだけ低く抑えて輸入がしやすいようにし，その結果，国内の市場に輸入品が増加し，国内産業が影響を受けることもある。自由貿易にあてはまるのは，表3のA国である。　③　ア　NGO(Non-governmental Organization)は，国境を越えて様々な課題に取り組む**非政府組織**のことをいい，ここでは関係がない。　イ　FTA(Free Trade Agreement)は，**自由貿易協定**を指し，貿易を促進する協定である。

問3　下記のように，選んだ立場を書いたうえで，グラフ・京都議定書の示すところに触れ，明快に意見を展開することが大事である。　先進国の立場で書く場合　**発展途上国**は，**現在CO_2排出量**が著しく増加しているので，1997年の**京都議定書**のように**先進国**にだけ**排出削減義務**を課すのではなく，発展途上国にも削減義務を課すべきである。　発展途上国の立場で書く場合　先進国はこれまでCO_2を多く排出し，工業を発展させてきたので，1997年の京都議定書のように，先進国にだけ排出削減義務を課し，先進国は排出削減し続けるべきであり，発展途上国には排出削減義務を課すべきではない。

問4　アは，視覚等の**障害者**が，**補助犬**を連れて施設内に入れるように示したものであり，**バリアフリー化**の一例である。オは，**車椅子**でも自由に移動できるように，その施設には段差がないことを示すものであり，バリアフリー化の一例である。

問5　**条例**の制定や改廃については，地方自治法第74条で，**有権者の50分の1の署名**をもって，首長に**直接請求**することができる。この市は有権者が25,600人なので，その50分の1の512人以上の署名で，直接請求ができる。なお，**首長・議員の解職**については，有権者の3分の1の署名をもって，**選挙管理委員会**に直接請求することができる。その後実施される**住民投票**で，過半数の賛成が有れば解職が決定する。

＜国語解答＞

一　問一　(1)　げんいん　　(2)　けいこ　　(3)　さ(いた)　　問二　(1)　届(いた)
　　(2)　背筋　　(3)　清潔　　問三　みずみずしさ　　問四　私はこれま　　問五　ア
　　問六　①　(例)フライパンに油をひいて熱くする。　　②　(例)小さじ一杯のウスターソースを入れる。
二　問一　1　めぐ(らせ)　　2　けいしゃ　　問二　1　ア　　2　エ　　問三　確かな自分の

意志　問四　ウ　問五　(例)(大樹の上から眺める眼下の街の)金色の風景に胸がドキドキし，大樹の緑の香りを嗅ぐたびに幸せな気持ちになり，絵を描きたいという気持ちが突き上げてきたこと。　問六　ア，オ　問七　(例)お母さんが自分のことを大事に思ってくれていることを思い出させ，不安から逃げずにお母さんに自分の夢を伝えて，自分の意志で未来を決めていこうという決意をもたらした。

三　問一　ざらん　問二　イ　問三　エ　問四　(例1)私は華歆の方が優れていると思います。なぜなら先のことを予測して考えることができる人だからです。　(例2)私は華歆の方が優れていると思います。なぜなら自分の身に危険が迫っても一度助けた人は見捨てない人だからです。　(例3)私は王朗の方が優れていると思います。なぜなら目の前で助けを求めている人を助けようとする人だからです。

四　問一　ア　問二　(1)　(例)放課後も本の貸し出しをしてほしい　(2)　(例)私たちも放課後は部活動があり放課後も貸し出しをするのは難しいですが，なるべく多くの生徒に本を読んでほしいと考えているので，ボランティアを募集し毎日二名程度の人数が集まれば放課後の貸し出しを行いたいと思います。

＜国語解説＞

一　(知識—漢字の読み書き，短文作成，その他)

問一　(1)「原因」の対義語の「結果」も合わせて覚えよう。　(2)「稽古」は，武術や芸能の練習のこと。　(3)「割」には「カツ・わ(る)・わり・わ(れる)・さ(く)」という読みがある。

問二　(1)「届」のつくりは「由」である。　(2)「はいきん」と「せすじ」の漢字はどちらも「背筋」だが，別の言葉である。　(3)「清潔」の「潔」を形の似ている「喫」などと混同しないよう注意。

問三　主語を表す「が」につなげるため，「みずみずしい」を名詞にする。Bの文は「この料理には，大きなトマトの**みずみずしさ**が重要だ。」となる。

問四　③の文を事実を表す文と考えを表す文の二つに分けると，「その中には，……初心者が三人います。私はこれまでの経験を生かしてサッカーの楽しさを伝えていきたいと思います。」となる。

問五　——線1「拝啓」のように手紙の書き出しに使う言葉のことを**頭語**という。——線2は，春らしくなったことを言う**時候の挨拶**である。したがって，アが正解。

問六　①　祖母の言葉の「**フライパンに油をひいて熱くなったら**」をもとに，フライパンに油をひくことと熱くすることを入れて一文の形で書く。　②　祖母の言葉の「**小さじ一杯のウスターソースを入れる**」という内容の文を書く。

二　(小説—情景・心情，内容吟味，文脈把握，漢字の読み書き，語句の意味)

問一　1「視線を巡らせる」は，周囲をぐるりと見回すという意味。　2「傾」の訓読みは「かたむ(く)・かたむ(ける)」，「斜」の訓読みは「なな(め)」である。

問二　1「大仰」は「おおぎょう」と読み，**大げさ**な様子を表す。　2「血相」は「けっそう」と読み，心の動揺が顔色に現れる様子を表す。ここでは，千穂が枝から落ちたことを聞いてかけつけた母の様子を表現したものなので，エの「**あわてて**」が適当。

問三　千穂は，幼いころから「絵を描くことに関わる仕事」がしたいと思っていたが，母たち家族が「医者を目指すのは当然」と思っていたため，自分の希望を言い出すことができなかった。空欄には，真奈には「できる」が千穂には「できない」ことが当てはまるので，——線1の前の真

奈が「パンの専門学校に行きたい」と言っている場面の「そこには**確かな自分の意志があった**」から抜き出す。

問四　香りのもとをたどって視線を巡らせた千穂が見つけたのは，「**大きな樹**」の「**緑の香り**」だったので，ウが正解。「焼きたてのパンとはまた違った芳しい匂い」とあるので，アは誤り。イの「土の道」は，千穂を大きな樹へと導いたものであるが，道が香りのもとだったのではない。エの「花屋」があったことは本文から読み取れないので，不適当である。

問五「こんな風景を眺めるたびに**胸がドキドキした**。この香りを嗅ぐたびに**幸せな気持ち**になった。……描きたいという気持ちが突き上げてきて，千穂の胸を強く叩いたのだ。」をもとに，「**こんな風景**」が「**金色の風景**」，「**この香り**」が「**大樹の緑の香り**」を指すことを明らかにして60字程度で書く。

問六　正解が一つとは限らないことに注意する。アは，――線4の直後の「**お母さんはあたしの気持ちなんかわからない**」と合致する。イは，「夢みたいなこと言わないの」は千穂の想像であり，母に実際に言われたことではないので不適当。千穂は，ウのような「覚悟」はしていない。千穂は母について「ロボットのように感情を表に出さ」ないとは思っていないので，エは不適当。オは，「**母からは，開業医の父の跡を継ぐために，医系コースのある進学校を受験するように言われていた**」と合致する。したがって，アとオが適当な選択肢である。

問七　千穂は，母の「泣きながら千穂を抱きしめた」という行動や「だいじな，だいじな私の千穂」という言葉などから，**母が自分のことを大事に思ってくれていること**を思い出した。そして，今までは自分の思いを伝えることにさまざまな不安があって逃げていたが，今度は逃げずに「**お母さんに，あたしの夢を聞いてもらうんだ**」「**あたしの意志であたしの未来をきめるんだ**」と決意したのである。このことをふまえて，「緑の香り」が思い出させたことと千穂の決意を80字程度で書く。

三　（漢文―内容吟味，作文，その他）

〈口語訳〉　華歆と王朗は，一緒に船に乗って難を逃れた。一人，連れて行ってほしいと頼んだ者があった。華歆はひたすらこれを断った。王朗が言うことには，「幸いなことに(船には)まだ余裕がある。どうして良くないだあろうか(いや，乗せてやってよい)。」と。後に，賊に追いつかれそうになったときに，王朗は連れてきた人を捨てようとした。華歆が言うことには，「はじめに断った理由は，まさにこのためだったのだ。すでに頼みを引き受けてしまったからには，どうしてさしせまった事態だからといって見捨ててよいだろうか(いや，よくない)」と，最後まで連れて行って助けることは初めと同様であった。世間の人々は，このことによって華歆と王朗のどちらが優れているかを決めた。

問一　漢文の会話部分は「曰はく『……』と」の形で示されることが多い。このときの王朗の言葉は，「幸ひに尚ほ広し，何為れぞ可なら**ざらん**」である。

問二　漢文は「王欲捨所携人」，漢字を読む順序は「王携所人捨欲」である。「携」を「所」より先に読むので，「所」にレ点をつける。「所携人」を「捨」より先に読むので，「人」に一点，「捨」に二点をつける。「捨」を「欲」より先に読むので，「欲」にレ点をつける。したがって，イが正解。

問三　①は，華歆の行動が「すなはち之を難む」と書かれているので，「**乗せようとしなかった**」が入る。②は，王朗は「何為れぞ可ならざらん」と言っているので，「**乗せようとした**」が入る。③は，華歆が「寧んぞ急を以て相棄つべけんや」と言っているので，「**降ろそうとしなかった**」が入る。④は，王朗が「**捨てんと欲す**」と書かれているので，「**降ろそうとした**」が入る。した

がって，エが正解。

問四　条件に従って書くこと。**一文目**は，「**私は**」で書き始め，二人のうちどちらが優れているか
について自分の考えを書く。**二文目**は，その理由を「**……からです。**」という形で書く。例1・2
は華歆の方が優れている，例3は王朗の方が優れているとして，その理由を述べている。どちら
を優れているとしてもよいが，ふさわしい理由を書くこと。書き終わったら必ず読み返して，誤
字・脱字や表現が不適切なところは改める。

四　（会話・議論・発表─内容吟味・作文）

問一　小野さんは，「そうだね」という肯定を表す言葉で中西さんの考えに**同意**を示し，「**放課後も
貸し出しができる方法はないかな**」と言って放課後の貸し出しという課題の解決策を考えるよう
呼びかけているので，アが正解。イの「反対」は誤り。ウの「的確な指摘」やエの「違い」につ
いての説明は，発言内容にないので，不適当である。

問二　（1）　(A)の要望の中心は，「図書室の本の貸し出しを放課後も行ってほしい」ということな
ので，この内容を15字程度で書く。　（2）　放課後の本の貸し出しについて，図書委員たちは部
活動があって対応が難しいという状況にあるため，最初の回答案は「できません」というもので
あった。しかし，読書する人を増やしたいという思いから前向きに検討した結果，ボランティア
を募集するというアイディアが出た。具体的には，毎日二人ぐらい集まれば放課後の貸し出しが
可能だということになったのである。回答案は，**図書委員だけでは放課後の貸し出しは難しいこ
と**，**多くの生徒に本を読んでほしいこと**，**ボランティアを募集して毎日二名程度集まれば貸し出
しを行うこと**を入れて，105字程度で書く。書き終わったら必ず読み返して，誤字・脱字や表現
が不適切なところは改める。

2021年度

★★★★★★★★★★★★★★★★★★★★

入 試 問 題

● くわしい解説 …… 49 ページ

令和2年5月13日付け2文科初第241号「中学校等の臨時休業の実施等を踏まえた令和3年度高等学校入学者選抜等における配慮事項について（通知）」を踏まえ，出題範囲について以下通りの配慮があった。

○出題範囲から除外する学習内容

数学	3年生で学習する次の内容 ・相似な図形 ・円周角の定理 ・三平方の定理 ・標本調査
英語	関係代名詞のうち ・主格の that、which、who ・目的格の that、which の制限的用法 ※同様の働きをもつ接触節（ＳＶによる後置修飾）も出題しない。
理科	○第1分野 ・『運動とエネルギー』のうち「力学的エネルギー」 ・科学技術と人間 ○第2分野 ・地球と宇宙 ・自然と人間
社会	○公民的分野 ・私たちと経済 ・私たちと国際社会の諸課題
国語	3年生で学習する漢字

＜数学＞　　時間　45分　　満点　60点

※学校裁量問題は，5 にあります。

※（　）内の大問番号は，学校裁量問題選択校の場合です。

1　次の問いに答えなさい。

問1　(1)～(3)の計算をしなさい。

(1)　$3-(-6)$

(2)　$9 \div \left(-\dfrac{1}{5}\right)+4$

(3)　$\sqrt{28}-\sqrt{7}$

問2　y が x に反比例しているものを，次のア～エから1つ選びなさい。

ア　1本50円の鉛筆を x 本買ったときの代金 y 円

イ　面積が300cm²の長方形で，縦の長さが x cmのときの横の長さ y cm

ウ　重さ100gの容器に x gの砂糖を入れたときの全体の重さ y g

エ　底面の半径が x cm，高さが5cmの円柱の体積 y cm³

問3　右の図は，立方体の展開図を示したものです。この展開図を組み立てたとき，線分ABと平行で，長さが等しくなる線分を展開図にかき入れなさい。

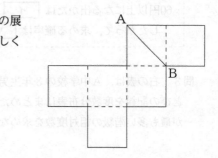

問4　右の図のような関数 $y=3x$ のグラフに平行で，点 (0, 2) を通る直線の式を求めなさい。

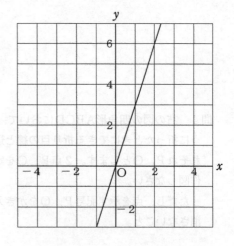

問5　連立方程式 $\begin{cases} 2x + y = 11 \\ y = 3x + 1 \end{cases}$ を解きなさい。

問6　右の図のように，半径が9cm，中心角が60°のおうぎ形
　　OABがあります。このおうぎ形の弧ABの長さを求めな
　　さい。
　　　ただし，円周率はπを用いなさい。

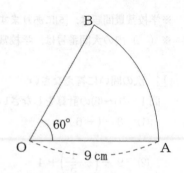

2（1）　次の問いに答えなさい。

問1　二次方程式 $x^2 + 3x - 1 = 0$ を解きなさい。

問2　100円，50円，10円の3枚の硬貨を同時に投げるとき，表が出た硬貨の金額の合計が60円以
　　上になる確率を次のように求めます。
　　　ア 〜 ウ に当てはまる値を，それぞれ書きなさい。

（解答）

> 　3枚の硬貨の表裏の出かたは全部で　ア　通りあり，表が出た硬貨の金額の合計が
> 60円以上になる出かたは　イ　通りである。
> 　したがって，求める確率は　ウ　となる。

問3　右の表は，A中学校の3年生男子80人の立ち幅
　　とびの記録を度数分布表にまとめたものです。度数
　　が最も多い階級の相対度数を求めなさい。

階級（cm）		度数（人）
以上 ～ 未満		
150 ～ 170		9
170 ～ 190		14
190 ～ 210		18
210 ～ 230		20
230 ～ 250		13
250 ～ 270		6
計		80

問4　右の図の四角形ABCDにおいて，点Bと点Dが重なるよ
　　うに折ったときにできる折り目の線と辺AB，BCとの交点をそ
　　れぞれP，Qとします。2点P，Qを定規とコンパスを使って
　　作図しなさい。
　　　ただし，点を示す記号P，Qをかき入れ，作図に用いた線は
　　消さないこと。

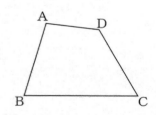

3 (2)　次の問いに答えなさい。

問1　太郎さんたちは，次の問題について考えています。

(問題)

　　　図1のように，同じ長さのス
　トローを並べて，五角形を n 個
　つくるのに必要なストローの本
　数を，n を用いた式で表しなさ
　い。

図1　　　　　　　　　　　　　　　　　　　n 個

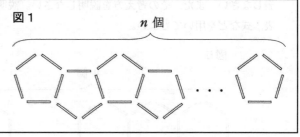

太郎さんはこの問題の考え方について，先生に確認しています。 ア ～ ウ に当てはま
る数を， エ に当てはまる式を，それぞれ書きなさい。

太郎さん　「図1を使って，ストローの本数を数えると，五角形を1個つくるのに必要なス
　　　　　トローの本数は5本です。また，五角形を2個つくるのに必要なストローの本
　　　　　数は ア 本，五角形を3個つくるのに必要なストローの本数は イ 本
　　　　　です。」

先　　生　「そうですね。五角形が1個増えると，ストロー
　　　　　の本数はどのように増えるのでしょうか。」

図2

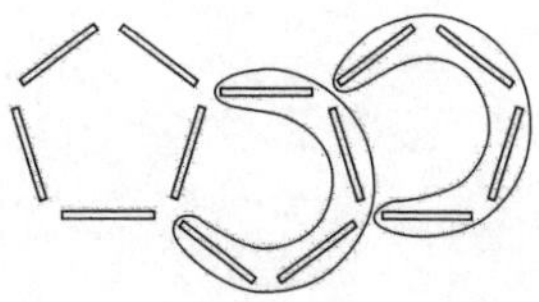

太郎さん　「図2のように，ストローを囲むと1つの囲みに
　　　　　ストローが ウ 本ずつあるので，五角形が1
　　　　　個増えると，ストローの本数は ウ 本増えま
　　　　　す。」

先　　生　「そうですね。では，五角形を n 個つくるのに必要なストローの本数を，n を
　　　　　使って表してみましょう。」

太郎さん　「図2と同じように考えて，ストローを囲むと，図3のようになります。

図3

　　　　　　　　　　　　　　　　n 個

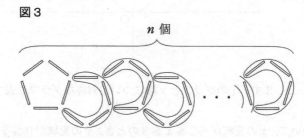

　　　　　囲みの個数は，n を使って エ 個と表すことができるので，五角形を n 個
　　　　つくるのに必要なストローの本数を表す式は，
　　　　5＋ ウ ×(エ) となります。」

先　　生　「そうですね。」

問2　図4は，2つの合同な正六角形を，1辺が重なるように並べて1つ　　**図4**
の図形にしたものです。図5のように，同じ長さのストローを並べて，
図4の図形を n 個つくるのに必要なストローの本数を，n を用いた式で
表しなさい。また，その考え方を説明しなさい。説明においては，図や
表，式などを用いてもよい。

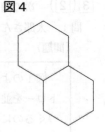

図5

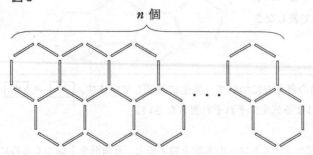

n 個

4（3）　下の図のように，関数 $y = ax^2$（a は正の定数）……① のグラフがあります。点Oは原
点とします。
　　次の問いに答えなさい。

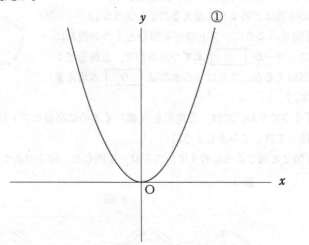

問1　$a = 4$ とします。①のグラフと x 軸について対称なグラフを表す関数の式を求めなさい。

問2　①について，x の変域が $-2 \leqq x \leqq 3$ のとき，y の変域が $0 \leqq y \leqq 18$ となります。このと
き，a の値を求めなさい。

問3　$a = 1$ とします。①のグラフ上に2点A，Bを，点Aの x 座標を2，点Bの x 座標を3と
なるようにとります。y 軸上に点Cをとります。線分ACと線分BCの長さの和が最も小さく
なるとき，点Cの座標を求めなさい。

5 (4)　下の図のように，AD∥BCの台形ABCDがあり，対角線AC，BDの交点をEとします。次の問いに答えなさい。

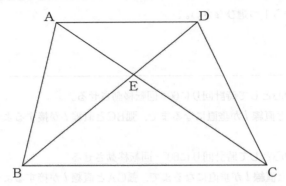

問1　CD＝CE，∠ACD＝30° のとき，∠BECの大きさを求めなさい。

問2　線分BE上に点Fを，BF＝DEとなるようにとります。点Fを通り，対角線ACに平行な直線と辺AB，BCとの交点をそれぞれG，Hとします。このとき，AD＝HBを証明しなさい。

学校裁量問題

5　次の問いに答えなさい。

問1　次の(1)，(2)に答えなさい。

(1)　図1の⒜のように，直線 l 上に，半径2 cm，中心角120° のおうぎ形PQRがあります。おうぎ形PQRに，次の■1～■3の操作を順に行うことによって，点Pがえがく線の長さを求めなさい。

ただし，円周率は π を用いなさい。

■1　⒜から⒤まで，点Qを中心として時計回りに90° 回転移動させる。
■2　⒤から⒥まで，弧QRと直線 l が接するように，すべることなく転がす。
■3　⒥から⒦まで，点Rを中心として時計回りに90° 回転移動させる。

図1

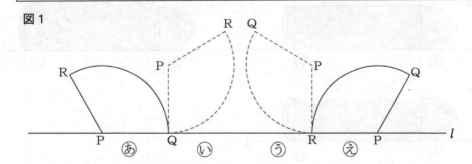

(2)　次のページの図2のように，正三角形ABCの頂点A，B，Cをそれぞれ中心とし，1辺の長さを半径とする円の弧BC，弧CA，弧ABで囲まれた図形をFとします。

図3の⒜のように，直線 l 上に図形Fがあり，線分BCと直線 l は垂直とします。図形Fに，

次の**1**〜**6**の操作を順に行うことによって，図形Fが**あ**から**い**まで動いてできる図形に色をつけて表した図として，最も適当なものを，**ア〜オ**から1つ選びなさい。

図2

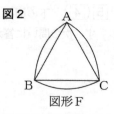

図形F

1　点Bを中心として時計回りに60°回転移動させる。

2　線分CAと直線 l が垂直になるまで，弧BCと直線 l が接するように，すべることなく転がす。

3　点Cを中心として時計回りに60°回転移動させる。

4　線分ABと直線 l が垂直になるまで，弧CAと直線 l が接するように，すべることなく転がす。

5　点Aを中心として時計回りに60°回転移動させる。

6　線分BCと直線 l が垂直になるまで，弧ABと直線 l が接するように，すべることなく転がす。

図3

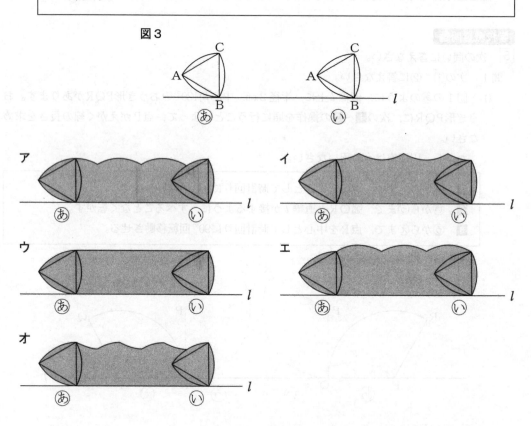

問2　図1のように，1辺が a cmの立方体ABCD−EFGHがあります。
次の(1)〜(3)に答えなさい。

図1

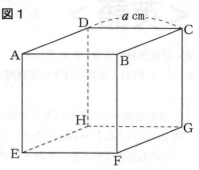

(1)　図2は，図1の立方体で，$a = 4$ としたもので
す。立方体を3点A，C，Gを通る平面で切りま
す。頂点Fをふくむ立体の体積を求めなさい。

図2

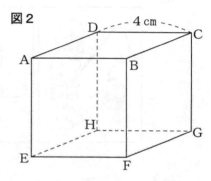

(2)　図1の立方体を3点B，E，Gを通る平面で切
ります。頂点Fをふくむ立体の体積は，図1の立
方体の体積の何倍ですか，求めなさい。

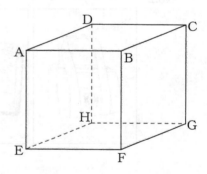

(3)　図3は，図1の立方体で，$a = 10$ としたもので
す。点P，Qはそれぞれ頂点A，Bを同時に出発
し，四角形ABCDの辺上を，Pは毎秒1cmの速さ
でBを通ってCまで，Qは毎秒2cmの速さでC，
D，Aを通ってBまで移動します。2直線PQ，
EGが同じ平面上にある直線となるのは，点P，
Qがそれぞれ頂点A，Bを同時に出発してから，
何秒後と何秒後ですか，求めなさい。

図3

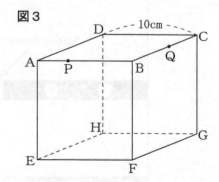

＜英語＞ 時間　45分　　満点　60点

※　学校裁量問題は，4 にあります。

※　（　）内の大問番号は学校裁量問題選択校の場合です。

1　放送を聞いて，問いに答えなさい。

　問1　次の No.1 〜 No.3 について，それぞれ対話を聞き，その内容についての質問の答えとして最も適当なものを，それぞれア〜エから選びなさい。

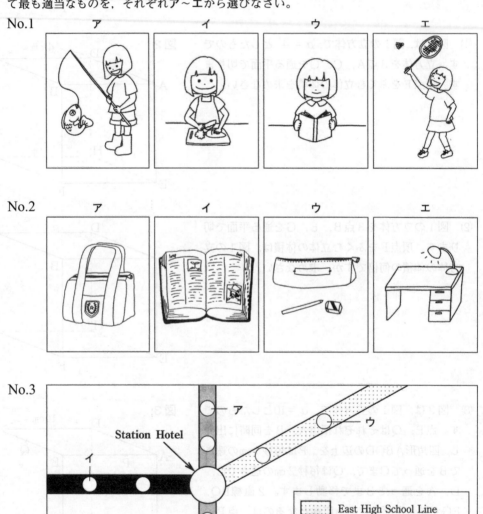

問2　次の No.1 ～ No.3 について，加奈 (Kana) とジョン (John) の対話を聞き，チャイム
の鳴るところで，加奈が話す言葉として最も適当なものを，それぞれア～エから選びなさい。

No.1　[登校中の対話]

　ア　I'm popular in Tokyo.　　イ　I opened the shop.

　ウ　I don't know the shop　　エ　I'd like to.

No.2　[昼休みの対話]

　ア　You should ask our teacher about it.

　イ　You should become a doctor then.

　ウ　You should give your medicine to me.

　エ　You should go to school to get your textbook.

No.3　[放課後の対話]

　ア　Yes, I've studied Japanese for five years,

　イ　No, I've never cooked Japanese food.

　ウ　Yes, I've been there once.

　エ　No, I haven't had a history test about it.

問3　友子 (Tomoko) が，観光ボランティアをしていることについて書いた英文を聞き，その
内容についての No.1 ～ No.3 の質問の答えとして最も適当なものを，それぞれア～エから選
びなさい。

No.1　友子が，外国人を手助けしたいと思ったきっかけは何でしたか。

　ア　Because Tomoko was glad to learn more about a famous place in
　　　America.

　イ　Because Tomoko's family went to Japan for sightseeing last year.

　ウ　Because a volunteer guide in New York knew a lot about Japan.

　エ　Because Tomoko's family wanted to help a volunteer guide in America.

No.2　神社を訪れた外国人観光客は，神社で友子に何を頼みましたか。

　ア　They asked her to be a volunteer guide in her town.

　イ　They asked her to learn more about the history of the shrine.

　ウ　They asked her to visit a famous shrine for sightseeing.

　エ　They asked her to show them the best place to take pictures.

No.3　友子は，神社での出来事の後，どんなことに取り組んでいますか。

　ア　She is trying to think about sightseeing for people in New York.

　イ　She is trying to answer the questions from a volunteer guide.

　ウ　She is trying to understand what people from abroad need.

　エ　She is trying to enjoy sightseeing with her family next year.

2　次の問いに答えなさい。

問1　次のページの(1)，(2)の英文が，それぞれの日本語と同じ意味になるように，　　　に入る
最も適当な英語1語をそれぞれ語群から選んで書きなさい。

(1) Sit ⬚ , please.

座ってください。

語群

| of | to | down | from |

(2) May I ⬚ you?

いらっしゃいませ。

語群

| help | come | thank | call |

問2　次の(1)，(2)の英文の ⬚ に入る最も適当な英語1語をそれぞれ語群から選んで書きなさい。

(1) We usually go to the ⬚ to see many kinds of animals.

語群

| station | factory | gym | zoo |

(2) Blue, red, and green are the words for ⬚ .

語群

| weeks | families | colors | numbers |

問3　次の(1)，(2)の対話が成り立つように，⬚ に入る適当な英語1語をそれぞれ書きなさい。ただし，⬚ 内の＿には記入例にならい，1文字ずつ書くものとします。

記入例

| b | o | o | k |

(1) A : When did you buy this racket?

B : I bought it two years ⬚ .

(2) A : Here's a birthday ⬚ for you.

B : Oh, it's a nice watch!　Thank you very much.

問4　次のグラフは，北海道のある都市の月ごとの降水量を表しています。グラフから考えて，

(1)，(2)の ⬚ に入る適当な英語1語をそれぞれ書きなさい。

(1) It rains the ⬚⬚⬚⬚⬚ in September.

(2) It rains about 80 mm in March and ⬚⬚⬚⬚⬚.

問5　次の(1)，(2)の絵において，2人の対話が成り立つように，質問に対する答えを，主語と動詞を含む英文1文でそれぞれ自由に書きなさい。

(1)

What fruit do you like?

(2)

What subject did you study last night?

③（2）　次の A，B に答えなさい。

A　次の英文は，英語の授業で，千香（Chika），幸太（Kota），友紀（Yuki）の3人の生徒が，自分たちのお気に入りのものについて，それぞれスピーチしている場面のものです。これを読んで，問いに答えなさい。

> Chika : Look at this picture. You can see beautiful stars! I took this picture when I went camping with my family this summer. When the night came, I was very *moved to see a lot of stars in the sky. Under the beautiful sky, my mother told me about some interesting *myths about the stars. I can never forget that night. Thank you for listening.
>
> Kota : I'll tell you how I got this special ball. I like baseball very much and I often go to the stadium to watch *professional baseball games. One day, my favorite player hit a *home run and his team won the game. After the game, some players threw balls to the fans and I caught this ball with my glove. I was very surprised because the ball had my favorite player's *autograph! So, this

became my special ball.　That's all.

Yuki : This is my favorite book.　For my birthday, my friend gave me this book.　It's about an adventure.　I wasn't interested in reading books very much then, but I tried reading it.　*Actually, it was so exciting that I read it in a day.　Since then, I've read many books. I think books take me to different worlds and I can be a different person.　How about reading more books, everyone?

(注)　moved　感動した　myth(s)　神話　professional　プロの
　　　home run　（野球の）ホームラン　autograph　（有名人等の）サイン　actually　実際は

問1　本文の内容に合うものを，ア〜オから2つ選びなさい。

ア　Each student said something about their family in their speech.

イ　The picture of the stars was taken by Chika when she went camping.

ウ　Yuki's friend told Yuki some stories about stars on her birthday.

エ　Both of Chika and Kota's favorite things were given to them by their friends.

オ　Yuki read the book about an adventure in a day because it was very exciting.

問2　本文の内容から考えて，次の問いに対する答えを，主語と動詞を含む英文1文で答えなさい。

Why is Kota's ball special?

B　次の英文は，ある町のイベント情報（Information）です。これを読んで，問いに答えなさい。

★Event Information for the 4th Week of December

Event Names (Places)	Date	Time	*Notes
Winter Bird Watching Tour (Lake Nishino)	22nd ~28th	7:00－8:30	with *professional guides!
*Ice Hockey *Tournament (Sanshiro Stadium)	24th	15:00－17:00	many famous players!
Ski Jumping Tournament (Mt. Kita Jump Stadium)	25th	13:00－16:00	international tournament!

★　You can take *free buses between the station and each place. (It takes 30 minutes.)

★　500 yen is needed for the *parking lots if you go to each place by car.

Tickets (Each Event)	*Adult (16 years old and over)	1,500　yen
	Child (12－15 years old)	700　yen
	Child (　0－11 years old)	0　yen

(注)　note(s)　備考　professional　プロの　ice hockey　アイスホッケー
　　　tournament　大会，トーナメント　free　無料の　parking lot(s)　駐車場　adult　大人

問1　次の(1), (2)の英文について，本文の内容から考えて，[　　]に当てはまる最も適当なもの
を，それぞれア〜エから選びなさい。

(1) You can go to all the events if you stay in this town for only [　　　]
days.

　ア　two　　　　　　イ　three　　　　　ウ　four　　　　　エ　five

(2) A junior high school girl is staying at a hotel near the station in this town
with her father and her mother.　If they want to go to the Ski Jumping
Tournament by bus, they'll pay [　　　].

　ア　2,700 yen　　イ　3,700 yen　　ウ　4,200 yen　　エ　4,500 yen

問2　次のようにたずねられたとき，あなたはどのように答えますか。主語と動詞を含む英文1
文で自由に書きなさい。

Which event do you want to go to?　And why?

[4]([3])　次の英文は，中学生の武（Takeshi）が，中学校での最後の英語の授業で，中学校生活
を振り返って書いたものです。これを読んで，問いに答えなさい。

When I entered junior high school, I was very excited to make new
friends and join a club activity.　In my second year, I was still having a
good time.　I [　　] the *captain of the soccer team and also [　　] the
classroom *leader.　But I *gradually began to feel too busy and tired
because I felt I had too much work to do.　For example, I had to make the
*training schedule every week as the captain of the soccer team.　And as
the classroom leader, I had to listen to many ideas from my classmates and
decide what to do at the school festival.

I didn't know what I should do, so I talked about it with Ms. Kato, my
*homeroom teacher, at lunch time.　Then, Ms. Kato told me about *time
management.　She said that I should make *to-do lists when I felt too busy
and wanted to use my time well.　She taught me how to make the list.

First, Ms. Kato asked me what I must do on the day and ①she [　　　]
write them on the paper.　After I wrote them, I was surprised to see so
many things on the paper.　Then she said to me, "Choose the especially
important things from them.　After ②that, you have to think about when you
should do them.　During lunch time?　After school?　After dinner?　This is
also important."　I made my to-do list *as Ms. Kato told me.

Now I understand that making to-do lists is a good way to know what to
do and when to do them.　So I make my to-do list every day.　I think I
can use my time better than before.　To-do lists are so useful!

*Thanks to Ms. Kato, I [　　　] *positive about my school life again.　I'll
enjoy the *rest of my time here.

(注)　captain　主将，キャプテン　　leader　リーダー　　gradually　徐々に
training schedule　練習計画　　homeroom teacher　担任　　time management　時間の管理
to-do list(s)　やるべきことをまとめたリスト　　as　〜のとおりに
thanks to　〜のおかげで　　positive　前向きな　　rest of　残りの〜

問1　本文の内容から考えて，□に共通して入る英語として最も適当なものを次の中から選び，正しい形に直して書きなさい。

| see | know | become | get |

問2　下線部①が，加藤先生が武に対して，紙に書くよう指示した英文となるように，□に入る英語を3語以上で書きなさい。

問3　下線部②の示す内容を具体的に表す英語として最も適当なものを，ア〜エから選びなさい。

ア　choosing the especially important things
イ　seeing so many things on the paper
ウ　making the to-do list every day
エ　teaching how to make the list

問4　本文の内容に合うものを，ア〜オから2つ選びなさい。

ア　Takeshi felt he had too much work to do in his first year of junior high school.
イ　Takeshi was taught how to make to-do lists by Ms. Kato at lunch time.
ウ　Takeshi was surprised because Ms. Kato wrote many things on the paper.
エ　Takeshi had to do all the important things after school as Ms. Kato told him.
オ　Takeshi feels he can use his time well now because he talked with Ms. Kato.

問5　次の英文は，武が中学3年生のある日のリストを英語にしたものの一部です。あなたが武になったつもりで，□に入る英語を2語以上で自由に書きなさい。

〈to-do list on the day of *graduation〉
□　to check what to take to school
□　to □ to my friends and teachers to show my thanks

(注)　graduation　卒業

【学校裁量問題】

4　次のA，Bに答えなさい。
次のページの英文は，高校生の洋子(Yoko)が，ALTのスミス先生(Mr. Smith)と会話している場面のものです。これを読んで，問いに答えなさい。

Mr. Smith : Hello, Yoko. I heard you've become a member of the special *project in this town. What's the project about?

Yoko : Well, we are thinking about how to make the future of this town better. Most members of this project are *adults and they've been in the project team since last year. From this year, two high school students have joined.

Mr. Smith : I see. Why did you decide to be a member?

Yoko : You know I'm in the *student council. When our members talked about what high school students can do for this town at the student council meeting, our teacher *introduced the project. I thought I could do many things if I joined it.

Mr. Smith : Good. I think being a member of the special project is a wonderful experience for you. What are your ideas for this town?

Yoko : My first plan was making a map to introduce good things about our town to *attract *travelers. But when I told the members about the idea at the meeting of the project yesterday, one of the members said, "We've already had the same idea. We need a different *point of view from young people." So, I talked about another idea to make a place like a coffee shop for travelers to meet people living in this town.

Mr. Smith : Good idea! Did other members agree with you?

Yoko : No, it has a big problem because we need a lot of money to *carry out my plan.

Mr. Smith : That's right, but do you know about "*crowdfunding?" ［　ア　］ It's a way to get money by asking people to help through the Internet when people want to do something, for example, making a new movie or holding a music festival. If you use crowdfunding, you can ask many people all over the world. This is one of the good points about it.

Yoko : It sounds very interesting! How can I use it?

Mr. Smith : ［　イ　］ You also have to think about how much money you'll need to carry out the plan.

Yoko : I see. We must make our plan interesting for many people and think about how much money we'll need. And then?

Mr. Smith : ［　ウ　］ You have to send your plan to a crowdfunding *organization and ask the organization to *judge it. If the judges of the organization *pass it, you can put your plan on the website and ask people to help your project.

Yoko : I see.　How does a crowdfunding organization judge?

Mr. Smith : 　エ　 For example, they judge *whether it's *possible to carry out the plan if you can get enough money for it and they also check whether it's *legal.

Yoko : I understand crowdfunding is good for my idea.　I'll talk about crowdfunding and my idea again at the next town meeting.

Mr. Smith : I'm happy to hear that.　I hope your *presentation goes well in the meeting.

Yoko : Thank you for your *advice, Mr. Smith!

（注）　project　プロジェクト　　adult(s)　大人　　student council　生徒会

introduce　紹介する　　attract　引きつける　　traveler(s)　旅行者

point of view　観点　　carry out　実行する

crowdfunding　クラウドファンディング　　organization　組織，団体

judge(s)　審査する，審査員　　pass　合格させる　　whether　～かどうか

possible　可能な　　legal　合法的な　　presentation　プレゼンテーション

advice　アドバイス

問1　本文の内容から考えて，次の英文が入る最も適当な場所を，本文中の　ア　～　エ　の中から1つ選び，記号で答えなさい。

You should make a great plan to attract many people first.

問2　本文の内容に合うように，次の対話文の　□　に入る適当な英語を2語で書きなさい。

"What's one of the good points about crowdfunding?"

"We can ask a lot of people all over the world to help our　□　the Internet."

問3　本文の内容に合うものを，ア～オから2つ選びなさい。

ア　Mr. Smith asked Yoko to become a member of the special project.

イ　The members of the special project told Yoko about their plan to make a coffee shop.

ウ　Yoko didn't know much about crowdfunding before Mr. Smith told her about it.

エ　Crowdfunding organizations check whether you have enough money.

オ　Judges of a crowdfunding organization don't pass the plan if it isn't legal.

問4　次のページの英文は，洋子が数日後の会議で提案した計画の一部と，それを見ながら，スミス先生と洋子がした会話です。これを読んで，(1)，(2)に答えなさい。

Fun-Fan Town Coffee Shop Project

Travelers can enjoy
- talking with many people living in this town
- learning about the good points of this town
- ⬚⬚⬚⬚⬚⬚⬚⬚⬚⬚⬚⬚⬚ of this town

in the coffee shop.

⬇

The travelers will get interested in our town.

"It's a lot of fun, and the travelers will become ⬚⬚⬚⬚ of this town!"

Mr. Smith : Hi, Yoko.　How was the meeting?

Yoko : It was nice!　Other members were interested in my idea.

Mr. Smith : Good!　Please tell me more.

Yoko : Sure.　Other members agreed with me and we talked about more ideas.　Please look at this.　I made this plan.　With this plan, I'd like more people to be fans of our town.　I think this plan is interesting to foreign travelers.

Mr. Smith : I think so, too.

(1)　あなたが洋子になったつもりで，⬚⬚ に入る英語を２語以上で自由に書きなさい。

(2)　計画や会話の内容から考えて，⬚⬚ に入る適当な英語を１語で書きなさい。

B　次のメールは，直美（Naomi）が交換留学先のアメリカに住むエマ（Emma）からもらったメールと，直美がエマに返信するメールです。直美がエマからもらったメールの質問に答える内容を，あなたが直美になったつもりで，30語以上の英語で ⬚⬚ に自由に書きなさい。ただし，英文は記入例の書き方にならうこと。

直美がエマからもらったメール

Hi, Naomi!

You'll come to my house next month. We can't wait for your visit!

My family loves sports, so we want to enjoy sports with you. What sport are you interested in, and how would you like to enjoy the sport with us in America?

Also, you told me this is the first time for you to visit a foreign country. What do you worry about now or what do you want to know before your visit?

See you soon.

直美がエマに返信するメール

> Hello, Emma!
> Thank you for your e-mail.
>
> _____
>
> See you next month.

記入例

I	have	two	dogs	, Pochi	and	6語
Taro	. They're	cute	and	make	me	12語

in	the	future ?			42語

＜理科＞ 時間　45分　満点　60点

1　次の問いに答えなさい。

問1　次の文の ① ～ ⑥ に当てはまる語句を書きなさい。

(1)　抵抗器や電熱線（金属線）に流れる電流の大きさは，それらに加わる電圧の大きさに比例する。この関係を ① の法則という。

(2)　生物のからだの特徴が，長い年月をかけて世代を重ねる間に，しだいに変化することを ② といい，その結果，地球上にはさまざまな種類の生物が出現してきた。

(3)　風化してもろくなった岩石が，水などのはたらきによってけずられることを ③ という。

(4)　二酸化炭素のように，原子がいくつか結びついた粒子で，物質としての性質を示す最小単位の粒子を ④ という。

(5)　遺伝子は，細胞の核内の染色体に含まれ，遺伝子の本体は ⑤ という物質である。

(6)　水の電気分解とは逆の化学変化を利用して，水素と酸素が化学変化を起こして水ができるときに，発生する電気エネルギーを直接取り出す装置を ⑥ 電池という。

問2　物体どうしが離れていてもはたらく力を，ア～オから2つ選びなさい。

ア　重力　　イ　弾性力　　ウ　摩擦力　　エ　垂直抗力　　オ　磁石の力

問3　火山灰の中に合まれる主な鉱物のうち，無色鉱物を，ア～カからすべて選びなさい。

ア　石英（せきえい）　　イ　角閃石（かくせんせき）　　ウ　長石（ちょうせき）
エ　輝石（きせき）　　オ　黒雲母（くろうんも）　　カ　カンラン石

問4　銅の粉末を黒色になるまで十分に加熱して，完全に酸化した後の粉末の質量をはかり，加熱前の銅の粉末の質量と加熱後の粉末の質量との関係を図1に表した。銅1.2gを十分に加熱し，完全に酸化したとき，この銅に化合した酸素の質量は何gか。

図1

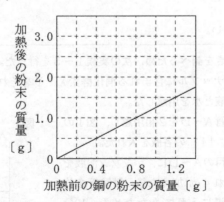

加熱後の粉末の質量〔g〕
加熱前の銅の粉末の質量〔g〕

問5　次のページの表は，湿度表の一部である。乾湿計の乾球の示す温度（示度）が10.0℃のとき，湿球の示す温度（示度）は7.5℃であった。このときの湿度を，表を用いて求めなさい。

表

| | | 乾球の示す温度と湿球の示す温度の差〔℃〕 | | | | | |
		0.0	0.5	1.0	1.5	2.0	2.5
乾球の示す温度〔℃〕	13	100	94	88	82	77	71
	12	100	94	88	82	76	70
	11	100	94	87	81	75	69
	10	100	93	87	80	74	68
	9	100	93	86	80	73	67
	8	100	93	86	79	72	65
	7	100	93	85	78	71	64

問6　次の文の ① , ② に当てはまる語句を，それぞれ書きなさい。

被子植物の受精では， ① の中にある卵細胞の核と花粉管の中を移動してきた精細胞の核が合体して受精卵がつくられる。受精卵は細胞分裂をくり返して種子の中の ② になり， ① 全体は種子になる。

問7　図2のように，まっすぐな導線に電流を流すとき，最も磁界が強い点として適当なものを，導線に垂直な平面上にある点A～Fから1つ選びなさい。なお，図3は導線の真上から平面を見たものである。

図2

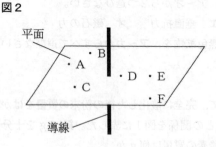

図3

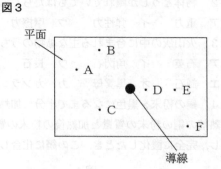

2　次の問いに答えなさい。

消化酵素のはたらきを調べるため，次の実験1～3を行った。

実験1　[1]　パイナップルに含まれる消化酵素X，Yをそれぞれ水にとかした中性のX液，Y液と水を用意した。

[2]　試験管A～Dを2組用意し，図1のように，[1]の各液を入れた。

[3]　1組目のA～Dに，デンプン溶液をそれぞれ4cm³加えた後，試験管を約40℃の湯に入れてあたためた。10分後，ヨウ素液を数滴加え，それぞれの色の変化を調べた。

図1

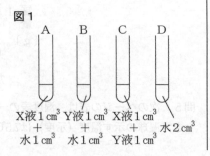

［4］　2組目のA〜Dに，タンパク質を含む乳白色のスキムミルク（脱脂粉乳）水

溶液をそれぞれ4cm³加えた後，試験管を約40℃の湯に入れてあたためた。10分

後，それぞれの色の変化を調べた。なお，スキムミルク水溶液はタンパク質に

よって乳白色に見える。

表1は，このときの結果をまとめたものである。

表1

	試験管A	試験管B	試験管C	試験管D
デンプン溶液	透明	青紫色	透明	青紫色
スキムミルク水溶液	乳白色	透明	透明	乳白色

実験2　［1］　パイナップルをよくすりつぶして，布で軽くしぼってこした液から中性の透

明な液（パイナップル液）をつくった。

［2］　試験管E，Fを2組用意し，図2のように，

パイナップル液と水を入れた。

［3］　1組目のE，Fは実験1［3］と，2組目は

実験1［4］と同じ操作を行い，それぞれ液体

の色の変化を調べた。

表2は，このときの結果をまとめたものである。

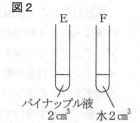
図2

パイナップル液　水2cm³
2cm³

表2

	試験管E	試験管F
デンプン溶液	透明	青紫色
スキムミルク水溶液	透明	乳白色

実験3　［1］　実験2［1］と同様にしてつくったパイナップル液と水を用意した。

［2］　図3のように，試験管G，Hを2組用意し，

約40℃に保った湯であたためた。

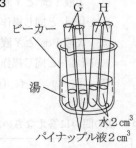
図3

ビーカー

湯

水2cm³
パイナップル液2cm³

［3］　4時間後，G，Hの1組目は実験1［3］

と，2組目は実験1［4］と同じ操作を行い，そ

れぞれ液体の色の変化を調べた。

表3は，このときの結果をまとめたものである。

表3

	試験管G	試験管H
デンプン溶液	青紫色	青紫色
スキムミルク水溶液	透明	乳白色

問1　実験1について，次の(1)〜(3)に答えなさい。

(1)　次の文の①，②の｛　｝に当てはまるものを，それぞれア，イから選びなさい。

表1から，消化酵素Xは，だ液などに含まれ，デンプンを分解する①｛ア　アミラーゼ

イ　リパーゼ｝，消化酵素Yは，すい液に含まれるトリプシンや②｛ア　胃液　　イ　胆汁｝に

含まれるペプシンのようなタンパク質を分解する消化酵素であると考えられる。

(2)　次のページの文の　①　に当てはまる語句を書きなさい。また，②の｛　｝に当てはまる

ものを，ア，イから選びなさい。

　　　前のページの表１において，試験管Ａの結果が透明になった理由を確認するためには，

　　［３］で試験管Ａにヨウ素液を加えるかわりに，　①　と沸騰石を加えて加熱し，②{ア　乳

　　白　イ　赤褐}色の沈殿が生じることを確かめればよい。

⑶　次の文の　①　，　②　に当てはまる語句を書きなさい。

　　　実験の結果を比較し，考察するために，調べようとしている条件以外の条件を同じにして

　　行うものを　①　実験という。実験１において，試験管Ａ，Ｂに水１cm³を加えたのは，試

　　験管Ａ，Ｂに含まれている消化酵素Ｘ，Ｙの濃度を　　②　　ためである。

問２　実験１～３について，次の⑴，⑵に答えなさい。

⑴　次の文は，試験管Ｃ，Ｅ，Ｇの結果について説明したものである。次の文の　①　，　②

　　に当てはまるものとして最も適当なものを，それぞれア～ウから選びなさい。

　　　試験管Ｃの液と試験管Ｅの液には，ともに　①　があると考えられ，試験管Ｇの約40℃

　　の湯に入れて４時間あたためたパイナップル液は　②　があると考えられる。

　　ア　デンプンを分解するはたらきのみ

　　イ　タンパク質を分解するはたらきのみ

　　ウ　デンプンとタンパク質を分解するはたらき

⑵　Ｘ液，Ｙ液を用いて，試験管ＥとＧの結果が異なった原因を調べる実験を行う場合，次の

　　①～④のうち必要な実験の組み合わせとして，最も適当なものを，ア～カから選びなさい。

　　①　Ｘ液１cm³と水１cm³を入れた試験管を約40℃に保った湯で４時間あたためた後，実験１

　　　　［３］と同じ操作を行い，色の変化を調べ，実験１の試験管Ａの結果と比較する。

　　②　Ｙ液１cm³と水１cm³を入れた試験管を約40℃に保った湯で４時間あたためた後，実験１

　　　　［３］と同じ操作を行い，色の変化を調べ，実験１の試験管Ｂの結果と比較する。

　　③　Ｘ液１cm³とＹ液１cm³を入れた試験管を約40℃に保った湯で４時間あたためた後，実験

　　　　１［３］と同じ操作を行い，色の変化を調べ，実験１の試験管Ｃの結果と比較する。

　　④　Ｘ液１cm³とＹ液１cm³を入れた試験管を約40℃に保った湯で４時間あたためた後，実験

　　　　１［４］と同じ操作を行い，色の変化を調べ，実験１の試験管Ｄの結果と比較する。

　　ア　①，②　　イ　①，③　　ウ　①，④　　エ　②，③　　オ　②，④　　カ　③，④

[3]　次の問いに答えなさい。

> 　　水溶液の性質を調べるため，うすい硫酸が40cm³入っているビーカーＡとうすい塩酸が
> 40cm³入っているビーカーＢを２組用意し，うすい水酸化バリウム水溶液を用いて，次の実験
> を行った。
>
> 実験１　［１］　１組目のビーカーＡ，Ｂそれぞれに，BTB溶液を数滴加えたところ，いずれ
> 　　　　　　　も水溶液は黄色になった。
>
> 　　　　　［２］　次のページの図１のように，［１］のＡ，Ｂそれぞれに，うすい水酸化バリ
> 　　　　　　　ウム水溶液を少しずつ加えた。Ａは白い沈殿が生じ，20cm³加えたところで水
> 　　　　　　　溶液が緑色になったので，加えるのをやめた。Ｂは沈殿ができず，30cm³加えた
> 　　　　　　　ところで水溶液が緑色になったので，加えるのをやめた。

図1

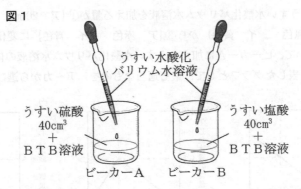

うすい水酸化
バリウム水溶液

うすい硫酸
40cm³
＋
ＢＴＢ溶液
ビーカーＡ

うすい塩酸
40cm³
＋
ＢＴＢ溶液
ビーカーＢ

〔3〕　さらに，Ａ，Ｂそれぞれに，うすい水酸化バリウム水溶液を10cm³加えると，いずれの水溶液も青色になった。

〔4〕　Ａのうすい硫酸が反応して生じた沈殿をすべて取り出し，質量をはかると0.5gであった。

実験2　〔1〕　図2のように，2組目のビーカーＡ，Ｂを用意し，Ａに電極の先を入れて電流が流れるかどうか調べたところ，電流計の針が振れた。同様にＢも調べたところ，電流計の針が振れた。

〔2〕　次に，うすい水酸化バリウム水溶液を，Ａに20cm³，Ｂに30cm³加えて，〔1〕と同様に電流が流れるか調べたところ，Ｂだけ電流計の針が振れた。

〔3〕　図3のように，〔2〕のＡの水溶液のうわずみをスライドガラスに1滴取り，水を蒸発させたところ，何も残らなかった。同様に，〔2〕のＢの水溶液を別のスライドガラスに1滴取り，水を蒸発させたところ，白い粉末が残った。

図2　　　　　　　　　　　　　　　　　図3

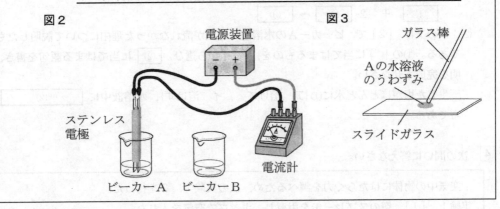

電源装置

ステンレス
電極

ビーカーＡ　ビーカーＢ

電流計

ガラス棒

Ａの水溶液
のうわずみ

スライドガラス

問1　実験1について，次の(1)～(3)に答えなさい。

(1)　次の文について，　①　，　②　に当てはまる語句を，それぞれ書きなさい。

　〔1〕において，ビーカーＡ，Ｂの水溶液がどちらも黄色になったことから，Ａ，Ｂに共通して含まれるイオンは　①　イオンと考えられる。〔2〕において，Ａ，Ｂの水溶液がそれぞれ緑色に変化したとき，この　①　イオンと，加えたうすい水酸化バリウム水溶液に含まれている　②　イオンとが，すべて結びついて水になったと考えられる。

(2)　次の文の①～③の｛　｝に当てはまるものを，それぞれア，イから選びなさい。

　ビーカーＢにおいて，ＢＴＢ溶液の代わりにフェノールフタレイン溶液を用いて実験を

行った場合，うすい水酸化バリウム水溶液を加える量が①{ア　20cm³　　イ　30cm³}を超えると②{ア　無色　　イ　黄色}から③{ア　赤色　　イ　青色}に変化すると考えられる。

(3)　［4］について，ビーカーAに加えたうすい水酸化バリウム水溶液の体積と，生じた沈殿の質量の関係を表したグラフとして，最も適当なものを，ア～カから選びなさい。

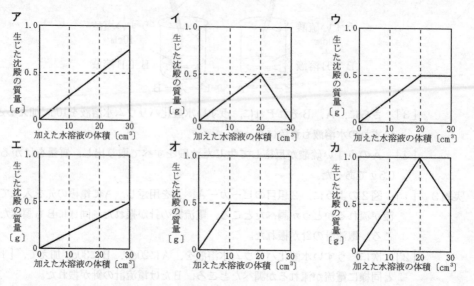

問2　実験2について，次の(1)，(2)に答えなさい。

(1)　次の式は，下線部のときの反応を表したものである。 ① ， ② に当てはまるイオン式を，それぞれ書きなさい。また， ③ に当てはまる化学式を書きなさい。

$$\boxed{①} \ + \ 2\boxed{②} \ \rightarrow \ \boxed{③}$$

(2)　次の文は，［2］で，ビーカーAの水溶液に電流が流れなかった理由について説明したものである。①の{ }に当てはまるものを，ア，イから選び， ② に当てはまる語句を書き，説明を完成させなさい。

　　　生じた塩がほとんど水に①{ア　溶けて　　イ　溶けず}，水溶液中に ② からである。

4　次の問いに答えなさい。

　空気中の物体にはたらく力を調べるため，次の実験1，2を行った。

実験1　［1］　空のスプレー缶を用意し，ポンプで空気を入れた。

　　　　［2］　図1のように，空気を入れたスプレー缶全体の質　　　図1
　　　　　　　量をはかると，105.9gであった。

　　　　［3］　500cm³の空気を出した後，再び質量をはかると
　　　　　　　105.3gであった。

実験2　［1］　ゴム板を用意し，一辺が0.03m，0.04m，0.05mの
　　　　　　　正方形に切り分け，次のページの図2のようにフッ
　　　　　　　クをつけ，それぞれゴム板A，B，Cとした。

スプレー缶

[2]　Aを水平でなめらかな天井との間にすき間がで
　　　きないようにはりつけた。次に，図3のようにA
　　　におもりをつり下げ，Aがはがれたときのおもり
　　　の重さを調べた。

[3]　B，Cについても，それぞれ[2]と同じよう
　　　に実験を行った。

図2

　表は，このときの結果をまとめたものである。なお，この実験を行ったときの気圧
は100000Paで，実験に用いたA～Cの重さは無視できるものとする。

図3

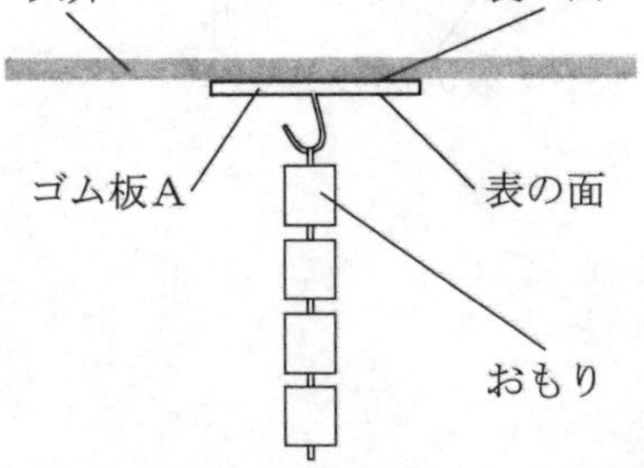

天井　　　　　　　　　裏の面

ゴム板A　　　　　　　表の面

おもり

表

	ゴム板A	ゴム板B	ゴム板C
一辺の長さ〔m〕	0.03	0.04	0.05
はがれたときの おもりの重さ〔N〕	36	64	100

問1　実験1について，次の(1)，(2)に答えなさい。

(1)　次の文の ① ， ② に当てはまる数値を，それぞれ書きなさい。

　　この実験では，スプレー缶から出した空気の質量は ① gであることから，空気の密
度は ② g/cm³と求められる。

(2)　次の文の①～③の｛ ｝に当てはまるものを，それぞれア，イから選びなさい。

　　この実験から空気に重さがあることがわかる。そのため，地上からの高度が高くなるほ
ど，上空にある空気の重さが①｛ア　大きく　　イ　小さく｝なり，大気圧は②｛ア　大きく
イ　小さく｝なる。このことは，密封された菓子袋を持って高い山を登ると，菓子袋が
③｛ア　ふくらむ　　イ　しぼむ｝ことで確かめられる。

問2　実験2について，次の(1)～(3)に答えなさい。

(1)　次の文の①，②の｛ ｝に当てはまるものを，それぞれア，イから選びなさい。

　　実験の結果から，ゴム板A～Cの面積とはがれたときのおもりの重さは①｛ア　比例
イ　反比例｝することがわかる。また，A～Cがはがれたとき，単位面積あたりのおもりが
ゴム板を引く力の大きさは②｛ア　等しい　　イ　異なる｝ことがわかる。

(2)　図3のように，すき間なくゴム板Aが天井にはりついていたとき，表の面全体が大気から
受ける力の大きさは何Nか，書きなさい。

(3)　次の文の①，②の｛ ｝に当てはまるものを，それぞれア～ウから1つ選びなさい。

　　ゴム板につり下げるおもりを増やすと，図4のように，ゴム板の端から空気が入り，さら
におもりを増やすと，天井と接している裏の面がさらに小さくなった。おもりがゴム板を引
く力の大きさをW，表の面が大気から受ける力の大きさをX，天井からはがれた裏の面が大
気から受ける力の大きさをY，天井がゴム板を押す力の大きさをZとするとき，ゴム板の変

形が無視できるほど小さく，それぞれの力の向きが天井に対し垂直にはたらくとすると，X＝W＋Y＋Zと表すことができる。この式において，図4からおもりを増やしたときに大きくなる値はWと①{ア　X　　イ　Y　　ウ　Z}で，小さくなる値は②{ア　X　　イ　Y　　ウ　Z}である。

図4

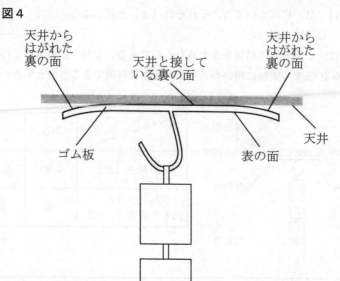

天井から
はがれた
裏の面

天井と接して
いる裏の面

天井から
はがれた
裏の面

天井

ゴム板

表の面

5　次の問いに答えなさい。

　　K君は，ある日，テレビで緊急地震速報が流れた後に地震のゆれを感じた。また，この日のニュースを見て，ある地域では地震の強いゆれで地面が液体のようにやわらかくなる現象が起こり，砂と水が噴き出して電柱が傾いたり，マンホールが浮き上がったりしていたことを知った。この地震について調べるため，次の実習を行った。

実習　インターネットで調べたところ，地震計が設置されているA〜E地点の地震計の記録には，はじめの小さなゆれXと，後からくる大きなゆれYの2種類のゆれが記録されていた。図は，A地点の地震計の記録である。

図

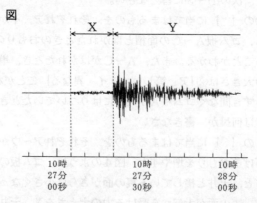

X　　　　　Y

10時
27分
00秒

10時
27分
30秒

10時
28分
00秒

　　また，B〜E地点の地震計の記録から，XとYが始まった時刻を読み取り，それぞれ

の震源距離を調べた。表はその結果をまとめたものである。ただし，この地震において，P波，S波の伝わる速さは，それぞれ一定とする。

表

	震源距離	Xが始まった時刻	Yが始まった時刻
B地点	16km	10時26分52秒	10時26分54秒
C地点	56km	10時26分57秒	10時27分04秒
D地点	88km	10時27分01秒	10時27分12秒
E地点	128km	10時27分06秒	10時27分22秒

問1　下線部の現象を何というか，書きなさい。

問2　図について，次の文の①の｛ ｝に当てはまるものを，ア，イから選びなさい。また，② に当てはまる数値を整数で書きなさい。

　ゆれXは，①｛ア　P波　　イ　S波｝によるゆれである。このゆれXは　②　秒間続いている。

問3　表について，次の(1)，(2)に答えなさい。

(1)　この地震において，ゆれYを伝える波の速さは何km/sか，書きなさい。

(2)　B～D地点のゆれXが始まった時刻とゆれXの継続時間との関係をグラフに書きなさい。その際，表から得られる3つの値を，それぞれ●印ではっきりと記入し，グラフの線は解答欄のグラフ用紙の端から端まで引くこと。また，この地震が発生した時刻は何時何分何秒と考えられるか，書きなさい。

問4　緊急地震速報は，地震が起こると震源に近い地点の地震計の観測データを解析して，ゆれYのような後からくる大きなゆれの到達時刻をいち早く各地に知らせるものである。この地震において，震源距離が80kmの地点でゆれXが始まってから4秒後に，各地に緊急地震速報が伝わったとすると，E地点では，緊急地震速報が伝わってから，何秒後にゆれYが始まるか，書きなさい。

問5　地震の震度とマグニチュードについて，それぞれ説明しなさい。

＜社会＞　　時間　45分　　満点　60点

1　次の問いに答えなさい。

問1　略地図1を見て，次の(1)～(3)に答えなさい。

略地図1

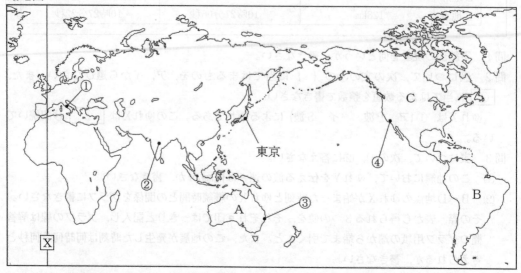

(1)　世界の3つの海洋（三大洋）のうち，A，B，Cの大陸が共通して面している海洋の名を書きなさい。

(2)　Xは0度の経線です。この経線の名を書きなさい。

(3)　①～④の都市を，東京との時差が小さい順に並べなさい。

問2　表1を見て，後の(1)，(2)に答えなさい。

表1

時代	で　き　ご　と
飛鳥時代	遣隋使が派遣された。
奈良時代	阿倍仲麻呂が唐に派遣された。
平安時代	唐の衰えにより遣唐使の派遣が停止された。
鎌倉時代	A　の軍が九州北部の博多湾沿岸に上陸した。
室町時代	勘合貿易が開始された。

(1)　　A　に当てはまる，フビライが建国した国の名を，漢字１字で書きなさい。

(2)　資料１と資料２にまとめた内容は，前のページの表１のどの時代に当てはまりますか，それぞれ書きなさい。

資料１

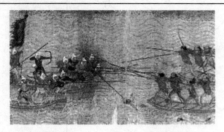

　　この絵巻物には，明軍と倭寇の戦いの様子が描かれています。明は貿易の開始を求める日本に対し，活動がさかんになった倭寇の取りしまりを求め，日本は明の申し入れに応じました。

資料２

　　この絵巻物には，紫式部が著した「源氏物語」の一場面が描かれています。「源氏物語」のように，かな文字を用いた作品が多く生まれるなど，国風文化が栄えました。

問3　次の(1)～(3)に答えなさい。

(1)　資料３は，日本で伝統的に行われている，おもな年中行事についてまとめたものです。A～Cに当てはまることがらを，それぞれア～ウから選びなさい。

ア　端午の節句
イ　七五三
ウ　節分

資料３

	おもな年中行事
1月	正月，初もうで
2月	A
3月	ひな祭り，春の彼岸
5月	B
7月	七夕
8月	お盆
9月	秋の彼岸
10月	秋祭り
11月	C
12月	大晦日（おおみそか）

(2)　栄典を授与することや外国の大使及び公使を接受することなど，天皇が内閣の助言と承認により，国民のために行う行為のことを何といいますか，書きなさい。

(3)　次の文の①，②の｛　｝に当てはまる語句を，ア，イからそれぞれ選びなさい。

　　地方自治で住民に認められている，直接請求権の一つに，①｛ア　条例　　イ　法律｝の制定及び改廃の請求があり，その請求先は，②｛ア　首長　　イ　議員｝である。

問4　次の略地図2を見て，(1)，(2)に答えなさい。

略地図2

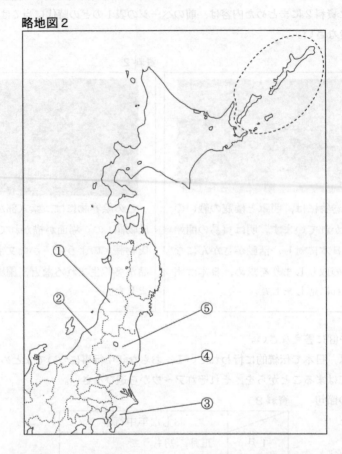

(1)　表2は，略地図2の①～⑤の県のうち，2つの県について，簡単にまとめたものです。A，Bに当てはまる県の名を，それぞれ書きなさい。また，A，Bの県をそれぞれ①～⑤から選びなさい。

表2

A	B
戦国時代，上杉謙信の領国であったこの県には，越後平野が広がっており，現在，日本有数の米の生産地となっている。	明治時代，富岡製糸場が建てられたこの県には，現在，北関東工業地域が広がっている。

(2)　略地図2の⋯⋯で囲まれた島々は日本固有の領土であり，北方領土とよばれています。表3のa～cに当てはまる島（群島）をア～ウからそれぞれ選びなさい。

ア　国後島

イ　歯舞群島

ウ　択捉島

表3

島（群島）	a	色丹島	b	c
面積（k㎡）	93	248	1,489	3,167

（「理科年表2019」及び外務省ホームページより作成）

問5　次の(1)～(3)に答えなさい。

(1)　次の**ア**～**ウ**のできごとを，年代の古い順に並べなさい。

ア　大友氏などのキリシタン大名が，4人の少年をローマ教皇のもとに派遣した。

イ　ローマ教皇が，エルサレムをイスラム勢力から取り返すため十字軍の派遣をよびかけた。

ウ　バスコ＝ダ＝ガマが，アフリカ大陸の南端を回ってインドに到達した。

(2)　次の文の ☐ に共通して当てはまる語句を書きなさい。

> 　明治政府は，朝鮮に国交を結ぶよう求めたが断られた。そのため，政府内には，武力を用いてでも朝鮮を開国させようとする主張である ☐ が高まった。しかし，欧米諸国から帰国した岩倉具視らは国力の充実が優先と考え，☐ に反対した。

(3)　次の文の ☐ に当てはまる県の名を書きなさい。また，{ } に当てはまる語句を，**ア**，**イ**から選びなさい。

> 　サンフランシスコ平和条約が結ばれた後もアメリカの統治下にあった，現在の ☐ 県は，{**ア**　湾岸　　**イ**　ベトナム}戦争の際にアメリカの軍事拠点となった。その後，佐藤栄作内閣の時にアメリカから日本に返還された。

問6　次の(1)～(4)に答えなさい。

(1)　次の文の ☐ に当てはまる語句を漢字2字で書きなさい。

> 　最高裁判所は，法律などが憲法に違反していないかどうかを最終的に判断する権限を持っていることから，「憲法の ☐ 」とよばれている。

(2)　次の表4の a ，b に当てはまる語句を，それぞれ漢字1字で書きなさい。

表4

a 党	b 党
政権を担当し，政策の決定と実施にあたる政党のことをいう。	政権を担当せず，政権を批判したり，監視したりする政党のことをいう。

(3)　わが国において，労働者が使用者と交渉するために組織をつくることができる権利を何といいますか，書きなさい。

(4)　18世紀に「法の精神」を著し，三権分立を主張したフランスの思想家の名を書きなさい。

[2]　次のA～Cのカードは，ある中学生が，北海道にある建造物について調べ，わが国の歴史とのかかわりについてまとめたものです。これらのカードを見て，問いに答えなさい。

カードA

> 　これは，上ノ国町にある勝山館(たて)の跡です。この館は，①1457年に，☐ を指導者とする②アイヌの人々と和人との戦いの後に築城されました。この遺跡の発掘調査により，館の中では，和人とアイヌの人々が1世紀以上も一緒に住んでいたと考えられています。

カードB

　　これは，伊達市にある善光寺です。この寺は，江戸幕府が
③1804年に建立を決定し，和人の葬儀やアイヌの人々への仏教
の布教を目的に建てられました。この寺の建立のねらいには，
④ロシアなどの外国船が蝦夷地に来航したことにより，幕府に
よる蝦夷地の支配を示すこともありました。

カードC

　　これは，旧住友赤平炭鉱立坑です。この炭鉱では，1938年か
ら石炭の生産が始まり，最盛期には，年間約190万トンの出炭量
がありました。北海道の炭鉱の開発は，1857年の白糠炭山の開
発に始まり，1960年代には，石狩炭田が筑豊炭田の出炭量を抜
き，⑤わが国最大の産炭地になりました。

問1　カードAの　　　　に当てはまる人の名を書きなさい。

問2　下線部①が含まれる15世紀におけるわが国の様子について述べた文として適当なものを，
　　ア～オからすべて選びなさい。
　ア　市が定期的に開かれていた。
　イ　ものさしの長さやますの大きさが統一された。
　ウ　同業者ごとに座とよばれる団体がつくられた。
　エ　犯罪の防止や年貢の納入に連帯責任をとらせる五人組がつくられた。
　オ　土倉や酒屋などを襲い借金の帳消しなどを求める土一揆が起きた。

問3　下線部②との交易が行われた十三湊の
　　おおよその位置を，略地図のア～エから選
　　びなさい。

略地図

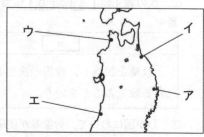

問4　下線部③が含まれる19世紀に，江戸を中心に活躍した浮世絵師を，Ⅰ群のア～エから１つ
　　選びなさい。また，この人物が残した作品をⅡ群のカ～ケから１つ選びなさい。
［Ⅰ群］ア　黒田清輝　　イ　雪舟　　ウ　歌川（安藤）広重　　エ　菱川師宣
［Ⅱ群］カ　　　　　　　　キ　　　　　　　ク　　　　　　　ケ

問5　下線部④が行った次のア～エを，年代の古い順に並べなさい。

ア　通商を求めてラクスマンを日本に派遣した。

イ　南樺太（北緯50度以南の樺太）を日本にゆずり渡した。

ウ　日本と樺太・千島交換条約を結び，千島列島を日本領とした。

エ　日本に対して，ドイツやフランスとともに，遼東半島を清に返還するように要求した。

問6　下線部⑤に関して述べた次の文の　□　に当てはまる内容を，「エネルギー源」と「生産量」という語句を使い，簡単に書きなさい。

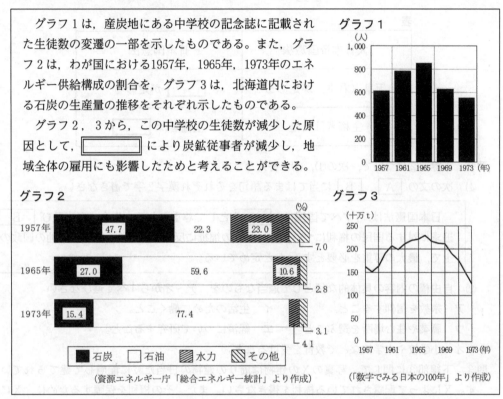

グラフ1は，産炭地にある中学校の記念誌に記載された生徒数の変遷の一部を示したものである。また，グラフ2は，わが国における1957年，1965年，1973年のエネルギー供給構成の割合を，グラフ3は，北海道内における石炭の生産量の推移をそれぞれ示したものである。

グラフ2，3から，この中学校の生徒数が減少した原因として，　□　により炭鉱従事者が減少し，地域全体の雇用にも影響したためと考えることができる。

（資源エネルギー庁「総合エネルギー統計」より作成）

（「数字でみる日本の100年」より作成）

③　次の資料は，ある中学生が，社会科の授業で学習した内容をまとめたものの一部です。これを見て，問いに答えなさい。

資料

日本国憲法	・わが国の政治は，①日本国憲法にもとづいて行われている。 ・日本国憲法では，自由権，平等権，社会権などの②基本的人権を保障している。
新しい人権	・社会の変化などにともない，新しい人権が主張されるようになっている。 ・新しい人権は，日本国憲法に明確には規定されていないが，③環境権，知る権利などがある。

情報化	・情報通信技術の発達により，情報の果たす役割が大きくなっている。 ・④情報化が進んだことで，便利になる一方，情報をめぐる問題も増加している。

問1　下線部①について，表の □ に共通して当てはまる語句を漢字2字で書きなさい。

表

大日本帝国憲法	日本国憲法
天皇（君主）が定める	□ が定める
主権者は天皇	主権者は □

問2　下線部②について，次の(1)，(2)に答えなさい。

(1) 次の文の A ， B に当てはまる語句をそれぞれ漢字2字で書きなさい。

> 日本国憲法は，「すべて国民は， A として尊重される。生命，自由及び B 追求に対する国民の権利については，公共の福祉に反しない限り，立法その他の国政の上で，最大の尊重を必要とする。」と定めている。

(2) 自由権の内容の具体的な例として適当なものを，ア〜オからすべて選びなさい。

　ア　宗教を信仰すること。　　　　イ　生活のために働くこと。
　ウ　職業や住む場所を選ぶこと。　エ　経済について研究すること。
　オ　小学校や中学校などで教育を受けること。

問3　下線部③に関して，写真のXの建物は周りの建物の日当たりに配慮して建てられています。Xによって配慮されている権利を書きなさい。また，その権利を保障するために，Xに施されている工夫と，その工夫が周りの建物にもたらす効果について，「日当たり」という語句を用いて書きなさい。

写真

問4　下線部④に関して，情報リテラシーについて述べた文として正しいものを，ア～エから1
つ選びなさい。

ア　他人に知られたくない個人の生活など，私的な情報を公開されないこと。

イ　情報の受信や発信において，必要な情報を適切に選択し，正しく活用する力のこと。

ウ　多くの人，物，情報などが，国境を越えて移動する動きが地球規模で広がること。

エ　コンピュータやインターネットなどを活用した情報通信技術のこと。

4　次の A，B に答えなさい。

A　次の略地図を見て，問いに答えなさい。

略地図

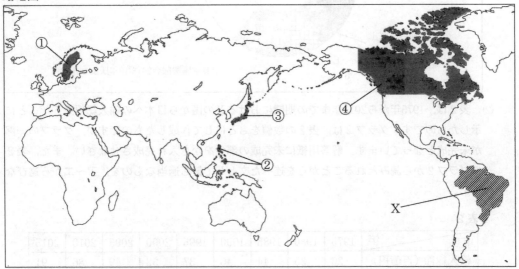

問1　表1のa～dには，略地図の①～④の国のいずれかが当てはまります。a～dそれぞれに
当てはまる国を，①～④から選びなさい。

表1

項目 国	人口 （千人）	一人当たりの国 民総所得（ドル）	穀物生産量 （千 t ）	自動車の生産 台数（千台）
a	36,954	41,568	55,251	2,371
b	127,185	39,881	9,035	9,205
c	9,983	52,849	5,447	205
d	106,512	3,552	24,847	117

※　人口のデータは2018年，一人当たりの国民総所得，穀物生産量及び自動車の生産台数のデータ
は2016年。（世界国勢図会2018/19年版，世界各国/地域の四輪車生産台数より作成）

問2　Xの国について，次の(1)，(2)に答えなさい。

(1)　次のページのグラフ1は，2017年の日本におけるXの国からの輸入総額とその内訳を示し
たものです。グラフ1から読みとったことがらを述べた後の文の ☐ とグラフ1の ☐
に共通して当てはまる語句を書きなさい。また，{ } に当てはまる語句を，ア～ウから選

びなさい。

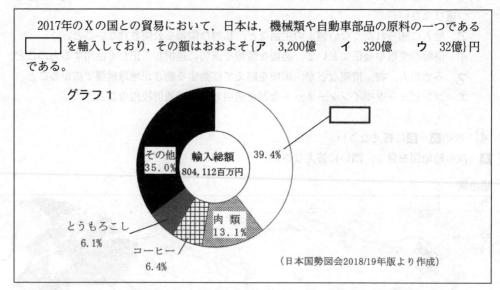

2017年のＸの国との貿易において，日本は，機械類や自動車部品の原料の一つである
　　　　　を輸入しており，その額はおおよそ{ア　3,200億　　イ　320億　　ウ　32億}円
である。

グラフ１

その他
35.0%

輸入総額
804,112百万円

39.4%

肉　類
13.1%

コーヒー
6.4%

とうもろこし
6.1%

（日本国勢図会2018/19年版より作成）

(2)　表２は，1975年から2015年までの期間におけるＸの国から日本への輸入総額を５年ごとに
示したものです。グラフ２は，表２の数値をもとにして作成したものですが，グラフの一部
が未完成となっています。解答用紙に未完成の部分をかき入れ完成させなさい。また，表２
やグラフ２から読みとれることがらを述べた文として最も適当なものを，ア～エから選びな
さい。

表２

項目　　　　　　年	1975	1980	1985	1990	1995	2000	2005	2010	2015
輸入総額（百億円）	26	35	44	46	37	32	49	86	91

（財務省「貿易統計」より作成）

グラフ２

（百億円）

1975 1980 1985 1990 1995 2000 2005 2010 2015（年）

ア　輸入総額をそれぞれ５年前と比較すると，増加したのは４度ある。

イ　輸入総額をそれぞれ５年前と比較すると，減少したのは３度ある。

ウ　輸入総額の最も多い年は，1990年のおおよそ３倍である。

エ　輸入総額の最も少ない年は，2005年のおおよそ半分である。

B 次の略地図を見て，問いに答えなさい。

問1　略地図の ➘ は，冬に吹く日本付近の季節風（モンスーン）のおおよその向きを示しています。大陸では乾燥していたこの風が，日本の山脈にぶつかり日本海側に多くの雨や雪を降らせる理由を，簡単に書きなさい。

略地図

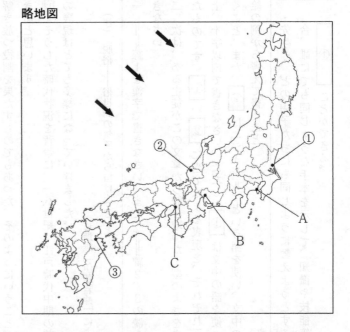

問2　略地図の①〜③の都市の気温と降水量を示したグラフを，ア〜ウからそれぞれ選びなさい。

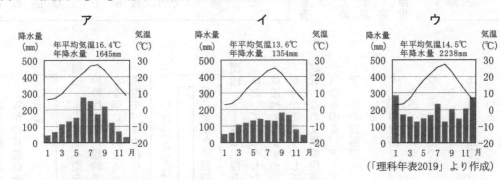

ア　年平均気温16.4℃　年降水量 1645mm

イ　年平均気温13.6℃　年降水量 1354mm

ウ　年平均気温14.5℃　年降水量 2238mm

（「理科年表2019」より作成）

問3　次のⅠ〜Ⅲのグラフは，それぞれ略地図のA〜Cのいずれかの都市を含む工業地帯の2016年における工業別の出荷額の割合を示したものです。Ⅰ〜Ⅲに当てはまる工業地帯の名を，それぞれ書きなさい。

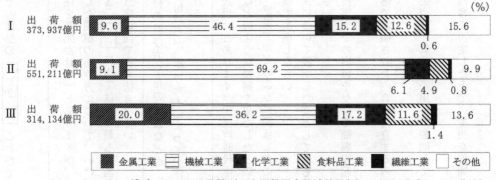

（%）

Ⅰ　出荷額 373,937億円　9.6　46.4　15.2　12.6　0.6　15.6

Ⅱ　出荷額 551,211億円　9.1　69.2　6.1　4.9　0.8　9.9

Ⅲ　出荷額 314,134億円　20.0　36.2　17.2　11.6　1.4　13.6

▨ 金属工業　☰ 機械工業　▰ 化学工業　▨ 食料品工業　■ 繊維工業　☐ その他

（「データでみる県勢（日本国勢図会地域統計版）2018/19年版」より作成）

に美術作品を生活の中に取り込むようになりましたが、もの珍しさを追い求めたい気持ちの高まった彼らは、もはや昔ながらのありきたりな表現では満足できません。自分たちがお金を出す作品には、2誰も見たことのないような斬新な表現を求めるようになりました。

11 とくに地方の豪農たちが好んだのは、脱俗の「奇」の表現でした。画家たちはこぞって新奇なモチーフや変わった表現の作品を描き、彼らの要望に応えます。この時代における美術は、階級制度に疑問を抱きはじめ、自己表現を求める人びとの心を自由に解き放つ役割を果たすものでもあった。そのようにいうことができると思います。

12 そうした時代状況を背景に、一八世紀、江戸時代中期の美術の表現はとても多様になっていきました。

（辻惟雄「伊藤若冲」による）

（注）　脱俗——俗世間の気風から抜け出ること。

問一　＝＝線1を漢字で書きなさい。また、＝＝線2、3の読みを書きなさい。

問二　次は、ある生徒がこの文章から読み取った、型のよさをまとめたものです。 ① 、 ② に当てはまる表現を、それぞれ五字以上、十字以内で書きなさい。ただし、 ① は文中の語を使って書くこと。また、 ② は「ジャンル」という語を使い、文中の浮世絵の例から考えて書くこと。

・先生が、どの弟子たちにも同じような手本を示して、知識や技能等を
　　① 　ことができる。

・ある美術作品を初めて見た人でも、特定の美術作品群との何らかの共通点を見出して、その作品の
　　② 　ことができる。

問三　＝＝線1「型をベースに個性を花開かせる」とありますが、江戸時代には一般的であったこうした表現のあり方について、いけばなを例に次のようにまとめるとき、 □ に当てはまる最も適当な表現を、文中から十字以上、十五字以内で書き抜きなさい。

いけばなでは、最初に花材の選び方や花の配置などの
　□ を身に付けるが、生けた人によって、作品に豪快さや繊細さなどが表れる。

問四　＝＝線2「誰も……斬新な表現」とありますが、江戸時代中期において、こうした斬新な表現はどのような役割を果たしたと筆者は述べていますか。「個人という意識」がどのように関係したのかが分かるようにして、百五字程度で説明しなさい。

問五　この文章の段落と段落の関係について説明した文として最も適当なものを、ア～エから選びなさい。

ア 　④の段落では、①から③の段落までの内容を受けて問題提起している。

イ 　⑥の段落では、④と⑤の段落で説明された内容と対立する内容を述べている。

ウ 　⑧の段落では、⑦の段落の要点を、具体例を用いて説明している。

エ 　⑩の段落では、⑨の段落の内容を否定した上で、主張を展開している。

です。町人が経済力をもつようになったのに伴って、大坂や京都を中心に、井原西鶴や近松門左衛門らによる文芸、菱川師宣らの浮世絵を代表とする町人文化が大きく花開きました。

3 伊藤若冲が生まれたのは、そのような時代からすこし下った一七一六年（正徳六／享保元）、江戸時代も中期に差しかかったころのことです。

4 江戸幕府の開幕からすでに一〇〇年以上が経ったこの時代には、相反する要素が併行して進んでいました。社会全体の様子を見ると、幕府の権力構造は硬直化しはじめていた一方、町人たちの産業や文化は盛んになっています。町人たちが自分たちの階級の文化を楽しんでいたことでもわかるように、近代的な「個」の意識が生まれはじめていたということができます。

5 当時の美術状況も、そのような時代の空気を反映し、大きな二つの流れが同時に存在していました。

6 幕府に2仕える画家、工芸家の仕事は、先人の型をなぞって継承することに重きをおくような、型にはまったものになっていきます。おもしろいことに、これは豊かさが町から郊外へ、さらにその先へと3波及していくこととセットになった現象でもありました。豊かな地域が広がっていくと、美術や工芸も大都市から地方都市、地方都市から農村へと階層を超えて広がっていくことになりますが、都にいる絵や工芸の偉い先生が、日本全国の弟子たちに教えに行けるわけではありません。遠く離れた土地にいる弟子にも、都にいる弟子たちと同じように教えようとする場合、型があると、誰にでも同じような手本を示すことができて、とても効率がよいわけです。

7 表現や創造の分野において、型があること自体は、必ずしも

悪いことではありません。たとえば、私たちが浮世絵を見たとき、どの時代のどの絵師の手によるものを前にしても「これは浮世絵だ」と思うことができますが、それは独自に様式化され、浮世絵ならではの共通の型をもっているからです。浮世絵に限らず、江戸時代の美術においては、根っこに共通の「型」をもちつつ、その上にさまざまな個性が花開いていく——という図式が成り立っていました。

8 型と個性の関係については、歌舞伎やいけばなどの日本の伝統的な表現を思い浮かべるとわかりやすいと思います。歌舞伎にはセリフ回しやポーズなどに、何百年も伝承されてきた「型」があり、役者たちはまずそういった型を徹底的に叩き込まれます。しかし、実際に役者たちが芝居を演じているのを見ると、たとえ同じ役を演じたとしても、演じる役者それぞれによって、その人ならではの個性が醸し出されているのがわかります。同じ悪党であっても、豪快さが際立つ場合もあれば、にじみ出る愛嬌が印象に残るという表現のあり方は、江戸時代には（江戸時代のみならず、東洋の技芸には比較的共通して、といえるかもしれませんが）一般的なことだったのです。

9 そのように型が発達して様式化が進んだ一方で、新しい、個性的な表現が次々と生まれてきたのも、この時代の特徴です。庶民の間に芽生えはじめた個人という意識は、表現者それぞれの個性を尊重することにもつながり、それがさらに、とくに際立った個性、つまり、もの珍しいものや新しいものに対する好奇心へと発展していきました。

10 財力を蓄えた上方や江戸の町人は、自分たちの楽しみのため

エ〈〈〈見ければ、いまだ見ぬ人なりけり。われもものをもいはず、かれもいふことなし。かくのごとく、月の夜ごとに、行きあひて、吹くこと、夜ごろになりぬ。

かの人の笛の音、ことにめでたかりければ、こころみに、かれを取りかへて吹きければ、世になきほどの笛なり。そののち、なほなほ月ごろになれば、行きあひて吹きけれど、「もとの笛を返し取らむ」ともいはざりければ、ながくかへてやみにけり。三位失せ〈う〉てのち、帝、〈みかど〉この笛をオ〈〈〈召して、時の笛吹どもに吹かせらるれど、その音を吹きあらはす人なかりけり。

（注）博雅三位──平安中期の貴族で音楽の名人。
直衣──貴族の普段着。　よもすがら──一晩中。
たぐひなくめでたく──例がないほど素晴らしく。
なほなほ──引き続き。
ながくかへて──長い間、取り替えたままで。
失せて──亡くなって。

問一　〈〈〈線ア〜オのうち、博雅三位の動作を表しているものを、全て選びなさい。

問二　文中の□で囲んだ部分の博雅三位と男の様子を、次のようにまとめるとき、①、②に当てはまるものの組み合わせとして最も適当なものを、ア〜エから選びなさい。

ア　①　待ち合わせて　　②　数夜にもなった
イ　①　待ち合わせて　　②　一夜もなかった

月が出ている夜に、朱雀門の前で二人は①合った。その後、二人で笛を吹き合うことが②。

（右側）

月が出ている夜に、朱雀門の前で二人は
①　笛を吹き
②　合った。

ウ　①　偶然出会い　　②　数夜にもなった
エ　①　偶然出会い　　②　一夜もなかった

問三　次のア〜エを、この文章で起きた順に並べかえなさい。

ア　博雅三位には、男の笛の音が他に比べるものがないほど素晴らしく聞こえた。
イ　博雅三位と同じような素晴らしい音を出すことができる笛吹はいなかった。
ウ　博雅三位が、試しに男の笛を吹いてみたところ、素晴らしい笛だとわかった。
エ　博雅三位は、男から笛を返すように言われなかったので、その笛を長い間持っていた。

三　次の文章を読んで、問いに答えなさい。

──これは、江戸時代の絵師である伊藤若冲〈いとうじゃくちゅう〉の生きた時代が、どのような時代であったかを説明した文章です。──

[1]　江戸時代の文化といったとき、多くの人がまず思い浮かべるのは元禄時代〈げんろく〉（一六八八─一七〇四年）だと思います。この時代、農村では農業生産力が増大し、都市部では地方の豊富な産物を流通させることによって経済的に豊かになっていきました。経済的に繁栄〈はんえい〉すると、文化も栄えるものです。食べていくので精一杯という状態でなくなれば、人は、生きていくためには必ずしも必要がないかもしれないようなことも楽しみ、そこにお金を使うようになるからです。

[2]　商売で豊かになるのは、1ぶしではなく商人、すなわち町人

穂先がブルブルと震えてしまった。その瞬間、雨鱒はあっという間に反転して、石の向こう側に消えていった。

「はい！ 逃げられだじゃ！」心平がっかりした。水中をのぞいたまま声に出していった。

緊張がとけていった。急にヤスが手に重くなった。その時、心平は初めて背中に水滴が落ちたのを感じた。いつの間にか雨が降ってきたのだった。雨は、まだポツリポツリと散発的だった。気温がぐっと下がり始めたのがわかった。

心平は立ちあがると、笑ってため息をついた。

「はあ、ドキドキしたあ」と心平はいった。

逃げられたのにはがっかりしたけど、もう少しのところまで追い詰めたことがうれしかった。次の機会にはきっと仕留めることができる。3希望と自信が、少年の胸にふくらんでいった。

(注) 勢い止め――川の中に丸太を組んで、川の水の勢いを弱めている場所。
　　ヤス――水中の魚を刺して捕らえる道具。
　　秀二郎爺っちゃ――魚捕りの名人。

（川上健一「雨鱒の川」による）

問一　――線1「『いた！』心平は水面から顔をあげていった」とありますが、心平が雨鱒を見つけるまでの様子を、次のようにまとめるとき、[　]に当てはまる言葉を文中から十七字で書き抜きなさい。

遠くまでは見えにくい暗い川の中で、よく眼をこらし、対岸の森の方へ移動し、ウグイやヤマメには目もくれず、雨鱒を探していた。
[　]を探りながら、

問二　――線2「心臓が大きく鼓動しているのがわかった」とありま

すが、この時までの心平と雨鱒に関する描写を、次のように整理するとき、[　]に当てはまる表現を、文中の言葉を用いて二十字以上、二十五字以内で書きなさい。

心平に関する描写	雨鱒に関する描写
心平は身をかがめて近づいた。	雨鱒はじっと心平をみており、逃げるそぶりをみせなかった。
心平はもう一歩前進し、川床の砂が少し舞い上がった。	
心平はヤスの届く距離から、意を決してさらに近づいた。	[　]
	雨鱒は心平の手が届く距離まで近づいても逃げなかった。

問三　――線3「希望と自信が、少年の胸にふくらんでいった」とありますが、これは、心平が、どのような雨鱒捕りの経験をしたということですか。解答欄に示した表現に続けて、七十字程度で書きなさい。

問四　次は、この文章における表現上の工夫の一つをまとめたものです。

[　]に当てはまる言葉を、文中から五字で書き抜きなさい。

心平の緊張が最も高まっているときと解けたときの落差を、[　]の感じ方の変化によって表現している。

四　次の文章を読んで、問いに答えなさい。

博雅三位（はくがのさんみ）、月の明かりける夜、直衣（なほし）にて、朱雀門（すざくもん）の前にア遊びて、よもすがら、笛をイ吹かれけるに、同じさまに、直衣着たる男の、笛ウ吹きければ、「たれならむ」と思ふほどに、その笛の音、この世にたぐひなくめでたく聞（き）こえければ、あやしくて、近寄りて

なかった。それでも、眼がなれてきても、遠くまではみえにくかった。

心平はいつにも増して、入念に勢い止めの中を探った。丸太の陰と大きな石のまわりは特に慎重に探った。そのたびに、心平は緊張し、期待に胸をときめかせた。しかし、ウグイやヤマメはいたが、雨鱒はいなかった。そうやって、丸太を組んだ升目のひとつひとつを水門の方から対岸の森の方へと移動した。ウグイやヤマメは放っておいた。いまはそんなものはほしくなかった。ウグイやヤマメを突いて音を立てるのがいやだった。音を立てて、雨鱒を刺激するのがいやだった。ウグイやヤマメは、その気になればいつだって捕ることができるのだ。

ふいに、大きな魚影が心平の眼を横切った。心平はすぐに雨鱒だとわかった。まだ勢い止めから離れずにいたのだ。

「1 いた！」心平は水面から顔をあげていった。いつもの儀式だった。

心平はいそいで水中をのぞき込むと、みうしなってなるものかと眼を見開いて雨鱒のうしろ姿を追った。雨鱒は背中の白い斑点をゆらめかせて、大きな丸石の向こう側に消えると、すぐに一回りしてまた姿をみせた。雨鱒は、大きな石と石の間から身を乗り出すようにして静止すると、じっと心平をみた。ゆったりと呼吸していた。背ビレと胸ビレもゆったりと動かしていた。一点に静止するための動作だった。

ヤスを突くには遠すぎたので、心平はそっと近づくことにした。心平は身をかがめて近づいた。心平が近づいても、雨鱒はじっと心平をみているだけで、逃げるようなそぶりはちっともみせなかった。距離が縮まると、雨鱒の背中の斑点がはっきりとみてと

れた。実にきれいだった。心平はもう一歩前進した。川床の砂が少し舞いあがった。雨鱒はまだじっとして動かなかった。大きな眼が心平をみていた。心平はさらに雨鱒に近づいた。今度はヤスがとどく距離だった。しかし、もう少し近づけば万全だったので、心平はどうしようかと迷ったが、意を決して近づくことにした。心平はそっと注意して近づいた。まだ雨鱒は逃げなかった。もう、雨鱒は手のとどきそうな距離になっていた。心平は、2 心臓が大きく鼓動した。ゆっくりと、慎重に前進した。初めて魚を突いた時もこんな感じだったが、いま心平はそのことは忘れていた。眼の前の雨鱒のことしか頭になかった。

心平はヤスを身体の脇に引き寄せると、緊張して持つ手にギュッと力を入れた。左手でしっかりと丸太をつかんで、バランスがくずれないように身体を支えた。丸太はぬるぬるしてすべったので、心平は身体を支えるだけにした。それだけでも心強かった。

雨鱒を突く体勢はすっかり整った。あとは、秀二郎爺っちゃに教えてもらった手順を素早くやってのければよかった。心平は、もうヤスの重さは感じていなかった。口が渇いて、ドキドキする心臓の、大きくて早い鼓動だけが感じられた。

心平は、雨鱒に悟られないように、注意して、そっと、ヤスの穂先を雨鱒の頭上に持っていった。それでも、雨鱒は動かなかった。心平は、もうひと呼吸、そっとヤスの穂先を近づけた。雨鱒の頭上で、切っ先の狙いがピタリと定まった。あとはいっきに突けばよかった。

すると、心平は急に手が震えた。刺激が強すぎたのだ。ヤスの

（B）生徒会役員の話し合いの場面の一部

（岩崎さん）今年度の生徒会の新たな取組として、ボランティア活動を行うことを提案します。

私は、先日家庭科の「高齢者と家族・地域社会」の学習で、X町内会長の原田さんにインタビューをしました。資料の①、②を見てください。原田さんは、X町内会にいる一人暮らしの高齢者のことが気がかりだという話をしてくれました。現在、K中学校の校区には、一人暮らしの七十五歳以上の高齢世帯は、十三世帯あります。私は原田さんの話を聞いて、私達の身近にはX町内会の一人暮らしの高齢者のように、困っている高齢者がいるのではないかと考えました。

皆さんは、この状況をどのように思いますか。私は、生徒会として、校区に住んでいる高齢者の方々のために、高齢者の気持ちに寄り添ったボランティア活動に取り組みたいと考えています。そこで、資料の③にあるようなボランティア活動の候補案を考えたので、意見を出してください。

〈岩崎さんの提案に対する意見交流〉

（岩崎さん）皆さん、私の提案に対して前向きに話し合っていただき、ありがとうございました。

(1)　（B）の┈で囲んだ部分で、あなたが岩崎さんの考えたボランティア活動の候補案のうち、いずれかのよさについて意見を述べるとしたら、どのような意見を述べますか。次の条件1、2にしたがって、（A）の①に示した表現につなげて書きなさい。

条件1　（A）の③「ボランティア活動の候補案」のうち、あなたが選んだ案の記号を、解答欄の　に書くこと。

条件2　（A）の①「校区内にあるX町内会の一人暮らしの高齢者の様子」のいずれかに触れながら、その高齢者が望んでいることを考えて、書くこと。

(2)　岩崎さんは、話し合いの最後にボランティア活動の意義について述べて、話し合いを終えました。次は、岩崎さんの話した内容の概要です。　に当てはまる表現を、二十字程度で書きなさい。

（A）の④「他校のボランティア活動経験者の感想」に共通して言えることをもとに、ボランティア活動は　ことを訴えて、活動に積極的に取り組もうと呼びかけた。

三　次の文章を読んで、問いに答えなさい。

（一）これは、小学校三年生の心平（しんぺい）が、以前、捕まえようとしたが逃げられた大きな雨鱒（あめます）を捕るために、学校が終わった後、一人で川へ行ったときの話です。

川には誰もいなかった。心平が一番乗りだった。空はどんより曇っていた。重い雲が低くたれこめ、ゆっくりと東に流れていた。遠くの山並みは厚い雲に隠れてみえなかった。風はなく、川の風景は暗く沈んでいた。川の中も暗かった。よく眼（め）をこらして、しばらく眼がなれてくるまで水中をみていないと、よくみえ

るに過ぎない。消化に費やすエネルギーが減り、深く眠れる時間が増えるため、ウシを太らせるには適している。まさに「寝る子は育つ」というわけだ。

関口雄祐『眠れる美しい生き物』による

(1)　——線「ウシは食事の時間が長い」とありますが、筆者がこのように述べる理由を次のようにまとめるとき、①、②に当てはまる表現を、それぞれ文中から十五字以上、二十字以内で書き抜きなさい。

ウシは、　①　から栄養を取っており、微生物が分解しやすくすることを長い時間をかけて繰り返す反芻が必要だから。　②

(2)　ウシが固形飼料を食べたときの眠りについて、次のようにまとめるとき、□に当てはまる表現を、文中から五字以上、十字以内で書き抜きなさい。

干草と比べて固形飼料は消化しやすく、消化に費やすエネルギーが少なくてすむので、□が長くなる。

二(一)　次の問いに答えなさい。

問一　次のA〜Dの——線部を漢字に直したとき、「緑茶」と熟語の構成が同じになるものを一つ選び、その漢字を書きなさい。

A　じどうや生徒の健康を観察する。
B　ようもうからフェルトを作る。
C　湿気が多くてふかいに感じる。
D　兄と腕ずもうでしょうぶをする。

問二　(1)、(2)の文から、誤って使われている漢字一字を抜き、同じ読みの正しい漢字を書きなさい。

(1)　環境や景観に配慮した市役所の新しい庁社の建設計画が進められている。

(2)　学校図書館で定期購読している雑誌を、係の生徒が本棚に順助よく並べる。

問三　K中学校の生徒会長の岩崎さんは、校区に暮らしている高齢者のためのボランティア活動に取り組むことを、生徒会役員会議で提案しました。次は、配付した資料（A）、生徒会役員の話し合いの場面の一部（B）です。これらを読んで、(1)、(2)に答えなさい。

(A)配布した資料

今年度の新たな取組（ボランティア活動）について

1 校区内にあるX町内会の一人暮らしの高齢者の様子
〜X町内会長の原田さん(61)の話〜
・足腰が弱り、以前のように家事がはかどらず、もどかしい思いをしている人がいる。
・一人きりで過ごす時間が長く、寂しい思いをしている人がいる。

2 校区内で一人暮らしをしている75歳以上の高齢者の世帯数
・13世帯

3 ボランティア活動の候補案
Ⅰ　夏季の草刈り、冬季の雪かき
Ⅱ　季節の花とメッセージの手渡しプレゼント

4 他校のボランティア活動経験者の感想
・相手の方の気持ちに寄り添って、自分から考えて行動できたので自信がついた。
・相手の方に喜んでもらおうと取り組んだら、自分の方が元気をもらった。
・相手の方に笑顔になってもらえて、自分の心も温かくなった。

※学校裁量問題は、三にあります。

※（　）内の大問番号は、学校裁量問題選択校の場合です。

【注意】問いのうち、字数が指示されているものについては、句読点や符号も字数に含めて答えなさい。

〈国語〉

時間　四五分　　満点　六〇点

一　次の問いに答えなさい。

問一　(1)～(4)の──線部の読みを書きなさい。

(1)　家庭にガスを供給する。

(2)　穀物を貯蔵する。

(3)　雪が降って道幅が狭まる。

(4)　応急処置を施す。

問二　(1)～(4)の──線部を漢字で書きなさい。

(1)　時計のでんちを交換する。

(2)　父のきょうりは青森県だ。

(3)　柱時計が時をきざむ。

(4)　手芸店にきぬいとを買いに行く。

問三　次は、郵便局の受付の掲示文です。この掲示文が、待つことを求める文となるように、□に当てはまる表現を、「お……」という形の尊敬語を用いて書きなさい。

> 順番にお呼びしますので、番号札を取って［　　　　　　　　　　］。

問四　楷書で書かれた次の熟語を見て、(1)、(2)に答えなさい。

特技

(1)　［特］の〈　〉で囲んだ部分は何画目か書きなさい。

(2)　［技］と同じ部首が使われている漢字を、行書で書かれた次のア～クから選びなさい。

ア　枝　　イ　微　　ウ　誓　　エ　域　　オ　孫

カ　独　　キ　拠　　ク　悠

問五　次の文章を読んで、(1)、(2)に答えなさい。

　草食動物のウシは食事の時間が長い。というのも、ウシは草から栄養を取るのではなく、ウシの胃で暮らす微生物が草を分解してできたものがウシの栄養の主体だからだ。つまり、ウシがせっせと食べる草は、胃に暮らす微生物のエサとなる。

　ウシが食べる草は、微生物にとってもそのままでは分解しにくい。そこで、ウシは飲み込んだ草を口に戻し、再びかみくだく〝反芻〟を行う。この繰り返しには長い時間がかかる。そこでウシは、食べる時間と眠る時間の両立を図った。食べながらうとうと眠り、眠っている間も食べ続ける。さらには、眠りながら反芻も行える。

　うとうと眠りながらも、口をもぐもぐ動かし続ける能力はウシにとって必然だったのだろう。逆に言うと、深く眠ってしまうと、反芻能力も落ちてしまう。だから、消化を進め栄養を得るためにも、深く眠るわけにはいかないのだ。このうとうと状態が続く割合は、エサによって変わる。消化しにくい干草を食べているときは一日の30％がうとうと状態だが、消化しやすい固形飼料を食べていると一日のわずか5％がうとうと状態にな

大切なことはメモしておこうネ！

2021年度

解 答 と 解 説

《2021年度の配点は解答用紙集に掲載してあります。》

<数学解答>

※( )内の大問番号は学校裁量問題選択校の場合

1　問1　(1)　9　　(2)　−41　　(3)　$\sqrt{7}$

　　問2　イ　　問3　右図1　　問4　$y=3x+2$

　　問5　$x=2,\ y=7$　　問6　3π cm

2(1)　問1　$x=\dfrac{-3\pm\sqrt{13}}{2}$　　問2　ア　8　イ　5

　　ウ　$\dfrac{5}{8}$　　問3　0.25　　問4　右図2

3(2)　問1　ア　9　イ　13　ウ　4　エ　$n-1$

　　問2　(nを用いた式)(例)$11+8(n-1)$(考え方は解説参照)

4(3)　問1　$y=-4x^2$　　問2　$a=2$

　　問3　C(0, 6)(途中の計算は解説参照)

5(4)　問1　105度　　問2　解説参照

5〔学校裁量問題〕　問1　(1)　$\dfrac{10}{3}\pi$ cm　(2)　ウ

　　問2　(1)　32cm³　(2)　$\dfrac{1}{6}$倍

　　(3)　$\dfrac{10}{3}$秒後，$\dfrac{50}{3}$秒後(途中の計算は解説参照)

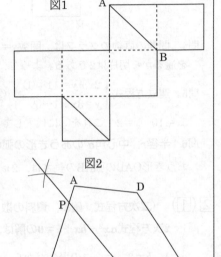

図1

図2

<数学解説>

※( )内の大問番号は学校裁量問題選択校の場合

1　(数・式の計算，平方根，比例関数，立方体の展開図，一次関数，連立方程式，弧の長さ)

　問1　(1)　正の数・負の数をひくには，符号を変えた数をたせばよい。$3-(-6)=3+(+6)=3+6=9$

　　(2)　四則をふくむ式の計算の順序は，乗法・除法→加法・減法　となる。$9\div\left(-\dfrac{1}{5}\right)+4=9\times(-5)+4=-45+4=-41$

　　(3)　$\sqrt{28}=\sqrt{2^2\times7}=2\sqrt{7}$ だから，$\sqrt{28}-\sqrt{7}=2\sqrt{7}-\sqrt{7}=(2-1)\sqrt{7}=\sqrt{7}$

　問2　1本50円の鉛筆をx本買ったときの代金y円は　$y=50x$　だから，**yはxに比例する。**面積が300cm²の長方形で，縦の長さが$x$cmのときの横の長さ$y$cmは，$x\times y=300$より，$y=\dfrac{300}{x}$だから，**yはxに反比例する。**重さ100gの容器にxgの砂糖を入れたときの全体の重さygは，$y=x+100$だから，**yはxの1次関数である。**底面の半径$x$cm，高さが5cmの円柱の体積$y$cm³は，$y=5\pi x^2$だから，**yはxの2乗に比例する。**

　問3　次ページの図に，問題の立方体の展開図と，それを組み立てたときの立方体の見取り図を示

す。これより，問題の展開図を組み立てたとき，線分AB(対角線アク)と平行で，長さが等しくなる線分は，対角線イキである。

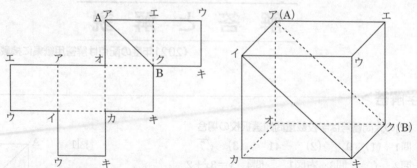

問4 問題の直線のグラフは，関数$y=3x$のグラフに平行だから，傾きは3である。また，点$(0, 2)$を通るから切片は2である。よって，求める直線の式は，$y=3x+2$である。

問5 連立方程式 $\begin{cases} 2x+y=11 \cdots ① \\ y=3x+1 \cdots ② \end{cases}$　②を①に代入して　$2x+(3x+1)=11$　$2x+3x+1=11$

$5x=10$　$x=2$　これを②に代入して，$y=3\times2+1=7$　よって，連立方程式の解は，$x=2$, $y=7$

問6 半径r，中心角$a°$のおうぎ形の弧の長さは，$2\pi r \times \dfrac{a}{360}$だから，半径が9cm，中心角が60°のおうぎ形OABの弧ABの長さは，$2\pi \times 9 \times \dfrac{60}{360}=3\pi$(cm)

2([1]) (二次方程式，確率，資料の散らばり・代表値，作図)

問1 2次方程式$ax^2+bx+c=0$の解は，$x=\dfrac{-b\pm\sqrt{b^2-4ac}}{2a}$で求められる。問題の2次方程式は，$a=1$, $b=3$, $c=-1$の場合だから，$x=\dfrac{-3\pm\sqrt{3^2-4\times1\times(-1)}}{2\times1}=\dfrac{-3\pm\sqrt{9+4}}{2}=\dfrac{-3\pm\sqrt{13}}{2}$

問2 3枚の硬貨の表裏の出かたは全部で，(100円, 50円, 10円, 表が出た硬貨の金額の合計)=(表, 表, 表, 160円)，(表, 表, 裏, 150円)，(表, 裏, 表, 110円)，(表, 裏, 裏, 100円)，(裏, 表, 表, 60円)，(裏, 表, 裏, 50円)，(裏, 裏, 表, 10円)，(裏, 裏, 裏, 0円)の8(ア)通りあり，表が出た硬貨の金額の合計が60円以上になる出かたは，　　を付けた5(イ)通りである。したがって，求める確率は$\dfrac{5}{8}$(ウ)となる。

問3 相対度数$=\dfrac{各階級の度数}{度数の合計}$　度数の合計は80，度数が最も多い階級は，度数が20の210cm以上230cm未満の階級だから，その相対度数は$\dfrac{20}{80}=0.25$

問4 (着眼点)点Bと点Dは折り目の線を対称の軸とする線対称な位置にあり，折り目の線は線分BDの垂直二等分線となる。　(作図手順)次の①~②の手順で作図する。
① 点B，Dをそれぞれ中心として，交わるように半径の等しい円を描く。　② ①でつくった交点を通る直線(線分BDの垂直二等分線)を引き，辺AB，辺BCとの交点をそれぞれP，Qとする。

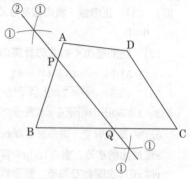

3([2]) (規則性，文字を使った式)

問1 図1を使って，ストローの本数を数えると，五角形を1個つくるのに必要なストローの本数は

5本である(右図6)。また，五角形を2個つくるのに必要なストローの本数は9(ア)本(右図7)，五角形を3個つくるのに必要なストローの本数は13(イ)本(右図8)である。図2のように，ストローを囲むと1つの囲みにストローが4(ウ)本ずつあるので，五角形が1個増えると，ストローの本数は4本増える。五角形をn個つくるのに必要なストローの本数は，図2と同じように考えて，図3のようになる。囲みの個数は，つくられた五角形の個数よりも1個少ないから，nを使って$n-1$(エ)個と表すことができるので，五角形をn個つくるのに必要なストローの本数を表す式は，$5+4×(n-1)$となる。

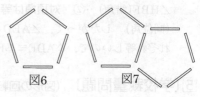

図6　　　図7

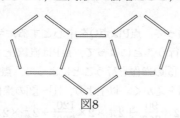

図8

図9

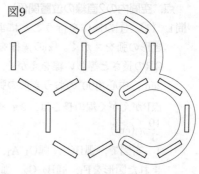

問2　(考え方)　(例)図4にはストローが11本必要である。図4をn個つくるとき，上図9のように8本ずつ囲むと，囲みの個数は$(n-1)$個である。したがって，ストローの本数は$11+8(n-1)$

④(③)　(図形と関数・グラフ)

問1　関数$y=ax^2$で，aの絶対値が等しく，符号が反対である2つのグラフは，x軸について対称になる。よって，関数$y=4x^2$のグラフとx軸について対称なグラフは，関数$y=-4x^2$である。

問2　関数$y=ax^2$がxの変域に0を含むときのyの変域は，$a>0$なら，$x=0$で最小値$y=0$，xの変域の両端の値のうち絶対値の大きい方のxの値でyの値は最大になる。また，$a<0$なら，$x=0$で最大値$y=0$，xの変域の両端の値のうち絶対値の大きい方のxの値でyの値は最小になる。本問はxの変域に0を含み，$a>0$の場合だから，xの変域の両端の値のうち絶対値の大きい方の$x=3$で最大値$y=18$　よって，$18=a×3^2$　$a=2$

問3　(途中の計算)　(例)点Bとy軸について対称な点をDとすると，D$(-3, 9)$　BCとDCの長さは等しいから，線分ACと線分BCの長さの和が最も小さくなるのは，3点A，C，Dが一直線上にあるときである。3点A，C，Dを通る直線の式を$y=ax+b$とすると，連立方程式$\begin{cases} 4=2a+b \\ 9=-3a+b \end{cases}$を解いて，$a=-1$，$b=6$　したがって，点Cの座標は$(0, 6)$　(補足説明)点Bとy軸について対称な点をDとすると，△BCDはy軸を対称の軸とする線対称な図形であり，よって，BC=DCだから，AC+BC=AC+DCであり，これより，AC+BCの値が最も小さくなるのは，AC+DCの値が最も小さくなるときであり，これは3点A，C，Dが一直線上にあるときである。3点A，C，Dを通る直線の式を$y=ax+b$とすると，点A$(2, 4)$を通ることから，$4=2a+b$…①　点D$(-3, 9)$を通ることから，$9=-3a+b$…②　連立方程式①，②を解いて，$a=-1$，$b=6$　したがって，3点A，C，Dを通る直線の式は$y=-x+6$であり，切片が6であることから，点Cの座標は$(0, 6)$

⑤(④)　(角度，図形の証明)

問1　△CDEはCD=CEの二等辺三角形だから，∠CDE$=(180°-∠DCE)÷2=(180°-30°)÷2=$75°　△CDEの内角と外角の関係から，∠BEC$=∠DCE+∠CDE=30°+75°=105°$

問2　(証明)　(例)△ADEと△HBFにおいて，仮定より，DE=BF…①　AD∥BCより，∠ADE=

∠HBF（錯角）…② 対頂角は等しいので，∠AED＝∠CEB　AC//GHより，∠CEB＝∠HFB（同位角）　したがって，∠AED＝∠HFB…③　①，②，③より，一組の辺とその両端の角がそれぞれ等しいので，△ADE≡△HBF　したがって，AD＝HB

⑤ 〔学校裁量問題〕　（図形の回転移動，点がえがく線の長さ，立方体の切断，体積，体積比，動点，空間内の2直線の位置関係）

問1 (1) ①の操作を行うことによって，点Pは点Qを中心とする，半径2cm，中心角90°のおうぎ形の弧をえがく。②の操作を行うことによって，点Pは直線lと平行で，おうぎ形PQRの弧QRの長さと等しい線をえがく。③の操作を行うことによって，点Pは点Rを中心とする，半径2cm，中心角90°のおうぎ形の弧をえがく。以上より，①〜③の操作を順に行うことによって，点Pがえがく線の長さは，$2\pi \times 2 \times \dfrac{90°}{360°} + 2\pi \times 2 \times \dfrac{120°}{360°} + 2\pi \times 2 \times \dfrac{90°}{360°} = \pi + \dfrac{4}{3}\pi + \pi = \dfrac{10}{3}\pi$ (cm)

(2) 右図で，弧BC_1，弧$C_1 A_1$，弧$A_1 B$で囲まれた図形をF_1，弧$B_2 C_2$，弧$C_2 A_2$，弧$A_2 B_2$で囲まれた図形をF_2とする。①の操作を行うことによって，図形Fは，点Bを中心として**回転移動**して，図形F_1の位置に移動する。②の操作を行うことによって，点A_1は直線lと平行で，弧BC_1の長さと等しい線分$A_1 A_2$をえがき，図形F_1は図形F_2の位置に移動する。以上より，①，②の操作を順に行うこと

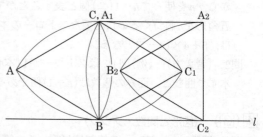

によって，図形Fが動いてできる図形は，弧AB，線分BC_2，弧$C_2 A_2$，線分$A_2 A_1$，弧CAで囲まれた図形となる（これを図形F_3とする）。同様に考えると，さらに，③〜⑥の操作を順に行うことによって，図形Fが動いてできる図形は，図形F_3を線分$A_1 A_2$の2倍の長さだけ**平行移動**した図形となる。

問2 (1) 問題図2の立方体を3点A，C，Gを通る平面で切ったときにできる，頂点Fをふくむ立体は，右図に示す三角柱ABC−EFGであり，その体積は立方体ABCD−EFGHの$\dfrac{1}{2}$だから，求める体積は$4 \times 4 \times 4 \times \dfrac{1}{2} = 32$ (cm³)

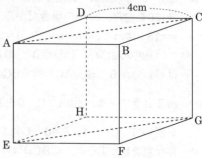

(2) 問題図1の立方体を3点B，E，Gを通る平面で切ったときにできる，頂点Fをふくむ立体は，右下図に示す三角錐B−EFGである。立方体ABCD−EFGHの体積は$AB \times BC \times AE = a \times a \times a = a^3$ (cm³)　三角錐B−EFGの体積は$\dfrac{1}{3} \times \left(\dfrac{1}{2} \times EF \times FG \right) \times BF = \dfrac{1}{3} \times \left(\dfrac{1}{2} \times a \times a \right) \times BF = \dfrac{1}{3} \times \left(\dfrac{1}{2} \times a \times a \right) \times a = \dfrac{1}{6} a^3$ (cm³)だから，頂点Fをふくむ立体の体積は，立方体の体積の$\dfrac{1}{6} a^3 \div a^3 = \dfrac{1}{6}$ (倍)である。

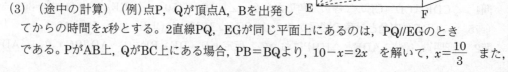

(3) （途中の計算）　（例）点P，Qが頂点A，Bを出発してからの時間をx秒とする。2直線PQ，EGが同じ平面上にあるのは，PQ//EGのときである。PがAB上，QがBC上にある場合，PB＝BQより，$10 - x = 2x$ を解いて，$x = \dfrac{10}{3}$　また，

Qが AB 上，P が BC 上にある場合，QB＝BP より，$40-2x=x-10$　を解いて，$x=\dfrac{50}{3}$

＜英語解答＞

※（　）内の大問番号は学校裁量問題選択校の場合

1　問1　No. 1　エ　　No. 2　イ　　No. 3　ウ　　問2　No. 1　エ　　No. 2　ア
　　No. 3　ウ　　問3　No. 1　ア　　No. 2　エ　　No. 3　ウ

2　問1　(1)　down　　(2)　help　　問2　(1)　zoo　　(2)　colors
　　問3　(1)　ago　　(2)　present　　問4　(1)　(例)most　　(2)　July
　　問5　(1)　(例)I like bananas.　　(2)　(例)I studied math.

3(2)　Ａ　問1　イ，オ　　問2　(例)The ball has his favorite player's autograph.
　　Ｂ　問1　(1)　ア　　(2)　イ　　問2　(例) I want to go to the Ice Hockey
　　Tournament because I want to see famous players.

4(3)　問1　became　　問2　(例)told me to　　問3　ア　　問4　イ，オ
　　問5　(例)give letters

4(学校裁量問題)　Ａ　問1　イ　　問2　(例)project through　　問3　ウ，オ
　　問4　(1)　(例)eating fruits　　(2)　(例)fans　　Ｂ　(例)I'm interested in
　　baseball, and I'd like to watch it at a stadium with you. Also, I want to
　　know what's popular for young people to make lots of friends.

＜英語解説＞

※（　）内の大問番号は学校裁量問題選択校の場合

1　（リスニング）
　　放送台本の和訳は，58ページに掲載。

2　（語句問題・会話文問題：前置詞，連語，名詞，会話文など）
　　問1　(1)　連語＜sit down＞「座る」　　(2)　定型表現＜May I help you?＞「いらっし
　　ゃいませ」
　　問2　(1)　「私たちはたくさんの種類の動物を見るために，たいてい動物園へ行く」　(2)　「青，
　　赤，緑は色を表す言葉である」
　　問3　(1)　「私は2年前にそれを買いました」　　(2)　「あなたへの誕生日のプレゼントです」
　　問4　(1)　「9月に雨が最も多く降る」　muchの最上級mostを用いる。　　(2)　「3月と7月に約
　　80ミリの雨が降る」　グラフを参照。
　　問5　(1)　「あなたはどんな果物が好きですか？」「私はバナナが好きです」
　　(2)　「昨日の夜，何の教科を勉強したの？」「数学を勉強したよ」

3(2)　（長文読解問題・スピーチ，資料：内容真偽，条件英作文，英問英答，語句の解釈，資料
　　問題）
Ａ　（全訳）　千香：この写真を見てください。美しい星が見えます。この夏に家族とキャンプに行っ
　　たとき，私がこの写真を撮りました。夜になって，空にあるたくさんの星を見て私はとて

も感動しました。美しい空のもと，母は私に星についての神話を私に語ってくれました。あの夜のことは決して忘れられません。ご清聴ありがとうございました。

幸太：私がこの特別なボールをどのように手に入れたかについて話します。私は野球が大好きで，プロ野球を見にスタジアムへよく行きます。ある日，私の好きな選手がホームランを打ち，彼のチームが勝ちました。試合後，何人かの選手がファンへボールを投げ，私はこのボールを自分のグローブでキャッチしました。ボールには私の好きな選手のサインが入っていたので，私はとても驚きました！　ですから，これが私にとっての特別なボールになりました。以上です。

友紀：これは私のお気に入りの本です。私の誕生日に，友人が私にこの本をくれました。ある冒険に関する本です。私はそのころ，読書にあまり関心がありませんでしたが，この本を読んでみることにしました。実際，それはとてもワクワクする内容だったので1日で読んでしまいました。その時以来，私はたくさんの本を読んでいます。本は私をいろいろな世界へ連れて行ってくれ，私は違う人間になることができます。皆さん，もっと多くの本を読んでみるのはいかがですか？

問1　ア　各生徒はスピーチの中で，自分の家族について語った。（×）　イ　星の写真は，千香がキャンプに行ったとき彼女が撮ったものだ。（○）　千香の発言3文目を参照。　ウ　友紀の友だちは友紀の誕生日に，星に関する物語を話した。（×）　エ　千香と幸太の両方のお気に入りの物は，彼らの友だちからもらったものだ。（×）　オ　友紀はある冒険についての物語を1日で読んでしまった。それがとてもワクワクする内容だったからであった。（○）　友紀の発言3，5文目を参照。

問2　（正答例訳）「ボールには彼のお気に入りの選手のサインが入っている」

B　（イベント情報の日本語訳）

★　12月第4週のイベント情報

イベント名(場所)	日付	時間	備考
冬のバードウォッチング ツアー　(西の湖)	22日～28日	7:00－8:30	プロのガイドが同行！
アイスホッケー トーナメント　(三四郎スタジアム)	24日	15:00－17:00	有名選手がいっぱい！
スキージャンプ トーナメント	25日	13:00－16:00	国際大会！

★　駅とそれぞれの場所を結ぶ無料バスをご利用ください。（所要時間30分）
★　車でそれぞれの場所へお越しの場合，500円の駐車料金が必要です。

	大人(16歳以上)	1,500円
チケット(各イベント)	子ども(12－15歳)	700円
	子ども(0－11歳)	無料

問1　(1)　「2日間だけこの町に滞在すれば，あなたは3つすべてのイベントに行くことができる」
上記日本語訳の，「日付」と「日時」を参照。
(2)　「ある女子中学生が父親，母親と一緒に，この町の駅近くのホテルに滞在している。彼らがスキージャンプトーナメントにバスで行く場合，彼らは3,700円支払う」
大人2人と中学生1人なので，チケットの価格表より，1,500×2＋700＝3,700という計算となる。

問2　質問：「あなたはどのイベントに行きたいですか？　なぜですか？」
(例訳)「私はアイスホッケー トーナメントに行きたいです。なぜなら，有名な選手を見たいからです」

4 (3)　(長文読解問題・物語文：語句補充，指示語，内容真偽，メモなどを用いた問題)

（全訳）　中学に入学したとき，私は友人を作ったり，クラブに入ったりしてとても興奮していた。2年の時には，私はやはり楽しいときを過ごしていた。私はサッカー部の主将と なり ，クラスのリーダーとも なった 。しかし，あまりに忙しくて疲れた，と徐々に感じ始めるようになった。しなければいけない仕事が多すぎると感じたからだ。例えば，サッカー部の主将として私は毎週，練習計画を作らなければならなかった。そしてクラスのリーダーとして，クラスメートからのたくさんの考えを聞いて文化祭で何をするか決めなければならなかった。

　私はどうしたらいいのか分からなかったので，昼休みに，担任の加藤先生にそのことについて話した。すると，加藤先生は私に時間の管理について教えてくれた。忙しすぎると感じた時や，自分の時間を上手に使いたいと思ったときには，やるべきことをまとめたリストを作るべきだと先生は言った。先生は私にそのリストの作り方を教えてくれた。

　まず最初に，加藤先生は私に，その日に私が何をしなければいけないかを尋ねた。そして①先生は紙にそれらを書くようにと私に言った。私はそれらを書いたところ，紙にはとても多くのことが書かれているのを見て，私は驚いた。それから先生は私に言った，「その中から特に大切なことを選んでみて。②そのあと，あなたはそれをいつ行うべきかを考えなければいけないわ。昼休みのあいだに？　放課後？　夕食後？　このことも大切よ」　私は加藤先生の言ったとおりに，自分のやるべきことをまとめたリストを作った。

　やるべきことをまとめたリストを作ることは，自分が何を，いつすべきなのかを知ることができる良い方法なのだと，今は理解できる。だから私は毎日，やるべきことをまとめたリストを作っている。前よりも自分の時間を上手に使えるようになったと思う。やるべきことをまとめたリストはとても役立つ！

　加藤先生のおかげで，私は再び，学校生活に前向きに なった 。この学校での自分の残りの時間を楽しむつもりだ。

問1　上記全訳を参照。becomeの過去形，became（～になった）

問2　<tell＋（人）＋to＋動詞の原形…>「（人）に…するように言う」　tellの過去形のtoldにする。

問3　ア　「特に大切なことを選ぶこと」。　直前の文を参照。

問4　ア　武は中学校の1年目に，やらなければいけない仕事があまりに多いと感じた。(×)

　イ　武は昼休みに加藤先生から，やらなければいけないことのリストの作り方を教えてもらった。(○)　2段落目最初と最後の文を参照。　ウ　加藤先生が紙に多くのことを書いたので，武は驚いた。(×)　エ　武は放課後，加藤先生が言ったとおりに大切なことすべてをしなければならなかった。(×)　オ　武は今，自分の時間を上手に使うことができると感じている。なぜなら加藤先生と話したからだ。(○)　4段落目3文目を参照。

問5　（例訳）「感謝を示すために，友だちと先生に手紙を渡すこと」　<give＋（物）＋to＋（人）…>「（物）を（人）に渡す／あげる」

4 〔学校裁量問題〕

A　(会話文読解問題：文挿入，語句挿入，内容真偽，図・表などを用いた問題)

（会話文全訳）　スミス先生：こんにちは，洋子。あなたはこの町のスペシャルプロジェクトのメンバーになったそうですね。どんなことに関するプロジェクトなのですか？

洋子　　　：そうですね，私たちはこの町の将来をより良いものにする方法について考えています。このプロジェクトのメンバーの大半は大人で，その人たちは昨年からのプロジェクトチームのメンバーです。今年から高校生2人が加わりました。

スミス先生：なるほど。どうしてあなたはそのメンバーになることに決めたのですか？

洋子　　　：先生もご存知のように，私は生徒会に所属しています。生徒会の会合で，高校生がこの町のためにできることは何かを話し合った時，先生がそのプロジェクトを紹介してくださいました。それに参加すればたくさんのことができる，と私は考えたんです。

スミス先生：いいですねえ。そのスペシャルプロジェクトのメンバーになることによって，あなたはすばらしい経験ができると思いますよ。この町のためにあなたが考えていることは何ですか？

洋子　　　：私が考えた最初の計画は，旅行者を引きつけるために町にあるよいものを紹介した地図を作るというものでした。でも，昨日行われたプロジェクトの会合でそのアイディアを話したところ，メンバーの一人に，「私たちはすでに同じことを考えました。私たちは若者の異なる観点が必要なんです」と言われました。それで，私は別のアイディアについて話しました。この町に住んでいる人と出会うために旅行者のためのコーヒーショップのような場所を作るというアイディアです。

スミス先生：いいアイディアですね！　他のメンバーは賛成しましたか？

洋子　　　：いいえ。私のプランを実行するには多額の資金が必要なので，それが大きな問題なんです。

スミス先生：確かに多額の資金が必要なのはその通りですが，あなたは「クラウドファンディング」を知っていますか？　インターネットを通して人々に援助を求めて資金を得る方法です。例えば，新しい映画を作ったり，音楽祭を開催したいと思うときにそれが行えます。クラウドファンディングを使えば，あなたは世界中の多くの人にお願いすることができます。これはクラウドファンディングの長所の1つですね。

洋子　　　：とても興味深いですね！　どうやってそれを使えるのですか？

スミス先生：<u>イ　まずは，多くの人を引きつけるようなしっかりとしたプランを作るべきです。</u>また，そのプランを実行するためにどれくらいの資金が必要かについても考えなければいけません。

洋子　　　：なるほど。私たちのプランを多くの人にとって面白いものにして，必要な資金について考えなければいけないのですね。それからどうするのですか？

スミス先生：クラウドファンディングの団体にあなたのプランを送ってそれを審査してくれるように頼まなければいけません。その団体の審査に合格したら，あなたは自分のプランをウェブサイトにのせて，あなたのプロジェクトの援助を依頼できます。

洋子　　　：そうなんですね。クラウドファンディングの団体はどのようにして審査するのですか？

スミス先生：例えば，十分な資金があればそのプランが実行可能なのかどうかや，それが合法的かどうかを審査します。

洋子　　　：クラウドファンディングが私のプランに適していることが分かりました。次の町の会合のときに，クラウドファンディングと私のプランについて再び話してみます。

スミス先生：それを聞いてうれしいです。その会合であなたのプレゼンテーションがうまくいくといいですね。

洋子　　　：アドバイスありがとうございました，スミス先生！

問1　上記会話文全訳の下線部を参照。挿入文の最後にある 'first'（まず最初に）をヒントにして，会話が自然につながる箇所を選ぶ。

問2　「クラウドファンディングの長所の一つは何ですか？」

「私たちが世界中の人に，インターネットを通してプロジェクトの援助を依頼できます」スミス先生の5番目の発言2文目，および7番目の発言最終文後半を参照。

問3　ア　スミス先生は洋子に，スペシャルプロジェクトのメンバーになるように頼んだ。（×）
イ　スペシャルプロジェクトのメンバーたちは洋子に，コーヒーショップを作るプランについて話した。（×）　ウ　洋子はスミス先生が話してくれるまでは，クラウドファンディングについてあまり知らなかった。（○）洋子の5番目の発言を参照。　エ　クラウドファンディングの団体は，その人が十分なお金を持っているかどうかを調べる。（×）　オ　クラウドファンディングの審査員は，プランが合法的でないなら合格させない。（○）スミス先生の最後から2番目の発言後半を参照。

問4　（洋子が提案した計画日本語訳）

<u>Fun-Fanタウン コーヒーショッププロジェクト</u>

　旅行者はコーヒーショップで次のことが楽しめる…
　　　　　　　　　　・この町に住むたくさんの人と話すこと
　　　　　　　　　　・この町の良いところを学ぶこと
　　　　　　　　　　・この町の<u>フルーツを食べること</u>
　　　　　　　　　　　　　　⇩
　　　　　　　　旅行者はこの町に興味を持つ

「とっても楽しい(fun)，だから旅行者はこの町の<u>ファン(fans)</u>になる！」

（会話文訳）

スミス先生：こんにちは，洋子。会合はどうでしたか？

洋子　　　：よかったです！　メンバーが私のプランに興味を持ってくれました。

スミス先生：それは良かった！もう少し教えてください。

洋子　　　：はいもちろんです。メンバーは私に賛成して，アイディアについてみんなでさらに話し合いました。これを見てください。私がこのプランを作りました。このプランによって，さらに多くの人たちに私たちの町のファンになってもらいたいです。このプランは外国人旅行者にとっておもしろいと思います。

スミス先生：私もそう思いますよ。

(1)　空所の直前の動詞enjoyに続くと考え，空所の最初の動詞は動名詞にしよう。空所の直後にある，'of my town'（町の～）に続く語句を考える。

(2)　主語が 'the travelers'（複数形の名詞）であることに注意。

B　（会話文訳）

こんにちは，直美！

来月，我が家に来ますね。あなたの訪問が待ち遠しいな！

私の家族はスポーツが大好きなので，私たちはあなたと一緒にスポーツを楽しみたいと思っています。どんなスポーツに関心がありますか？　アメリカで私たちとどんなふうにそのスポーツを楽しみたいですか？

また，あなたは今回が初めての外国訪問だと言っていましたよね。今，どんなことが心配ですか？あるいは，今回の訪問の前にどんなことが知りたいですか？

近いうちに会いましょう。

（例訳）「私は野球に関心があります。それであなたたちとスタジアムで野球の観戦をしたいです。また，たくさんの友だちを作るために，若者に人気があるのは何かを知りたいです」

2021年度英語　聞き取りテスト

〔放送台本〕

ただいまから，英語の聞き取りテストを行います。

それぞれの問題の英文は，2回ずつ読みます。放送を聞きながら，メモを取ってもかまいません。

それでは，問1です。3題とも最初に短い対話を読みます。次に，それぞれの対話の後で，その内容について，クエスチョンと言った後に英語で質問します。その質問の答えとして最も適当なものを，問題用紙のア，イ，ウ，エから選びなさい。では，始めます。

No. 1　A: Satoshi, how was your weekend?

　　　　B: It was great! I went fishing with my father. What did you do last weekend, Katie?

　　　　A: I played badminton with my sister.

　　　　Question: What did Katie do last weekend?

No. 2　A: What are you doing, Dave?

　　　　B: I can't find my dictionary. I usually put it in my school bag, but it isn't there. Did you see it, Mom?

　　　　A: No. Why don't you look around your desk?

　　　　B: OK, I will.

　　　　Question: What is Dave looking for?

No. 3　A: Excuse me. Could you tell me how to get to the art museum?

　　　　B: Sure. First, take the City Library Line to the Station Hotel.

　　　　A: So, you mean I should get off at the Station Hotel, right?

　　　　B: Yes. And change to the East High School Line and get off at the second bus stop from the Station Hotel. The art museum is in front of the bus stop. This is the easiest way to get there.

　　　　Question: Where should the woman get off to visit the art museum?

〔英文の訳〕

No.1　A：サトシ，週末はどうだった？

　　　　B：よかったよ！　父と釣りに行ったんだ。君は先週末に何をしたの，ケイティー？

　　　　A：妹（姉）とバドミントンをしたわ。

　　　　質問：ケイティーは先週末，何をしましたか？

No.2　A：何をしているの，デイブ？

　　　　B：自分の辞書が見つからないんだ。たいていは通学カバンに入れているんだけど，そこにはないんだ。その辞書を見た，お母さん？

　　　　A：いいえ。あなたの机のまわりを探してみたらどう？

　　　　B：うん，そうするよ。

　　　　質問：デイブは何を探していますか？

No.3　A：すみません。美術館への行き方を教えていただけますか？

　　　　B：いいですよ。まず，市立図書館ラインに乗って，ステーションホテルまで行ってください。

　　　　A：それはつまり，ステーションホテルで降りるということですね？

B：そうです。そして東高校ラインに乗り換えて，ステーションホテルから2つ目のバス停で
　降りてください。美術館はバス停の前にあります。これが一番簡単に行く方法です。
　質問：その女性は美術館に行くためにどこで降りるべきですか？

〔放送台本〕
　続いて，問2です。3題とも，問題用紙に示された場面における，加奈とジョンの対話です。最初に
加奈が，続いてジョンが話します。その次に，加奈が話すところで，次のチャイムが鳴ります。（チ
ャイム音）このチャイムの鳴るところで，加奈が話す言葉として最も適当なものを，問題用紙のア，
イ，ウ，エから選びなさい。では，始めます。

No. 1　[登校中の対話]
　Kana:　John, do you know a new hamburger shop opened near the
　　　　　station?
　John:　Yes.　I heard it's very popular in Tokyo.　How about going to the
　　　　　shop with me tomorrow, Kana?
　Kana:　（チャイム音）
No. 2　[昼休みの対話]
　Kana:　Hi, John.　You don't look well.　What's the matter?
　John:　I feel very sick and I want to go home, but there are two more
　　　　　lessons after lunch time.　What should I do?
　Kana:　（チャイム音）
No. 3　[放課後の対話]
　Kana:　Which city do you want to visit in Japan?
　John:　I want to visit Nara during my stay in Japan because I'm very
　　　　　interested in Japanese history.　Have you ever been there, Kana?
　Kana:　（チャイム音）

〔英文の訳〕
No. 1　加奈　：ジョン，駅の近くに新しいハンバーガーショップがオープンしたのを知ってる？
　　　　ジョン：うん。東京でとても人気があるらしいね。明日そのお店に一緒に行くのはどう，加
　　　　　　　奈？
　　　　加奈　：エ　そうしたいわ。
No. 2　加奈　：こんにちは，ジョン。調子が良くなさそうね。どうしたの？
　　　　ジョン：とても気分が悪くて，家に帰りたいんだけど，お昼のあとに授業が2つあるよね。ど
　　　　　　　うしよう？
　　　　加奈　：ア　先生にそのことを尋ねたほうがいいわ。
No. 3　加奈　：日本のどの都市を訪問してみたい？
　　　　ジョン：日本滞在中に奈良を訪問してみたいな。日本の歴史に関心があるからね。そこに行っ
　　　　　　　たことはある，加奈？
　　　　加奈　：ウ　ええ，1回そこに行ったことがあるわ。

〔放送台本〕
　続いて，問3です。次に読まれる英文は，友子が，観光ボランティアをしていることについて書い

たものです。その内容について，問題用紙にある，No. 1からNo. 3の質問の答えとして最も適当なものを，問題用紙のア，イ，ウ，エから選びなさい。このあと15秒取りますので，No. 1からNo. 3の質問に目を通しなさい。それでは，英文を2回読みますが，英文を読んだ後には，それぞれ解答時間を20秒取ります。では，始めます。

　　Last year, I went to America with my family for sightseeing. When we visited New York, we met a volunteer guide at a famous place. She told us about the place in Japanese, so I was glad to learn more about it. Then, I also wanted to help people from abroad as a guide in my town.

　　Now, I'm in a volunteer group to help people from abroad to do sightseeing in my town. One day, I went to one of the old shrines and told people about its history in English. I was glad because they said "Thank you," but when some of them asked me to show them the best place for taking pictures of the shrine, I couldn't answer quickly. I thought it's important to understand what people from abroad really want to know.

　　Since then, I'm trying to understand what they need. I believe they can enjoy sightseeing in my town much more if I become a better volunteer guide.

　　これで，英語の聞き取りテストを終わります。

〔英文の訳〕

　去年，私は家族とアメリカへ観光旅行に行きました。ニューヨークを訪れた時，ある有名な場所でボランティアガイドに会いました。彼女はその場所について日本語で私たちに伝えてくれたので，私はその場所についてさらに学べてうれしかったです。そして，私もまた自分の町のガイドとして海外から来た人のお手伝いをしたいと思いました。

　私は現在，私の町で外国人観光客のお手伝いをするボランティアグループに所属しています。ある日，私は古い神社の一つに行き，その歴史について人々に英語で説明しました。彼らが，「ありがとう」と言ってくれてうれしかったです。でも，何人かの人が，その神社の写真を撮るのに一番良い場所を教えてほしいと私に頼んできたとき，私はすぐに答えられませんでした。外国から来た人が何を本当に知りたがっているのかを理解することは大事だと私は思いました。

　その時から，私は彼らが何を必要としているのかを理解しようと努力しています。私がより良いボランティアガイドになれば，私の町の観光を彼らはもっと楽しめると思います。

No.1：ア　なぜなら友子は，アメリカのある有名な場所についてさらに学べてうれしかったから。

No.2：エ　彼らは彼女に，写真を撮るのに一番良い場所を教えてくれるように頼んだ。

No.3：ウ　彼女は，外国から来た人が何を必要としているのかを理解しようと努めている。

◀理科解答▶

1　問1　(1)　①　オーム　(2)　②　進化　(3)　③　侵食　(4)　④　分子
　　(5)　⑤　DNA[デオキシリボ核酸]　(6)　⑥　燃料　問2　ア，オ　問3　ア，ウ
　　問4　0.3(g)　問5　68(%)　問6　①　胚珠　②　胚　問7　D
2　問1　(1)　①　ア　②　ア　(2)　①　ベネジクト液[ベネジクト溶液]　②　イ
　　(3)　①　対照　②　(例)試験管Cに含まれる消化酵素X，Yの濃度と同じにする

　　　問2　(1)　①　ウ　　②　イ　　　(2)　イ

3　問1　(1)　①　水素　　②　水酸化物　　　(2)　①　イ　　②　ア　　③　ア　　(3)　ウ

　　　問2　(1)　①　Ba^{2+}　　②　Cl^-　　③　$BaCl_2$

　　　(2)　①　イ　　②　(例)イオンがほとんどなくなった

4　問1　(1)　①　0.6　　②　0.0012　　(2)　①　イ

　　　②　イ　　③　ア　　問2　(1)　①　ア　　②　ア

　　　(2)　90(N)　　(3)　①　イ　　②　ウ

5　問1　液状化現象[液状化]　　問2　①　ア　　②　15

　　　問3　(1)　4(km/s)　　(2)　(グラフ)　右図

　　　(時刻)　10時26分50秒　　問4　18(秒後)

　　　問5　(例)震度は地震による観測地点のゆれの大きさを表し，マグニチュードは地震の規模を表す。

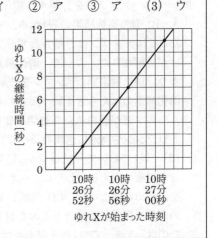

ゆれXの継続時間〔秒〕

10時26分52秒　　10時26分56秒　　10時27分00秒

ゆれXが始まった時刻

<理科解説>

1 (小問集合－電流，生物の種類の多様性と進化：進化，地層の重なりと過去の様子，物質の成り立ち，遺伝の規則性と遺伝子，化学変化と電池，力のはたらき，火山活動と火成岩，化学変化と物質の質量，気象要素の観測，生物の成長と生殖，電流と磁界)

問1　(1)　抵抗器や電熱線に流れる電流の大きさは，それらに加わる電圧の大きさに比例するという関係を**オームの法則**という。　(2)　生物のからだの特徴が，長い年月をかけて世代を重ねる間に，しだいに変化することを**進化**といい，その結果，地球上にはさまざまな種類の生物が出現してきた。　(3)　風化してもろくなった岩石が，水などのはたらきによってけずられることを**侵食**という。　(4)　二酸化炭素のように，原子がいくつか結びついた粒子で，物質としての性質を示す最小単位の粒子を**分子**という。　(5)　遺伝子は，細胞の核内の染色体に含まれ，遺伝子の本体はDNAという物質である。　(6)　水の電気分解とは逆の化学変化を利用して，水素と酸素が化学変化を起こして水ができるときに，発生する電気エネルギーを直接取り出す装置を**燃料電池**という。

問2　物体どうしが離れていてもはたらく力は，**重力と磁石の力**である。

問3　火山灰の中に含まれる主な無色鉱物は，**石英と長石**である。

問4　銅を加熱すると，銅は酸素と化合して酸化銅になる。化学反応式で表すと，$2Cu+O_2 \rightarrow 2CuO$，である。図1から，銅1.2gを十分に加熱すると，1.5gの酸化銅になったので，銅と化合した酸素の質量 ＝ 1.5(g)－1.2(g) ＝ 0.3(g)，である。

問5　**乾湿計**の乾球の示度が10.0℃で，湿球の示度が7.5℃のときの湿度を表から求めると，乾球の示度と湿球の示度の差は2.5℃であることから，湿度は68％である。

問6　被子植物の受精では，**胚珠の中にある卵細胞の核**と花粉管の中を移動してきた精細胞の核が合体して受精卵がつくられる。受精卵は細胞分裂をくり返して**胚珠の中の胚**になり，子房全体は種子になる。

問7　まっすぐな導線に電流を流すとき，磁界の強さは導線に近いほど，強くなるため，Dが適当である。

2 (動物のからだのつくりとはたらき：消化酵素のはたらきを調べる実験・対照実験，発展実験，

検証実験の設定)

問1　(1)　デンプンを分解する消化酵素のはたらきを調べる対照実験として用意された，試験管A，B，Dの実験結果の表1から，ヨウ素液が青紫色に変化した消化酵素Yを入れたBと水を入れたDではデンプンは分解されず，ヨウ素液が変化しなかった消化酵素Xを入れたAのデンプンだけが分解された。よって，**消化酵素Xは，だ液などに含まれ，デンプンを分解するアミラーゼであり，消化酵素Yはデンプンを分解しない消化酵素である**と考えられる。タンパク質を分解する消化酵素のはたらきを調べる対照実験として用意された試験管BとDの実験結果において，スキムミルク液が乳白色から透明に変化したことより，**試験管Bの消化酵素Yは，すい液に含まれるトリプシンや胃液に含まれるペプシンのようなタンパク質を分解する消化酵素**であると考える。
(2)　表1において，試験管Aの結果が透明になった理由を確認するためには，[3]で試験管Aにヨウ素液を加えるかわりに，ベネジクト液と沸騰石を加えて加熱し，赤褐色の沈殿が生じることを確かめればよい。　(3)　実験の結果を比較し，考察するために，調べようとしている条件以外の条件を同じにして行うものを対照実験という。**実験1において，試験管A，Bに水1cm³を加えたのは，**X液とY液は消化酵素を水にとかしたものであるため，X液1cm³は **≪消化酵素X＋水約1cm³≫** と考え，試験管A，Bに含まれている消化酵素X，Yの濃度を試験管Cに含まれる消化酵素X，Yの濃度と同じにするためである。

問2　(1)　消化酵素Xと消化酵素Yが入っている**試験管Cの液**とパイナップル液が入っている**試験管E**に，デンプン液を加え40℃で10分間あたためるとヨウ素液に反応しなくなったことから，**デンプンは分解された**と考えられる。また，スキムミルクを加え40℃で10分間あたためると乳白色から透明に変化したことから，**タンパク質は分解された**と考えられる。試験管Cの液と試験管Eの液には，ともにデンプンとタンパク質を分解するはたらきがあると考えられる。実験3は，試験管Eと同じパイナップル液を入れた試験管Gと，対照実験として水を入れた試験管Hを，実験2とはあたためる時間を変えた実験である。表3から，40℃で4時間あたためたパイナップル液が入った試験管Gでは，**タンパク質を分解するはたらきのみがある**と考えられる。　(2)　問(1)のように，試験管Eと試験管Gは，試験管の中の物質とあたためた設定温度は同じ条件であり，あたためた時間の違いから結果が異なった。試験管Eと試験管Gには消化酵素Xが共通して含まれるが，パイナップル液が入った試験管Eにデンプン溶液を加え，40℃で10分間加熱した場合は，ヨウ素液が反応しなかったことから，デンプンはすべて分解されたと考えられ，40℃で4時間加熱したGでは，ヨウ素液が反応して青紫色になったことから，分解されないデンプンがあると考えられる。その原因を調べるには，③　パイナップル液ではなく，水にとかした消化酵素X液1cm³とY液1cm³を入れた試験管を約40℃に保った湯で4時間あたためた後，実験1[3]と同じ操作を行い，色の変化を調べ実験1の試験管Cの結果と比較する。そのことにより，**パイナップル液に含まれる消化酵素XとY以外の物質によって，消化酵素Xのはたらきがなくなったのではないことがわかる**。次に，①　デンプンの消化酵素X液1cm³と水1cm³を入れた試験管を約40℃に保った湯で4時間あたためた後，実験1[3]と同じ操作を行い，色の変化を調べ実験1の試験管Aの結果と比較する。対照実験により，水もデンプンを分解しないことから，**消化酵素Xは，①の条件ではデンプンを分解するはたらきがなくなる**と考えられる。

③　(酸・アルカリとイオン，中和と塩・水にとけない塩ができる場合と水にとける塩ができる場合)

問1　(1)　実験1[1]において，うすい硫酸とうすい塩酸のどちらもBTB溶液を加えたところ黄色になったことから，うすい硫酸とうすい塩酸に共通して含まれるイオンは，水素イオンと考えられる。[2]において，うすい硫酸とうすい塩酸のそれぞれが緑色に変化したときは，うすい水酸

化バリウム水溶液に含まれている水酸化物イオンを加えるごとに中和，$H^+ + OH^- \rightarrow H_2O$，が起き，水素イオン$H^+$と水酸化物イオン$OH^-$とが，すべて結びついて水$H_2O$になったと考えられる。　(2)　実験1[2]において，[1]のA，Bそれぞれにうすい水酸化バリウム水溶液を加えたところAでは水酸化バリウムの白い沈殿ができたので，ビーカーAの水溶液はうすい硫酸であり，沈殿ができなかったビーカーBの水溶液はうすい塩酸である。ビーカーBのBTB溶液を加えたうすい塩酸40cm³にうすい水酸化バリウム水溶液を30cm³加えたところで，液の色は緑色になったことからH^+とOH^-のどちらもなくなり，中性になった。よって，うすい水酸化バリウム水溶液を加える量が30cm³を超えると，水酸化物イオンOH^-が水溶液中に存在するようになるため，アルカリ性になり，フェノールフタレイン溶液を加えた場合は，無色から赤色に変化する。

(3)　ビーカーAのBTB溶液を加えたうすい硫酸40cm³にうすい水酸化バリウム水溶液を20cm³加えたところで，液の色は緑色になったことからH^+とOH^-のどちらもなくなり，中性になった。この化学変化を化学反応式で表すと，$H_2SO_4 + Ba(OH)_2 \rightarrow 2H_2O + BaSO_4$，であり，イオンは存在しない。よって硫酸イオンがないので，20cm³より多くのうすい水酸化バリウム水溶液を加えても水酸化バリウムの白い沈殿(化学式は$BaSO_4$)はできないので，グラフはウである。

問2　(1)　問1の(2)からビーカーBはうすい塩酸である。塩酸は塩化水素が水にとけたもので，水溶液中では，電離してイオンとして存在する。化学式とイオン式で表すと，$HCl \rightarrow H^+ + Cl^-$，である。水酸化バリウムの水溶液中での電離は，$Ba(OH)_2 \rightarrow Ba^{2+} + 2OH^-$，である。実験2[2]のBの水溶液は，うすい塩酸にうすい水酸化バリウムを加えて中性になった水溶液で，イオン式と化学式を用いたモデルで表すと，$(H^+ + Cl^-) + (H^+ + Cl^-) + (Ba^{2+} + OH^- + OH^-) \rightarrow 2H_2O + Ba^{2+} + 2Cl^-$，であり，塩化バリウムの水溶液である。この，塩化バリウムの水溶液をスライドガラスに1滴とって蒸発させたとき残った白い粉末は塩化バリウムであり，この反応をイオン式と化学式で表すと，$Ba^{2+} + 2Cl^- \rightarrow BaCl_2$，である。　(2)　実験2[2]において，ビーカーAのうすい硫酸にうすい水酸化バリウムを加えるごとに起きる反応をイオン式と化学式を用いたモデルで表すと，$(H^+ + H^+ + SO_4^{2-}) + (Ba^{2+} + OH^- + OH^-) \rightarrow 2H_2O + BaSO_4$，であり，中性になると水素イオン$H^+$がなくなり，加えた水酸化物イオンも中和に使われてなくなり，生じた塩の硫酸バリウムはほとんど水に溶けず，水溶液中にイオンがほとんどなくなるため，ビーカーAには電流が流れない。一方，ビーカーBの場合は，うすい塩酸にうすい水酸化バリウムを加えるごとに，問2(1)においてモデルで表したような反応が起き，中性になるとH^+とOH^-のすべてが中和してなくなるが，生じた塩の塩化バリウムは実験2[3]から水に溶けてイオンとして存在するので，ビーカーBには電流が流れる。

4　(大気圧と圧力，身のまわりの物質とその性質：密度)
問1　(1)　スプレー缶から出した空気の質量$[g] = 105.9[g] - 105.3[g] = 0.6[g]$である。よって，空気の密度$[g/cm^3] = \dfrac{0.6[g]}{500[cm^3]} = 0.0012[g/cm^3]$である。　(2)　地上からの高度が高くなるほど，上空にある空気の重さが小さくなり，大気圧は小さくなる。このことは，密封された菓子袋を持って高い山を登ると，菓子袋がふくらむことで確かめられる。

問2　(1)　ゴム板Aの面積$[m^2] = 0.03[m] \times 0.03[m] = 0.0009[m^2]$である。ゴム板Bの面積$[m^2] = 0.04[m] \times 0.04[m] = 0.0016[m^2]$である。ゴム板Cの面積$[m^2] = 0.05[m] \times 0.05[m] = 0.0025[m^2]$である。よって，ゴム板Aの面積：ゴム板Bの面積：ゴム板Cの面積$= 9:16:25 = 36:64:100 = $ゴム板Aがはがれたときのおもりの重さ：ゴム板Bがはがれたときのおもりの重さ：ゴム板Cがはがれたときのおもりの重さ，である。したがって，ゴム板A～Cの面積とゴム板が

はがれたときのおもりの重さは比例する。A～Cがはがれたとき，単位面積あたりのおもりがゴム板を引く力，すなわち圧力は，Aが $\dfrac{36[\text{N}]}{0.0009[\text{m}^2]}=40000[\text{Pa}]$ であり，Bが $\dfrac{64[\text{N}]}{0.0016[\text{m}^2]}=40000$ [Pa]であり，Cが $\dfrac{100[\text{N}]}{0.0025[\text{m}^2]}=40000[\text{Pa}]$ である。よって，単位面積あたりのおもりがゴム板を引く力の大きさは等しい。 (2) ゴム板Aの表の面全体が大気から受ける力の大きさ[N]＝100000[Pa]×0.0009[m²]＝90[N]である。 (3) 図4において，表の面が大気から受ける力の大きさ・X＝おもりがゴム板を引く力の大きさ・W＋天井からはがれた裏の面が大気から受ける力の大きさ・Y＋天井がゴム板を押す力の大きさ・Z，である。**おもりを増やすと，天井と接している裏の面が小さくなり，天井からはがれた裏の面が大きくなるので，大気から受ける下向きの力であるYは大きくなる。天井と接している裏の面が小さくなると，天井がゴム板を押す力の大きさZは小さくなる。**

⑤ （地震と地球内部のはたらき：地震，自然災害：緊急地震速報の受信から主要動までの時間）

問1 地震の強いゆれで地面が液体のようにやわらかくなる**液状化現象**が起こると，砂と水が噴き出して電柱が傾いたり，マンホールが浮き上がったりという被害が発生する。

問2 ゆれXは**初期微動**であり，**P波によるゆれ**である。初期微動が始まってから主要動が始まるまでの時間を初期微動継続時間（ゆれXが続いた時間）といい，図を読みとると15秒である。

問3 (1) ゆれYは主要動で，**主要動を伝える波をS波**という。表から，B地点とC地点における震源距離とゆれYが始まった時刻からS波の速さを求める。S波の速さ(km/s)＝(56km−16km)÷(10時27分04秒−10時26分54秒)＝4(km/s)，である。 (2) グラフ用紙に各地点について，（ゆれXが始まった時刻，ゆれXの継続時間[秒]）の値を求め・印で記入する。表から，B地点(10時26分52秒，2秒)，C地点(10時26分57秒，7秒)，D地点(10時27分01秒，11秒)である。3点の最も近くを通る直線をグラフ用紙の端から端まで引く。地震発生と同時に，P波が発生するので，グラフにおいて，**ゆれXの継続時間[秒]が0秒の時のゆれXが始まった時刻が，地震が発生した時刻である。よって，作成したグラフから，地震が発生した時刻は，10時26分50秒である。**

問4 表から，B地点とC地点における震源距離とゆれXが始まった時刻からP波の速さを求める。P波の速さ(km/s)＝(56km−16km)÷(10時26分57秒−10時26分52秒)＝8(km/s)，である。震源地から80kmの地点にP波が到着したのは，D地点より8km震源地に近いので，10時27分01秒−(88km−80km)÷8(km/s)＝**10時27分00秒**，であり，その4秒後の**10時27分04秒**に，E地点に緊急地震速報が伝わった。E地点で主要動（ゆれY）が始まったのは，表から，10時27分22秒であるため，緊急地震速報が伝わってから，**10時27分22秒−10時27分04秒＝18秒**，より，18秒後である。

問5 震度は地震による観測地点のゆれの大きさを表し，**マグニチュード**は地震の規模を表す。

＜社会解答＞

① 問1 (1) 太平洋 (2) 本初子午線 (3) 小さい→③・②・①・④→大きい
　 問2 (1) 元 (2) (資料1) 室町(時代) (資料2) 平安(時代)
　 問3 (1) A ウ B ア C イ (2) 国事(行為) (3) ① ア ② ア
　 問4 (1) (A県の名) 新潟(県) (記号) ② (B県の名) 群馬(県) (記号) ④
　 (2) a イ b ア c ウ 問5 (1) 古い→イ・ウ・ア→新しい
　 (2) 征韓論 (3) (県の名) 沖縄(県) (記号) イ 問6 (1) 番人

(2)　a　与(党)　　b　野(党)　　(3)　団結権　　(4)　モンテスキュー

2 　問1　コシャマイン　　問2　ア，ウ，オ　　問3　ウ　　問4　I 群　ウ　　II 群　カ
問5　古い→　ア・ウ・エ・イ　→新しい　　問6　(例)エネルギー源の中心が石炭から石油に
かわり，道内の石炭の生産量が減少したこと

3 　問1　国民　　問2　(1)　A　個人　　B　幸福　　(2)　ア，ウ，エ
問3　(権利)　日照権　　(工夫と効果)　(例)建物を階段状にする工夫が施してあり，周り
の建物の日当たりを妨げないようにする効
果がある。　　問4　イ

4 　A　問1　a　④　　b　③　　c　①
d　②　　問2　(1)　(語句)　鉄鉱石
(記号)　ア　　(2)　右グラフ
(記号)　エ
　B　問1　(例)日本海を渡るときに大量の
水蒸気を含むため。　　問2　①　イ
②　ウ　　③　ア
問3　I　京浜(工業地帯)　　II　中京(工
業地帯)　　III　阪神(工業地帯)

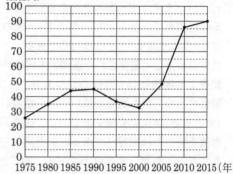

＜社会解説＞

1 　(地理的分野―世界地理－地形，―日本地理－日本の国土・農林水産業・工業，歴史的分野―日
本史時代別－古墳時代から平安時代・鎌倉時代から室町時代・安土桃山時代から江戸時代・明治
時代から現代，―日本史テーマ別－文化史・外交史・宗教史，―世界史－政治史・文化史，公民
的分野―国の政治の仕組み・地方自治・三権分立・国民生活と社会保障・基本的人権)

問1　(1)　太平洋・大西洋・インド洋が**世界三大洋**である。三大洋の中で，オーストラリア大
　　陸・北アメリカ大陸・南アメリカ大陸・ユーラシア大陸・南極大陸に囲まれた大洋が，aの太平
　　洋である。　　(2)　イギリスのロンドン郊外の**グリニッジ天文台**を通る経線が，**本初子午線**であ
　　る。1884年の国際協定で，この線を**東経0度，西経0度**とし，全世界の経度の原点とすることが
　　決定された。　　(3)　時差が一番小さいのは，日本よりも東経が大きい③のオーストラリアのシ
　　ドニーである。次に時差が小さいのは，日本よりも西にあり，東経が大きい②のインドのニュー
　　デリーである。その次が，日本よりも西にあり，東経が小さい①のイタリアのローマである。時
　　差が最も大きいのは，西経の大きな④のアメリカ西海岸のロサンゼルスである。したがって，時
　　差の小さな順に並べると，③→②→①→④となる。

問2　(1)　13世紀に，**モンゴル民族**が築き上げた大帝国は，**チンギス＝ハン**の孫の**フビライ**の時
　　代に首都を大都に移し，**元**を建国した。元は東アジアの国々を服属させようとし，執権北条時宗
　　はこれを拒否したため，北九州に元軍が来攻した。これが**元寇**である。　　(2)　(資料1)　鎌倉
　　時代末から室町時代に，朝鮮・中国の沿岸を襲った海賊集団を**倭寇**という。北九州や瀬戸内海沿
　　岸の漁民・武士が中心で，もともと私貿易を目的としていたが，しばしば海賊化した。　　(資料
　　2)　平安時代の**国風文化**全盛期の「**源氏物語絵巻**」である。作者は**藤原隆能**と伝えられている。

問3　(1)　A　2月の**立春**の前の日が**節分**である。　　B　5月の**年中行事**は**端午の節句**であり，男の
　　子の成長を祝う日である。　　C　11月の年中行事は3歳・5歳・7歳の子供たちを祝う**七五三**であ
　　る。　　(2)　日本国憲法第7条には，**天皇の国事行為**として，「七　栄典を授与すること。九　外

国の大使及び公使を接受すること。」を示しているが，他に「一　憲法改正，法律，政令及び条約を公布すること。二　国会を召集すること。三　衆議院を解散すること。」などが天皇の国事行為である。なお，この天皇の国事行為は，内閣の助言と承認によって行われると規定されている。　（3）①　地方自治法第74条で，条例の制定や改廃については，有権者の50分の1の署名をもって，直接請求することができることになっている。　②　請求先は首長である。なお，首長・議員の解職については，有権者の3分の1の署名をもって，選挙管理委員会に直接請求することができる。その後実施される住民投票で，過半数の賛成があれば解職が決定する。

問4　（1）　まず，①～⑤の県名を特定する。①は山形県，②は新潟県，③は千葉県，④は群馬県，⑤は福島県である。　A　（県の名）米の生産量第1位の県は，新潟県である。なお，新潟県に次ぐ2位は北海道，3位は秋田県である。　（記号）新潟県の記号は，②である。　B　（県の名）世界遺産として登録された富岡製糸場は群馬県にある。また，北関東自動車道の整備により，北関東工業地域として発展しつつある。　（記号）群馬県の記号は，④である。　（2）a　北方領土のうち，最も面積が狭いのは，歯舞（はぼまい）群島である。　b　北方領土のうち，択捉島（えとろふ）に次ぐ面積であるのは，国後（くなしり）島である。　c　北方領土のうち，最も広い面積を持つのは択捉島である。択捉島は日本の国土の最北端である。この3島と色丹（しこたん）島からなるのが，北方領土である。第二次世界大戦の終戦直後，当時のソ連によって占拠された。日本政府はロシア連邦政府に対して北方領土の返還を要求しているが，交渉は進まず，未解決のまま時が過ぎている。なお，幕末の1855年に，日ロ通好条約において，択捉島と得撫（うるっぷ）島の間を両国国境とし，択捉島は日本の領土とされた。北海道立高校の入試問題では，ここ数年，北方領土のことが出題されている。

問5　（1）ア　1582年に，九州のキリシタン大名である大友宗麟・大村純忠・有馬晴信がローマ教皇のもとに少年4人を派遣したのが，天正遣欧使節である。　イ　1095年にローマ教皇ウルバヌス2世の呼びかけに応じ，イスラム教徒からパレスチナの聖地エルサレムを奪還するために遠征したのが十字軍である。　ウ　バスコ＝ダ＝ガマは，ポルトガル人の航海者・探検家であり，ポルトガル王の命を受けて，東回り航路をとり，アフリカ大陸の南端の喜望峰を回って，1498年にインドに到達した。これにより，大量のこしょうがヨーロッパにもたらされるようになった。年代の古い順に並べると，イ→ウ→アとなる。　（2）岩倉使節団に参加しなかった西郷隆盛・板垣退助らの参議は，中国を宗主国として他の国に対しては鎖国の状態にあった朝鮮を，武力によって開国させようとした。これが征韓論である。欧米諸国から帰国した大久保利通らとの征韓論争に敗れた西郷・板垣らは，1873年に政府から下野した。この事件を明治6年の政変という。　（3）（県の名）第二次世界大戦終戦後27年間にわたって，アメリカによる占領統治が続いていた沖縄は，ニクソンアメリカ大統領と佐藤栄作首相の交渉により，1972年日本に返還され，沖縄県となった。しかし，沖縄に置かれた米軍基地は，アメリカの東アジア戦略上，そのまま残された。　（記号）ベトナムは，フランス・アメリカが援助する資本主義の南ベトナム共和国と，中国・ソ連が援助する社会主義のベトナム民主共和国が対立し，ベトナム戦争へと発展した。1964年には，アメリカが北爆を開始し，ベトナム戦争は本格化した。この戦争に際し，沖縄の米軍基地はアメリカの軍事拠点となった。

問6　（1）日本国憲法第81条に「最高裁判所は，一切の法律，命令，規則又は処分が憲法に適合するかしないかを決定する権限を有する終審裁判所である。」との規定があり，法律や政令が憲法に違反しているかどうかについて，最終的に判断を下すことから，最高裁判所のことを「憲法の番人」という。　（2）a　内閣を組織して政権を担当する政党を与党という。2021年4月現在では，自民党と公明党が与党である。　b　政権を担当しない政党を野党という。自民党と公明

党以外の政党が野党である。「政府から離れた在野の政党」からきている。　　(3)　日本国憲法第28条に「**勤労者の団結する権利及び団体交渉**その他の**団体行動**をする権利は，これを保障する。」との規定がある。労働者が経営者に対し，対等の立場で労働条件の維持・改善を目的とする活動を行うために労働組合を結成したり，これへ加入したりするなど，自主的に団結する権利を**団結権**という。団体交渉権・団体行動権と合わせて**労働三権（労働基本権）**という。団体行動とはストライキなどを行うことである。　　(4)　**三権分立**を最初に提唱したのは，フランスの思想家モンテスキューである。モンテスキューは18世紀半ばに著書「**法の精神**」の中で，政治的自由を実現するための三権分立を主張した。三権分立とは，**立法・行政・司法**の三機関が互いに抑制し合い，均衡を保つための制度であり，また，権力が一つの機関に集中して濫用され，国民の権利や自由が侵されることがないようにするための制度である。

2　(歴史的分野—日本史時代別—鎌倉時代から室町時代・安土桃山時代から江戸時代・明治時代から現代，—日本史テーマ別—政治史・経済史・文化史・外交史，地理的分野—日本地理—資源・エネルギー)

問1　和人による**アイヌ**少年殺害を機に蜂起し，首長**コシャマイン**に率いられたアイヌ諸部族が，和人の圧迫に対して起こした戦いがコシャマインの乱である。このコシャマインと和人との衝突があったのは，15世紀のことである。

問2　イ　ものさしの長さや，ますの大きさが統一されたのは，16世紀後期の豊臣秀吉による太閤検地のときである。収穫した米を計るますも，以前は各地で異なった容積のますを用いていたのが，公定ますとして**京ます**に統一された。　エ　**五人組**がつくられたのは，17世紀の江戸時代のことである。イ・エには誤りがあり，ア・ウ・オが正しい。

問3　14世紀に津軽にあった**十三湊**（とさみなと）を拠点として，アイヌとの交易が行われていた。取引に際しては，中国でつくられた銅銭が用いられていた。十三湊の地図上の位置は，ウである。

問4　Ⅰ群　19世紀の江戸を中心とした文化を**化政文化**という。化政文化の時期に活躍したのは，ウの**歌川広重**である。なお，アの黒田清輝は明治時代の，イの雪舟は室町時代の，エの菱川師宣は江戸時代前期の元禄期の人物である。ウが正解である。　Ⅱ群　歌川広重の代表的作品は，カの「**東海道五十三次**」である。

問5　ア　**ラクスマン**が通商を求め，**根室**に来航したのは，1792年のことである。　イ　南樺太が日本に譲渡されたのは，1905年の**ポーツマス条約**によってである。　ウ　ロシアが日本と**樺太・千島交換条約**を結んだのは，1875年である。　エ　ロシア・フランス・ドイツが遼東半島を中国に返還するよう日本に要求した**三国干渉**は，1895年に行われた。したがって，年代の古い順に並べると，ア→ウ→エ→イとなる。

問6　グラフ2に見られるように，1960年代に**エネルギー源**の中心が石炭から**石油**にかわり，グラフ3に見られるように道内の石炭の生産量が低下したことを指摘すればよい。

3　(公民的分野—憲法の原理・基本的人権)

問1　**大日本帝国憲法**では，「大日本帝国ハ**万世一系**ノ天皇之ヲ統治ス」「天皇ハ国ノ**元首**ニシテ統治権ヲ総攬シ（以下略）」と明記されていたが，**日本国憲法**では，「天皇は，日本国の**象徴**であり日本国民統合の象徴であって，この地位は，**主権**の存する日本国民の総意に基く。」と規定されている。**国民主権**が，日本国憲法の原理である。

問2　(1)　日本国憲法第13条では，「すべて国民は，個人として尊重される。生命，自由及び幸福

追求に対する国民の権利については，公共の福祉に反しない限り，立法その他の国政の上で，最大の尊重を必要とする。」と定めている。Aは個人，Bは幸福である。　(2)　アの，宗教を信仰することは，信教の自由である。ウの，職業や住む所を選ぶことは，経済活動の自由である。エの，経済について研究することは，学問の自由である。

問3　(権利)　新しい人権の一つとして，環境権があげられる。清浄な大気・水・静穏など，良好な環境を享受しうる権利のことをいう。日照権は，環境権の一つである。　(工夫と効果)　写真に見られるように建物を階段状にする工夫が施してあることに触れ，周りの建物の日当たりを妨げないようにする効果があることを指摘すればよい。

問4　アは，プライバシーの権利である。ウは，グローバル化についての説明である。エは，ICT＝情報通信技術(Informationand Communication Technology)についての説明である。イが正しい。文字を読み書きする能力を意味するのが，リテラシーである。情報リテラシーとは，情報技術を使いこなす能力と，情報を読み解き活用する能力の2つの意味を持つ。後者のうち，特に様々なメディアから発信される情報の取り扱いに関する，様々な知識と能力のことを情報リテラシーという。

4　(地理的分野―世界地理－人口・資源・貿易，―日本地理－貿易・気候・工業)

A　問1　まず，地図上の，①・②・③・④の国を確定する。①はスウェーデン，②はフィリピン，③は日本，④はカナダである。この4国の中で，一番人口が多いのが，世界11位の日本である。次に多いのが，世界12位のフィリピンである。この4国の中で，一人当たり国民総所得が一番多いのは，世界11位のスウェーデンである。次に多いのが，世界16位のカナダである。したがって，aが④，bが③，cが①，dが②となる。

問2　(1)　Xの国はブラジルである。　(語句)　ブラジルは，石炭こそ輸入依存だが，鉄鉱石については鉱山を有し自給している。さらにブラジルは，世界最大レベルの鉄鉱石輸出国である。日本は，ブラジルから膨大な量の鉄鉱石を輸入している。　(記号)　輸入総額804,112百万円の39.4%なので，約3200億円になる。

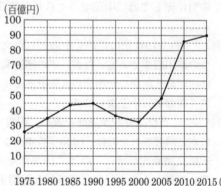

(2)　1990年の46，1995年の37，2000年の32，2005年の49を正確に書き込むと右グラフの通りとなる。　(記号)　ア　増加したのは5度ある。　イ　減少したのは2度しかない。　ウ　輸入総額の最も多い年でも，1990年の3倍はない。ア・イ・ウのどれも誤りであり，エが正しい。

B　問1　この地域は日本海側であり，冬に大陸から北西の季節風が吹きつけ，日本海を渡るときに大量の水蒸気を含むため，降水量が多くなり，積雪が深くなる。この季節風は，山脈を越えて，冷たい風となって吹き下ろすため，太平洋側は乾燥した気候となる。

問2　①　一年間を通じて降水量が少なめである。地図上の①の茨城県にあたる雨温図はイである。　②　冬に大陸から北西の季節風が吹きつけ，降雪量が多くなる。地図上の②の福井県にあたる雨温図はウである。　③　6月・7月・9月に雨が多いのは，梅雨と台風のためであり，地図上の③の大分県にあたる雨温図はアである。

問3　Aは京浜工業地帯である。Bは中京工業地帯である。Cは阪神工業地帯である。3つの工業地帯のうち最も製造品出荷額が多いのは，中京工業地帯である。Ⅱが中京工業地帯である。中京工

業地帯は，**国内最大の自動車メーカーの本拠地**を含んでおり，出荷額のうち機械（輸送用機械）が7割を占める。京浜工業地帯では，鉄鋼・機械・化学などの重化学工業が盛んであり，機械工業が出荷額の半分近くの割合を占める。よって，Ⅰが京浜工業地帯である。残るⅢが阪神工業地帯である。大阪・堺・神戸は重化学工業，その南部に繊維，淀川流域は電気機器・医薬品の産業が発達し，大阪湾の埋立地に大工場，淀川流域と大阪南部に中小工場が多いのが特徴である。

＜国語解答＞

※（　）内の大問番号は学校裁量問題選択校の場合

一 問一 (1) きょうきゅう　(2) ちょぞう　(3) せば(まる)　(4) ほどこ(す)

　　問二 (1) 電池　(2) 郷里　(3) 刻(む)　(4) 絹糸　問三 (例)お待ちください[お待ちなってください]　問四 (1) 四(画目)　(2) キ　問五 (1) ① 胃で暮らす微生物が草を分解してできたもの　② 飲み込んだ草を口に戻し，再びかみくだく

　　(2) 深く眠れる時間

二(一) 問一 羊毛　問二 (1) (誤って使われている漢字)社　(正しい漢字)舎

　　(2)(誤って使われている漢字)助　(正しい漢字)序　問三 (1) (例1)(私の考える案Ⅰのよさは，)足腰が弱り，もどかしい思いをしている高齢者は，はかどらない屋外の仕事を片付けたいと思っているので，代わりに片付けてあげられることです。

　　(例2)(私の考える案Ⅱのよさは，)寂しい思いをしている高齢者は，誰かと会話をしたいと思っているので，プレゼントを渡す際に話し相手になってあげられることです。

　　(2) (例)相手のためだけではなく自分のためにもなる

三(二) 問一 いつにも増して，入念に勢い止めの中　問二 (例)雨鱒はじっとして動かず，大きな眼が心平をみていた　問三 (例)(雨鱒の頭上で，)ヤスの切っ先の狙いがピタリと定まり，あとはいっきに突けばよいところまで追い詰めたことにより，次は必ず仕留めることができると思えたということ。　問四 ヤスの重さ

三〔学校裁量問題〕 問一 1 武士　2 つか(える)　3 はきゅう

　　問二 ① (例)効率よく伝える　② (例)ジャンルを認識する　問三 何百年も伝承されてきた「型」　問四 (例)庶民の間に芽生えはじめた個人という意識が，もの珍しいものや新しいものに対する好奇心へと発展していったことを背景にして求められるようになった斬新な表現は，自己表現を求める人びとの心を自由に解き放つ役割を果たした。

　　問五 ウ

四 問一 ア イ エ　問二 ウ　問三 ア→ウ→エ→イ

＜国語解説＞

※（　）内の大問番号は学校裁量問題選択校の場合

一 (知識―漢字の読み書き，筆順・画数・部首，敬語／説明文―文脈把握)

　問一 (1)「供給」の反対語の「需要」(じゅよう)も合わせて覚えておく。　(2)「貯蔵」は，物を蓄えてしまっておくこと。　(3)「狭」には，「キョウ・せま(い)・せば(まる)・せば(める)」という読みがある。　(4) この場合の「施す」は，誰かのために何かを行うという意味。

問二　(1)「電池」の「池」を「地」と書き間違えないように注意する。　(2)「郷」のまん中は，上に点を打たない。　(3)「刻」は，左の部分の形に注意。　(4)「絹」の右側は，「貝」ではない。

問三　「待つことを求める」表現は，「待て」「待ってくれ」などである。この内容を尊敬語を用いて書けばよいので，「お待ちください」「お待ちになってください」などとなる。

問四　(1)「牛」の下の横画は三画目だが，「牜」(うしへん)では四画目になる。　(2)「技」の部首は「扌」(てへん)。ア「枝」は「木」，イ「微」は「彳」，ウ「誓」は「言」，エ「域」は「土」。オ「孫」は「子」，カ「独」は「犭」，キ「拠」は「扌」，ク「悠」は「心」なので，キが正解。

問五　(1)①　空欄の後の「栄養を取っており」を手がかりに，第1段落の「ウシの胃で暮らす微生物が草を分解してできたものがウシの栄養の主体だからだ。」から書き抜く。　②　後の「反芻」の定義をしている部分を探して，第2段落の「そこで，ウシは飲み込んだ草を口に戻し，再びかみくだく"反芻"を行う。」から書き抜く。　(2)　前の「消化に費やすエネルギーが少なくてすむ」を手がかりに，第3段落の「消化に費やすエネルギーが減り，深く眠れる時間が増える。」から書き抜く。

□(一)　（知識―漢字の読み書き，熟語／会話・議論・発表―内容吟味，作文）

問一「緑茶」は「緑のお茶」で，前の漢字が後の漢字を修飾するという構成である。A～Dの漢字と熟語の構成は，A「児童」は似た意味の漢字の組み合わせ，B「羊毛」は「羊の毛」で前の漢字が後の漢字を修飾するもの，C「不快」は前の漢字が後の漢字の意味を打ち消すもの，Dの「勝負」は対になる意味の漢字の組み合わせであるから，正解はBの「羊毛」となる。

問二　(1)「役所の建物」という意味の「チョウシャ」は「庁舎」と書く。　(2)「物事の前後関係のきまり」という意味の「ジュンジョ」は「順序」と書く。

問三　(1)　③で示された「ボランティア活動の候補案」のどちらかを選び，①に触れながら高齢者が望んでいることを考えて書く。正答例1は，③からⅠ「夏季の草刈り，冬季の雪かき」を選び，①の「家事がはかどらず，もどかしい思いをしている」高齢者が望んでいることを考えて書いている。また，正答例2は，③からⅡ「季節の花とメッセージの手渡しプレゼント」を選び，①の「寂しい思いをしている」高齢者が望んでいることを考えて書いている。誤字・脱字に注意して，「私の考える案Ⅰ（またはⅡ）のよさは，」という表現につながるように書くこと。
　(2)　④に共通しているのは，相手のためにボランティアをしたら自分にもよいことがあったという点である。このことをふまえて，「相手のためだけではなく自分のためにもなる」という内容を書く。

□(二)　（小説―情景・心情，内容吟味，文脈把握）

問一　この文章では，はじめに空の様子を描き，続いて川の様子，そして心平の様子が描かれている。空欄の前後の語句に注目し，「よく眼をこらして……」以降の部分にある「心平はいつにも増して，入念に勢い止めの中を探った。」から17字の部分を書き抜く。

問二　上段の「心平はもう一歩～舞い上がった。」に対応する雨鱒の様子は，「雨鱒はまだじっとして動かなかった。大きな眼が心平をみていた。」なので，この内容を20～25字で書く。

問三　解答欄に示された「雨鱒の頭上で，」という語句に注目して本文を見ると，「心平は，もうひと呼吸，そっとヤスの穂先を近づけた。雨鱒の頭上で，切っ先の狙いがピタリと定まった。あとはいっきに突けばよかった。」とある。これが設問の「雨鱒捕りの経験」にあたる。また，「思え

たこと」は，――線3の直前に「もう少しのところまで追い詰めたことがうれしかった。**次の機会にはきっと仕留めることができる。**」と書かれている。この2つの内容を70字程度で書く。

問四　心平は，雨鱒をねらっているときには「もう**ヤスの重さは感じていなかった**」が，逃げられた場面では「急にヤスが手に重くなった」と感じている。

三〔学校裁量問題〕　（論説文―内容吟味，文脈把握，段落・文章構成，漢字の読み書き）

問一　1　「武」には「ノ」をつけない。「士」は横画の長さに注意。　2　「幕府に仕える」は，幕府の仕事をするという意味。　3　「波及」は，波が広がるように影響が次第に広がっていくこと。

問二　①　⑥の段落の最後の，「型があると，誰にでも同じような手本を示すことができて，とても**効率がよいわけです**」をもとに，空欄の後の「こと」に続くように「**効率よく伝える**」などと書く。　②　⑦の段落の「これは浮世絵だ」は，目の前の絵が浮世絵という**ジャンル**に属していると**認識**したことを示す表現であるから，「**ジャンルを認識する**」などと書く。

問三　⑧の段落は，「日本の伝統的な表現」として歌舞伎といけばなを挙げ，――線1のような表現のあり方について，歌舞伎を例として「セリフ回しやポーズなどに，何百年も伝承されてきた『型』」を叩き込まれた役者が個性を発揮すると説明している。同様に，いけばなも，「**何百年も伝承されてきた『型』**」を身に付けて個性を発揮する。

問四　「個人という意識」については，⑨の段落に「**庶民の間に芽生えはじめた個人という意識**」が「**もの珍しいものや新しいものに対する好奇心へと発展**」していったという時代背景が説明されている。また，「斬新な表現」の役割については，⑪の段落に「階級制度に疑問を抱きはじめ，**自己表現を求める人びとの心を自由に解き放つ役割を果たすものでもあった**」と説明されている。この内容を適切につなげて，105字程度で書く。

問五　アは，④の段落では問題提起をしていないので誤り。イは，⑥の段落の内容は，④と⑤の段落の内容のうち，一方の「型」についての詳しい説明であり，「対立する内容」は述べていないので不適当。ウは，⑧の段落では7の段落で述べた「型と個性の関係」についてまとめ，歌舞伎という具体例を挙げて説明しているので，正しい。エは，⑩の段落では⑨の段落の内容を否定していないので，誤りである。

四　（古文―内容吟味）

〈口語訳〉　博雅三位が，月が明るかった夜，普段着で，朱雀門の前のあたりを歩き回って，一晩中笛をお吹きになったときに，同じように，普段着を着た男が，笛を吹いたので，「誰だろう」と思ううちに，その笛の音色が，例がないほどすばらしく聞こえたので，不思議に思って，近寄って見ると，まだ会ったことのない人であった。自分もものも言わず，相手も言うことがない。このように，満月の夜のたびに，出会って笛を吹くことが数夜にもなった。

その人の笛の音色は，格別にすばらしかったので，ためしにそれ（＝笛）を取りかえて吹いたところ，めったにないほどすばらしい笛である。その後，引き続き満月のころになると，出会って笛を吹いたけれど，（男は）「もとの笛を返してほしい」とも言わなかったので，長い間取り替えたままになってしまった。博雅三位が亡くなったあと，帝が，この笛をお取り寄せになって，その当時の笛の名人たちに吹かせなさったが，その（＝博雅三位と同じような素晴らしい）音色を吹きあらわす人はなかった。

問一　ア「**遊びて**」とイ「**吹かれける**」は，博雅三位の動作である。「吹きければ」は「直衣着たる男」の動作，エ「**見ければ**」は博雅三位の動作，オ「**召して**」は帝の動作である。

問二　博雅三位は，男と待ち合わせたのではなく，朱雀門の前で笛を吹いているときに偶然出会っ

たのである。また，「夜ごろ」は「数夜」という意味である。したがって，①・②を満たすウが正解。

問三　アは「その笛の音，この世にたぐひなくめでたく聞えければ」，イは「その音を吹きあらはす人なかりけり」，ウは「こころみに，かれを取りかへて吹きければ，世になきほどの笛なり」，エは「『もとの笛を返し取らむ』ともいはざりければ」に対応する。これを文章の順序に並べ替えると，ア→ウ→エ→イとなる。

北海道公立高等学校

2020年度

★★★★★★★★★★★★★★★★★★★★★

入 試 問 題

●くわしい解説 …… 53 ページ

＜数学＞　　　時間　45分　　満点　60点

※　学校裁量問題は，5にあります。

※　（　）内の大問番号は，学校裁量問題選択校の場合です。

1　次の問いに答えなさい。

問1　(1)～(3)の計算をしなさい。

(1)　-5×3

(2)　$9 - 6^2$

(3)　$\sqrt{14} \times \sqrt{7} - \sqrt{8}$

問2　絶対値が4である数をすべて書きなさい。

問3　下の資料は，A市における各日の最高気温を1週間記録したものです。中央値を求めなさい。

（資料）

曜日	日	月	火	水	木	金	土
最高気温（℃）	22.2	31.1	32.0	34.2	24.2	21.6	25.9

問4　右の図のような正三角錐OABCがあります。辺ABとね
じれの位置にある辺はどれですか，書きなさい。

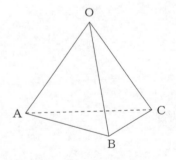

問5　yはxに比例し，$x = 2$のとき$y = -6$となります。$x = -3$のとき，yの値を求めなさい。

問6　右の図のように，線分ABを直径と
する半円があり，AB＝5cmとします。
弧AB上に点Cを，BC＝2cmとなるように
とります。このとき，線分ACの長さを求
めなさい。

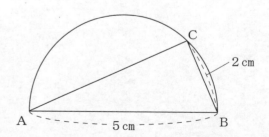

2 （1）次の問いに答えなさい。

問1　$x = 1$，$y = -2$ のとき，$3x(x + 2y) + y(x + 2y)$ の値を求めなさい。

問2　下の図のように，2種類のマーク（♠，♦）のカードが4枚あります。この4枚のカードのうち，3枚のカードを1枚ずつ左から右に並べるとき，異なるマークのカードが交互になる並べ方は何通りありますか，求めなさい。

問3　右の図のような△ABCがあります。辺AC上に点Pを，∠PBC＝30°となるようにとります。点Pを定規とコンパスを使って作図しなさい。

ただし，点を示す記号Pをかき入れ，作図に用いた線は消さないこと。

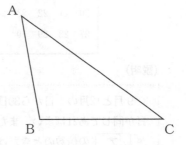

問4　下の資料は，北海道旗（道旗）の大きさの基準についてまとめたものです。次のページの問いに答えなさい。

（資料）

○道旗の大きさの基準

北海道章（道章）

・道旗の縦と横の長さの比は，2：3　である。

・道旗の中央にある道章の直径は，道旗の縦の長さの $\dfrac{5}{7}$ 倍である。

(1)　道章の直径を a ㎝とするとき，道旗の縦の長さは何㎝ですか。a を使った式で表しなさい。

(2)　面積が9000㎝²である道旗の縦の長さは何㎝ですか。道旗の縦の長さを x ㎝として方程式をつくり，求めなさい。

3 （2）次の問いに答えなさい。

問1　下の図は，2020年の9月と12月のカレンダーです。2020年だけでなく，毎年，9月と12月は，1日から30日までの曜日が同じです。このことを，次のように説明するとき，ア ～ ウ に当てはまる整数を，それぞれ書きなさい。

2020年9月						
日	月	火	水	木	金	土
		1	2	3	4	5
6	7	8	9	10	11	12
13	14	15	16	17	18	19
20	21	22	23	24	25	26
27	28	29	30			

2020年12月						
日	月	火	水	木	金	土
		1	2	3	4	5
6	7	8	9	10	11	12
13	14	15	16	17	18	19
20	21	22	23	24	25	26
27	28	29	30	31		

（説明）

　9月と12月の1日から30日までの曜日が同じであるためには，9月1日と12月1日の曜日が同じであればよい。また，9月1日の n 日後が，9月1日と同じ曜日となるのは，n が　ア　の倍数のときだけである。

　9月1日の n 日後が12月1日のとき，10月が31日まで，11月が30日まであることから，$n =$　イ　となり，イ ＝ ア × ウ と表せるので，イ は ア の倍数であることがわかる。

　よって，9月1日と12月1日の曜日が同じであり，30日までの曜日が同じとなる。

問2　次のページの資料は，2020年から2032年までの，1月1日の曜日とうるう年（2月29日がある年）である年をまとめたものです。2021年から2100年までの間に，2020年と1年間のすべての日の曜日が同じになる年を，すべて求めなさい。

（資料）

年	1月1日の曜日	うるう年(○)
2020	水	○
2021	金	
2022	土	
2023	日	
2024	月	○
2025	水	
2026	木	
2027	金	
2028	土	○
2029	月	
2030	火	
2031	水	
2032	木	○

4 (3) 下の図のように，2つの関数 $y = \frac{1}{2}x^2$……①，$y = -x^2$……② のグラフがあります。①のグラフ上に点Aがあり，点Aのx座標をtとします。点Aとy軸について対称な点をBとし，点Aとx座標が等しい②のグラフ上の点をCとします。また，②のグラフ上に点Dがあり，点Dのx座標を負の数とします。点Oは原点とします。

ただし，$t > 0$ とします。

次の問いに答えなさい。

問1　四角形ABDCが長方形となるとき，点Dの座標を，tを使って表しなさい。

問2　$t = 4$ とします。点Cを通り，傾きが-3の直線の式を求めなさい。

問3　2点B，Cを通る直線の傾きが-2となるとき，点Aの座標を求めなさい。

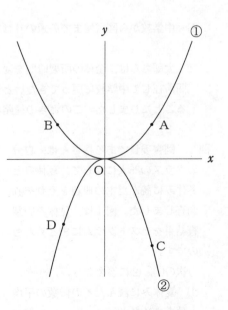

5 （4）右の図のように，△ABCの
辺AB上に点D，辺BC上に点Eがあ
り，∠BAE＝∠BCD＝40° とします。
線分AEと線分CDとの交点を点Fと
します。

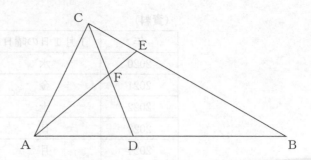

次の問いに答えなさい。

問1　∠AFC＝115°のとき，∠ABC
の大きさを求めなさい。

問2　△ABC∽△EBD を証明しなさい。

学校裁量問題

5　次の問いに答えなさい。

問1　太郎さんは，毎分60mで歩いて中学
校から図書館まで行き，図書館で調べも
のをした後，同じ道を同じ速さで歩いて
図書館から中学校まで戻ってきました。
右の図は，このときの中学校を出発して
からの時間（x分）と中学校からの道のり
（ym）の関係を表したグラフです。
　　ただし，図書館の中での移動はないも
のとしています。
　　次の(1)，(2)に答えなさい。

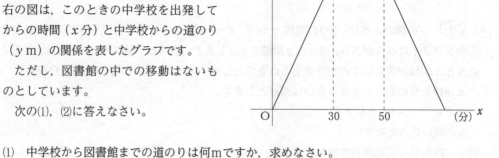

(1)　中学校から図書館までの道のりは何mですか，求めなさい。

(2)　太郎さんは，全体の所要時間を変えずに，同じ道のりで中学校から図書館まで行き，30分
間滞在して中学校に戻ってきたいと考えました。そのために，往路の速さを復路の2倍とす
ることにしました。このときの往路の速さは毎分何mですか，求めなさい。

問2　図書委員である桜さんは，自分
のクラスの25人に対して，夏休みと
冬休みに読んだ本の冊数をそれぞれ
調査しました。図1は，夏休みの調
査結果をヒストグラムにまとめたも
のです。
　　次の(1)，(2)に答えなさい。

(1)　夏休みに読んだ本の冊数の平均
値を求めなさい。

図1

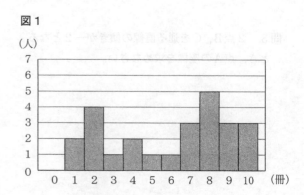

(2)　図2は，冬休みの調査結果をヒストグラムにまとめたものですが，7冊から9冊の部分は，未完成となっています。また，下の資料は，桜さんが，夏休みと冬休みの調査結果からわかったことをまとめたものです。資料をもとにして，解答用紙に未完成の部分をかき入れ完成させなさい。

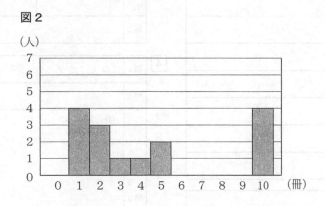

図2

(資料)

- ・読んだ本の冊数の範囲は，夏休みと冬休みで変わらなかった。
- ・読んだ本の冊数の平均値は，夏休みと冬休みで変わらなかった。
- ・読んだ本の冊数の中央値は，夏休みが7冊で，冬休みは8冊であった。
- ・読んだ本の冊数の度数（人）が0であったのは，夏休みでは0冊のみであったが，冬休みでは0冊と6冊であった。

問3　右の図のように，線分ABを直径とする半円があり，AB＝8㎝ とします。弧AB上に点Cを，∠ABC＝30°となるようにとります。線分ABの中点を点Dとし，点Dを通り線分ABに垂直な直線と線分BCとの交点をEとします。

　　次の(1)，(2)に答えなさい。

(1)　線分DEの長さを求めなさい。

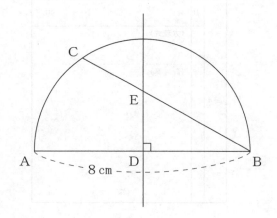

(2)　△BCDを，線分ABを軸として1回転させてできる立体の体積を求めなさい。

　　ただし，円周率はπを用いなさい。

第2部	数学	解 答 用 紙

1

問1	(1)	
	(2)	
	(3)	
問2		
問3		℃
問4		
問5	$y =$	
問6		cm

※1

2

問1	
問2	通り
問3	

問4	(1)		cm
	(2)	(方程式)	
		(計 算)	
		(答)	cm

※2

3

問1	ア		イ	
	ウ			
問2				

※3

4

問1	D (,)
問2	
問3	(計 算)
	(答)A (,)

※4

5

問1	度
問2	(証 明)

※5

(注意)※印の欄は，記入しないこと。

出 願 先 学 校 名	受 検 番 号	出 身 学 校 名	※ 得 点
高等学校			

※この解答用紙は167％に拡大していただきますと，実物大になります。

学校裁量問題受検者用

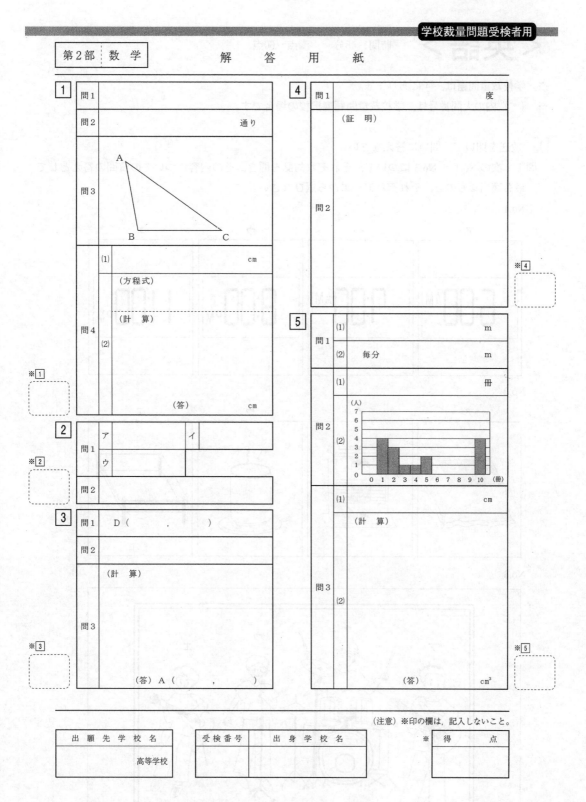

＜英語＞ 　時間　45分　　満点　60点

※　学校裁量問題は，4 にあります。

※　（　）内の大問番号は，学校裁量問題選択校の場合です。

1 　放送を聞いて，問いに答えなさい。

問1　次の No.1 ～ No.3 について，それぞれ対話を聞き，その内容についての質問の答えとして
最も適当なものを，それぞれア～エから選びなさい。

No.1

ア	イ	ウ	エ
6:00 AM	7:00 AM	8:00 PM	11:00 PM

No.2

No.3

問2　次の No.1 ～ No.3 について，由香とボブの対話を聞き，チャイムの鳴るところで，由香が話す言葉として最も適当なものを，それぞれア～エから選びなさい。

No.1　[朝，会ったときの対話]
　　ア　I feel tired now.
　　イ　I won the prize in the piano contest yesterday.
　　ウ　I lived there last year.
　　エ　I'd like to know when they'll meet tomorrow.

No.2　[放課後の対話]
　　ア　We can ask our teacher about your country.
　　イ　I think you'll like winter the best.
　　ウ　I like winter better than before.
　　エ　We can go skating outside in Hokkaido.

No.3　[花屋に行ったときの対話]
　　ア　My friend didn't give me many flowers.
　　イ　I came here with my mother last month.
　　ウ　She was very happy when I told her the news.
　　エ　My host mother wants to know where the shop is.

問3　英語の先生が，授業中に話している英文を聞き，その内容についての No.1 ～ No.3 の質問の答えとして最も適当なものを，それぞれア～エから選びなさい。

No.1　生徒たちには，どのような課題が出されましたか。
　　ア　A report about what the students did during summer vacation.
　　イ　A report about one of the problems written in the textbook.
　　ウ　A report the students make for people around the world.
　　エ　A report about how to use the city library.

No.2　教科書には，何をしなければならないと書いてありましたか。
　　ア　To finish writing a report about the problems in our environment.
　　イ　To read books in the city library for the report.
　　ウ　To keep thinking about protecting our environment.
　　エ　To learn about how the Internet can help the students.

No.3　生徒たちは，いつ先生に課題を提出しなければなりませんか。
　　ア　At the end of summer vacation.
　　イ　After the next class.
　　ウ　At the final class this year.
　　エ　At the first class after summer vacation.

2　次の問いに答えなさい。

問1　次の(1), (2)の英文が，それぞれの日本語と同じ意味になるように，□に入る最も適当な英語1語をそれぞれ語群から選んで書きなさい。

(1)　Listen □ the CD.
　　CDを聞きなさい。
　　語群
　　| from | to | of | on |

(2)　☐ we go shopping tomorrow?

明日，買い物に行きましょうか。

語群

Did	Are	Let's	Shall

問2　次の(1)，(2)の英文の ☐ に入る最も適当な英語1語をそれぞれ語群から選んで書きなさい。

(1)　People in Australia usually come to Japan by ☐ .

語群

train	plane	gym	zoo

(2)　We use ☐ and rackets when we play tennis.

語群

letters	cars	balls	doors

問3　次の(1)～(4)の対話が成り立つように，☐ に入る適当な英語1語をそれぞれ書きなさい。
ただし，☐ 内の＿には記入例にならい，1文字ずつ書くものとします。

記入例

b o o k

(1)　A : What did you do last night, Kimiko?
　　B : I watched a baseball game ☐ TV.

(2)　A : Takashi, ☐ you from Tokyo?
　　B : No, I'm from Hokkaido.

(3)　A : What did you eat for lunch, Mariko?
　　B : I ☐ a hamburger.

(4)　A : How ☐ is your winter vacation, Mitsuru?
　　B : For about three weeks.

問4　次の(1)，(2)の絵において，2人の対話が成り立つように，質問に対する答えを，主語と動詞を含む英文1文でそれぞれ自由に書きなさい。

(1)

I made this sweater.
What do you think?

(2)

What do you usually do after school?

3 (2) 次の A, B に答えなさい。

A

　次の英文は，英語の授業で，3人の ALT が自分たちの故郷について，それぞれスピーチしている場面のものです。これを読んで，問いに答えなさい。

Ms. White :	Hello, everyone.　*Vancouver is one of the best cities in Canada. It's so wonderful to see the blue ocean near the mountains in summer.　Vancouver also has a famous long bridge for *pedestrians. I was scared to walk on it, but many people visit it and enjoy walking on it.　I love Vancouver.
Mr. Smith :	Hi!　I lived in London and I love the parks there.　Sapporo also has a lot of parks, but London has more parks than Sapporo. We can see many animals there and we can see many birds flying in the sky around the parks.　I liked seeing them when I was walking through the parks *on my way to my job.　I hope you'll visit London.
Mr. King :	Hello!　I love New York.　It's a big city with many buildings and it's always *crowded.　Also, it's very famous for its art and I enjoyed seeing it when I walked around the city.　I hope you'll visit and enjoy New York.　Now, you can *probably understand why we love our hometowns.　<u>Which of the three cities do you want to go to the most? And why?</u>

（注）　Vancouver　バンクーバー　　pedestrian(s)　歩行者　　on my way to　〜に行く途中で
　　　　crowded　混雑した　　probably　たぶん

問1　本文の内容に合うものを，ア〜オから2つ選びなさい。

　ア　Ms. White and Mr. Smith said they can see many animals in their hometowns.

　イ　Ms. White and Mr. King said their hometowns have good points for every season.

　ウ　Mr. Smith and Mr. King said their hometowns have things they enjoy seeing when they walk.

エ Each ALT talked about the different points between their hometown and Japan.

オ Each ALT talked about why they love their hometown.

問2 下線部のようにたずねられたとき，あなたはどのように答えますか，主語と動詞を含む英文1文で自由に書きなさい。

B

次の英文は，留学生のトム（Tom）の送別会（farewell party）の計画を伝えるための文書です。これを読んで，問いに答えなさい。

Tom's Farewell Party Plan

*As you know, Tom, a member of our English club, is going back to America next Sunday. Let's have a farewell party for him. Please check below.

Date : July 19 (Friday)
Time : 15:45－16:45
Place : Classroom 2-4

〈*Roles for *preparation〉

Make a movie for Tom	Jane
*Prepare some games	Takuya
*Decorate the classroom	All of us

〈Roles at the party〉

Take pictures	Kumiko
Make a farewell speech	Makoto

◎We'll take pictures of everyone when the party starts.

Let's have a meeting three days before the party and think about what else we can do for Tom's party.

(注) as you know 知ってのとおり　role(s) 役割　preparation 準備
prepare 準備する　decorate 飾る

問1 次の(1)，(2)の英文について，本文の内容から考えて，□に当てはまる最も適当なものを，それぞれア〜エから選びなさい。

(1) The farewell party will be held □.

ア in the classroom decorated by the English club members

イ after Kumiko makes a farewell speech

ウ for forty-five minutes two days before Tom goes back to America

エ for Tom after school because he leaves for Japan

(2) The members of the English club will have a meeting for the party □.

ア on Sunday　イ on Monday　ウ on Tuesday　エ on Friday

問2 次のようにたずねられたとき，あなたはどのように答えますか。あなたが上の文書を受け取ったつもりで，主語と動詞を含む英文1文で自由に書きなさい。

What else can you do for Tom's farewell party?

4 (3) 次の英文は，中学生の恵美が，セラピードッグ (therapy dogs) について，ALT の
キーン先生 (Ms. Kean) と会話している場面のものです。これを読んで，問いに答えなさい。

Ms. Kean : Megumi, what are you going to talk about for your speech in the
next English class?

Megumi : I'm going to talk about therapy dogs, so I'm studying about them
now.

Ms. Kean : That's a good idea. Why did you decide to talk about them?

Megumi : When I went to the *nursing home as a volunteer last week, I
saw a dog there. I didn't know why the dog was there, but the
*staff told me that it was a therapy dog which helps the old
people there. The dog isn't just a pet.

Ms. Kean : Now I know why you became interested in therapy dogs. We
have them in America, too. ☐ did the therapy dog help them?

Megumi : *Actually, the dog did nothing then. I was surprised to know
that it was very *helpful just by staying with the old people.

Ms. Kean : I see. ☐ were the old people with the therapy dog?

Megumi : They smiled and looked happy. One of them said, " ☐(1)☐
stay with the therapy dog."

Ms. Kean : I understand that because my pet dog in my country also makes
me happy. Well, do you know that some other animals can also
help people?

Megumi : ☐(2)☐

Ms. Kean : Sure. For example, *rabbits can also help people just like therapy
dogs.

Megumi : Really?

Ms. Kean : Yes. Rabbits look very cute, so people can feel *comfortable and
*positive when they touch or talk to rabbits. And horses are also
helpful for people. I sometimes ride a horse after school at a
*ranch in this town. It's very fun and I feel my body has become
*healthier. I know a woman who *recovered from her *disease
earlier by riding a horse.

Megumi : Wow! I also want to learn how to ride a horse. Please take me
to the ranch someday.

Ms. Kean : Of course!

(注) nursing home （老人などの）療養所　　staff 職員　　actually 実際には　　helpful 役に立つ
rabbit(s) うさぎ　　comfortable 心地よい　　positive 前向きな　　ranch 牧場
healthy 健康な　　recover from ～から回復する　　disease 病気

問1　本文の内容から考えて，☐ に共通して入る最も適当な英語を1語で書きなさい。

問2　下線部が，セラピードッグと一緒にいるとうれしいということを表す英文となるように，①　に入る主語と動詞を含む英語を書きなさい。

問3　本文の内容から考えて，②　に入る英文として最も適当なものを，ア～エから選びなさい。

ア　Yes. I should stay with the therapy dog.

イ　Yes. I want to help the old people.

ウ　No. Make my dog happy.

エ　No. Please tell me more.

問4　本文の内容に合うものを，ア～オから2つ選びなさい。

ア　Megumi didn't know the dog in the nursing home was a therapy dog at first.

イ　The old people in the nursing home smiled because Megumi was surprised.

ウ　Ms. Kean has a therapy dog in her country to help the sick people at a ranch.

エ　Ms. Kean has become healthier because she sometimes rides a horse at a ranch.

オ　Megumi will take Ms. Kean to the ranch to teach her how to ride a horse.

問5　次の英文は，恵美がキーン先生との会話の後に書いた日記の一部です。日記の内容から考えて，□　に入る適当な英語を3語で書きなさい。

> After I talked with Ms. Kean, I studied more about therapy dogs. I learned that the dogs need to practice hard for more than twenty months to work at a hospital. It means that it takes almost two 　　　　　　　　 a therapy dog! I was surprised to know that.

学校裁量問題

4　次のA，Bに答えなさい。

A

次の英文は，高校生の政孝と南アフリカ（South Africa）から来た留学生のザック（Zach）が，ホームステイの初日に書いたそれぞれの日記です。これを読んで，問いに答えなさい。

Masataka

> Zach arrived at my house in the morning. I was very glad to meet him. When he entered our house, my dad was very surprised because he didn't take off his shoes. He didn't know that we usually take off our shoes *inside the house in Japan.
>
> At lunch time, we ate Japanese food which my mom made. He *seemed to like it. However, when he ate the *pickled plum, he told her he didn't

like it. My mom looked surprised when he said that. I knew this was a kind of *difference in culture. Anyway, we enjoyed our lunch time with him and he showed her his *appreciation.

At night, I told Zach about my experience in America. When I stayed with my host family, I couldn't tell them how I felt about *spicy food. I didn't like it, but I didn't want to *disappoint my host family. When they asked me, "Do you like this dish?" I answered, "Yes. This is very delicious!" So they often gave me spicy food and I had to eat it.

Zach and I were in the same situation, but he didn't do the same thing as me.

Zach

Today was my first day in Japan! Masataka and his family were very kind and everything was new to me.

When I entered the house, Masataka's dad looked surprised and *shouted "Oh, wait!" I didn't know that I must take off my shoes. They were not *dirty, so I thought I didn't have to take them off. In South Africa, we usually take off our shoes when they're dirty. This was the first thing that was interesting to me in Japan.

Masataka's mom cooked many kinds of Japanese dishes for lunch. Most of them were great, but only one of them wasn't good for me because it was too *sour. She didn't ask me *if I liked it or not, but I said to her, "I ⬚⬚⬚⬚⬚⬚⬚⬚⬚." She was surprised when I said that. I didn't understand why she was surprised because I just gave my *opinion to her. But, thanks to her, I enjoyed our lunch a lot, so I gave her a big *hug after lunch. She was surprised again.

At night, Masataka and I talked a lot. I was surprised to hear about Masataka's experience in America. He told me that Japanese people sometimes don't talk about their ideas with each other because they want to *respect other people's ideas first. I didn't know this until Masataka told me about it. In South Africa, we usually talk about our feelings or opinions because we want other people to know what we're thinking. I think it's very difficult to *guess how people feel all the time, but I'll try to do it like Masataka and other Japanese people.

(注) inside ～の中で　　seem ～のように思える　　pickled plum 梅干し　　difference 違い
appreciation 感謝　　spicy 香辛料のきいた　　disappoint 失望させる　　shout 叫ぶ
dirty 汚い　　sour すっぱい　　if ～かどうか　　opinion(s) 意見　　hug 抱擁, ハグ
respect 尊重する　　guess 推測する

問1　下線部を具体的に表す英語として最も適当なものを，ア～エから選びなさい。

ア　Zach gave his host mother his father's opinion.

イ　Zach told his host mother about his experience.

ウ　Zach gave his host mother a big hug.

エ　Zach told his host mother to eat more sour food.

問2　本文の内容に合うように，次の対話文の □ に入る適当な英語を1語で書きなさい。

"Why was Masataka's dad surprised when Zach entered the house?"

"Because Zach □ his shoes when he entered the house."

問3　本文の内容から考えて， □ に入る適当な英語を書きなさい。

問4　本文の内容に合うものを，ア～オから2つ選びなさい。

ア　Zach liked all of the Japanese food which was made by Masataka's mother for lunch.

イ　Masataka's parents were surprised because Zach did things that Japanese people don't do.

ウ　Masataka and Zach always tell others what they're thinking because they want other people to know their feelings.

エ　Masataka will try to understand the feelings of other people who don't like talking about their ideas.

オ　Masataka thinks that most Japanese people try to respect other people's ideas when they talk with each other.

問5　就寝前，政孝とザックは，次のような会話をしました。これを読んで，(1)，(2)に答えなさい。

Masataka : How was your first day in Japan?

Zach : It was great!　I've learned that Japanese culture has many things which I should know, and I've found that people in □ countries have many □ ways of thinking and *acting.

Masataka : I see.　I think it's good for us to talk about our own opinions.

Zach : Yes.　I'll go to your school next week, but before I go, could you tell me something about Japanese school life which may not be the same in countries outside Japan?

Masataka : Well, I think we usually □ at Japanese schools.

（注）　act　行動する

(1)　本文の内容から考えて， □ に共通して入る適当な英語を1語で書きなさい。

(2)　あなたが政孝になったつもりで， □ に入る英語を2語以上で自由に書きなさい。

B

次のメールは，あなたが，10月にハワイから北海道にホームステイに来る予定のマイク（Mike）に送るものです。あなたは，このメールの □ にどのような英文を書きますか。条件にしたがって，30語以上の英語で自由に書きなさい。ただし，英文は記入例の書き方にならうこと。

メール

> Hello, Mike.
>
> Thank you for your e-mail.　Now I'll answer your questions.
>
> 　
>
> See you soon.

条件

① 迎えに行く場所と，誰と迎えに行くかを伝える。

② どのような服装を用意したらよいかを，理由とともに伝える。

記入例

| Hello | , | everyone | . | How | are | you | ? | My | 6語 |
| name | is | Momoka | . | I'm | a | junior | | 12語 |

| in | the | future | . | | | | 42語 |

第5部	英語	解　答　用　紙

1

問1	No.1		No.2		No.3	
問2	No.1		No.2		No.3	
問3	No.1		No.2		No.3	

※ 1

2

問1	(1)		(2)	
問2	(1)		(2)	

問3	(1)	＿ ＿	(2)	＿ ＿ ＿	(3)	＿ ＿ ＿	(4)	＿ ＿ ＿ ＿

問4	(1)	
	(2)	

※ 2

3

A

問1	
問2	

B

問1	(1)		(2)	
問2				

※ 3

4

問1	
問2	stay with the therapy dog.
問3	
問4	
問5	It means that it takes almost two　　　　　　　　　a therapy dog!

※ 4

聞き取りテスト代替問題 （注意）監督者からの指示がない限り，解答しないこと。

問1	(1)		(2)		(3)		(4)		(5)		問2	(1)		(2)		問3	①		②		③	

※ 代

（注意）※印の欄は，記入しないこと。

出 願 先 学 校 名	受 検 番 号	出 身 学 校 名	※	得　　　　　点
高等学校				

※この解答用紙は167％に拡大していただきますと，実物大になります。

第5部	英語

解　答　用　紙

1

	問1	No.1		No.2		No.3	
	問2	No.1		No.2		No.3	
	問3	No.1		No.2		No.3	

※1

2

A
問1	
問2	

B
問1	(1)	(2)
問2		

※2

3

問1	
問2	stay with the therapy dog.
問3	
問4	
問5	It means that it takes almost two .... a therapy dog!

※3

4

A
問1	
問2	
問3	"I ...."
問4	
問5 (1)	
問5 (2)	Well, I think we usually .... at Japanese schools.

B

--- 6語
--- 12語
--- 18語
--- 24語
--- 30語
--- 36語
--- 42語

※4

聞き取りテスト代替問題　(注意) 監督者からの指示がない限り，解答しないこと。

問1	(1)		(2)		(3)		(4)		(5)		問2	(1)		(2)		問3	①		②		③	

※代

(注意) ※印の欄は，記入しないこと。

出　願　先　学　校　名		受検番号	出　身　学　校　名	※	得　　　　　点
	高等学校				

※この解答用紙は167％に拡大していただきますと，実物大になります。

＜理科＞　　時間　45分　　満点　60点

1　次の問いに答えなさい。

問1　次の文の　①　～　⑥　に当てはまる語句を書きなさい。

(1)　肺動脈には，動脈血に比べ，含まれる酸素が少なく二酸化炭素が多い　①　血が流れている。

(2)　化学変化（化学反応）が起きるときに，周囲の熱を吸収して温度が下がる反応を　②　反応という。

(3)　サンゴの化石のように，その化石を含む地層のたい積した当時の環境を推定することができる化石を　③　化石という。

(4)　化学変化の前後で，その化学変化に関係する物質全体の質量が変わらないことを　④　の法則という。

(5)　力を表す三つの要素には，力の大きさ，力の向き，　⑤　がある。

(6)　図1のように，物体が凸レンズと焦点との間にあるとき，凸レンズをのぞくと，物体より大きな像が実際と同じ向きに見える。このような像を　⑥　という。

図1

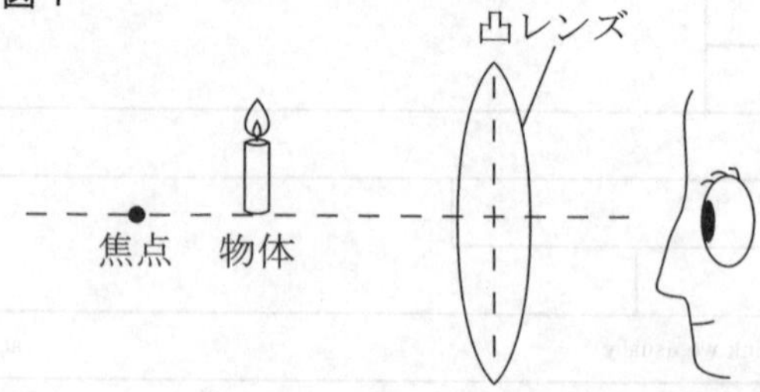

凸レンズ

焦点　物体

問2　次の文の　①　，　②　に当てはまる語句を，それぞれ書きなさい。

生命活動で生じた有害なアンモニアは，血液に取り込まれて　①　に運ばれ，害の少ない尿素につくり変えられる。次に，尿素は　②　に運ばれ，余分な水分や塩分とともに血液中からこし出され，尿として排出される。

問3　次の文の　①　，　②　に当てはまる語句を，それぞれ書きなさい。

火山岩は，肉眼で斑点状に見える比較的大きな鉱物が，肉眼ではわからないほど細かい粒やガラス質に囲まれている。この比較的大きな鉱物を　①　，そのまわりの細かい粒などでできた部分を　②　という。

問4　胞子をつくって子孫を増やす植物を，ア～カからすべて選びなさい。

ア　アブラナ　イ　イチョウ　ウ　マツ　エ　ゼニゴケ　オ　サクラ　カ　スギナ

問5　次の化学反応式の　　　　に当てはまる化学式を書きなさい。

$2CuO + \boxed{} \rightarrow 2Cu + CO_2$

問6　次のページの図2は，気温と飽和水蒸気量との関係を示したものである。11℃の空気の湿度が30%のとき，この空気1m³に含まれる水蒸気量は何gか，書きなさい。

図2

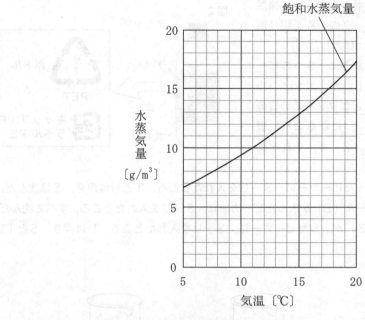

飽和水蒸気量

水蒸気量〔g/m³〕

気温〔℃〕

問7　図3のように，底面積が2m²の円柱を水平面に置いたとき，円柱が水平面におよぼす圧力は150Paであった。このときの円柱にはたらく重力の大きさは何Nか，書きなさい。

図3

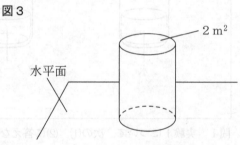

2m²

水平面

2　次の問いに答えなさい。

　物質の密度について調べるため，次の実験1，2を行った。

実験1　質量がいずれも13.5gの3種類の金属A～Cを用意した。次に，図1のようにあらかじめ50.0cm³の水を入れておいたメスシリンダーにAを入れ，水中に沈んだときの＠メスシリンダーの目盛りを読み取った。さらに，B，Cについても，それぞれ同じように実験を行い，メスシリンダーの目盛りを読み取った。表は，このときの結果をまとめたものである。

図1

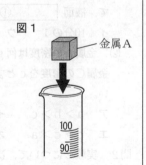

金属A

表

	金属A	金属B	金属C
読み取った体積〔cm³〕	55.0	51.7	51.5

実験2　図2のような3種類のプラスチックからできているペットボトルを用意した。

　　[1]　ペットボトルから，3種類のプラスチックの小片を切り取り，S，T，Uとした。

　　[2]　図3のように，3つのビーカーを用意し，水，エタノール（E），⑥水とエタノールの質量の比が 3：2 になるように混合した液体（Z）を，それぞれ入れた。

図2
キャップ
ラベル
拡大
ボトル
ボトル
PET 1
キャップ:PP
ラベル:PE

　　[3]　水が入ったビーカーに，S～Uを入れたところ，TとUは浮き，Sは沈んだ。

　　[4]　エタノール（E）が入ったビーカーに，S～Uを入れたところ，すべて沈んだ。

　　[5]　液体（Z）が入ったビーカーに，S～Uを入れたところ，Uは浮き，SとTは沈んだ。

図3

水

エタノール（E）

液体（Z）
(水とエタノールの質量の比が3：2になるように混合)

問1　実験1について，次の(1)，(2)に答えなさい。

(1)　次の文は，下線部ⓐにおいて正しく読み取る方法を説明したものである。　①　に当てはまる語句を書き，②の ｛ ｝ に当てはまるものを**ア～ウ**から選んで，説明を完成させなさい。

　　メスシリンダーを水平なところに置き，目の位置を液面（メニスカス）と同じ高さにして，液面　　　①　　　を見つけて，最小目盛り（1目盛り）の②｛**ア**　2分の1　**イ**　10分の1　**ウ**　100分の1｝まで目分量で読み取る。

(2)　金属Aの密度は何g／㎤か，書きなさい。また，金属Aの密度をa，金属Bの密度をb，金属Cの密度をcとするとき，a，b，cの関係を表しているものを，**ア～カ**から選びなさい。

　　ア　a＞b＞c　　**イ**　a＞c＞b　　**ウ**　b＞a＞c
　　エ　b＞c＞a　　**オ**　c＞a＞b　　**カ**　c＞b＞a

問2　実験2について，次の(1)～(3)に答えなさい。

(1)　次の文の　①　に当てはまる語句を書きなさい。また，②，③の ｛ ｝ に当てはまるものを，それぞれ**ア～ウ**から選びなさい。

　　プラスチックは，石油を主な原料として人工的につくられ，合成　①　ともよばれている。プラスチックには，PETやPEなど，さまざまな種類があり，ペットボトルのボトル

は，②{ア　ポリエチレン　　イ　ポリエチレンテレフタラート　　ウ　ポリプロピレン} か
らできている。実験2の結果から，ペットボトルのボトルから切り取ったプラスチックの小
片は，③{ア　S　　イ　T　　ウ　U} であることがわかる。

(2)　下線部ⓑを，水50.0㎤にエタノールを加えてつくるとき，加えるエタノールの体積〔㎤〕
は，どのような式で表すことができるか。水の密度を1.0〔g／㎤〕，エタノールの密度を e
〔g／㎤〕とし，e を用いて書きなさい。

(3)　プラスチックの小片S～U，エタノール（E），液体（Z）のうち，水よりも密度が小さい
ものをすべて選び，密度の大きい順に並べて記号で書きなさい。

3　次の問いに答えなさい。

> 北海道のS町で，太陽や惑星の見え方について調べるため，次の観察を行った。
>
> 観察1　[1]　ある日，太陽投影板をとりつけた
> 天体望遠鏡を太陽に向け，円をかいた
> 記録用紙を太陽投影板に固定して太陽
> の像を円に重ね，黒点を2つすばやく
> スケッチし，A，Bとした。また，観察
> していると，太陽の像が動いて記録用
> 紙の円から外れていったので，外れて
> いった方向を矢印（←）で記入した。
> 図1は，このときの結果をまとめたも
> のである。なお，2つの黒点A，Bは，
> ほぼ円の形をしていた。
>
> 　　　[2]　5日後に，[1]と同じ方法で，周辺部に移動した黒点A，Bを観察し，記
> 録用紙にスケッチした。
>
> 観察2　ある日，日の出の1時間前に，
> 金星と火星を観察し，それぞれの
> 位置を調べた。図2は，このとき
> の結果をまとめたものである。

図1
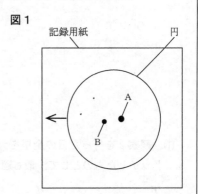
記録用紙　　　　円

図2
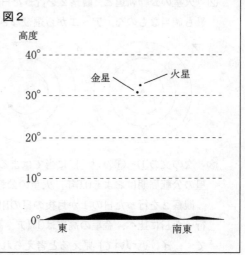

問1　観察1について，次の(1)，(2)に答えなさい。

(1)　太陽投影板に投影された太陽の像が，記録用紙の円から外れていったのと同じ原因で起こ

る現象を，**ア～エ**から1つ選びなさい。

ア 秋分の日の昼の長さが，夏至の日の昼の長さに比べ短くなった。

イ 夏の南の空に見えたさそり座が，冬には見えなくなった。

ウ 6月の日の出の方位が，3月に比べて北側になった。

エ 東の空に見えたオリオン座が，その日の真夜中に南中した。

(2) 下線部のスケッチはどのようになっているか，解答欄の図にかき加えなさい。その際，図1のように黒点AとBがわかるように区別すること。

問2 図3は，観察2を行った日の太陽（●）と金星（●），地球（○）の位置関係を模式的に示したものである。なお，円はそれぞれの公転軌道を，矢印（↘）は公転の向きを表している。次の(1)～(3)に答えなさい。

図3

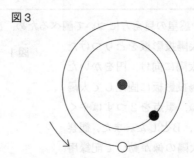

(1) 観察2を行った日の金星を天体望遠鏡で観察し，上下左右が実際と同じになるようにスケッチしたものとして，最も適当なものを，**ア～エ**から選びなさい。

(2) 火星の公転軌道と，観察2を行った日の火星（★）の位置を図3にかき加えたものとして，最も適当なものを，**ア～エ**から選びなさい。

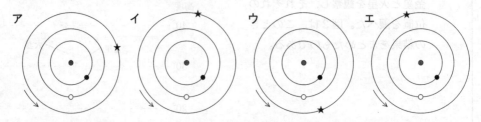

(3) 次の文の①～③の｛ ｝に当てはまるものを，それぞれ**ア**，**イ**から選びなさい。なお，金星の公転周期はおよそ0.6年，火星の公転周期はおよそ1.9年である。

　　観察2を行った日の1か月後の日の出の1時間前に，金星と火星を観察すると，観察2を行った日に比べ，金星の高度は①｛**ア** 高く　**イ** 低く｝なり，金星と火星は②｛**ア** 離れて　**イ** 近づいて｝見えると考えられる。また，金星の見かけの大きさは③｛**ア** 大きく　**イ** 小さく｝なると考えられる。

4 次の問いに答えなさい。

手回し発電機を用いて，次の実験1，2を行った。

実験1 [1] 図1のように，手回し発電機に抵抗10Ωの電熱線および電流計をつないで，回路をつくった。

[2] 次に，1秒間あたり1回の回転数で，ハンドルを反時計回り（矢印の向き）に繰り返し回転させ，回路に流れる電流の大きさを調べた。

[3] ハンドルの回転数を，2回，3回にかえ，それぞれ同じように電流の大きさを調べた。

表は，このときの結果をまとめたものである。

実験2 [1] 1本のエナメル線を用意し，図2のように，エナメル線の両端を少し残して，正方形のコイルをつくり，残した線の下側半分のエナメルをそれぞれはがして，線X，Yとした。

[2] 図3のように，水平な台の上に，導線A，Bをそれぞれつないだ2本のアルミパイプを固定し，S極を上にした円形磁石の真上にコイルを垂直にして，線X，Yをパイプにのせた。このとき，エナメルをはがした側を下にしておいた。

[3] 導線A，Bに手回し発電機をつなぎ，ハンドルを反時計回りに回したところ，電流は図4の矢印（→）の向きに流れ，コイルは回転しながら移動した。

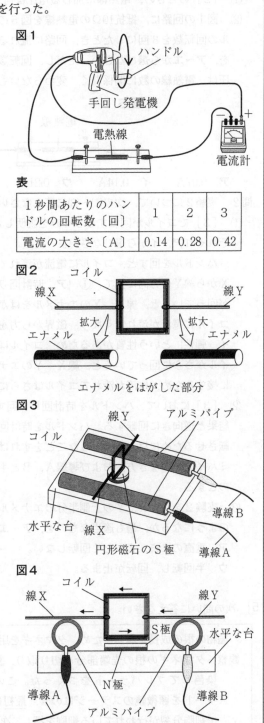

図1

ハンドル

手回し発電機

電熱線

電流計

表

1秒間あたりのハンドルの回転数〔回〕	1	2	3
電流の大きさ〔A〕	0.14	0.28	0.42

図2

コイル

線X　　　　　　　　　　線Y

拡大　　　拡大

エナメル　　　エナメル

エナメルをはがした部分

図3

線Y　　アルミパイプ

コイル

水平な台　線X

円形磁石のS極

導線B

導線A

図4

コイル

線X　　　　　　　　　　線Y

S極　　水平な台

N極

導線A　　アルミパイプ　　導線B

問1　実験1について，次の(1)，(2)に答えなさい。

(1)　［2］のときの，電熱線に加わる電圧は何Vか，書きなさい。

(2)　図1の回路に，抵抗10Ωの電熱線を図5のようにもう1つつなぎ，1秒間あたりのハンドルの回転数を3回にしたとき，回路に流れる電流の大きさは何Aになるか，最も適当なものを，ア～エから選びなさい。ただし，回転数が同じときの，手回し発電機が回路に加える電圧は，電熱線の数に関係なく，変わらないものとする。

図5

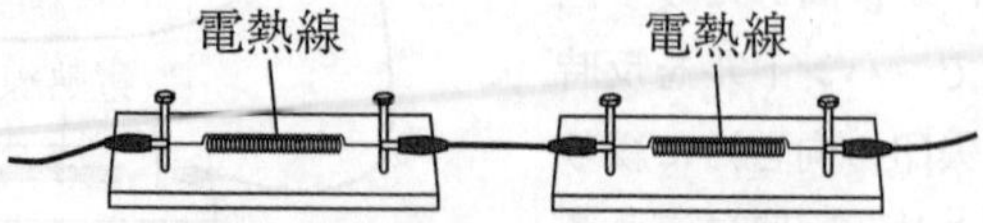

電熱線　　　　　　電熱線

ア　0.07A　　イ　0.14A　　ウ　0.21A　　エ　0.28A

問2　実験2について，次の(1)～(3)に答えなさい。

(1)　［3］でコイルが回転するしくみを説明した次の文の①，②の { } に当てはまるものを，それぞれア，イから選びなさい。

　　ハンドルを回すと，コイルに電流が流れて電流が磁界から力を受けるため，コイルは，線Xから線Yの方向に見て，①{ア　時計回り　　イ　反時計回り}に回りはじめる。コイルが回っていくと，線X，Yのエナメルをはがしていない部分がアルミパイプに接するため，コイルに電流が流れなくなり，磁界から力を受けなくなる。一方，物体には，②{ア　慣性　イ　弾性}という性質があるため，コイルは止まることなく回っていく。このようにしてコイルがさらに回っていくと，線X，Yのエナメルをはがしている部分が，再びアルミパイプに接するため，電流が流れてコイルはさらに回る。

(2)　［3］において，ハンドルを時計回りに回すと，電流の向きが逆になるため，コイルは実験結果と逆向きに回転する。ハンドルを時計回りに回して，実験結果と同じ向きにコイルを回転させるためには，どのようなことをすればよいか書きなさい。ただし，導線A，Bとアルミパイプのつなぎ方，および導線A，Bと手回し発電機のつなぎ方は，いずれも変えないものとする。

(3)　実験2を，線X，Yの上側半分のエナメルもはがして行うと，コイルは垂直の状態からどのようになるか，最も適当なものを，ア～エから選びなさい。

　　ア　垂直のまま，まったく回転しない。　　イ　4分の1回転し，回転が止まる。
　　ウ　半回転し，回転が止まる。　　　　　　エ　1回転し，回転が止まる。

⑤　次の問いに答えなさい。

　　植物の根の成長を調べるため，タマネギを用いて，次の観察と実験を行った。

観察　タマネギの根の先端部分を切り取り，染色液で
　　　染色してプレパラートをつくった。このプレパ
　　　ラードを顕微鏡のステージにのせ，最初に低倍率
　　　で細胞分裂が行われている細胞を探し，次に，高倍
　　　率で観察した。図1は，このとき観察した細胞の

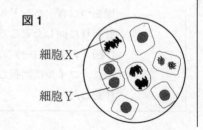

図1

細胞X

細胞Y

ようすである。

実験　［1］　図2のように，長さが15mmの同じような2本の根を根A，Bとし，Aには，根
の先端から1mmのところを1つ目として，1mmごとに10mmまで印（•）を計10個つ
けた。印をつけた後すぐに，Bだけ根もとから切り取り，Aは水につけた。次に，
Bを縦方向にうすく切って，根の先端から1mmごとに細胞の縦方向の長さを調べ
た。図3は，5mmのところにあった細胞を調べたときのようすである。

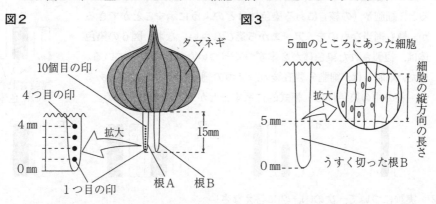

図2

図3

　　［2］　印をつけてから24時間後，図4のように，Aの長さは約21mmになっており，
1つ目の印の位置はほとんど変わらなかったが，2つ目の印からは先端からの距
離が長くなり，先端から10mmのところに4つ目の印があった。また，4つ目から
10個目の印までの間は，印と印の間隔がほとんど変わらず，いずれも約1mmで
あった。印の位置を調べた後すぐに，Aを根もとから切り取り，根の先端から20mm
まで，［1］のBと同様に，細胞の縦方向の長さを調べた。

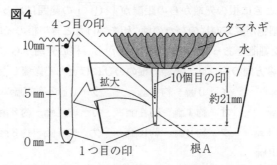

図4

　　図5は，［1］で調べた根Bの細胞の縦方向の長さと，［2］で調べた根Aの細胞の縦
方向の長さを，グラフに表したものであり，根の先端から同じ距離にあるAとBの細胞
の長さに違いはほとんどなかった。

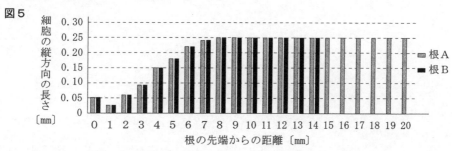

図5

問1　観察について，次の(1)，(2)に答えなさい。

(1)　次の文は，顕微鏡で観察するとき，下線部のように最初に低倍率で探す理由を説明したものである。説明が完成するように，□の中に当てはまる語句を書きなさい。

　　　低倍率の方が高倍率よりも，□，明るく見えるので，観察したいものが探しやすいから。

(2)　図1の細胞Xにある染色体を，図6のように模式的に示すとすると，細胞Y（の核）にある染色体はどのように示すことができるか，最も適当なものを，ア～エから選びなさい。なお，図6の染色体は，複製された染色体が2本ずつくっついた状態になっている。また，細胞Yは，細胞分裂直後の，2つの細胞のうちの1つであるが，核の中の染色体は，模式的に示すことができるものとする。

図6

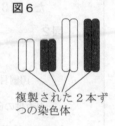

複製された2本ずつの染色体

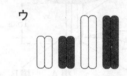

問2　実験について，次の(1)，(2)に答えなさい。

(1)　実験〔1〕で4つ目の印のところにあった根Aの細胞の縦方向の長さは，何㎜であったと考えられるか，書きなさい。また，印をつけてから24時間後，その細胞は，縦方向に何㎜のびたと考えられるか，書きなさい。

(2)　実験の結果について説明した次の文の □① ～ □③ に当てはまるものとして最も適当なものを，それぞれア～コから選びなさい。

　　　実験〔1〕で印をつけてから24時間で，根Aは，どの部分でも同じようにのびたのではなく，印をつけたときに根の先端からの距離が □① の範囲にあった部分がよくのびていた。また，根の細胞が縦方向にのびたのは，印をつけたときに根の先端からの距離が □② の範囲にあった細胞であった。これらのことから，根の先端からの距離が □③ の範囲にあった細胞の縦方向ののびは，実際の根ののびにほとんど影響しないことがわかる。

ア　0㎜～約4㎜　　　イ　0㎜～約8㎜　　　ウ　0㎜～約10㎜

エ　0㎜～約15㎜　　　オ　約1㎜～約4㎜　　カ　約1㎜～約8㎜

キ　約2㎜～約4㎜　　　ク　約2㎜～約10㎜　　ケ　約4㎜～約8㎜

コ　約4㎜～約10㎜

第4部	理科	解　答　用　紙	＜合格＞

1

問1	(1)	①	
	(2)	②	
	(3)	③	
	(4)	④	
	(5)	⑤	
	(6)	⑥	

問2	①	
	②	

問3	①	
	②	

問4	
問5	
問6	g
問7	N

※1

2

問1	(1)	①	
		②	
	(2)	密度	g/cm³
		記号	

問2	(1)	①	
		②	
		③	
	(2)	cm³	
	(3)	大きい ⟶ 小さい	

※2

3

問1	(1)	
	(2)	⟵ ◯

問2	(1)	
	(2)	
	(3)	①	
		②	
		③	

※3

4

問1	(1)	V
	(2)	

問2	(1)	①	
		②	
	(2)	
	(3)	

※4

5

問1	(1)	
	(2)	

問2	(1)	縦方向の長さ	mm
		のびた長さ	mm
	(2)	①	
		②	
		③	

※5

(注意) ※印の欄は，記入しないこと。

出 願 先 学 校 名	受検番号	出 身 学 校 名	※	得　　　点
高等学校				

※この解答用紙は167％に拡大していただきますと，実物大になります。

＜社会＞　　時間　45分　　満点　60点

1 次の問いに答えなさい。

略地図

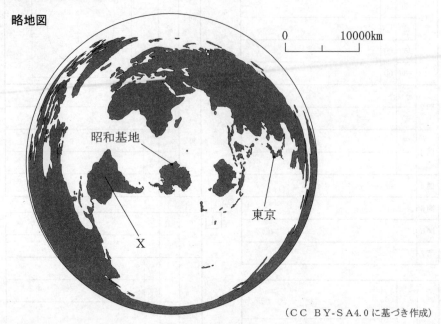

（ＣＣ　ＢＹ-ＳＡ4.0に基づき作成）

問1　略地図は，南極にある日本の昭和基地を中心に，昭和基地からの距離と方位が正しくなる
ようにつくられた地図です。これを見て，次の(1)，(2)に答えなさい。

(1)　Xの大陸の名を書きなさい。

(2)　次の文の Ａ に当てはまる語句を，ア～エから選びなさい。また， Ｂ に当てはまる
語句を書きなさい。

> 昭和基地から東京までのおおよその直線距離は， Ａ である。また，昭和基地か
> ら北東の方角に進むと，三大洋の1つである Ｂ 洋を通過して，アジア州に到達する。

ア　8000km　　イ　14000km　　ウ　18000km　　エ　20000km

問2　グラフは，ある輸入品の日本における2018年の輸入総額とおもな輸入先の国の内訳を示し
たものです。この輸入品の名を書きなさい。

グラフ

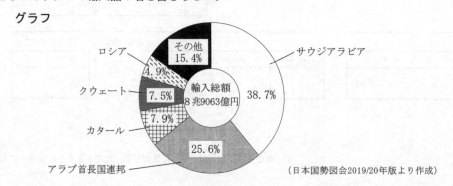

（日本国勢図会2019/20年版より作成）

問3　次の(1)〜(4)に答えなさい。

(1) 紀元前3世紀に，中国を統一し，初めて「皇帝」という呼び名を使った国の名を書きなさい。

(2) 次の文の　□　に当てはまる語句を，2字で書きなさい。

> 平安時代に，漢字をもとに　□　文字が生まれ，日本語の発音が表しやすくなった。

(3) 鎌倉時代に，武士の慣習をもとにつくられ，武士の裁判の基準となり，その後，武家政治の手本となった法を何といいますか，書きなさい。

(4) 江戸時代に，本居宣長が「古事記伝」を著し，大成させた学問を何といいますか，書きなさい。

問4　次の(1)〜(4)に答えなさい。

(1) 地方自治体の依存財源のうち，地域間の格差を減らすために国から配分される財源を何といいますか，書きなさい。

(2) 次の文の① { } に当てはまる語句を，ア，イから選びなさい。また，　②　に当てはまる語句を書きなさい。

> 日本では，1989年に，① {ア　直接税　　イ　間接税} の1つとして，商品を買うときに代金と一緒に負担する　②　税が，初めて導入された。

(3) 次の文の　□　に当てはまる語句を書きなさい。

> 社会の変化にともなって様々な人権を認めようとする動きがある中，自分の生き方や生活の仕方，病気になったときの治療方法などを自分で自由に決めたり選んだりする　□　権が，尊重されるようになった。

(4) 次の文の　□　に当てはまる語句を書きなさい。

> 日本の社会保障制度には，加入者が毎月保険料を支払い，病気になったときや高齢になったときなどに給付を受ける　□　をはじめとして，社会福祉や公衆衛生など4つの制度がある。

問5　次のページの地形図を見て，次の(1)〜(4)に答えなさい。

(1) 地形図では，川が山間部から平地に出たところに土砂が積もってできた地形が見られます。このような地形を何といいますか，書きなさい。

(2) 地形図にある 👷 は何を表している地図記号ですか，書きなさい。

(3) 2万5千分の1の地形図上の3cmは，実際の距離では何mになりますか，書きなさい。

(4) 次の文の① { } に当てはまる語句を，ア〜ウから選びなさい。また，　②　に当てはまる図を，次のページのカ〜ケから選びなさい。

> Aの神社とBの神社の標高差はおおよそ① {ア　50m　　イ　80m　　ウ　100m} である。また，地形図上のCからDの方向の断面を表している図は，　②　である。

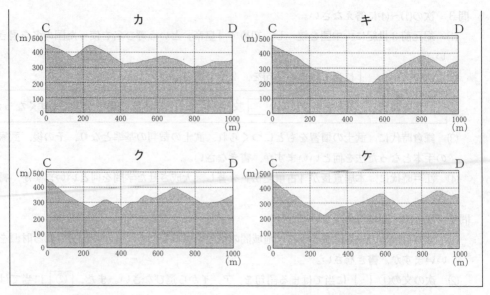

地形図

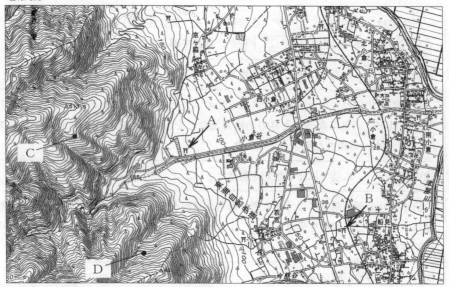

（国土地理院2万5千分の1地形図＜平成28年＞による。ただし，多色刷りのものを一色で表した。）

問6　次の(1)〜(3)に答えなさい。

　(1)　右の図は，19世紀のイギリ
　　ス，インド，清における貿易
　　の関係を示したものであり，
　　矢印は取り引きされたものの
　　流れを表しています。Xに共
　　通して当てはまる語句を，漢
　　字1字で書きなさい。

図

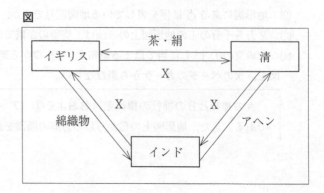

(2) 次の文の □ に当てはまる国の名を書きなさい。

> 第二次世界大戦が始まった翌年に結ばれた，日本，ドイツ，□ の三か国による同盟は，連合国との対立を生むことになった。

(3) 次の文の □ に当てはまる国の名を書きなさい。

> 第二次世界大戦後の世界は，アメリカを中心とする西側の資本主義諸国と，□ を中心とする東側の共産主義（社会主義）諸国の2つに分裂し，冷戦とよばれる状態が続いた。

問7　次の(1)〜(3)に答えなさい。

(1) 1948年に，国際連合の総会において，人権を保障するために各国が守るべき共通の基準として採択された宣言を何といいますか，書きなさい。

(2) 次の文の □ に共通して当てはまる語句を書きなさい。

> 国連 □ 高等弁務官事務所では，内戦や他の民族による迫害によって国外へ逃れた □ などを，保護したり支援したりする活動を行っている。

(3) 内戦や戦争などで苦しむ地域において，平和を実現するために国際連合が行っている，停戦や選挙を監視するなどの活動の略称を何といいますか，アルファベット大文字3字で書きなさい。

2　次のA〜Eのカードは，ある中学生が，わが国の歴史とかかわりの深い船についてまとめたものです。これらのカードを見て，問いに答えなさい。

カードA	カードB	カードC	カードD	カードE

これは，幕府から許可を得て行った朱印船貿易で使用していた船です。	これは，ビキニ環礁での核実験で「死の灰」を浴びた第五福竜丸です。	これは，①遣唐使を派遣するために使用していた遣唐使船です。	これは，②日本海海戦において，東郷平八郎が乗船した軍艦の三笠です。	これは，③日米修好通商条約の調印の場となったポーハタン号です。

問1　カードAに示されている貿易が行われていた時期について，次の(1)，(2)に答えなさい。

(1) この時期に関して述べた文として最も適当なものを，ア〜エから選びなさい。

　ア　ザビエルが鹿児島に上陸した。

　イ　幕府がキリスト教を禁止した。

　ウ　鹿苑寺の金閣が建てられた。

　エ　平等院鳳凰堂が建てられた。

(2)　この時期に，海外に移住する日本人が増え，日本町ができました。日本町のうち，山田長政が指導者となり活躍したアユタヤのおおよその位置を，略地図のア〜エから選びなさい。

略地図

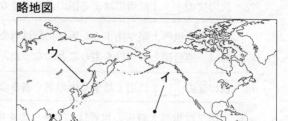

問2　カードBに示されているできごとと最もかかわりの深いできごとを，ア〜エから選びなさい。

ア　環境庁が設置された。

イ　国会で非核三原則が決議された。

ウ　第1回原水爆禁止世界大会が開かれた。

エ　核拡散防止条約（核兵器不拡散条約）が採択された。

問3　下線部①とともに唐に渡った人物を，Ⅰ群のア〜エから1つ選びなさい。また，この人物が行ったこととして正しいものを，Ⅱ群のカ〜ケから1つ選びなさい。

[Ⅰ　群]　ア　行基　　イ　空海　　ウ　法然　　エ　日蓮

[Ⅱ　群]　カ　題目を唱えると，人も国も救われるという教えを広めた。

　　　　　キ　高野山の金剛峯寺を建立し，真言宗を広めた。

　　　　　ク　東大寺の大仏づくりに協力し，仏教を広めた。

　　　　　ケ　念仏を唱えると，極楽浄土に生まれ変わるという教えを広めた。

問4　下線部②の後におきたできごとをア〜オから3つ選び，年代の古い順に並べなさい。

ア　満州国が建国された。　　　　　イ　日本が二十一か条の要求を示した。

ウ　清に遼東半島が返還された。　　エ　南満州鉄道株式会社が設立された。

オ　義和団事件が起こった。

問5　下線部③について，次の(1)，(2)に答えなさい。

(1)　この条約は，わが国にとって不平等な内容が2つ含まれていました。このうち貿易にかかわる内容を，「関税」という語句を使い，簡単に書きなさい。

(2)　次のページの表は，1861年から1867年における函館港に入港した外国船の数を国別にまとめたものであり，　a　，　b　には，それぞれ国の名が入ります。表に関して述べた次の文の　a　，　b　に，表と共通して当てはまる国の名を，それぞれ書きなさい。また，　c　に当てはまる語句を書きなさい。

> 　わが国は，　a　の要求により開国したが，表の期間中に，函館港に入港した外国船の数が最も多い国は，　b　であった。1863年から　a　の船が少なくなったのは，1861年に　a　の国内で起きた　c　の影響によるものと考えられる。

表

年 ＼ 国	a	b	フランス	ロシア	オランダ
1861	23	11	…	15	…
1862	29	14	1	27	3
1863	15	26	1	1	2
1864	17	46	2	…	…
1865	3	27	5	2	2
1866	1	22	9	1	…
1867	5	26	3	1	2

※　表中の「…」は，数値が不明であることを示す。(「函館市史」より作成)

問6　カードA～Eを，わが国における歴史を社会のしくみなどによって分けた時代区分に当てはめるとき，古代と現代に当てはまるカードを，それぞれA～Eから1つ選びなさい。

3　次の資料は，ある中学生が，日本の国会，内閣，裁判所について学習したことをまとめたものの一部です。これを見て，問いに答えなさい。

資料

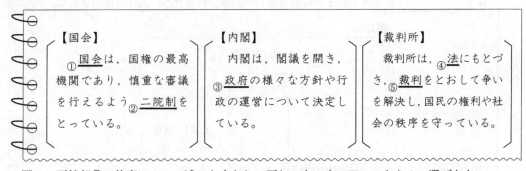

【国会】
　①国会は，国権の最高機関であり，慎重な審議を行えるよう②二院制をとっている。

【内閣】
　内閣は，閣議を開き，③政府の様々な方針や行政の運営について決定している。

【裁判所】
　裁判所は，④法にもとづき，⑤裁判をとおして争いを解決し，国民の権利や社会の秩序を守っている。

問1　下線部①の仕事について述べた文として正しいものを，ア～エから1つ選びなさい。
ア　法律を公布する。
イ　予算を作成する。
ウ　最高裁判所長官を指名する。
エ　条約を承認する。

問2　下線部②に関して述べた次の文の　A　に当てはまる語句を，ア～エから選びなさい。また，　B　に当てはまる語句を書きなさい。

　国会では，内閣総理大臣の指名などにおいて，衆議院と参議院の議決が異なる場合，　A　が開かれ，意見の調整が行われるが，それでも一致しない場合，衆議院の議決が優先される。これを衆議院の　B　という。

ア　両院協議会　　イ　公聴会　　ウ　特別委員会　　エ　本会議

問3　下線部③は，図1で示したような景気変動（景気循環）を調節し，経済を安定させようとしています。図1の好況のときに，一般に見られることを，**ア〜カ**から3つ選びなさい。

図1

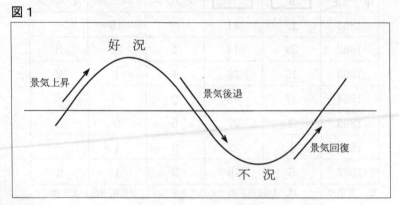

好況

景気上昇

景気後退

景気回復

不況

　ア　物価の上昇　　　　**イ**　物価の下落　　**ウ**　企業の生産の拡大
　エ　企業の生産の縮小　**オ**　賃金の減少　　**カ**　家計の消費の増加

問4　下線部④に関して，人の支配と，法の支配を比較して説明した次の文の　　　　に当てはまる内容を，「国民」という語句を使い，簡単に書きなさい。

　　人の支配では，図2のように，国王が直接国民に権力を行使したり，国王が思うままに制定した法によって権力を行使したりするため，人権は保障されない。一方，法の支配では　　　　　　　　によって国王や政府の権力が制限されるため，人権は保障される。

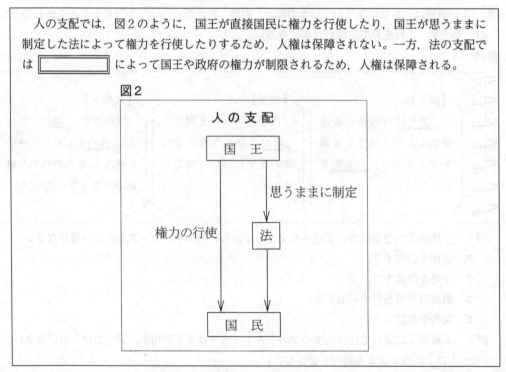

図2

人の支配

国　王

思うままに制定

権力の行使

法

国　民

問5　下線部⑤に関して，図3（次のページ）は，1つの事件について，3回まで裁判を受けることができるしくみを示しています。このしくみを何といいますか，漢字3字で書きなさい。また，（A），（B）に当てはまる語句を，それぞれ書きなさい。

図3

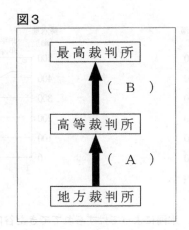

4　次の A, B に答えなさい。

A　次の略地図を見て，問いに答えなさい。

略地図

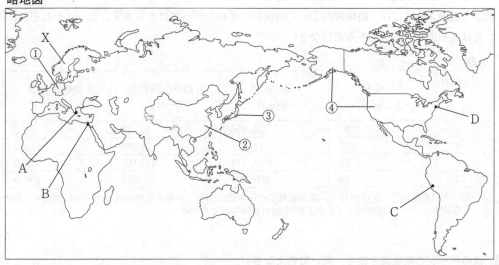

問1　略地図のA～Dの都市の気温と降水量を示したグラフを，ア～エからそれぞれ選びなさい。

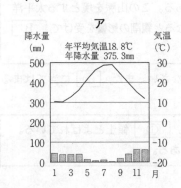

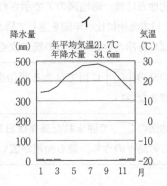

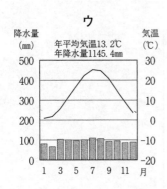

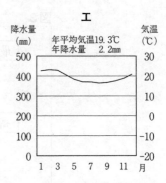

（「理科年表2019」より作成）

問2　略地図のXの半島には，氷河によってけずられてできた谷に海水が入りこんだ細長い湾や入り江が見られます。このような湾や入り江を何といいますか，書きなさい。また，Xの半島の名を，ア～エから選びなさい。

　　ア　アラビア半島　　　イ　スカンディナビア半島

　　ウ　イベリア半島　　　エ　フロリダ半島

問3　表のa～dには，略地図の①～④の国のいずれかが当てはまります。a～dそれぞれに当てはまる国を，①～④から選びなさい。

表

項目 国	人口密度 （人／km²）	森林面積 （千ha）	自動車生産台数 （千台）	穀物自給率 （％）
a	340	24,956	9,729	24.0
b	234	11,421	5,120	113.0
c	33	310,370	11,315	126.0
d	149	209,864	27,809	100.0

※　人口密度のデータは2019年，森林面積のデータは2016年，自動車生産台数のデータは2018年，穀物自給率のデータは2013年。（世界国勢図会2019/20年版より作成）

Ｂ　次のページの略地図を見て，問いに答えなさい。

問1　次の文の　Ａ　，　Ｂ　に当てはまる語句を，それぞれ書きなさい。

> 　東北地方には，略地図のXで示される　Ａ　山脈がある。この山脈を境とする太平洋側は，日本海側に比べ年間を通じて降水量が少なく，夏になると親潮の影響を受けて　Ｂ　とよばれる冷たい北東からの風が吹くことがある。

問2　次の文の　①　に当てはまる語句を，漢字2字で書きなさい。また，　②　に当てはまる語句を書きなさい。

> 　略地図の⸺で囲まれた島々は日本固有の領土であり，　①　領土とよばれている。これらの島々のうち，最も面積が広いのは，　②　島である。

略地図

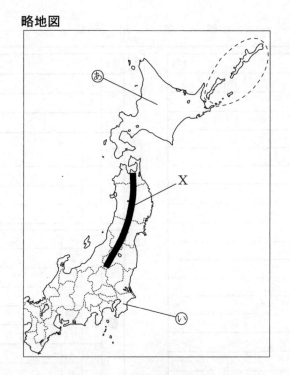

問3　北海道，東北，九州の2016年における農業産出額と農産物の割合を示したグラフを，ア〜ウからそれぞれ選びなさい。また，（A）に当てはまる農産物の名を書きなさい。

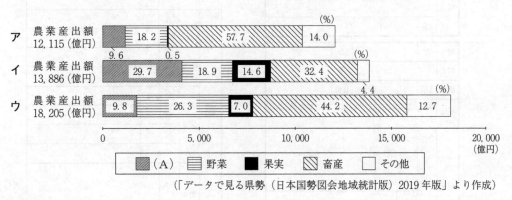

（「データで見る県勢（日本国勢図会地域統計版）2019年版」より作成）

問4

（※出題に誤りがあったため削除）

第3部	社 会		解　答　用　紙	

1

問1	(1)		大陸
	(2)	A	B
問2			

問3	(1)	
	(2)	
	(3)	
	(4)	

問4	(1)		
	(2)	①	②
	(3)		
	(4)		

問5	(1)	
	(2)	
	(3)	m
	(4)	① ②

問6	(1)	
	(2)	
	(3)	

問7	(1)	
	(2)	
	(3)	

※1

2

問1	(1)	(2)
問2		
問3	I 群	II 群

問4	古 い ─────→ 新しい

問5	(1)		
	(2)	a	
		b	
		c	

問6	古代	現代

※2

3

問1		
問2	A	
	B	
問3		
問4		
問5	しくみ	
	語句	A
		B

※3

4

A

問1	A
	B
	C
	D
問2	湾や入り江
	半島の名
問3	a
	b
	c
	d

B

問1	A
	B
問2	①
	②
問3	北海道
	東　北
	九　州
	A
問4	内容
	① ②

※4

(注意) ※印の欄は，記入しないこと。

出 願 先 学 校 名	受検番号	出 身 学 校 名	※	得　　　　点
高等学校				

※この解答用紙は167％に拡大していただきますと，実物大になります。

学校裁量問題受検者用

第一部　国語　解答用紙

出願先学校名	受検番号	出身学校名	※得点
高等学校			

(注意) ※印の欄は、記入しないこと。

一

問一

問二
(1) 誤って使われている漢字		正しい漢字		(2) 誤って使われている漢字		正しい漢字	

問三
(1)
(2)
(3)

※一

二

問一
①
②

問二

問三

問四

※二

三

問一
(1) 1　(2) 2　3

問二

問三
①
②

問四

抽象表現主義の作品や抽象的な現代アートは、

問五

※三

四

問一

問二

問三
①　②

※四

※この解答用紙は164％に拡大していただきますと、実物大になります。

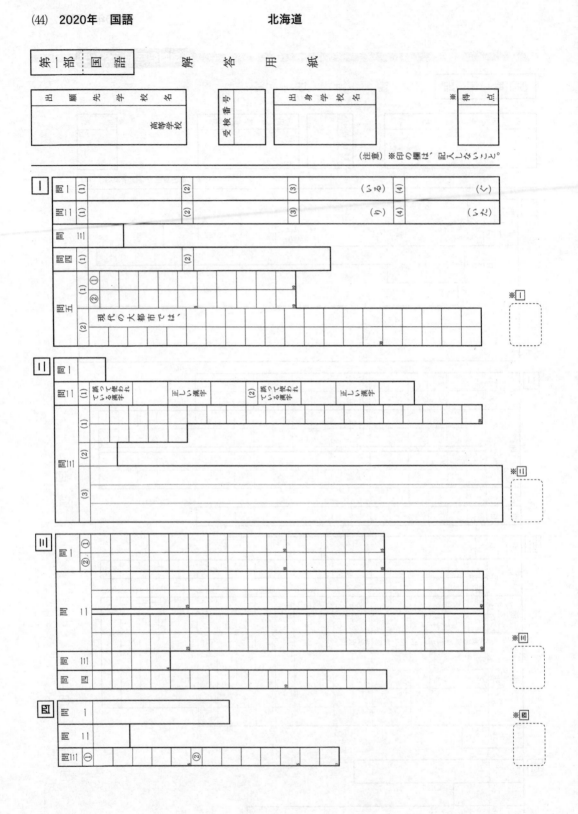

れてはじめて、こんな成分が含まれていたのかと気づくことも多い。意味の外にあるおもしろいものを抽出できるように、4複雑な自然を複雑なまま『視る』目を養っておきたい。

（注）アップデート——最新のものにすること。
　　　アトリエ——画家などの仕事用の部屋。
　　　エッセンス——最も大切な要素。

（斎藤亜矢「ルビンのツボ——芸術する体と心」による）

問一　次の⑴、⑵に答えなさい。
⑴　——線1「極細」と同じように、重箱読みをする熟語を、ア〜エから一つ選びなさい。
　ア　若者　　イ　所望　　ウ　手帳　　エ　額縁
⑵　——線2、3の読みを書きなさい。

問二　——線1「絵の複雑さで伝わるものが変わる」とありますが、筆者は『三体画譜』における真と草について、それぞれ何が伝わると考えていますか。二十字程度で書きなさい。

問三　——線2「単純化の一つの極みがピクトグラム」とありますが、筆者が考えているピクトグラムのデザインの特徴を、次のようにまとめるとき、①　、　②　に当てはまる最も適当な表現を、それぞれ文中から十五字以上、二十字以内で書き抜きなさい。

> ピクトグラムは、　①　を抽出することを目的として、　②　されたデザインである。

問四　——線3「抽象表現主義の……気分になる」とありますが、このような気分になるのはどうしてだと筆者は述べていますか。「意味処理」という語を使い、解答欄に示した表現に続けて、八十字程度で書きなさい。

問五　——線4「複雑な自然を複雑なまま『視る』目を養っておきたい」とありますが、このような目を養うためには、どのようにするとよいと筆者は考えていますか。最も適当なものを、ア〜エから選びなさい。
ア　対象が何であるかを認知するために必要な情報を、多くの人がわかるように単純化して捉えること。
イ　対象を構成するそれぞれの要素を意味付けすることなく、対象のあるがままを時間をかけてしっかり見ること。
ウ　対象の多様性や複雑さを一般化するのではなく、対象を構成するそれぞれの要素の意味をそのまま捉えること。
エ　対象の意味をそのまま言葉として抽出しながら、意味の外にあるおもしろさに気付くまで繰り返し見ること。

ザインされている。そこに抽出されているのは、わたしたちが物を見るときに「なにか」として認知する、意味処理のときに参照するスキーマに近い。「煙草(たばこ)」とは、細長い筒の先端から煙が出る」といった、物についての一連の知識のことだ。それも多くの人が共有する一般的な知識、いわばステレオタイプを抽出している。

もっとも絵文字は、アップデートのたびにより写実的になって、一つの絵文字の意味が限定されてきた気もする。描きこみの多い複雑な絵ほど、情報量が多くなるかわりに、一般性は失われる。

ただしデザインの場合も、完全にステレオタイプ的に単純化されると、わかりやすいけれどつまらない。あえてはずした部分や意味を隠した2隠喩的な部分がある方がおもしろいし、印象にも残る。

さらに、デザインでなくアートになると、むしろいかにステレオタイプでないものを抽出するかが肝心なのではないか。

抽象絵画の祖とされるカンディンスキーのエピソードがある。カンディンスキーは、ある日、自分のアトリエにすばらしい作品があるのを見つけた。なんの絵だがわからないけれど、3傑作だ。近づいてみると、それは横向きに立てかけたウマの絵だった。そして、ウマだとわかったとたん、絵の魅力は一気に失せてしまった。

そこからカンディンスキーは抽象表現に向かっていく。安直な意味は鑑賞のじゃまになるのだ。

言葉をもった人間は、目に入る物を「なにか」としてラベルづけして見ようとする癖がある。つまり意味処理しようとするのがふだんの「見る」だとしたら、アートのツボの一つは、わたしたちに「見る」

をさせないことにあるように思う。

作品に表現された物は、既存のスキーマから外れていたり、「なにか」であること自体を拒否したりする。そのときわたしたちは「なにか」として「見る」のをあきらめて、その形や色や質感をそのままじっくり「視(み)る」。そうして作品と向きあううちに、埋もれていた記憶が掘りおこされたり、思いがけない連想がつながって自分なりの意味が見出されたりする。それが「観(み)る」という主観的な体験ではないかと考えている。

だから3抽象表現主義の作品や抽象的な現代アートと向きあうときは、自分と向きあっているような、ほとんど瞑想(めいそう)をしているような気分になる。

意味ではない部分、それも自然からぎゅっと凝縮されたエッセンスが抽出されていると感じるのが、熊谷守一(くまがいもりかず)の作品だ。ネコ、アリ、石ころ、雨粒。晩年の作品ほど、より単純化された線や形で、色もべたっとぬりこめてある。

でもそれは、ピクトグラム的な抽出とはまるで違う。一匹一匹、一粒一粒、それぞれの一瞬の動きや存在のおもしろさが抽出されているように感じる。一見単純な形や色に表現されているのは、むしろ自然の多様さや複雑さの方だ。

毎日飽きもせず、アリや石ころをじいっと見つめていた人にしか描きだせないものだろう。とことん「視る」ことではじめて見える世界を、作品をとおして垣間見(かいま)せてくれる。

文章を書くときにも、必要な情報を単純にわかりやすく、と意味だけ抽出するとつまらなくなる。

書く過程では、ぼんやりした考えを言葉に抽出している感じもある。書いて、削って、書いて、削って、と繰り返す過程でしぼり出さ

深く集中していることが最もよく表現されている一文を文中から抜き出し、最初の四字を書きなさい。

問四　──線4「最初みたいに……ことはなかった」とありますが、最初に菜月の手が緊張で震えていたのは、どのような失敗を恐れたからですか。十字程度で書きなさい。

四　次の長歌を読んで、問いに答えなさい。

　これは、天智天皇が、春山に咲き乱れる花と、秋山をいろどる木の葉との、どちらに趣があるかと尋ねた時に、額田王（ぬかたのおおきみ）が詠んだ長歌です。

1冬ごもり　春さり来れば　鳴かざりし
咲かざりし　花も咲けれど　山をしみ
草深み　取りても見ず　秋山の　木の葉を見ては
取りてそしのふ　2青きをば　置きてそ嘆く　そこし恨めし
秋山そ我は

鳥も来鳴きぬ
入りても取らず
黄葉（もみち）をば

（「万葉集」による）

(注)　冬ごもり──「春」にかかる（を修飾する）枕詞（まくらことば）。
春さり来れば──春がやってくると。
山をしみ──山が茂っているので。
草深み──草が深いので。
しのふ──思い慕う。
そこし──そのことが。

問一　──線1「冬ごもり」は枕詞です。次の和歌から枕詞を書き抜きなさい。

誰（たれ）そこの　我がやどに来呼ぶ　たらちねの
母にころはえ
物思ふ我を
(注)　ころはえ──しかられ。

問二　──線2「青きをば」とありますが、長歌の内容から、「青き」と「をば」の間に補うことができる最も適当な語を、長歌の中から一字で書き抜きなさい。

問三　次の文章は、長歌について説明したものです。　①　、　②　に当てはまる表現を、それぞれ書き抜きなさい。ただし、　①　は五字以内で書き、　②　は長歌の中から五字以上、七字以内で書き抜くこと。

　この長歌において、額田王は、対になる表現を多く用いながら、春山の花と秋山の木の葉について、これらを　①　で観賞できるかどうかという点に着目し、比較している。その上で、天智天皇の問いに対して「　②　」と答えている。

学校裁量問題
三　次の文章を読んで、問いに答えなさい。

　葛飾北斎（かつしかほくさい）に『三体画譜』という絵手本集がある。人びとや動物、植物、風景などを真・行・草の三体で描き分けたものだ。真は写実的に、行は少し崩して、草はさらに崩して描いたもの。この順に筆数が減り、単純化されている。真は1極細の筆で細部の線の一本一本まで描きこまれ、図鑑のように詳細がわかる。草でもそれほど大きな崩しはないが、詳細が省かれて太い筆の勢いがある。そのせいか、動きや雰囲気が感じられる絵が多かった。

　1絵の複雑さで伝わるものが変わる。単純化するときには、なにを伝えたいかで、なにをどう抽出すべきかが違ってくる。たとえば、2単純化の一つの極みがピクトグラム。禁煙や非常口、トイレのマークなどは、言葉がわからなくても意味が伝わるようにデ

ない】

致命的な失敗をしなければ、必ずリカバリーすることができる。む
しろ失敗を深刻に考え過ぎることの方が問題だ。失敗を気にするあま
り緊張を生んで、良くない結果を引き寄せる原因となってしまうから
……】

そう語った俊彦は、ヘラを手にとって、再び菜月に差し出した。無
愛想だが、これが彼なりの励まし方なのだ。ヘラと一緒に俊彦の気遣
いを受け取った菜月は、表情を和らげた。

3 集中、集中。だけど、リラックス。

頭の中でそう唱えながら、一際大きく深呼吸した。ほどよく肩の力
と緊張が解けたところで、菜月は本をひっくり返し、表表紙と見返し
の間にヘラを当てる。間近で見た俊彦の動きを追うようにヘラを動か
していくと、表表紙と見返しが剥がれ出した感触が手に伝わってき
た。ヘラから伝わる微妙な感触を頼りに、少しずつ表表紙を剥がして
いく。失敗を恐れず、けれど焦らず丁寧に。指先まで自分の意志を行
き渡らせ、菜月は注意深くヘラを動かしていった。

「──やった！先生、剥がせました！」

そして、ついに分かれた表表紙を、菜月は興奮気味に俊彦に見せ
た。菜月から表表紙を受け取った俊彦は、それを「問題ない」と評し
た。つまり、合格点ということだ。

とその時、和人から「そろそろこっちの作業も始めてくれ」と声が
上がった。

「儂は一度、あちらに戻る。お前さんは今と同じ要領で、角裂を剥が
していけ。時間が掛かってもいいから、慎重にな。両方剥がし終わっ
たら、儂を呼べ」

「はい！」

菜月が元気よく返事をすると、俊彦は自身の修復作業に戻っていっ
た。一人になった菜月も、解体作業を続ける。俊彦から指示された通
り、次は角裂を取り外していく。一度作業を成功させたことで心に余
裕が出てきたのか、4 最初みたいに緊張で手が震えてしまうことはな
かった。

「先生、角裂二枚とも剥がし終わりました！」

（日野祐希「菜の花工房の書籍修復家」による）

（注）
見返し──本の表表紙や裏表紙の裏に貼る紙。
リカバリー──失敗を取り戻すこと。
昇華──より高度な状態に高まること。
和人──修復作業を手伝いに来ている俊彦の孫。
角裂──本の角を補強する布。

問一　──線1「俊彦の真似をすることなど、自分にできるのか」と
ありますが、菜月がこのように思った理由を次のようにまとめると
き、①、②に当てはまる表現を、それぞれ文中から十字以
上、十五字以内で書き抜きなさい。

本の裏表紙が、俊彦の ① によって、見返しからきれ
いに剥がされていく様子を ② を見たから。

問二　──線2「何か大きな失敗……そう書かれている」とあります
が、俊彦は、このような様子の菜月への気遣いとして、自分の師匠
の話を紹介した上で、失敗に対するどのような考え方を話し
ましたか、それぞれ書きなさい。ただし、いずれも二十五字以上、
四十字以内で書くこと。

問三　──線3「集中、集中」とありますが、菜月が本の修復作業に

三 (二) 次の文章を読んで、問いに答えなさい。

　これは、本の修復家を目指している高校生の菜月が、師匠である俊彦の指導を受けながら、初めて本の修復作業に取り組んでいるときの話です。

　菜月は覚えた知識を総動員して作業の進め方を模索する。とりあえずヘラで表紙を剥がしてみようと思い、道具入れから取り出す。しかし、紙を破いてしまうのが怖くて、ヘラを持つ手が震え出す。糸を切っていた時とは違い、今度の震えはなかなか治まってくれなかった。

「……どれ。ちょっとそのヘラを貸してみろ」
　すると、後ろで作業を見守っていた俊彦が手間取る菜月の横に進み出た。俊彦は菜月からヘラを受け取り、彼女に見えるようにしながらヘラを裏表紙と見返しの間にあてがった。そして、そのまま正確無比な動きでヘラを操り、裏表紙を剥がしていく。何となくだけど、魚が三枚におろされていく様と似ている気がした。
　それはいいとして、俊彦の手際に思わず見惚れてしまう。無駄のない洗練された手さばきも、紙を傷つけない絶妙な力加減も、そのすべてが完成された一つの技として昇華されている。最早それは、ある種の芸術のごとく菜月の目に映った。

「ざっとこんな感じだ」
　俊彦の声で、ようやく我に返る。気が付けば、裏表紙は最初からそうであったかのように、きれいに分離していた。
「さあ、儂が今やったことを真似してみろ」
「ま……真似……ですか?」
　俊彦が振り向くと、一転、先程以上の緊張で菜月は顔を強張らせた。
　1 俊彦の真似をすることなど、自分にできるのか。下手に真似し

ようとしたら、2 何か大きな失敗をしてしまうのではないか。緊張に震える菜月の顔には、はっきりとそう書かれている。
　そうやって、いまだに尻込みする教え子の様子を見かねたのだろう。

「ふむ……。おい菜月。お前さんに一つ、昔話をしてやろう。儂が儂の最初の師匠から習った大切な教えだ」
　俊彦は返そうとしたヘラを机に置くと、代わりにちょっとした昔語りを始めた。

「菜月よ、お前さんは良い職人とはどういうものだと思う?」
「えっと……失敗をしない人……とか、ですか?」
「それも大事だ。だが、もう一つ大事なことがある。何だかわかるか?」
　重ねられた俊彦の問い掛けに、菜月が首を横に振る。彼女の返答を得た俊彦は、「そうか、わからないか」と呟いた後、神妙な顔つきでこんな言葉を続けた。

「良い職人、それはな——失敗を正せる職人だ」
「失敗を正せる、ですか?」
「そうだ。実際、これを教えてくれた人は、色んな意味ですごかったぞ。小さな失敗をしても、『これも修復工程の一部だ』とか、平然と言い張っていたからな。あれには儂も唖然としたものだ。——まあ、実力のある人だったから、実際いつも見事に切り抜けておったがな……」

　真顔で言う俊彦と話の内容のギャップに、菜月は堪らず吹き出した。
「とどのつまり、もう少し肩の力を抜いていけ、ということだ。作業を慎重に行おうという心構えは大切だが、必要以上に気を張ることは

（B）　生徒会役員の話し合いの場面

（田中さん）これから、アンケート結果を参考にして、一日体験入学でどのようなことを紹介したらよいか考えましょう。何か意見はありますか。

（佐藤さん）私は、授業の紹介をするとよいと思います。アンケート結果では、多くの小学生が、勉強が難しくなることに不安を感じているようなので、動画を使って、授業の楽しそうな様子を伝えるとよいと思います。

（高橋さん）そうですね。また、回答数としては多くないですが、　□　小学生もいるので、授業の紹介はよいと思います。

（山本さん）部活動の紹介も必要だと思います。部活動については、楽しみにしている小学生がいる一方で、不安を感じている小学生もいて、部活動への関心が高いことが分かります。部活動の紹介でも動画を使い、部員に活動内容を説明してもらってはどうでしょうか。

（田中さん）確かに授業と部活動を紹介するのはよいと思います。また、動画を使った紹介は、中学校の生活がイメージしやすくなると思います。まずは授業と部活動を紹介することにしましょう。他に、アンケートを生かして、紹介した方がよいと思うことはありませんか。

（野村さん）

（田中さん）今の意見も追加して、紹介資料を作成していくことにしましょう。

(1)　（B）の　□　に当てはまる表現を、（A）から考えて、二十字程度で書きなさい。

(2)　（B）の　┊　┊　で囲んだ部分の発言の意図を説明したものとして最も適当なものを、ア～エから選びなさい。

ア　発言の内容を評価しつつ、自分の意見を述べて、話し合いを方向付けながら進行しようとしている。

イ　発言の問題点に気づき、解決策を補足するなどして、話し合いの目的を参加者に意識させようとしている。

ウ　発言の内容を簡潔にまとめ、繰り返して説明することで、話し合いで出た意見の違いを明確にしようとしている。

エ　発言の趣旨を尊重する一方で、反対意見を述べることで、話し合いに新たな話題を提示し進行しようとしている。

(3)　野村さんも、話し合いの中で意見を述べようと思いました。あなたが野村さんになったつもりで、次の条件1、2にしたがって、（B）の　□　に当てはまる表現を書きなさい。

条件1　学校生活のどのようなことを紹介するかを、理由とともに書くこと。

条件2　「授業」、「部活動」以外を紹介する意見とすること。

材と大きく違う点は、資源の乏しい日本であっても、原料のほとんどすべてを日本国内で賄うことができることです。これは、段ボールの原料のほとんどが段ボール古紙であるためであり、段ボールのリサイクルシステムが出来上がっていることに由来しています。すなわち、段ボール古紙が大量に発生する大都市が、「2現代の大森林」になっています。

（斎藤勝彦「トコトンやさしい段ボールの本」による）

(1)　——線1「いつもそこにある段ボール」とありますが、この表現から、筆者が段ボールをどのようにとらえているかを、次のようにまとめるとき、①、②に当てはまる表現を、それぞれ書きなさい。ただし、①は文中から十字以上、十字以内で書き抜き、②は文中の言葉を用いて、五字以上、十字以内で書くこと。

段ボールは私たち日本人にとって、　①　であるといってよいほど、　②　している。

(2)　——線2「現代の大森林」とありますが、筆者が、大都市のことをこのように表現している理由を、解答欄に示した表現に続けて、三十字程度で書きなさい。

二

（一）　次の問いに答えなさい。

問一　次の文の——線部「鉛筆削り」は、①「鉛筆」と②「削り」の二つの単語に分けることができます。この二つの単語を、単語の成り立ちから分類したときの組み合わせとして正しいものを、ア～カから選びなさい。

妹は、小学校の入学祝いに鉛筆削りを買ってもらった。

ア　① 和語　② 和語
イ　① 和語　② 漢語
ウ　① 漢語　② 和語
エ　① 漢語　② 漢語
オ　① 外来語　② 和語
カ　① 外来語　② 漢語

問二　(1)、(2)の文から、誤って使われている漢字一字をそれぞれ書き抜き、同じ読みの正しい漢字を書きなさい。

(1)　町の伝統文化を守る取り組みが、地域住民の思持を得て進められている。

(2)　施設の利用許可を受けるため、提出書類に必要事項を記入して信請した。

問三　ある中学校の生徒会役員が、地域の小学校六年生に中学校の生活を一日体験入学で紹介することになりました。次は、参加する小学生を対象に事前に行ったアンケートの結果（A）と、生徒会役員の話し合いの場面（B）です。これらを読んで、(1)～(3)に答えなさい。

（A）アンケートの結果

一日体験入学事前アンケート

【小学校６年生　112名回答】

中学校の生活で楽しみにしていることは何ですか。（複数回答）

・学校祭などの学校行事（69%）
・新しい友達をつくること（61%）
・部活動に参加すること（54%）
・制服を着ること（32%）
・新しい教科を勉強すること（20%）
・生徒会活動に参加すること（13%）

中学校の生活で不安に思っていることは何ですか。（複数回答）

・勉強が難しくなること（71%）
・定期テストがあること（63%）
・自分に合った部活動があるか（52%）
・学校のきまり（51%）
・先輩との関係（36%）
・学校が遠くなること（9%）

〈国語〉

時間　四五分　満点　六〇点

一　次の問いに答えなさい。

問一　⑴～⑷の——線部の読みを書きなさい。
⑴　作者の略歴を紹介する。
⑵　簡便な方法を試した。
⑶　主将としてチームを率いる。
⑷　兄とともに家業を継ぐ。

問二　⑴～⑷の——線部を漢字で書きなさい。
⑴　かんまつの参考資料を見る。
⑵　項目別に課題をれっきょする。
⑶　太陽の光がふり注ぐ。
⑷　誕生日に友人をまねいた。

問三　次のA、Bの文の□には、体の部分を表す同じ漢字一字が入ります。その漢字を書きなさい。
A　私たちは、去年の優勝チームに□を借りるつもりでぶつかった。
B　友人に悩みを打ち明けて、□のつかえがおりた。

問四　次は、中学生の村上さんと菊地先生の会話です。これを読んで、⑴、⑵に答えなさい。

（村上さん）　放課後に 1 行うダンスの練習場所は、予定通り多目的教室でよろしいでしょうか。
（菊地先生）　今日は隣の教室で打合せがあるため、多目的教室での練習は □ ない方がよいでしょう。では、2 他に使える場所があるかどうか探してみます。
（村上さん）　わかりました。 □ 他に使える場所があるかどうか探してみます。

⑴　——線1「行う」を、 □ に当てはまるように活用させて書きなさい。

⑵　次の文が、——線2「他に使える場所があるかどうか探してみます。」と同じ意味になるように、 □ に当てはまる言葉を書きなさい。

他に使う □ 場所があるかどうか探してみます。

問五　次の文章を読んで、⑴、⑵に答えなさい。

　私たちの生活の中に段ボールは深く浸透し、段ボールを使ったことがない人はいないといっても過言ではありません。段ボールが日本で作られるようになってから一〇〇年を超えていますが、三枚の板紙を加工した姿かたちは、基本的に変わっておらず、「最初から完成形であった」ともいえます。また、段ボールは世界各国で生産され、それを何気なく手にとってしまうと、どれも変わりないように感じます。おそらく日本人にとっての段ボールは、いまや空気のような存在です。「いつもそこにある段ボール」ですが、それにまつわる開発・創意工夫・生産管理の技術・技能も隠されています。ものを輸送するためには何らかの包装・容器が必要ですが、段ボールが他の資

2020年度

解 答 と 解 説

《2020年度の配点は解答用紙集に掲載してあります。》

＜数学解答＞

※（　）内の大問番号は学校裁量問題選択校の場合

1 　問1　(1)　-15　　(2)　-27　　(3)　$5\sqrt{2}$

　　　問2　$4, -4$　　問3　$25.9℃$　　問4　辺OC

　　　問5　$y=9$　　問6　$\sqrt{21}$cm

2 (1)　問1　-3　　問2　8通り　　問3　右図

　　　問4　(1)　$\frac{7}{5}a$cm　　(2)　(例)(方程式)　$x \times \frac{3}{2}x =$

　　　　9000　　(答)　$20\sqrt{15}$cm(途中の計算は解説参照)

3 (2)　問1　ア　7　　イ　91　　ウ　13

　　　問2　2048年, 2076年

4 (3)　問1　D$(-t, -t^2)$　　問2　$y=-3x-4$

　　　問3　A$\left(\frac{8}{3}, \frac{32}{9}\right)$(途中の計算は解説参照)

5 (4)　問1　35度　　問2　解説参照

5〔学校裁量問題〕　問1　(1)　1800m

　　(2)　毎分108m　　問2　(1)　6冊

　　(2)　右図　　問3　(1)　$\frac{4\sqrt{3}}{3}$cm

　　(2)　16πcm³(途中の計算は解説参照)

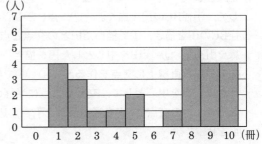

＜数学解説＞

※（　）内の大問番号は学校裁量問題選択校の場合

1 　(数・式の計算, 平方根, 絶対値, 資料の散らばり・代表値, ねじれの位置, 比例関数, 線分の長さ)

　問1　(1)　異符号の2数の積の符号は負で, 絶対値は2数の絶対値の積だから, $-5 \times 3 = -(5 \times 3)$
　　　$= -15$

　　(2)　$6^2 = 6 \times 6 = 36$　だから, $9 - 6^2 = 9 - 36 = -27$

　　(3)　$\sqrt{14} \times \sqrt{7} = \sqrt{14 \times 7} = \sqrt{2 \times 7 \times 7} = 7\sqrt{2}$,　$\sqrt{8} = \sqrt{2^3} = \sqrt{2^2 \times 2} = 2\sqrt{2}$　だから, $\sqrt{14} \times \sqrt{7} -$
　　　$\sqrt{8} = 7\sqrt{2} - 2\sqrt{2} = (7-2)\sqrt{2} = 5\sqrt{2}$

　問2　数直線上で, ある数に対応する点と原点との距離を, その数の絶対値という。数直線上で, 原点との距離が4である点は, $+4$と-4であるから, 絶対値が4である数は$+4$と-4である。

　問3　中央値は資料の値を大きさの順に並べたときの中央の値。1週間の最高気温を低い順に並べると, 21.6, 22.2, 24.2, 25.9, 31.1, 32.0, 34.2。よって, 中央値は最高気温の低い方から4番目の25.9℃

問4　空間内で，平行でなく，交わらない2つの直線は**ねじれの位置**にあるという。辺ABと平行な辺はない。辺ABと交わる辺は，辺AO，AC，BO，BC。辺ABとねじれの位置にある辺は，辺OCである。

問5　*y*は*x*に比例するから，*x*と*y*の関係は　$y=ax$　と表せる。$x=2$，$y=-6$を代入して，$-6=a\times2$　$a=-3$　よって，$y=-3x$　これに，$x=-3$を代入すると　$y=-3\times(-3)=9$

問6　**直径に対する円周角は90°**だから，△ABCは∠ACB=90°の直角三角形。△ABCで**三平方の定理**を用いると，$AC=\sqrt{AB^2-BC^2}=\sqrt{5^2-2^2}=\sqrt{21}$cm

---

② (①)　（式の値，場合の数，作図，方程式の応用）

問1　$x+2y=M$とおくと，$3x(x+2y)+y(x+2y)=3xM+yM=M(3x+y)$　Mを$x+2y$にもどして，$M(3x+y)=(x+2y)(3x+y)$　だから，$x=1$，$y=-2$のとき，$3x(x+2y)+y(x+2y)=(x+2y)(3x+y)=\{1+2\times(-2)\}\{3\times1+(-2)\}=(1-4)(3-2)=(-3)\times1=-3$

問2　並べる3枚のカードの選び方は，(♠2枚，◆1枚)の場合と，(♠1枚，◆2枚)の場合の2通り。このうち，(♠2枚，◆1枚)の場合の，異なるマークのカードが交互になる並べ方は，(♠A，◆A，♠2)，(♠2，◆A，♠A)，(♠A，◆2，♠2)，(♠2，◆2，♠A)の4通り。(♠1枚，◆2枚)の場合も同様に4通りあるから，異なるマークのカードが交互になるすべての並べ方は，4+4=8通り。

問3　（着眼点）30°の大きさの角は，正三角形の1つの内角を二等分することによってつくることができる。　（作図手順）次の①〜④の手順で作図する。　①　点Bを中心として，半径BCの円を描く。　②　点Cを中心として，半径BCの円を描き，①で描いた円との交点と点Bを通る直線を引く。　③　点Bを中心とした円を描き，辺BC上と，②で引いた直線上に交点を作る。　④　③で作ったそれぞれの交点を中心として，交わるように半径の等しい円を描き，その交点と点Bを通る直線を引き，辺ACとの交点をPとする。

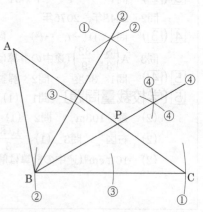

問4　(1)　道章の直径は，道旗の縦の長さの$\frac{5}{7}$倍であるから，（道旗の縦の長さ）$\times\frac{5}{7}=a$より，両辺に$\frac{7}{5}$をかけて，（道旗の縦の長さ）$=\frac{7}{5}a$cm

(2)　（計算）（例）$x^2=6000$　$x>0$より，$x=\sqrt{6000}$　$x=20\sqrt{15}$

---

③ (②)　（規則性）

問1　9月と12月の1日から30日までの曜日が同じであるためには，9月1日と12月1日の曜日が同じであればよい。また，9月1日の*n*日後が，9月1日と同じ曜日となるのは，7日後ごとに同じ曜日となるから，*n*が7(ア)の倍数のときだけである。9月1日の*n*日後が12月1日のとき，10月が31日まで，11月が30日まであることから，$n=(30-1)+31+30+1=91$(イ)となり，$91=7\times13$(ウ)と表せるので，91は7の倍数であることがわかる。よって，9月1日と12月1日の曜日が同じであり，30日までの曜日が同じとなる。

問2　2020年と1年間のすべての日の曜日が同じになる年は，1月1日の曜日が同じうるう年である。問題の（資料）から，うるう年の1月1日の曜日は，㊌木金土日㊐火水木金㊍日月火水㊍の〇印を付けた曜日のように，うるう年ごとに5日後の曜日になる。曜日は7日後ごとに繰り返すから，2020年の次のうるう年（2024年）を1回目と数えると，5と7の**最小公倍数**は35で，35÷5=7より，

7回目のうるう年ごとに1月1日の曜日が同じうるう年になる。つまり，うるう年が4年後ごとであることを考えると，4年後×7回目＝28年後ごとに1月1日の曜日が同じうるう年になる。以上より，2021年から2100年までの間に，2020年と1年間のすべての日の曜日が同じになる年は，2020＋28＝2048年と，2048＋28＝2076年である。

4(3)　（図形と関数・グラフ）

問1　点Aは$y=\frac{1}{2}x^2$上にあるから，そのy座標は　$y=\frac{1}{2}t^2$　よって，$A\left(t, \frac{1}{2}t^2\right)$　放物線はy軸に関して線対称だから，$B\left(-t, \frac{1}{2}t^2\right)$　点Cは$y=-x^2$上にあるから，そのy座標は　$y=-t^2$　よって，$C(t, -t^2)$　四角形ABDCが長方形となるとき，点CとDはy軸に関して線対称の位置にあるから，$D(-t, -t^2)$

問2　$t=4$のとき，$C(4, -4^2)=C(4, -16)$　点Cを通り，傾きが-3の直線を　$y=-3x+b$　とおくと，点Cを通るから，$-16=-3×4+b$　$b=-4$　よって，直線の式は　$y=-3x-4$

問3　（途中の計算）（例）点Bから点Cまでのxの増加量は$2t$，yの増加量は$-\frac{3}{2}t^2$，直線BCの傾きは-2より，$-\frac{3}{2}t^2=-2×2t$　よって，$3t^2-8t=0$　$t(3t-8)=0$　であり，$t>0$より，$t=\frac{8}{3}$　したがって，点Aの座標は$\left(\frac{8}{3}, \frac{32}{9}\right)$

5(4)　（角度，相似の証明）

問1　△CEFの内角と外角の関係から，$\angle CEF=\angle AFC-\angle ECF=115°-40°=75°$　△ABEの内角と外角の関係から，$\angle ABC=\angle ABE=\angle CEF-\angle BAE=75°-40°=35°$

問2　（証明）（例）△ABCと△EBDにおいて，$\angle ACB=\angle DCE+\angle ACD$，$\angle EDB=\angle DAE+\angle AED$…①　仮定より，$\angle DCE=\angle DAE$…②　$\angle BAE=\angle BCD$より4点A，C，D，Eは1つの円周上にあるので，$\angle ACD=\angle AED$…③　よって，①，②，③より，$\angle ACB=\angle EDB$…④　共通な角なので，$\angle ABC=\angle EBD$…⑤　④，⑤から，2組の角がそれぞれ等しいので，△ABC∽△EBD

5〔学校裁量問題〕　（関数とグラフ，資料の散らばり・代表値，グラフの作成，線分の長さ，回転体の体積）

問1　(1)　問題のグラフより，中学校から図書館まで30分かかるから，（道のり）＝（速さ）×（時間）より，中学校から図書館までの道のりは　毎分60m×30分＝1800m

(2)　全体の所要時間は50分＋30分＝80分　全体の所要時間を変えずに，同じ道のりで中学校から図書館まで行き，30分間滞在して中学校に戻ってくるためには，往復にかかる時間は80分－30分＝50分　道のりが同じとき，かかる時間と速さは反比例の関係にあるから，往路の速さを復路の2倍にするということは，往路にかかる時間を復路の$\frac{1}{2}$倍にするということで，（往路にかかる時間）：（復路にかかる時間）＝1：2で，（往路にかかる時間）＝50分×$\frac{1}{1+2}=\frac{50}{3}$分　よって，このときの往路の速さは　$1800m÷\frac{50}{3}$分＝毎分108m　である。

問2　(1)　平均値＝（1冊×2人＋2冊×4人＋3冊×1人＋4冊×2人＋5冊×1人＋6冊×1人＋7冊×3人＋8冊×5人＋9冊×3人＋10冊×3人）÷25人＝150冊÷25人＝6冊

(2)　中央値は資料の値を大きさの順に並べたときの中央の値。生徒の人数は25人だから，冊数の少ない方から13番目の冊数が中央値。冬休みの調査結果のヒストグラムでは，6冊以下には生徒が4＋3＋1＋1＋2＋0＝11人いて，冬休みの中央値が8冊であったから，7冊の度数は1人であることがわかる。これより，8冊，9冊の度数をそれぞれx人，y人とすると，生徒の人数

の関係から $x+y=9$…① 平均値の関係から $8x+9y=76$…② ①と②を連立方程式として解いて，$x=5$，$y=4$ 以上より，7冊，8冊，9冊の度数はそれぞれ1人，5人，4人である。

問3 (1) 点Dは線分ABの中点だから，$BD=\dfrac{AB}{2}=\dfrac{8}{2}=4cm$ △BDEは30°，60°，90°の直角三角形で，3辺の比は$2:1:\sqrt{3}$だから，$DE=\dfrac{BD}{\sqrt{3}}=\dfrac{4}{\sqrt{3}}=\dfrac{4\sqrt{3}}{3}cm$

(2) （途中の計算）（例）△BCDにおいて，BD＝CDより，∠CBD＝∠BCD＝30°であるから，∠CDA＝60° 点Cから線分ABに垂線をひき，線分ABとの交点を点Fとすると，$CF=2\sqrt{3}$，DF＝2 △BCFを，線分ABを軸として1回転させてできる立体の体積は，$\dfrac{1}{3}\times\pi\times(2\sqrt{3})^2\times6$ $=24\pi$ △CDFを，線分ABを軸として1回転させてできる立体の体積は，$\dfrac{1}{3}\times\pi\times(2\sqrt{3})^2\times2$ $=8\pi$ したがって，求める体積は，$24\pi-8\pi=16\pi\,cm^3$

＜英語解答＞

※（ ）内の大問番号は学校裁量問題選択校の場合

1 問1 No.1 イ No.2 ア No.3 ウ 問2 No.1 イ No.2 エ No.3 イ
問3 No.1 イ No.2 ウ No.3 エ

2 問1 (1) to (2) Shall 問2 (1) plane (2) balls 問3 (1) on
(2) are (3) ate など (4) long 問4 (1) （例）It's good.
(2) （例）I play soccer. など

3 (2) Ａ 問1 ウ オ 問2 （例）I want to go to Vancouver because I want to visit a famous bridge. など Ｂ 問1 (1) ア (2) ウ 問2 （例）I can sing songs with my members. など

4 (3) 問1 How 問2 （例）I'm glad to 問3 エ 問4 ア エ
問5 （例）years to become

4 (学校裁量問題) Ａ 問1 ウ 問2 wore 問3 （例）don't like it など
問4 イ オ 問5 (1) different など (2) （例）wear uniforms など
Ｂ （例）I'll wait for you at New Chitose Airport with my parents. You should bring warm clothes and a coat with you because it'll be colder in Hokkaido than in Hawaii. など

＜英語解説＞

※（ ）内の大問番号は学校裁量問題選択校の場合

1 （リスニング）
放送台本の和訳は，61ページに掲載。

2 （語句問題・会話文問題：前置詞，助動詞，名詞，be動詞，不規則動詞，疑問詞，会話文など）
問1 (1) ＜listen to～＞「～を聞く」 (2) ＜**Shall we** … ?＞「（一緒に）…しましょうか？」
問2 (1) オーストラリアの人々はたいてい飛行機で日本に来ます」 (2) 「テニスをするときにはボールを使います」
問3 (1) 「私はテレビで野球の試合を見ました」 (2) 「タカシ，君は東京出身なの？」

　（3）「私はハンバーガーを食べました」　　（4）「冬休みはどれくらいの期間なの，ミツル？」

問4　（1）「私このセーターを作ったの。どう思う？」「（正答例訳）それいいわね」　　（2）「放課後
　　はたいてい何をするの？」「（正答例）　サッカーをするよ」

③（②）　（長文読解問題・スピーチ，資料：内容真偽，条件英作文，英問英答，語句の解釈，表を
　用いた問題）

Ａ　（全訳）　ホワイト先生：こんにちは，みなさん。バンクーバーはカナダでベストな町の一つです。
　　　　　　　　　　　　　夏，山々の近くの青い海を見るのは最高です。バンクーバーはまた，歩行者用の長い
　　　　　　　　　　　　　橋で有名です。私はそこを歩くのが怖かったですが，多くの人がそこを訪れ，楽しん
　　　　　　　　　　　　　で歩いています。私はバンクーバーが大好きです。
　　　　　　スミス先生：やあ！　私はロンドンに住んでいました。そこにある公園が私は大好きです。札幌に
　　　　　　　　　　　　　もたくさんの公園がありますが，ロンドンには札幌よりもさらに多くの公園がありま
　　　　　　　　　　　　　す。そこでは多くの動物を見かけますし，公園周辺の空を飛んでいるたくさんの鳥を
　　　　　　　　　　　　　見ることもできます。私は仕事へ行く途中で公園の中を歩く際に，それらを見るのが
　　　　　　　　　　　　　好きでした。皆さんがロンドンを訪れてくれるといいなと思います。
　　　　　　キング先生：こんにちは！　私はニューヨークが大好きです。そこは多くの建物がある大都市で，
　　　　　　　　　　　　　いつも混雑しています。また，そこは芸術でとても有名で，私は町をぶらぶら歩くと
　　　　　　　　　　　　　きそれを見て楽しんでいました。皆さんがニューヨークを訪れて楽しんでくれればと
　　　　　　　　　　　　　願っています。
　　　　　　　　　　　　　今，皆さんはなぜ私たちが自分たちの故郷が大好きなのかをたぶん理解できたことで
　　　　　　　　　　　　　しょう。皆さんは，この3つの都市のうちのどこに一番行きたいですか？　そして，
　　　　　　　　　　　　　それはなぜですか？

問1　ア　ホワイト先生とスミス先生は，自分たちの故郷ではたくさんの動物を見かけることがで
　　きると言った。（×）　イ　ホワイト先生とキング先生は，自分たちの故郷はどの季節でも良い
　　点があると言った。（×）　ウ　スミス先生とキング先生は，自分たちの故郷には歩いている際
　　に，見て楽しめるものがあると言った。（○）　スミス先生の発言最後から2，3文目，キング先
　　生の発言4文目を参照。　エ　それぞれのALTは，自分の故郷と日本の間の異なる点について話
　　した。（×）　オ　それぞれのALTは，自分がなぜ故郷を愛するのかについて話した。（○）　ホ
　　ワイト先生の発言最終文，スミス先生の発言2文目，そしてキング先生の発言2文目に，‘love’と
　　いう共通する動詞が使われ，愛する理由を具体的に説明している。

問2　（正答例訳）「私はバンクーバーに行きたいです。なぜなら，有名な橋を訪れたいからです」
　　行きたい場所と，その理由を明確に表現すること。

Ｂ　（送別会の計画の文書日本語訳）

トムの送別会の計画

＊ご存知のように，英語クラブのメンバーであるトムが，来週日曜日にアメリカに帰国します。彼
　の送別会を開きましょう。下記を確認してください。

日付：7月19日（金曜日）
時間：15:45－16:45
場所：2年4組

　＜準備の役割＞　　　　　　　　　　　　　＜送別会での役割＞
　　トムのムービーを作る　ジェーン　　　　　写真撮影　　　クミコ
　＊ゲームの準備　　　　　タクヤ　　　　　　お別れの言葉　マコト

＊教室の飾りつけ　　　　全員
◎パーティーの最初に全員の写真を撮る予定。
　　送別会の3日前にミーティングをして，トムの送別会で他に何ができるかを考えましょう。
問1　(1)「送別会は ア 英語クラブのメンバーによって飾られた教室で 開かれる予定です」
　　上記，「送別会の計画」の文書中の＜準備の役割＞を参照。選択肢アの英文にある，decorated
　　「飾られた」は過去分詞。decoratedからmembersまでの部分が，the classroomを
　　修飾している。過去分詞の形容詞的用法。
　　(2)「英語クラブのメンバーは，送別会のためのミーティングを ウ 火曜日 にします」。上記
　　「送別会の計画」の文書中の，最下段の文を参照。金曜日の送別会の「3日前」。
問2　質問：「トムの送別会であなたは他に何ができますか？」
　　（正答例訳）「私はメンバーと一緒に歌を歌うことができる」

4 (3)　（会話文読解問題：語句補充，文補充，内容真偽，要約文などを用いた問題）
（全訳）キーン先生：恵美，あなたは次の英語の授業のスピーチで何を話す予定ですか？
恵美　　　：セラピードッグについて話す予定です。それで，今そのことを勉強しています。
キーン先生：それはいいわね。なぜそのことを話すことに決めたのですか？
恵美　　　：先週ボランティアとして療養所に行ったときに，1匹の犬をそこで見かけたんです。
　　　　　　なぜその犬がそこにいるのか私には分かりませんでしたが，職員の方が私に，その犬
　　　　　　はそこにいる老人を助けるセラピードッグだと教えてくれました。その犬はただのペッ
　　　　　　トではないんです。
キーン先生：なるほど，あなたがなぜセラピードッグに関心を持ったのか分かりました。アメリカ
　　　　　　にもセラピードッグはいますよ。どうやってそのセラピードッグは老人たちを助ける
　　　　　　のですか？
恵美　　　：実際には，その時に犬は何もしませんでした。ただ老人と一緒にいるだけで，その犬
　　　　　　はとても役に立っているということを私は知り，とても驚きました。
キーン先生：なるほど。セラピードッグと一緒にいた老人たちはどうでしたか？
恵美　　　：彼らは微笑んで，うれしそうでした。そのうちの一人が言いました，「(1)セラピー
　　　　　　ドッグと一緒にいることができてうれしいです」
キーン先生：私の国にいる，ペットの私の犬も私を幸せにしてくれるので，それが理解できます。
　　　　　　ところで，あなたは，人を助ける他の動物たちもいるということを知っていますか？
恵美　　　：(2)エ いいえ。もっと話してください。
キーン先生：いいですよ。例えば，うさぎもセラピードッグと同じように人々を助けることができ
　　　　　　ます。
恵美　　　：本当ですか？
キーン先生：はい。うさぎはとてもかわいらしいので，人々はうさぎにさわったり，話しかけたり
　　　　　　するとき，心地よく，そして前向きな気持ちになれるんですよ。また馬も人の役に立
　　　　　　ちます。私はときどき放課後に，この町の牧場で乗馬します。それはとても楽しいも
　　　　　　ので，私の体はさらに健康になっている気がします。乗馬をすることによって病気か
　　　　　　らより早く回復した女性を私は知っています。
恵美　　　：わあ！　私も乗馬の仕方を学びたいです。いつか私を牧場につれて行ってください。
キーン先生：もちろん！
問1　空所を含む文はどちらも質問文。それぞれの応答文はYesやNoと答えていないことから，

ふさわしい疑問詞を入れると判断しよう。疑問詞howは「どうやって」,「どんな様子で」など,手段を尋ねたり,近況などを尋ねたりするのによく使われる。

問2　文の一部が空所となっている問題は,空所以外の部分とその前後をヒントにする。**空所直後に動詞stay…と続く**。<stay with ～>「～と一緒にいる」 直前の文から,この発言をしている老人がうれしそうにしていることを踏まえよう。**<be glad to＋動詞の原形…>**「…してうれしい」

問3　**直後のキーン先生の応答に着目。Sure.**「もちろん」と言ってから,他の動物の具体例を語っている。→恵美の質問に答えていると判断できる。

問4　ア　恵美は最初,療養所にいる犬がセラピードッグだとはわからなかった。(○)　恵美の2番目の発言2文目を参照。　イ　療養所の老人たちは,恵美が驚いたので微笑んだ。(×)　ウ　キーン先生は,牧場で病気の人を助けるために,自分の国でセラピードッグを飼っている。(×)　エ　キーン先生は,牧場でときどき乗馬するので,より健康になっている。(○)　キーン先生の最後から2番目の発言,最後から2番目の文を参照。　オ　恵美は乗馬の仕方をキーン先生に教えるために,先生を牧場へ連れていくつもりだ。(×)

問5　(日記文の訳)「キーン先生と話した後,私はセラピードッグについてさらに勉強した。犬たちは病院で働くために,20か月以上のあいだ一生懸命練習しなければいけないということを知った。それは,セラピードッグになるためにほぼ2年かかるということを意味しているのだ!そのことを知って私はびっくりした。」

　　空所を含む文からできるだけ情報を収集してヒントをつかむことが解答のポイント。→ 'It takes…'「(時間などが)かかる」と言っている。**<It takes(時間)＋to＋動詞の原形…>**「…するために(時間)がかかる」という構文を知っていれば解答しやすくなる。空所直前の単語, 'two' という数字があることもヒント。その上で,**直前の文**にある時間的な要素, 'more than twenty months'「20か月以上」を**年に換算していいかえた文**と判断しよう。year(年)を複数形yearsにすることも忘れずに。

④〔学校裁量問題〕

Ａ　(日記全訳)

政孝

　ザックが今朝,我が家に到着した。彼に会えてとてもうれしかった。

　彼が家に入る時に,お父さんがとても驚いてしまった。彼が靴を脱がなかったからだ。日本では家の中ではふつう靴を脱ぐということを彼は知らなかったのだ。

　ランチタイムに,お母さんが作った和食を食べた。彼はそれが気に入ったように思えた。しかし彼が梅干しを食べたとき,彼はお母さんにそれが好きじゃないと言った。お母さんは彼がそう言ったとき驚いた様子だった。僕はそれが一種の文化の違いなんだと気づいた。そんなこともあったけど,彼と一緒にランチタイムを楽しめたし,彼はお母さんに感謝を表していた。

　晩には,ザックに僕のアメリカでの経験を話した。僕がホストファミリーの家に滞在していた時,僕が香辛料のきいた食べ物についてどう感じているかを彼らに伝えることができなかった。僕はそれが好きではなかったが,ホストファミリーを失望させたくなかったのだ。彼らが僕に,「この料理は好き?」と尋ねた。僕は,「はい。これはとてもおいしいです!」と答えた。それで彼らは僕に香辛料のきいた食べ物をよく出してくれたので,僕はそれを食べなくてはいけなかった。

　ザックと僕は同じ状況にいたが,彼は僕と同じことはしなかった。

ザック

今日は日本での最初の日だ！　政孝と彼の家族はとても親切だ。すべてのことが僕にとっては新しかった。

家に入る時，政孝のお父さんは驚いた様子で，「あっ，待って！」と叫んだ。靴を脱がなければいけないなんて知らなかった。靴は汚くなかったので，脱がなくてもいいと僕は思っていた。南アフリカでは，靴が汚い時にはたいてい脱ぐけど。この時の出来事は僕が日本で面白いと思った最初のことだ。

政孝のお母さんはランチで，いろんな種類の日本の料理を作ってくれた。そのほとんどはとてもおいしかったけど，その中で一つだけ僕にはおいしくないものがあった。あまりにもそれがすっぱかったからだ。お母さんは僕にそれが好きかどうか聞かなかったけど，僕はお母さんに言った，「僕はそれが好きではありません」。僕がそう言ったらお母さんは驚いていた。お母さんはなぜ驚いていたのか僕には理解できなかった。ただ自分の意見を伝えただけだったんだから。でもお母さんのおかげで，ランチをとても楽しめたので，ランチの後にお母さんをぎゅっと抱きしめた。お母さんはまた驚いていた。

夜には，政孝と僕はたくさんしゃべった。政孝のアメリカでの経験を聞いて僕は驚いた。日本人はほかの人の考えをまず尊重したいと思っているから，ときどき，自分の考えをお互いに語らないと政孝は言っていた。このことは，政孝が僕にそのことを話すまで知らなかったことだ。南アフリカでは，自分の気持ちや意見をふつうは話す。他人に自分が考えていることを知ってほしいからだ。人がどう感じているかをいつも推測するのはとても難しいことだと僕は思う。でも僕は，政孝やほかの日本人のようにそうしてみようと思う。

問1　ウ　「ザックはお母さんをぎゅっと抱きしめた」　ザックの日記文3段落目最後から2文目を参照。

問2　「ザックが家に入ったとき，政孝のお父さんはなぜ驚いたのか？」「なぜならザックが家に入る時に靴をはいていたから」　**wear**（身につけている，はいている）の過去形。

問3　政孝の日記文3段落目3文目を参照。ザックがその時に何を言ったかを確認し，本人のその時のセリフを考えて書く。

問4　ア　ザックは，政孝のお母さんがランチに作った和食すべてを気に入った。（×）　イ　政孝の両親は，日本人がしないことをザックがしたので驚いた。（○）　政孝の日記第2段落1文目と，第3段落4文目などを参照。　ウ　政孝とザックは，他人に自分たちの思っていることをいつも話す。なぜなら他の人に自分たちの気持ちを知ってほしいからだ。（×）　エ　政孝は，自分の考えを語りたがらない人々の気持ちを理解しようとするつもりである。（×）　オ　政孝は，大部分の日本人がお互いに語り合う時にほかの人の考えを尊重しようとする，と思っている。（○）ザックの日記文最終段落3文目を参照。

問5　（会話文訳）

政孝　：日本での初日はどうだった？

ザック：すばらしかったよ！　日本の文化には僕が知るべきことがたくさんあるんだということを学んだよ。それから，異なる国の人々は異なる考え方や行動の仕方をするということも分かったよ。

政孝　：なるほど。僕たちが自分たち自身の意見を述べることはいいことだと思う。

ザック：そうだね。来週，君の学校に行くけど，行く前に，他の国と同じではない日本の学校生活について何か教えてもらうことはできる？

政孝　：そうだなあ，日本の学校ではたいてい，制服を着ることだと思う。

(1)　ザックの日記文の特に最終段落では，**日本と南アフリカの違い**を具体的に述べた内容であることに着目しよう。あるいは，政孝の日記文最終段落最終文，‘…but he didn't do the same thing as me.'「彼は僕と同じことをしなかった」に注目し，「同じことをしない」，つまり「異なったことをする」と考えよう。

(2) 「制服」は，uniforms，複数形にしよう。他の解答例として，生徒が「毎日学校を掃除する」(clean our school everyday)という特徴を書いてもよいだろう。

B （正答例訳）「両親と新千歳空港で君を待つ予定にしています。暖かい服やコートを持ってきた方がいいです。なぜなら，北海道はハワイよりも寒いからです。」

「条件①」に関して：これから行うことなので，話し手の意志を表す未来表現willを使うとよい。＜wait for ～＞「～を待つ」。←待つ場所を加えて表現すれば，「迎えに行く」をわかりやすく言いかえた表現になる。「場所」を表現→待ち合わせ場所＝狭い範囲の場所を表す，＜at＋場所＞「～で」。「誰と」→＜with＋人＞。

「条件②」に関して：助動詞should「～すべきである／～したほうがいい」を使うとよい。←相手に何かアドバイスを与えるときによく使う助動詞。助動詞must「しなければいけない」は，アドバイスというよりは強制に近い。「理由」を伝える→＜because＋主語＋動詞…＞「なぜなら…」文の最初に書いても，後半に書いてもどちらでも良い。「衣服」という単語は，clothes（複数形）で用いる。

2020年度英語　聞き取りテスト

〔放送台本〕

ただいまから，英語の聞き取りテストを行います。

それぞれの問題の英文は，2回ずつ読みます。放送を聞きながら，メモを取ってもかまいません。

それでは，問1です。3題とも最初に短い対話を読みます。次に，それぞれの対話の後で，その内容について，クエスチョンと言った後に英語で質問します。その質問の答えとして最も適当なものを，問題用紙のア，イ，ウ，エから選びなさい。では，始めます。

No. 1　A: Good morning, Kenta. Did you sleep well last night?
　　　B: Yes, Mary. I went to bed at eleven last night and got up at seven this morning.
　　　A: Good. I could only sleep for six hours.
　　　Question: What time did Kenta get up this morning?

No. 2　A: Daiki, what a nice room!
　　　B: Thank you! Do you know what this is, Nancy?
　　　A: No. I've never seen it before. Is it a table?
　　　B: Yes, but this is not just a table. This also keeps us warm in winter.
　　　Question: What are they talking about?

No. 3　A: Mary, this is a picture of our music band. We played some songs at the school festival this year. It was a wonderful time for us!
　　　B: You look excited, Tsubasa. Who is the student playing the guitar next to you?
　　　A: He is Ryosuke. He plays the guitar well, and the other student playing the guitar is Taro.
　　　B: I see. The student playing the drums is Takuya, right? I hear he's

　　　　　good at singing, too.
　　　　Question: Which boy is Tsubasa?

〔英文の訳〕
No.1　A：おはよう，ケンタ。昨日の夜はよく眠れた？
　　　B：うん，メアリー。昨夜は11時に寝て，今朝7時に起きたよ。
　　　A：いいわね。私はたったの6時間しか眠れなかった。
　　　質問：ケンタは今朝何時に起きましたか？
No.2　A：ダイキ，素敵なお部屋ね！
　　　B：ありがとう！　これが何だか分かる，ナンシー？
　　　A：いいえ，見たことないわ。それはテーブル？
　　　B：そうだよ，でもこれはただのテーブルじゃないんだ。これは冬のあいだ僕たちを暖かくし
　　　　てくれるんだ。
　　　質問：彼らは何について話していますか？
No.3　A：メアリー，これは僕たちのバンドの写真だよ。今年の文化祭で何曲か演奏したんだ。僕ら
　　　　にとって素晴らしい時間だったよ！
　　　B：興奮してるわね，ツバサ。あなたの隣で演奏している生徒はだれ？
　　　A：彼はリョウスケ。彼はギターが上手なんだ。ギターをひいているもう一人の生徒はタロウ
　　　　だよ。
　　　B：そうなんだ。ドラムをたたいているのはタクヤよね？　彼は歌もうまいらしいわね。
　　　質問：どの生徒がツバサですか？

〔放送台本〕
　続いて，問2です。3題とも，問題用紙に示された場面における，由香とボブの対話です。最初に
由香が，続いてボブが話します。その次に，由香が話すところで，次のチャイムが鳴ります。（チャ
イム音）このチャイムの鳴るところで，由香が話す言葉として最も適当なものを，問題用紙のア，イ，
ウ，エから選びなさい。では，始めます。
No. 1　[朝，会ったときの対話]
　　　Yuka:　Good morning, Bob. I have good news.
　　　Bob:　　Oh, you look so happy. What happened, Yuka?
　　　Yuka:　（チャイム音）
No. 2　[放課後の対話]
　　　Yuka:　Bob, Which season do you like the best?
　　　Bob:　　I liked summer before. But since I came to Hokkaido, I like winter
　　　　　　　the best because I can go to snow festivals. What else can we do in
　　　　　　　winter in Hokkaido, Yuka?
　　　Yuka:　（チャイム音）
No. 3　[花屋に行ったときの対話]
　　　Yuka:　Bob, I like this flower shop because there are many kinds of flowers
　　　　　　　which are good for presents.
　　　Bob:　　Thank you for taking me here. I can buy beautiful flowers for my
　　　　　　　host mother. So, how do you know this shop?

Yuka:（チャイム音）

〔英文の訳〕
No. 1　由香：おはよう，ボブ。いいニュースがあるよ。
　　　　ボブ：あ，うれしそうだね。何があったの，由香？
　　　　由香：イ　昨日ピアノコンテストで優勝したの。
No. 2　由香：ボブ，あなたはどの季節が一番好き？
　　　　ボブ：前は夏が好きだった。でも北海道に来てから，冬が一番好きだな。雪まつりに行けるから。冬の北海道ではほかに何ができるの，由香？
　　　　由香：エ　北海道では屋外でスケートができるわ。
No. 3　由香：ボブ，私はこの花屋さんが好きなの。なぜかというと，プレゼントに向いているいろいろな種類のお花があるから。
　　　　ボブ：ここに僕を連れてきてくれてありがとう。ホストマザーにきれいなお花が買えるよ。それで，君はどうやってこの店を知ったの？
　　　　由香：イ　先月，母とここに来たのよ。

〔放送台本〕
　続いて，問3です。最初に，読まれる英文は，英語の先生が，授業中に生徒に向けて話している場面のものです。その内容について，問題用紙にある，No. 1からNo. 3の質問の答えとして最も適当なものを，問題用紙のア，イ，ウ，エから選びなさい。このあと15秒取りますので，No. 1からNo. 3の質問に目を通しなさい。それでは，英文を2回読みますが，英文を読んだ後には，それぞれ解答時間を20秒取ります。では，始めます。

　Today is the final class before summer vacation.　From tomorrow, you'll have twenty-five days of vacation and I'll give you some homework to do.　For your homework, you must write a report about the problems in the environment and you must use more than one hundred English words.

　We've finished reading the textbook about the problems in the environment. The textbook says that there are many kinds of problems like water problems or fires in the mountains.　The textbook also says that everyone in the world must continue thinking about protecting the environment from these problems.　So, in your report, you must write about one of the problems in the textbook that is interesting to you.　If you want to know more about it, use the Internet or books in the city library.　Please give me your report at the next class.

　I hope you enjoy this homework and have a good vacation.
　これで，英語の聞き取りテストを終わります。

〔英文の訳〕
　今日は夏休み前の最後の授業です。明日から25日間のお休みがあるので，皆さんにやってほしい宿題を出します。その宿題として，環境問題についてレポートを書いてきてください。そして，100語以上の英語で書いてください。
　私たちは環境問題について書かれたテキストを読み終えたところです。そのテキストには，水問題や山火事のようなたくさんの問題があるということが書かれていました。また，世界中のみんなが

これらの問題から環境を守ることについて考え続けなければいけない，ということもこのテキストでは書かれていました。ですから，皆さんのレポートの中に，自分が興味を持った，テキストに書かれていた問題の1つについて書いてください。そのことについてさらに知りたいと思ったら，インターネットや市立図書館の本を使ってみて下さい。次回の授業でレポートを私に提出してください。

　皆さんがこの宿題を楽しんで，良い夏休みを過ごせるよう願っています。

　No.1：イ　テキストに書かれていた問題の1つについてのレポート。

　No.2：ウ　私たちの環境を守ることについて考え続けること。

　No.3：エ　夏休み後の最初の授業で。

＜理科解答＞

1　問1　(1)　①　静脈　　(2)　②　吸熱　　(3)　③　示相　　(4)　④　質量保存
　　(5)　⑤　力のはたらく点[作用点]　　(6)　⑥　虚像　　問2　①　肝臓　　②　じん臓
　　問3　①　斑晶　　②　石基　　問4　エ，カ　　問5　C　　問6　3(g)　　問7　300(N)

2　問1　(1)　①　(例)最も低いところ[平らなところ]　　②　イ　　(2)　(密度)　2.7(g/cm³)
　　(記号)　カ　　問2　(1)　①　樹脂　　②　イ　　③　ア　　(2)　$\frac{100}{3e}$(cm³)
　　(3)　大きい→小さい順に　T, Z, U, E

3　問1　(1)　エ　　(2)　右図(例)　　問2　(1)　ウ　　(2)　ア
　　(3)　①　イ　　②　ア　　③　イ

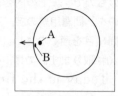

4　問1　(1)　1.4(V)　　(2)　ウ　　問2　(1)　①　ア　　②　ア
　　(2)　(例)磁石のN極を上にしておく[磁石のS極を下にしてコイルの上に持っていく]　　(3)　イ

5　問1　(1)　(例)視野が広く[見える範囲が広く]　　(2)　イ
　　問2　(1)　(縦方向の長さ)　0.15(mm)　　(のびた長さ)　0.1(mm)　　(2)　①　オ
　　②　カ　　③　ケ

＜理科解説＞

1　(小問集合－動物の体のつくりとはたらき，化学変化，地層の重なりと過去の様子，化学変化と物質の質量，力のはたらき，光と音，火山活動と火成岩，植物の特徴と分類，天気の変化，大気圧と圧力)

　問1　(1)　肺動脈は，全身の細胞に酸素や栄養分を与え，二酸化炭素などを受けとって心臓へもどった血液が，右心室から肺へと送り出される血管である。そのため，肺動脈には，動脈血に比べ，含まれる酸素が少なく二酸化炭素が多い静脈血が流れている。　(2)　化学変化が起きるときに，周囲の熱を吸収して温度が下がる反応を吸熱反応という。塩化アンモニウムと水酸化バリウムとの反応や，炭酸水素ナトリウムとクエン酸との反応は吸熱反応である。　(3)　あたたかくて浅い海にすむサンゴの化石のように，その化石を含む地層のたい積した当時の環境を推定することができる化石を示相化石という。　(4)　化学変化の前後で，その化学変化に関係する物質全体の質量が変わらないことを質量保存の法則という。　(5)　力を表す三つの要素には，力の大きさ，力の向き，力のはたらく点(または，作用点)がある。　(6)　物体が凸レンズと焦点の間にあるとき，凸レンズをのぞくと，**物体より大きな虚像**が実際と同じ向きに見える。

　問2　生命活動で生じた有害なアンモニアは，血液に取り込まれて肝臓に運ばれ，害の少ない尿素

につくり変えられる。次に，尿素はじん臓に運ばれ，余分な水分や塩分とともに血液中からこし出され，尿として排出される。

問3　火山岩は，マグマが地表付近まで運ばれ，地表や地表付近で**短い時間で冷えて固まった**火成岩である。そのため，火山岩は肉眼で斑点状に見える比較的大きな鉱物が，肉眼ではわからないほど細かい粒やガラス質に囲まれている斑状組織である。この比較的大きな鉱物を**斑晶**，そのまわりの細かい粒などでできた部分を**石基**という。

問4　種子をつくらず胞子でふえる植物にはシダ植物とコケ植物がある。スギナはシダ植物であり，ゼニゴケはコケ植物である。

問5　酸化銅の炭素による**還元**の化学反応式は，$2CuO + C \rightarrow 2Cu + CO_2$，である。

問6　気温11℃のときの飽和水蒸気量は$10[g/m^3]$であるため，湿度30％の空気$1m^3$に含まれる水蒸気量$=10[g] \times 0.3 = 3[g]$，である。

問7　**円柱にはたらく重力**$[N] =$**円柱が水平面に及ぼす圧力**$[Pa] \times$**円柱の底面積**$[m^2] = 150[Pa] \times 2[m^2] = 150[N/m^2] \times 2[m^2] = 300[N]$，である。

2　（身の回りの物質と性質：密度，様々な物質とその利用：プラスチック，水溶液：メスシリンダー）

問1　(1)　メスシリンダーを平らなところに置き，目の位置を液面（メニスカス）と同じ高さにして，液面の最も低いところを見つけて最小目盛り（1目盛り）の10分の1まで目分量で読み取る。

(2)　**金属Aの密度**$[g/cm^3] =$**質量**$[g] \div$**体積**$[cm^3] = 13.5[g] \div (55.0-50.0)[cm^3] = 2.7[g/cm^3]$である。金属A・B・Cの質量が等しいので，体積が小さいものほど密度は大きい。よって，金属Aの密度をa，金属Bの密度をb，金属Cの密度をcとするとき，$c>b>a$，である。

問2　(1)　プラスチックは，石油を主な原料として人工的につくられ，合成樹脂ともよばれている。　プラスチックには，PET（ポリエチレンテレフタラート）やPE（ポリエチレン）やPP（ポリプロピレン）など，さまざまな種類があり，ペットボトルのボトルは，PET（ポリエチレンテレフタラート）からできている。実験2[3]から密度の関係は，S＞水＞TとU，であり，[4]から密度の関係は，SとTとU＞エタノール，であり，[5]から密度の関係は，SとT＞水とエタノールの混合物＞Uである。以上から，S＞水＞T＞水とエタノールの混合物Z＞U＞エタールである。密度の関係は，**ボトルのPET（密度1.38〜1.40g/cm³）＞ラベルのPE（密度0.92〜0.97g/cm³）＞キャップのPP（密度0.90〜0.91g/cm³）**であるため，ペットボトルのボトルから切り取ったプラスチックの小片はSである。　(2)　加えるエタノールの体積を$x[cm^3]$とすると，$1.0[g/cm^3] \times 50.0[cm^3] : e[g/cm^3] \times x[cm^3] = 3 : 2$，$x[cm^3] = \dfrac{100}{3e}[cm^3]$，である。　(3)　(1)より，S＞水＞T＞水とエタノールの混合物Z＞U＞エタノール(E)，であるため，水より密度が小さいものを密度が大きい順に並べると，T＞Z＞U＞E，である。

3　（太陽系と恒星：太陽の黒点・惑星の動きと見え方，天体の動きと地球の自転・公転）

問1　(1)　望遠鏡側に立って，太陽を背にして太陽投影板を見たときの方位は，図1の記録用紙上の円において，←がかいてある方が西，逆方向が東である。よって，太陽の像は東から西に動いて見え，記録用紙の円の西側から外れる。これは，地球が地軸を中心として西から東へ自転しているために起こる見かけの動きであり，太陽の日周運動という。東の空に見えたオリオン座が，その日の真夜中に南中したのは，地球が地軸を中心として西から東へ自転しているために起こる見かけの動きであり，星の日周運動といい，太陽の日周運動と同じ原因で起こる現象である。

(2)　太陽の自転の向きも地球の自転の向きと同じで，北極上方から見て反時計回りである。よって，北海道のS町で同時刻に肉眼で見える太陽は，向かって東から西に自転して見える。した

がって，記録用紙上の黒点A，黒点Bは西方向へ移動する。太陽は球形であるため，中央部にあったときには円形をしていた黒点が，周辺部にくると縦方向に細長いだ円形に見える。

問2　(1)　地球が日の出の1時間前に，東の空に金星が見える図3の位置にあるときは，太陽に照らされて反射して輝く部分が左半分であるため，ウのスケッチが最も適当である。　　(2)　地球が日の出の1時間前に，図2のように，東の空に金星と同じ方向に火星が見えるのは，図で火星が金星と同じ方向にあるアが最も適当である。　　(3)　金星の公転周期はおよそ0.6年であるため，図3より，1か月後に地球から見て金星は太陽に近づくので，日の出の1時間前の金星の高度は低くなる。図3より，1か月後に金星は地球から離れるので，金星の見かけの大きさは小さくなる。火星の公転周期は金星の公転周期より長いおよそ1.9年であるため，金星の方が火星より公転軌道上を先に進むため，1か月後に金星と火星は離れて見える。

4　(電流と磁界：手回し発電機でコイルが回転するしくみ・モーターの原理，電流：回路の電圧と電流と抵抗・電力)

問1　(1)　電熱線に加わる電圧[V] = 0.14[A]×10[Ω] = 1.4[V]である。　　(2)　回転数が同じとき，電熱線を2つにしたときの手回し発電機が回路に加える電圧は，電熱線を1つにしたときの手回し発電機が回路に加える電圧に等しい。よって，表より，1秒間あたりのハンドルの回転数を3回にしたとき，手回し発電機が回路に加える電圧[V] = 0.42[A]×10[Ω] = 4.2[V]である。よって，電熱線を2つにしたときの回路に流れる電流[A] = $\dfrac{4.2[\text{V}]}{10[\Omega]×2}$ = 0.21[A]である。

問2　(1)　図4において，磁石のN極からS極に向かう磁界の向きはコイルに対して下向きである。フレミングの左手の法則により，コイルの下側の電流には紙面の向こう側への力の向きがはたらく。コイルの上側の電流には紙面のこちら側への力の向きがはたらく。よって，コイルは，線Xから線Yの方向に見て，時計回りに回りはじめる。コイルとともに両端の下側半分のエナメルがはがれたエナメル線が回転するのでコイルに電流が流れないときがあり，そのときは磁界から力を受けないが，物体には慣性という性質があるため，コイルは止まることなく回っていく。
(2)　ハンドルを時計回りに回すと，電流の向きが逆になるため，コイルは逆向きに回転する。同じ向きにコイルを回転させるためには，磁界の向きを逆の上向きにすればよい。磁界の向きをコイルに対して上向きにするには，磁石のN極を上にしておくか，または，磁石のS極を下にしてコイルの上に持っていく。　　(3)　実験2を，線X，Yの上側半分のエナメルもはがして行った場合，最初は，問2(1)により，コイルが図4の位置にあるとき，コイルは，線Xから線Yの方向に見て，時計回りに回る。コイルは慣性により時計回りに回り続けようとする。しかし，コイルが4分の1回転した後，コイルの上側と下側の電流の向きは，図4とは逆向きになる。よって，コイルは，線Xから線Yの方向に見て，反時計回りに回る力がはたらく。コイルが慣性により時計回りに回り続けようとする力と，コイルが反時計回りに回る力は打ち消しあって，コイルの回転は止まる。

5　(生物の成長と生殖：タマネギの根の体細胞分裂・成長の観察，生物と細胞：顕微鏡観察のしかた)

問1　(1)　顕微鏡で観察するとき，最初に低倍率で探す理由は，低倍率の方が高倍率より視野が広く，明るく見えるので，観察したいものが探しやすいからである。　　(2)　図1は根の先端部分で体細胞分裂が行われている様子を表している。体細胞分裂は次のように進む。分裂をはじめる前に，図6のようにそれぞれの染色体が複製され2本ずつくっついた状態になる。分裂がはじまると核の形は見えなくなる。染色体は2本ずつくっついたまま太く短くなり，はっきり見え

るようになって，図1の細胞Xのように染色体は中央部分に集まる。この後，2本ずつくっついて
いた染色体が1本ずつに分かれ，それぞれが細胞の両端に移動して2つの細胞ができる。よって，
細胞Yの染色体はイである。

問2　(1)　図2で，4つ目の印の部分は根の先端からの距離が4mmなので，図5より，細胞の縦方
向の長さは0.15mmである。印をつけてから24時間後は，4つ目の印は先端から10mmのところ
にあったので，図5より，細胞の長さは0.25mmである。よって，4つ目の印の部分の細胞は24
時間で縦方向に，0.25mm−0.15mm=0.1mm，のびた。　(2)　実験[1]で印をつけてから24時
間で，根Aは，どの部分でも同じようにのびたのではなく，図3で根の先端から5mmのところで
は体細胞分裂は起きていないことと図4から，印をつけたときに根の先端からの距離が1つ目の
印である約1mm〜約4mmの範囲にあった部分がよくのびたことがわかる。図5から，根の細胞
が縦方向にのびたのは，印をつけたときに根の先端からの距離が約1mm〜約8mmの細胞であ
る。図2では，根の先端から4つ目の印までが4mmであり，4つ目の印から根もとまでの長さは
15mm−4mm=11mmである。また，印をつけてから24時間後の図4では，根の先端から4つ
目の印までが10mmであり，4つ目の印から根もとまでの長さは約21mm−10mm=約11mm
である。これらのことから，根の先端からの距離が約4mm〜約8mmの範囲にあった細胞の縦方
向ののびは，実際の根ののびにほとんど影響しないことがわかる。

＜社会解答＞

1 問1　(1)　南アメリカ(大陸)　(2)　A　イ　B　インド　問2　原油[石油]
問3　(1)　秦　(2)　仮名　(3)　御成敗式目[貞永式目]　(4)　国学
問4　(1)　地方交付税交付金[地方交付税]　(2)　①　イ　②　消費　(3)　自己決定
(4)　社会保険　問5　(1)　扇状地　(2)　果樹園　(3)　750m　(4)　①　ウ
②　キ　問6　(1)　銀　(2)　イタリア　(3)　ソ連[ソビエト連邦]
問7　(1)　世界人権宣言　(2)　難民　(3)　PKO

2 問1　(1)　イ　(2)　エ　問2　ウ　問3　Ⅰ群　イ　Ⅱ群　キ　問4　古い→新
しい　エ，イ，ア　問5　(1)　(例)輸入品に対して，関税を独自に定めることができ
なかった。　(2)　a　アメリカ　b　イギリス　c　南北戦争
問6　(古代)　C　(現代)　B

3 問1　エ　問2　A　ア　B　優越　問3　ア　ウ　カ　問4　(例)国民の代表が制
定した法　問5　(しくみ)　三審制　(語句)　A　控訴　B　上告

4 A 問1　A　ア　B　イ　C　エ　D　ウ　問2　(湾や入り江)　フィヨルド
(半島の名)　イ　問3　a ③　b ①　c ④　d ②
B 問1　A　奥羽　B　やませ　問2　①　北方　②　択捉　問3　北海道　ア
東北　イ　九州　ウ　A　米　問4　問題に不備があったため，受験者全員に点を与
える。

＜社会解説＞

1 (地理的分野―世界地理−地形，―日本地理−貿易・地形図の見方・地形，歴史的分野―日本史
時代別−古墳時代から平安時代・鎌倉時代から室町時代・安土桃山時代から江戸時代・明治時代

から現代，―日本史テーマ別―法律史・文化史・外交史，―世界史―政治史・経済史，公民的分野―地方自治・財政・基本的人権・国民生活と社会保障・国際社会との関わり）

問1　（1）　地図は**正距方位図**なので，南極からの距離と方角が正しく示されている。右が東で，左が西である。**南極大陸**に一番近いのは，**南アメリカ大陸**である。　（2）　A　この正距方位図では，1cmが5000kmを表している。したがって，南極から約1.4cmの東京までの直線距離は，14,000kmである。　B　**オーストラリア大陸とユーラシア大陸とアフリカ大陸**にはさまれた大洋は**インド洋**である。

問2　輸入相手国が，サウジアラビアが第1位，アラブ首長国連邦が第2位，カタールが第3位なのは，**原油**(石油)である。かつては，イランが上位3か国に入っていたが，今では圏外になっている。なお，アメリカは原油の産出量世界第1位，ロシアは世界第3位であるが，両国とも自国での消費が多く，日本の輸入相手国としては上位に入っていない。

問3　（1）　紀元前221年に「秦」として中国統一を達成したのが，**始皇帝**である。**万里の長城**を初めにつくったのが始皇帝である。死後は，**兵馬俑**に守られた壮大な陵墓がつくられ，クフ王のピラミッド，日本の大仙古墳と並んで，**世界三大陵墓**の一つである。　（2）　平安時代中期の，**国風文化**の時代に，日本独自の音節文字がつくられた。これが**仮名**である。本字の漢字を真名(まな)というのに対するもので仮名(かな)という。漢字の一部を略してつくられたカタカナと，漢字をくずしてつくられた**ひらがな**がある。　（3）　鎌倉時代の執権政治の時代に裁判の基準となったのが，**御成敗式目**である。御成敗式目は**貞永式目**ともいう。成敗とは裁判のことである。鎌倉時代の**御家人**にとって，土地の問題は死活問題であって，所領をめぐる争いが頻発していた。そのため土地をめぐる裁判の基準を示すことが必要であった。御成敗式目は，1232年に，**執権北条泰時**の時に定められた。　（4）　**本居宣長**が18世紀後半に大成させた学問とは，「**国学**」である。「国学」は，江戸時代から明治時代にかけて，日本独自の精神文化を研究した学問である。本居宣長をはじめ，多くの国学者が現れ，さまざまな研究成果を残した。本居宣長の著書としては，古事記の注釈書『**古事記伝**』や政治意見書の『**秘本玉くしげ**』が有名である。

問4　（1）　地方自治体の収入の格差を少なくするために，国から交付される資金のことを**地方交付税交付金**という。国税の一部を，財政基盤の弱い自治体に配分し，自治体間の**財政格差**を補うことが目的である。　（2）　①　**納税義務者**と**税負担者**とが同一人であることを想定している租税を**直接税**といい，納税者と税負担者とが別人であることを想定している租税を**間接税**という。**所得税・法人税・相続税**などは直接税であり，**消費税・酒税**などは間接税である。　②　1989年に導入された消費税は，3％→5％→8％→10％と税率が変更されるにしたがって，税収が増えてきた。消費税は，もともと年収の低い世帯ほど，年収に占める税負担の割合が高いという，**逆進性**の問題があるが，税率を上げればさらに税負担の割合が高くなることになる。　（3）　一定の個人的な事柄について，**公権力**から干渉されることなく，自由に決定する権利を**自己決定権**という。日本では，**日本国憲法**第13条で保証されている**幸福追求権**の一部と考えられる。医療の場においては，特に医師から十分に情報を知らされたうえで，患者自身が治療方法を選択し，同意する**インフォームド・コンセント**として，重要視されている。　（4）　**加入者**があらかじめ支払っておいた**保険料**を財源として，給付されるものが**社会保険**である。介護が必要だと認定された者に給付される**介護保険**，病気になったときに給付される**医療保険**，高齢になったときに給付される**年金保険**，労働上の災害にあったときに給付される**労災保険**などがある。**社会保障**の4つの柱とは，問題に示されている社会保険・社会福祉・公衆衛生と公的扶助である。

問5　（1）　川が山間部から平野部に出てきたところにできるのが，**扇状地**であり，河口部にできるのが，**三角州**である。　（2）　「ơ」の記号は，果樹園である。広葉樹林「Q」，その他の樹木

畑「○」と似ているので，注意が必要である。　（3）　この**地形図**の縮尺は2万5000分の1なので，計算すれば，3cm×25000＝75000cm＝750mとなる。　（4）　①　地形図は2万5000分の1地形図なので，**等高線**は10mごとに引かれている。Aの神社とBの神社との標高差は，約100mである。　②　CからDの距離は，地図上で約4cm，実際の距離は約1000mである。その間に，高さ約500mのC地点から下って，高さ約200mの谷をはさみ，また400m位の高さまで上っている。これを表しているのは，断面図のキである。

問6　（1）　**イギリス**は，清から茶・絹を輸入するため，対価として銀を支払った。また，清は，インドからアヘンを輸入し，対価として銀を支払った。インドはイギリスから綿織物を輸入し，対価として銀を支払った。19世紀に行われた，このような貿易関係を**三角貿易**という。
（2）　1937年に結ばれた「**日独伊三国防共協定**」を強化するものとして，**第二次世界大戦**の始まった翌年の1940年に，「**日独伊三国(軍事)同盟**」が結ばれた。日本・ドイツ・イタリアの3国の軍事的攻守同盟であり，アメリカ合衆国を**仮想敵国**とするものであった。　（3）　第二次世界大戦後の，世界を二分した，**西側諸国**の**アメリカ**を中心とする**資本主義陣営**と，**東側諸国**の**ソ連**を中心とする**社会主義陣営**との対立を**冷戦**という。

問7　（1）　1945年に国際連合が発足し，3年後の1948年に，第3回国際連合総会で「すべての人間は，生れながらにして自由であり，かつ，尊厳と権利とについて平等である。」とする「**世界人権宣言**」が採択された。　（2）　人種・宗教・政治的意見の相違などによる地域紛争や迫害を避けるために，外国に逃れた者を**難民**と呼ぶ。国連では**国連難民高等弁務官事務所(UNHCR)**を設立し，多くの支援をしている。　（3）　地域紛争で停戦を維持したり，紛争拡大を防止したり，公正な選挙を確保するなどのための活動が，国連の**PKO(平和維持活動)**である。日本は，1992年以来この活動に参加している。しかし，PKOの派遣は，**安全保障理事会**の決議により決定されるため，**常任理事国(アメリカ・ロシア・中国・イギリス・フランス)**のうち1か国でも反対の国があると実施できない。

2　(歴史的分野—日本史時代別－古墳時代から平安時代・鎌倉時代から室町時代・安土桃山時代から江戸時代・明治時代から現代，—日本史テーマ別－宗教史・政治史・文化史・外交史)

問1　（1）　**朱印船貿易**は，16世紀末に豊臣秀吉によって始められた。17世紀初期には，徳川家康は大名や商人に**朱印状**を与えて，正式な貿易船であることを認め，貿易を奨励した。朱印船貿易では，鉄砲・火薬・中国産の**生糸**・絹織物などが輸入され，日本からはおもに銀が輸出された。この時代は生糸が輸入品であることに注意が必要である。　**ア**　ザビエルが鹿児島に上陸し，**キリスト教**の布教を始めたのは，16世紀半ばである。　**ウ**　室町幕府の3代将軍である足利義満によって，鹿苑寺の金閣が建てられたのは，15世紀初期のことである。　**エ**　摂関政治の全盛期に，関白藤原頼通によって**平等院鳳凰堂**が建てられたのは，11世紀半ばのことである。ア・ウ・エとも時代が異なり，イが正しい。江戸幕府は，1612年に天領に，1613年に全国に**禁教令**を発した。　（2）　朱印状を公布された貿易船は，東南アジア各地で貿易を行い，各地に**日本町**もつくられた。タイの**アユタヤ**にも，大規模な日本町がつくられた。アユタヤの位置は，エである。

問2　**第五福竜丸**は，1954年にマーシャル諸島ビキニ環礁で**アメリカ**がおこなった**水爆実験**により被ばくした，静岡県焼津港所属の漁船である。　**ア**　環境庁が設置されたのは，1960年代に**公害**が深刻化した後の，1971年のことである。　**イ**　国会で「核兵器を持たず，つくらず，持ちこませず」という非核三原則が決議されたのは，1976年のことである。　**エ**　**核拡散防止条約(核兵器不拡散条約)**が，国連総会で採択されたのは，1968年のことである。ア・イ・エとも，時代が異なり，ウが正しい。ビキニ環礁での核実験をきっかけに**原水爆禁止運動**が広がり，原子

爆弾投下から10年たった広島市で，1955年に第1回**原水爆禁止世界大会**が開かれた。

問3　Ⅰ群　**空海**が**遣唐使**とともに入唐し，**密教**を学んで帰国したのは，9世紀初頭である。**最澄**もまた，同じ遣唐使船に乗っていた。アの**行基**は，奈良時代に社会事業を行いながら民衆に仏教を広め，**僧尼令違反**とされ，後には**聖武天皇**の帰依を受け，**東大寺**の建立に協力した僧侶である。ウの**法然**は，鎌倉新仏教の開祖の一人で，**浄土宗**を開いた僧侶である。エの日蓮も，鎌倉新仏教の開祖の一人で，**日蓮宗(法華宗)**を開いた僧侶である。　Ⅱ群　キが正しい。空海は，**高野山に金剛峯寺**を建立して**真言宗**を開いた。また，全国各地に湧き水を湧出させたなどという伝説が数多く残っており，**弘法大師**として民衆から親しまれている。なお，カは，日蓮の教えである。クは，行基についての説明である。ケの，**念仏を唱えて極楽**に**往生**するというのは，法然の教えである。

問4　日露戦争で**日本海海戦**が行われ，東郷平八郎率いる日本艦隊が，ロシアの**バルチック艦隊**を破ったのは1905年のことである。アの，**満州国が建国**されたのは，1932年のできごとである。イの，日本が**中華民国に二十一か条の要求**を示したのは，第一次世界大戦中の1915年のことである。ウの，**三国干渉**によって，**遼東半島を清国に返還**したのは1895年のことである。エの，**南満州鉄道株式会社**が設立されたのは，ポーツマス条約後の，1906年のことである。オの，**義和団事件**が起こったのは，1900年のことである。したがって，日本海海戦よりも後に起こったのは，ア・イ・エであり，年代の古い順に並べると，エ→イ→アとなる。

問5　(1)　アメリカからの輸入品に対して，**協定関税制**がとられ，関税を独自に定めることができなかった。つまり，日本には**関税自主権**がなかったのである。　(2)　a　日本は，1853年にアメリカの**ペリー**が来航し，**大統領の国書**を提示されたことにより，翌1854年に**日米和親条約**を結んで開国した。1858年には駐日総領事**ハリス**の圧力に押されて，**日米修好通商条約**を結び，貿易を開始した。　b　日本との貿易の80%以上を占めたのは，産業革命を遂げ世界中に市場を求めていたイギリスであった。　c　アメリカが，日本との貿易に力を注ぐことができなかったのは，1861年に起こった内戦である**南北戦争**のためである。

問6　古代　7世紀前期から9世紀中期まで派遣されていた，**遣唐使船**が古代にあたる。　現代　1954年に起こった，**第五福竜丸**の被ばく事件が現代にあたる。

3　(公民的分野—国の政治の仕組み・財政・経済一般・三権分立)

問1　ア　**法律を公布**するのは，天皇の国事行為の一つである。　イ　**予算**(正しくは予算案)を作成するのは，内閣の仕事である。　ウ　**最高裁判所長官を指名**するのは，内閣であり，任命するのは天皇である。ア・イ・ウのどれも別の機関の説明であり，エが正しい。**条約を締結**するのは内閣の仕事であるが，その承認をするのは国会の仕事である。

問2　A　憲法第67条に，**内閣総理大臣の指名**について「衆議院と参議院とが異なつた指名の議決をした場合に，法律の定めるところにより，両議院の協議会を開いても意見が一致しないとき(中略)は，衆議院の議決を国会の議決とする。」との規定がある。正答は，アの**両院協議会**である。　B　法律案の議決・予算案の議決・条約の承認・内閣総理大臣の指名等について**衆議院の優越**が定められている。衆議院の優越の理由としては，参議院が6年任期なのに対して，衆議院は4年と任期が短く，**解散**もあるため選挙も頻繁になり，その時点での国民の意思をより直接に反映する機関であるからと考えられている。

問3　**好況**の時は，市場に出回っている**通貨量**が多いため，物価の上昇・企業の生産の拡大・家計の消費の増加等のことが見られる。好況が行きすぎ，**インフレーション**の傾向が見られるときは，**政府は増税**を行い，**公共事業を減らす**ことによって，市場に出回る通貨量を減らす**財政政策**

を行う。また**日本銀行**は，市中銀行に**国債**を売るなどして，市場への通貨の供給量を減らす**金融政策**を行う。正答は，ア・ウ・カである。

問4　**法の支配**は，国民の代表が制定した法によって国王や政府の権力が制限されるため，国民の人権は保障されることになる。

問5　しくみ　第一審・第二審・第三審の三つの審級の裁判所を設けて，当事者が望めば，原則的に3回までの審理を受けられるという制度が**三審制**である。審理を3回まで慎重に行うことで，**冤罪**(えんざい)などの誤った判決を防ぐためである。　語句　A　第一審の判決に対して不服がある場合に，上級の裁判所に対して，その判決の確定を遮断して，新たな判決を求める不服申立てを**控訴**という。　B　第二審は高等裁判所で審理されるが，その結果に不服があり，なおかつ憲法に違反があると考えられる時には，**最高裁判所**に**上告**することが可能とされている。控訴と上告を合わせて上訴ということがある。

4 　(地理的分野―世界地理―気候・地形・人口・産業・資源，―日本地理―地形・気候・日本の国土・農林水産業・人口)

A　問1　A　冬は気温10度前後で，一定の雨が降り，夏は気温が30度近く，雨がほとんど降らないのが，**地中海気候**の特徴であり，雨温図のアが該当する。　B　降水量が一年を通してほとんどなく，北緯30度に位置するため，夏冬の気温差があるのが特徴であり，雨温図のイが該当する。　C　南半球に位置するため，1・2・3月よりも，7・8・9月の方が気温が低く，一年を通して降水がほとんどないのが特徴であり，雨温図のエが該当する。　D　寒暖の差が大きく，一年を通して月100mm前後の降水があるのが特徴であり，雨温図のウが該当する。

問2　湾や入り江　北欧では，降雪が堆積して氷ができ，その流動する氷が氷河となる。氷河は体積が大きく重いため，大規模に地表を削り，U字谷を形成する。そのU字谷に海水が流れ込み，奥行きのある湾となった海岸地形のことを**フィヨルド**という。　半島の名　Xの半島は，ノルウェー・スウェーデン・フィンランドの3か国からなる，**スカンジナビア半島**である。

問3　①の国はドイツである。②の国は中国である。③の国は日本である。④の国はアメリカ合衆国である。この4国のうちで最も**人口密度**が高いのは日本であり，aは，③の日本である。この4国のうちで，**穀物自給率**の最も高いのはアメリカ合衆国であり，cは，④のアメリカ合衆国である。この4国のうちで，**自動車生産台数**の最も多いのは中国であり，dが，②の中国である。残るbが，①のドイツである。ドイツは自動車生産台数で，中国・アメリカ・日本に次ぐ世界第4位である。

B　問1　A　日本の東北地方の中央部を，青森県から栃木県にかけて南北に延びる日本最長の山脈を**奥羽山脈**という。奥羽とは，太平洋側の**奥州**(陸奥)と日本海側の**羽州**(出羽)を合わせた語であり，奥羽山脈は，太平洋側と日本海側との**分水嶺**となっている。　B　梅雨明け後に，**オホーツク海気団**より吹く，冷たく湿った北東風を**やませ**といい，北海道・東北地方の太平洋側に吹き付け，**冷害**をもたらす。

問2　①　略地図中に示された島々は，**北方領土**と呼ばれ，**歯舞**(はぼまい)群島，**色丹**(しこたん)島，**国後**(くなしり)島，**択捉**(えとろふ)島からなる。**第二次世界大戦**の終戦直後，当時のソ連によって占拠された。日本政府は，ロシア連邦政府に対して北方領土の返還を要求しているが，交渉は進まず，未解決のまま時が過ぎている。　②　北方領土のうち最も面積の広いのは，**択捉島**である。1855年に**日ロ通好条約**において，択捉島と**得撫**(うるっぷ)島の間を両国の国境とし，択捉島は日本の領土とされた。

問3　北海道　果実の産出額の最も少ないアが，北海道である。北海道の果実では，夕張メロン

が有名であるが，産出額は多くなく，他に産出額の多い品種もない。また，北海道は畜産(特に酪農)が盛んであるが，九州には産出額で及ばない。米も，最近では「ななつぼし」「ゆめぴりか」などが開発されたが，産出額はまださほど多くない。　東北　**果実の産出額**が3地方中で最も多いイは，東北地方である。青森県のりんご，山形県のさくらんぼ・洋ナシなどが有名である。　九州　**畜産の産出額**が3地方中で最も多いウは，九州地方である。3地方中で,東北地方が最も産出額が多いのは，米である。東北地方では，寒さに強い品種が開発され，米の産出額が増加している。宮城県の「ひとめぼれ」・秋田県の「あきたこまち」・山形県の「はえぬき」や「どまんなか」などがある。

問4　問題に不備があったため，受験者全員に点が与えられた。

＜国語解答＞

※(　)内の大問番号は学校裁量問題選択校の場合

□　問一　(1)　りゃくれき　(2)　かんべん　(3)　ひき(いる)　(4)　つ(ぐ)
問二　(1)　巻末　(2)　列挙　(3)　降(り)　(4)　招(いた)　問三　胸
問四　(1)　行わ　(2)　(例)ことができる　問五　(1)　①　空気のような存在
②　(例)生活の中に深く浸透　(2)　(例)(現代の大都市では，)段ボールの原料となる段ボール古紙が大量に発生しているから。
□(□)　問一　ウ　問二　(1)　(誤って使われている漢字)　思　(正しい漢字)　支
(2)　(誤って使われている漢字)　信　(正しい漢字)　申
問三　(1)　(例)新しい教科を勉強することを楽しみにしている　(2)　ア
(3)　(例)私は，学校行事を紹介するとよいと思います。アンケートを見ると，七割近くの小学生が学校祭などの学校行事を楽しみにしているからです。
□(□)　問一　①　無駄のない洗練された手さばき　②　紙を傷つけない絶妙な力加減
問二　(例)致命的な失敗をしなければ，必ずリカバリーすることができること。
(例)失敗を深刻に考え過ぎることは緊張を生み，良くない結果を引き寄せる原因となること。　問三　指先まで　問四　(例)紙を破いてしまうこと。
□〔学校裁量問題〕　問一　(1)　エ　(2)　2　いんゆ　3　けっさく
問二　(例)真は詳細が伝わり，草は動きや雰囲気が伝わる。　問三　①　言葉がわからなくても意味が伝わる　②　多くの人が共有する一般的な知識　問四　(例)(抽象表現主義の作品や抽象的な現代アートは，)私たちに意味処理をさせないので，これらと向きあううちに，埋もれていた記憶が掘りおこされたり，思いがけない連想がつながって自分なりの意味が見出されたりするから。　問五　イ
四　問一　たらちねの　問二　葉　問三　①　(例)手に取って　②　秋山そ我は

＜国語解説＞

※(　)内の大問番号は学校裁量問題選択校の場合

□　(知識—漢字の読み書き，ことわざ・慣用句，品詞・用法／説明文—内容吟味，文脈把握)
問一　(1)　「略歴」は，だいたいの経歴のこと。　(2)　「簡便」は，手軽で便利な様子。
(3)　「率」には「ソツ」「リツ」「ひき(いる)」という読みがある。　(4)　「継」の音読みは「ケ

イ」で，「継続」「継承」などの熟語を作る。

問二　(1)　「巻末」の「末」は横画の長さに注意。　(2)　「列挙」は，一つ一つ並べて示すこと。
(3)　「降」の右下の部分の形は「ヰ」である。　(4)　「招」を形の似ている「紹」「昭」「照」な
どと混同しない。

問三　A　「胸を借りる」は，けいこの相手になってもらうこと。　B　「胸のつかえがおりる」は，
心配していたことがなくなってほっとするという意味。したがって，どちらも「胸」が入る。

問四　(1)　「行う」は五段活用の動詞。後に「ない」が続くので，未然形の「行わ」に活用させ
る。　(2)　「使える」は「使うことができる」と同じ意味である。

問五　(1)　①　——線1の直前の「おそらく日本人にとっての段ボールは，いまや空気のような存
在です。」から書き抜く。　②　冒頭の「私たちの生活の中に段ボールは深く浸透し」の言葉を
用いて書く。　(2)　「大森林」は，段ボールという紙の原料の供給源であることを比喩的に表
現したものである。「段ボールの原料は段ボール古紙である」ことをふまえ，大都市で「段ボー
ル古紙が大量に発生している」ことを説明する。理由を答えるときは，「〜から。」「〜ので。」と
いう形でまとめること。

□(一)　（知識—漢字の読み書き，熟語／会話・議論・発表—内容吟味，作文）
問一　①「鉛筆」は漢語，②「削り」は和語なので，ウが正解となる。

問二　(1)　「賛成して応援すること」という意味の「シジ」は「支持」と書く。　(2)　「許可な
どを願い出ること」という意味の「シンセイ」は「申請」と書く。

問三　(1)　前の「授業の楽しそうな様子を伝える」を受けた内容が入る。(A)の「楽しみにして
いること」の中に「新しい教科を勉強すること」があるので，これをもとに書く。　(2)　田中
さんは「確かに〜」と他の人たちの発言の内容を評価し，「まずは〜しましょう。」と自分の意見
を述べたあと，「他に〜紹介したほうがよいと思うことはありませんか。」と話し合いを方向付け
ながら進行しようとしている。このことを説明しているアが正解である。　(3)　(A)の結果を
生かして，「授業」「部活動」以外の何を紹介するかを，理由とともに書く。解答例では，「学校行
事」を紹介することを示し，(A)のアンケートで7割近い小学生が「学校祭などの学校行事」を
楽しみにしているという結果が出たことを理由として書いている。

□(二)　（小説—情景・心情，内容吟味，文脈把握）
問一　菜月が俊彦の作業を見ている場面に「無駄のない洗練された手さばきも，紙を傷つけない絶
妙な力加減も，そのすべてが完成された一つの技として昇華されている。」とあるので，ここか
ら書き抜く。「正確無比な動き」は，字数が合わないので不適当である。

問二　俊彦は，「必要以上に気を張ることはない」と言ったあと，「致命的な失敗をしなければ，必
ずリカバリーすることができる。むしろ，失敗を深刻に考え過ぎることの方が問題だ。失敗を気
にするあまり緊張を生んで，良くない結果を引き寄せる原因となってしまうから……。」と話し
ている。ここから読み取れる二つの考え方を字数制限を守って書く。

問三　菜月が集中している様子は，「——やった！〜」の直前の「指先まで自分の意志を行き渡ら
せ，菜月は注意深くヘラを動かしていった。」という一文に最もよく表現されている。

問四　本文の初めのほうに「紙を破いてしまうのが怖くて」とあるので，この部分をもとに書く。

□〔学校裁量問題〕　（論説文−内容吟味，文脈把握，熟語）
問一　(1)　重箱読みとは，「極細」（ゴクぼそ）のように前の漢字が音読みで後の漢字が訓読みにな

ることを言う。ア「若者」(わかもの)は訓+訓，イ「所望」(ショモウ)は音+音，ウ「手帳」(てチョウ)は訓+音，エ「額縁」(ガクぶち)は音+訓なので，正解はエになる。 (2) 2「隠喩」は，「ように」などを使わず，たとえるものとたとえられるものを直接結び付ける比喩のこと。3「傑作」は，非常に優れた作品という意味。

問二 第一段落に「真は〜図鑑のように詳細がわかる。草でも〜動きや雰囲気が感じられる絵が多かった。」とある。「真は詳細」「草は動きや雰囲気」が伝わることを，合わせて20字程度で書く。

問三 ① ——線部2に続く文に「禁煙や非常口，トイレのマークなどは，言葉がわからなくても意味が伝わるようにデザインされている。」と説明されている。 ② 空欄の後の「抽出する」に着目する。——線部2を含む段落の最後に「それも多くの人が共有する一般的な知識，いわばステレオタイプを抽出している。」とある。「意味処理のときに参照するスキーマ」「物についての一連の知識」などは「共有」「一般的」の要素がないので不十分。「ステレオタイプ」は字数が合わないので不適当である。

問四 ——線3の文は「だから」で始まっているから，理由はその前にある。筆者は「意味処理しようとするのがふだんの『見る』」だとして，「アートのツボの一つは，わたしたちに『見る』をさせないことにある」と述べる。つまり，抽象表現主義の作品や抽象的な現代アートはわたしたちに「意味処理をさせない」のであり，だからこそ「作品と向きあううちに，埋もれていた記憶が掘りおこされたり，思いがけない連想がつながって自分なりの意味が見出されたりする」という体験をもたらし，「自分と向き合っているような，ほとんど瞑想をしているような気分」になるのである。指定された「意味処理」という語を必ず使い，「抽象表現主義の作品や抽象的な現代アートは，」に続く形でまとめること。

問五 「視る」はふだんの「見る」とは異なり，対象を単純化して意味処理するのではなく，「その形や色や質感をそのままじっくり」見つめることである。このことを説明したイが正解。アの「単純化」は「複雑な自然を複雑なまま」と合わないので誤り。ウの「意味を捉える」，エの「意味を言葉として抽出する」は意味処理をすることなので誤りである。

四 (古文―内容吟味，文脈把握，表現技法・形式)
〈口語訳・長歌〉 冬が過ぎて春がやってくると，(今までは)鳴かなかった鳥も来て鳴く。咲かなかった花も咲くが，山が茂っているので入って取ることはできないし，草が深いので取って見ることもできない。(これに対して)秋山の木の葉を見るときは黄色く色づいた葉を手に取って(すばらしいと)思い慕う。緑の葉はそのままにして嘆く。そのことが恨めしい秋山(に趣があると思う)，私は。
〈口語訳・問一・和歌〉 誰がこの私の家に来て呼ぶのだろう，母にしかられて物思いをしている私なのに。

問一 「たらちねの」は，「母」にかかる枕詞である。

問二 「青きをば」と対になる表現は「黄葉をば」で「青」と「黄」が対応しているので，「葉」を補うことができる。

問三 ① 「春山の花」は「取りても見ず」，「秋山の木の葉」は「取りてそしのふ」と表現している。「取りて」の内容がわかりやすくなるように言葉を補って「手に取って」などと答える。 ② 天智天皇の「春山に咲き乱れる花と，秋山をいろどる木の葉との，どちらに趣があるか」という問いに対して，額田王は「秋山そ我は」と答えている。

○月×日 △曜日 天気(合格日和)

解答用紙集

◆ご利用のみなさまへ
＊解答用紙の公表を行っていない学校につきましては、弊社の責任に
　おいて、解答用紙を制作いたしました。
＊編集上の理由により一部縮小掲載した解答用紙がございます。
＊編集上の理由により一部実物と異なる形式の解答用紙がございます。

人間の最も偉大な力とは、その一番の弱点を克服したところから
生まれてくるものである。──カール・ヒルティ──

東京学参株式会社

※ 185%に拡大していただくと，解答欄は実物大になります。

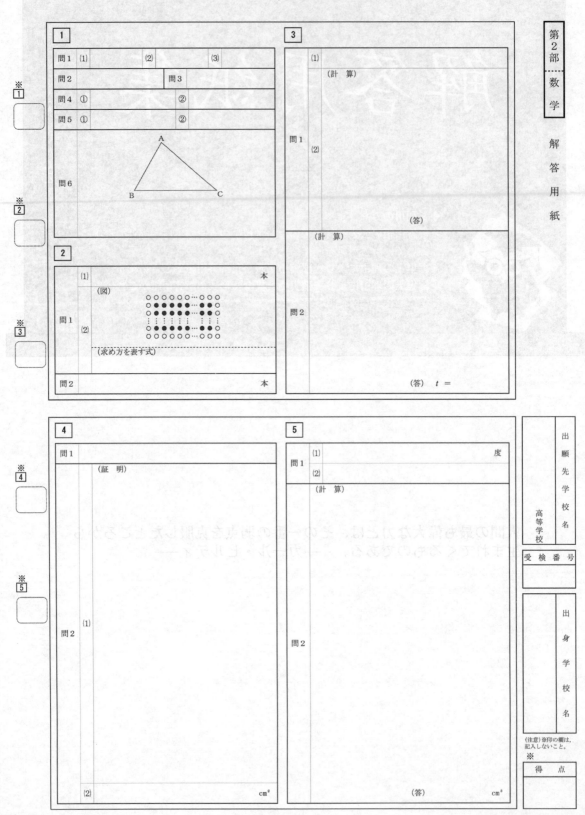

第2部　数学　解答用紙

北海道公立高校　2024年

※182%に拡大していただくと、解答欄は実物大になります。

解答用紙

第5部　英語

1

問1	No. 1		No. 2		No. 3	
問2	No. 1		No. 2		No. 3	
問3	No. 1		No. 2		No. 3	
問4	No. 1	They will				
	No. 2	It's				
	No. 3					

2

問1	(1)		(2)	
問2	(1)		(2)	
問3	(1)			?
	(2)			?

3

A	問1		問2		
	問3				
B	問1		問2		
	問3				

出願先学校名　　　　　　　　高等学校

受験番号

出身学校名

得点

(注意) ※印の欄は、記入しないこと。

C

問1	
問2	
問3	(1) ①	②
	(2)	
問4	

4

(1)	a high school is making a digital graduation album.
(2)	, I think that digital albums will become more popular in the future.
(3)	6語 ⋯⋯ 12語 ⋯⋯ 18語 ⋯⋯ **24語** ⋯⋯ 30語 ⋯⋯ 36語 ⋯⋯

※1　　※2　　※3　　※4

※ 189%に拡大していただくと，解答欄は実物大になります。

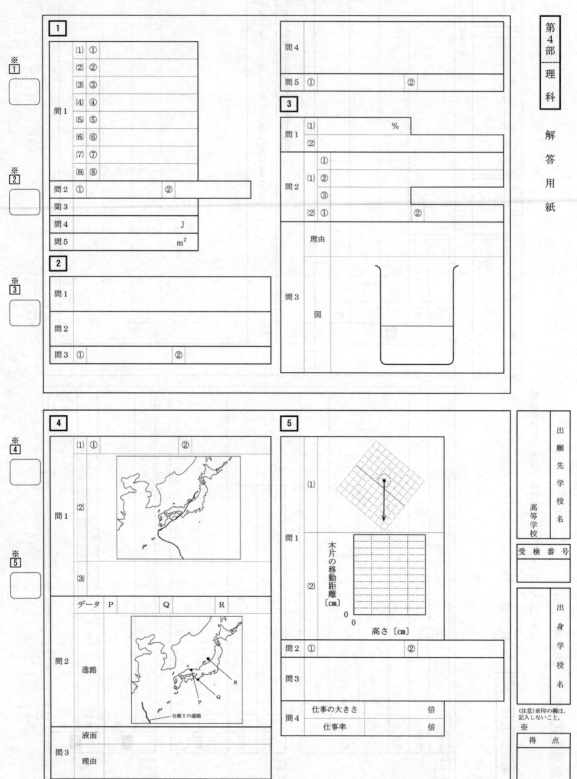

※ 179％に拡大していただくと，解答欄は実物大になります。

第3部

社　会

解答用紙

※1

1

問1	(1)	①	
	(2)	②	

問2	(1)	①		②	
	(2)	古い　――――→　新しい			

※2

問3	(1)	
	(2)	
	(3)	

問4	(1)	
	(2)	

問5		

問6	(1)	記号		語句	
	(2)	語句		記号	
	(3)				

問7	(1)		
	(2)	①		②	

2

問1										
									15	

問2	

問3	

問4	①		②	
	③			
	A		B	

問5	語句		記号	

問6	

3

A

問1	記号		位置	
問2				
問3				

B

問1	ⓘ		ⓐ	
問2	①		②	
	位置			
問3				

※3

※4

4

問1	記事1		記事2	
	記事3		記事4	

問2	問題			問題	
	内容				

問3	①			
	②		③		④	

問4	①		②	
	記号			

問5	①		
	②		

問6	

出願先学校名

高等学校

受検番号

出身学校名

(注意)※印の欄は，
記入しないこと。
※
得　点

北海道公立高校　2024年度

※ 185%に拡大していただくと，解答欄は実物大になります。

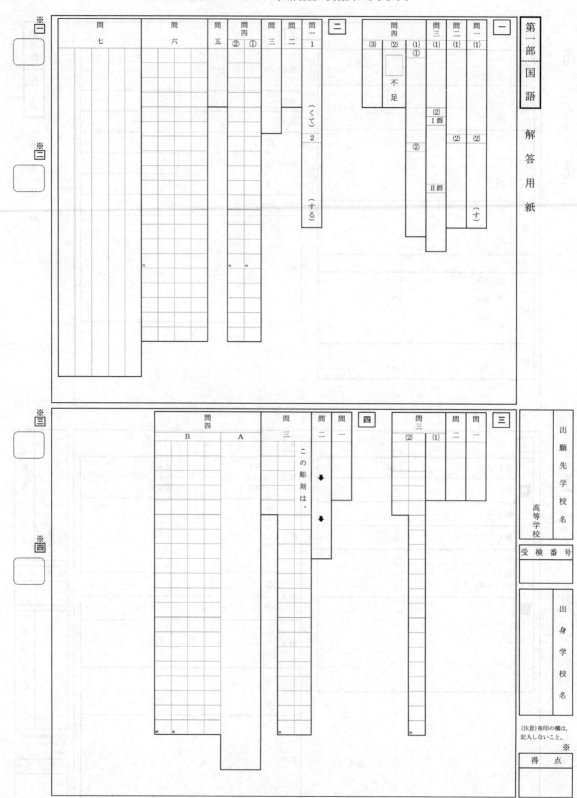

2024年度入試配点表（北海道）

数学	①	②	③	④	⑤	計
	問1　各3点×3 問6　6点 他　各5点×4 （問4,問5各完答）	問1(1)　4点 問1(2)　6点 問2　5点	問1(1)　4点 他　各6点×2	問2(1)　8点 他　各4点×2 （問1完答）	問1(1)　4点 問1(2)　5点 問2　9点	100点

英語	①	②	③	④	計
	問2,問3　各3点×7 問4No.3　4点 他　各2点×5	問3　各4点×2 他　各2点×4	Ａ　問3　4点　他　各3点×2（問1完答） Ｂ　問3　4点　他　各3点×2 Ｃ　問3(2),問4　各3点×3 他　各2点×4	(3)　6点 他　各3点×2	100点

理科	①	②	③	④	⑤	計
	問1　各2点×8 他　各3点×4 （問2完答）	問4　4点 問5　5点 他　各3点×3 （問3完答）	問2(2)　各2点×2 問3　理由　2点, 図　3点 他　各3点×3 （問2(1)完答）	問1(3)　4点 問2　5点 他　各3点×3 （問1(1)完答）	問2　各2点×2 問4　5点 他　各3点×3	100点

社会	①	②	③	④	計
	問2(2),問3(3),問4(2)・問6(3) 各3点×4　他　各2点×11 （問2(1)・(2),問3(2),問6(1) ・(2),問7(1)・(2)各完答）	問3,問5　各4点×2 問6　5点 他　各3点×3	Ａ　問2　4点 他　各3点×2（問1完答） Ｂ　問1　3点　問2　4点 問3　5点（問1完答）	問2,問3　各4点×2 問6　5点 他　各3点×3 （問1,問2,問5各完答）	100点

国語	一	二	三	四	計
	問一,問二　各2点×4 問三(2),問四(1) 各4点×2（各完答） 他　各3点×3	問一　各2点×2 問二,問四　各4点×3 問三　3点　問五　5点 他　各8点×2	問三(1)　3点 他　各4点×3	問一　3点 問二　4点 問三　5点 問四　8点	100点

※ 200％に拡大していただくと，解答欄は実物大になります。

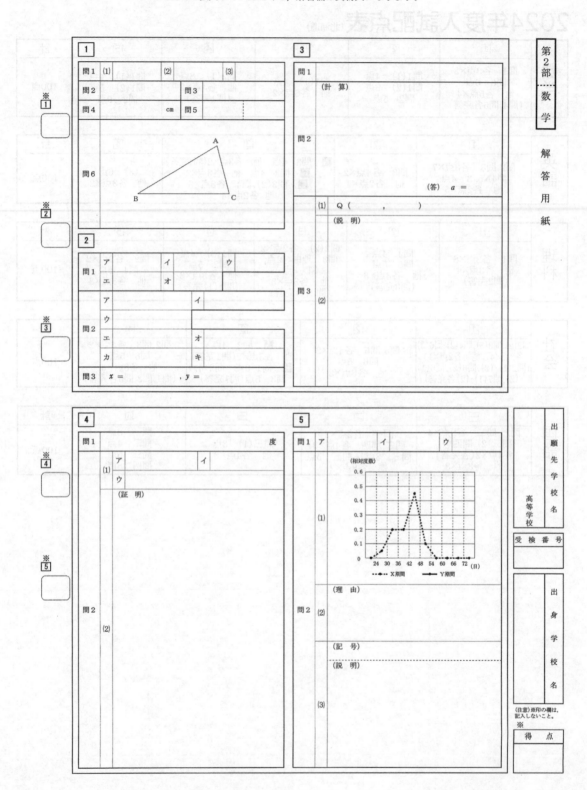

北海道公立高校　2023年度

※ 200%に拡大していただくと、解答欄は実物大になります。

第5部　英語

解答用紙

出願先学校名　高等学校

受検番号　出身学校名

※得点

(注意) ※印の欄は、記入しないこと。

1

問1	No. 1	No. 2	No. 3	No. 4
問2	No. 1	No. 2	No. 3	
問3	No. 1	No. 2	No. 3	
問4	(1)			
	(2)	people can		
	(3)			

2

問1	(1)	(2)	
問2	(1)	(2)	
問3	(1)		.
	(2)		?

3

A
| 問1 | (1) | (2) | |
| 問2 | So, if you want to enjoy a BBQ, | | |

B
問1		
問3		
問2		

C

問1	
問2	
問3	(1)	(2)
問4	
問5	

4

(1)	Actually,
(2)	For example, by using them, we can communicate with others, or we can
(3)	

6語
12語
18語
24語
30語
36語

※1　※2　※3　※4

－ 2023〜2 －

※ 200％に拡大していただくと，解答欄は実物大になります。

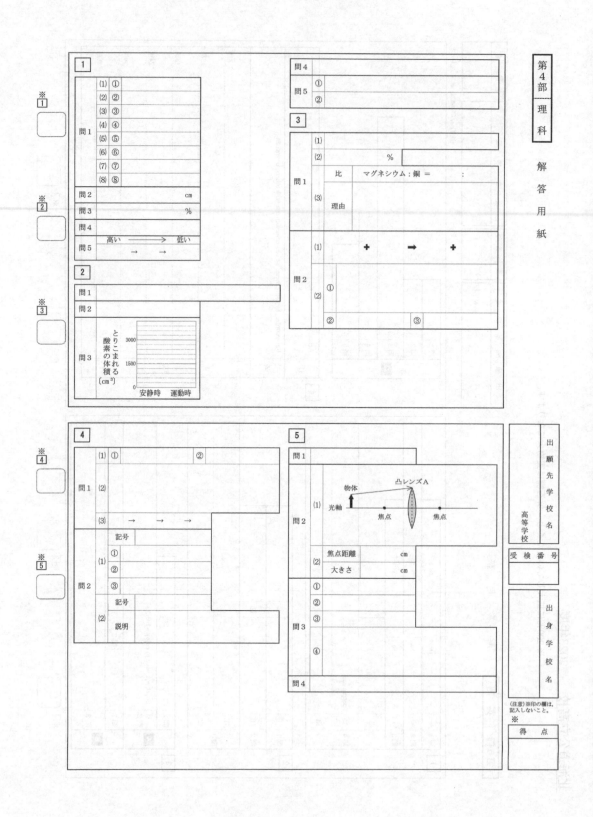

※ 200%に拡大していただくと，解答欄は実物大になります。

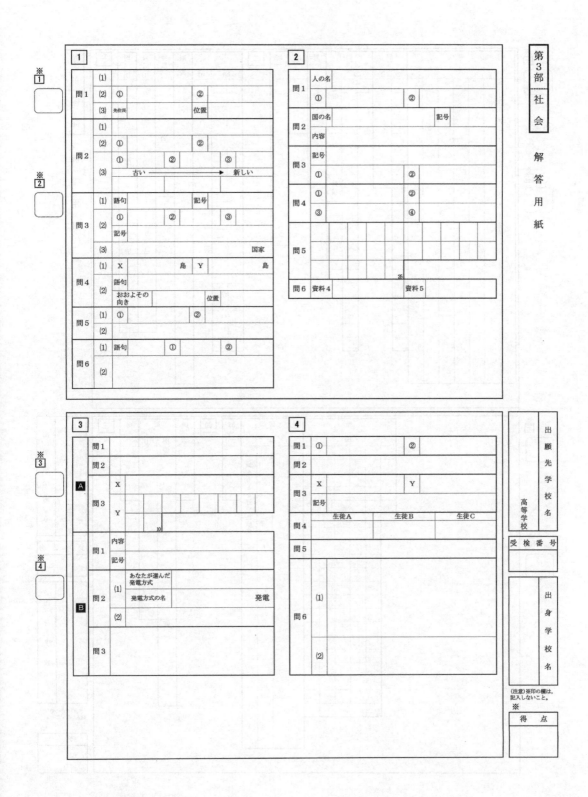

※ 200%に拡大していただくと，解答欄は実物大になります。

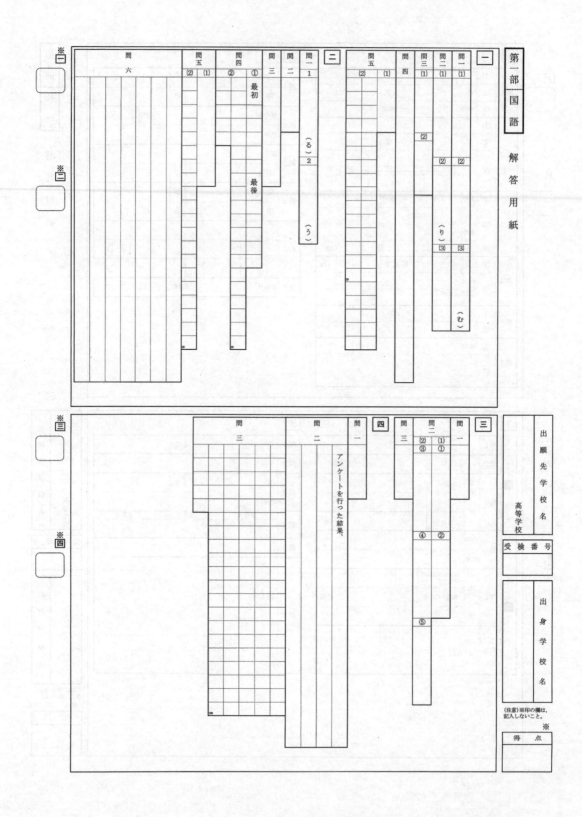

2023年度入試配点表（北海道）

数学	①	②	③	④	⑤	計
	問1　各3点×3 問2,問3　各4点×2 問6　6点 他　各5点×2	問1　4点(完答) 問2ア・イ・ウ　各1点×3 問2エ・オ,カ・キ 　各2点×2(各完答) 問3　6点(完答)	問1　4点 問3(1)　3点 他　各5点×2	問1　4点 問2(1)ア・イ,ウ 　各2点×2(ア・イ完答) 問2(2)　8点	問2(1)　3点 問2(3)　6点 他　各4点×2 (問1完答)	100点

※①問5はいずれか一方が正しい場合は2点

英語	①	②	③	④	計
	問1,問4(1) 　各2点×4 他　各3点×9	問3　各4点×2 他　各2点×4	Ａ　問1 各3点×2 問2 4点 Ｂ　問3 4点 他 各3点×2 Ｃ　問2・問5　各3点×2 問4 5点 他 各2点×3	(3)　6点 他　各3点×2	100点

理科	①	②	③	④	⑤	計
	問1　各2点×8 他　各3点×4 (問4完答)	問3　各2点×2 問5　5点 他　各3点×3	問1(3)　5点 問2(2)　各2点×2 　(②・③完答) 他　各3点×3	問1(2)　4点 問2(1)　5点 他　各3点×3	問3　5点 問4　4点 他　各3点×3	100点

※②問5はいずれか一方が正しい場合は3点　※③問1(3)は比のみ正解の場合は3点　※④問2(1),(2)は記号のみ正解の場合は1点　※⑤問2(2)はいずれか一方のみ正解の場合は2点

社会	①	②	③	④	計
	問2(1)・(3),問4(2)・問6(2) 各3点×4　他　各2点×11 (問1(2)・(3),問2(2)・(3),問3(1)・(2), 問4(1)・(2),問5(1),問6(1)各完答)	問5　5点 問2・問4　各4点×2 他　各3点×3 (問4,問6各完答)	Ａ　問1　3点 　他　各4点×2 Ｂ　問3　5点 他　各3点×2(問2完答)	問1,問5　各4点×2 問6(2)　2点 他　各3点×4 (問1,問3,問4各完答)	100点

国語	一	二	三	四	計
	問一,問二　各2点×6 問五(2)　4点 他　各3点×4	問一　各2点×2 問二 3点　問三 4点(完答) 問六 9点 他 各5点× 4(問五(1)完答)	各2点×7	問一　3点 問二　6点 問三　9点	100点

※ 196％に拡大していただくと，解答欄は実物大になります。

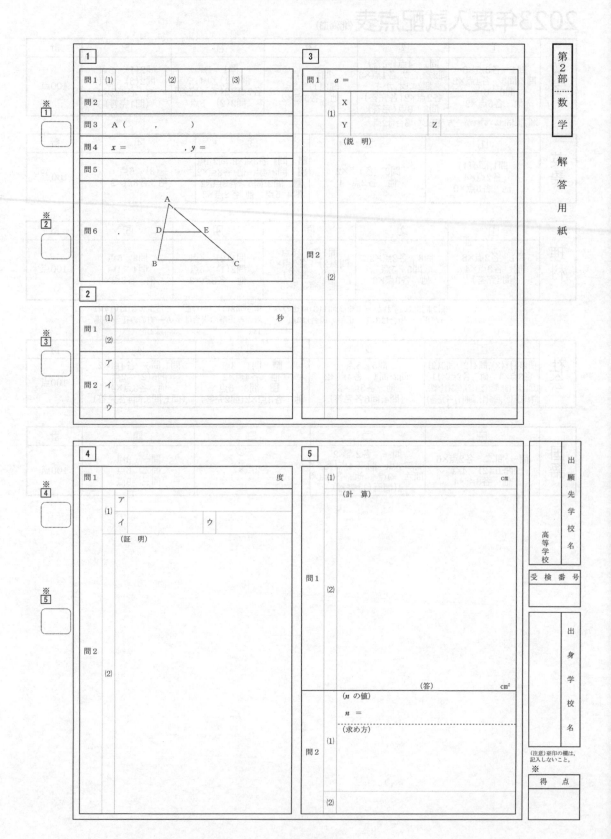

北海道公立高校　2022年度

※189%に拡大していただくと、解答欄は実物大になります。

第5部　英語　解答用紙

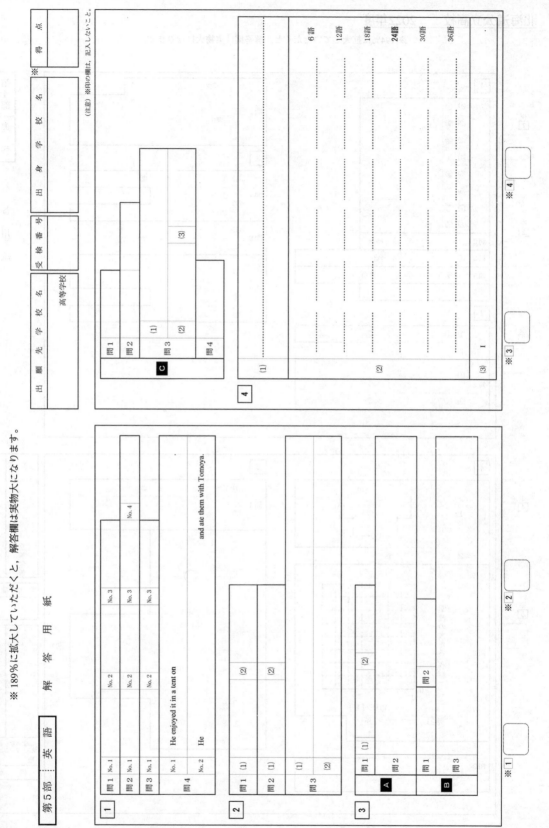

※ 194％に拡大していただくと，解答欄は実物大になります。

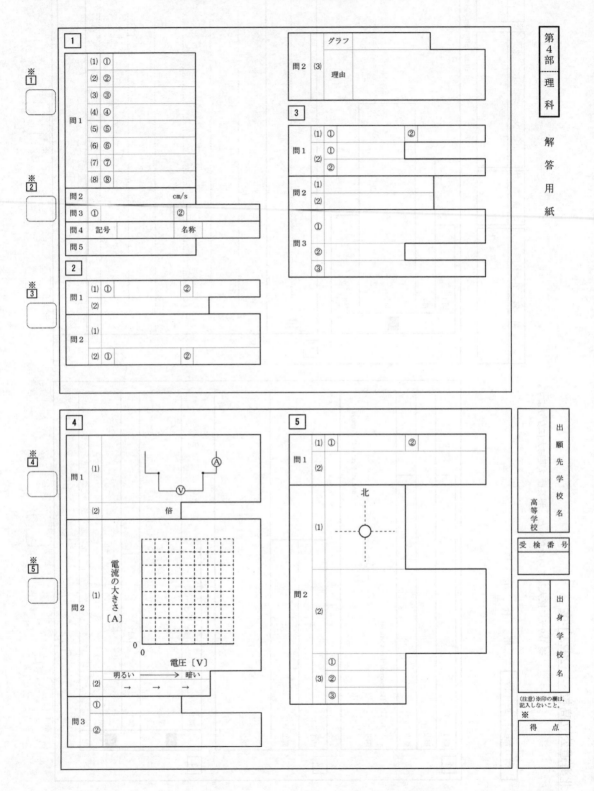

※193％に拡大していただくと，解答欄は実物大になります。

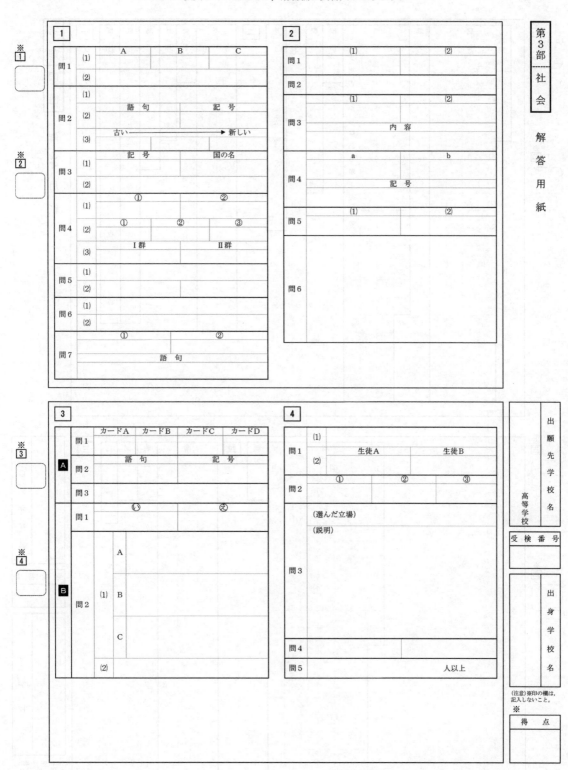

※188％に拡大していただくと，解答欄は実物大になります。

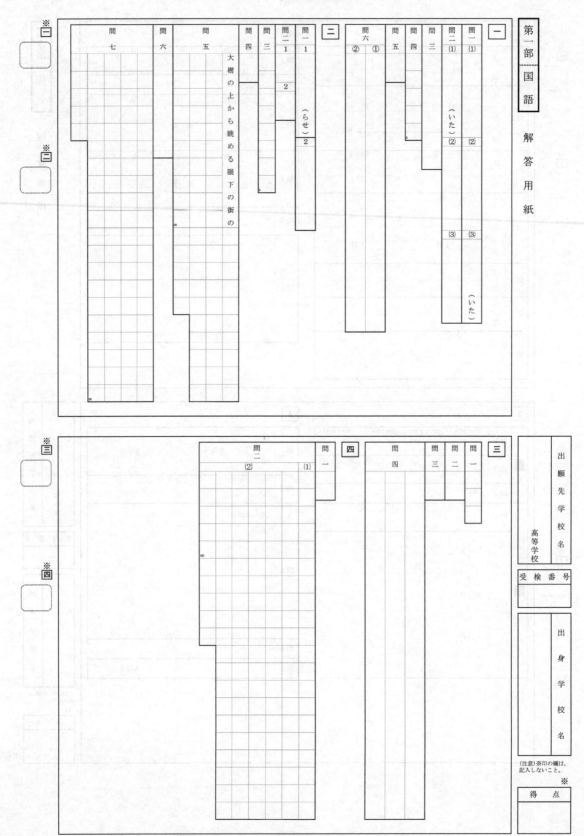

2022年度入試配点表 (北海道)

数学	①	②	③	④	⑤	計
	問1・問4 各3点×5 問6 6点 他 各4点×3	問1 各4点×2 問2ア・イ 各3点×2 問2ウ 2点 (ウは問2ア・イがともに正答の場合のみ)	問1 4点 問2(2) 8点 他 各2点×2 (問2(1)Y・Z完答,Xが正答の場合のみ)	問1 4点 問2(2) 8点 他 各2点×2 (問2(1)イ・ウ完答)	問1(1) 4点 問1(2) 7点 問2(1) 6点 問2(2) 2点	100点

英語	①	②	③	④	計
	問1 各2点×3 問4 各4点×2 他 各3点×7	問3 各4点×2 他 各2点×4	Ⓐ 問1 各3点×2 問2 4点 Ⓑ 問3 4点 他 各3点×2 Ⓒ 問2・問4 各3点×3 他 各2点×4	(1) 4点 (2) 6点 (3) 2点	100点

理科	①	②	③	④	⑤	計
	問2~問5 各3点×4 (問3・問4各完答) 他 各2点×8	問2(2) 4点 問2(3) 5点 他 各3点×3 (問1(1)完答)	問1(2) 4点 問3 5点 他 各3点×3 (問1(2)完答)	問2(2) 4点 問3 5点 他 各3点×3	問2(2) 4点 問2(3) 5点 他 各3点×3 (問1(1)完答)	100点

社会	①	②	③	④	計
	問2(2),問3(3)・問4(3)・問7 各3点×4 他 各2点×11 (問1(1),問2(2)・(3),問3(1),問4(1)~(3),問5(2),問7各完答)	問6 5点 問3・問4 各4点×2 他 各3点×3 (問1,問5各完答)	Ⓐ 問1 3点 他 各4点×2(問1完答) Ⓑ 問2(1) 5点 他 各3点×2(問1完答)	問3 5点 問2・問5 各4点×2 他 各3点×3 (問1(2),問4各完答)	100点

国語	一	二	三	四	計
	問一・問二 各2点×6 問四 4点 他 各3点×4	問一・問二 各2点×4 問四 4点 問七 10点 他 各6点×3(問六完答)	問四 5点 他 各3点×3	問一 4点 問二(1) 5点 問二(2) 9点	100点

※ 159%に拡大していただくと，解答欄は実物大になります。

第2部	数 学	解 答 用 紙

1

問1
(1)
(2)
(3)

問2

問3

問4

問5 $x =$ ， $y =$

※1

問6 cm

2

問1 $x =$

問2 ア｜イ｜ウ

問3

問4

※2

3

問1 ア｜イ｜ウ｜エ

※3 問1

問2
（n を用いた式）
（考え方）

※3 問2

4

問1

問2 $a =$

（計 算）

問3

（答）C （ ， ）

※4

5

問1 度

（証 明）

問2

※5

（注意）※印の欄は，記入しないこと。

出 願 先 学 校 名	受 検 番 号	出 身 学 校 名	※	得　　点
高等学校				

※ 169％に拡大していただくと，解答欄は実物大になります。

学校裁量問題受検者用

第2部	数 学

解　答　用　紙

1

問1　$x =$

問2　ア　　　　イ　　　　ウ

問3

問4

※①

A　　D

B　　　　C

2

問1　ア　　　　　イ

　　　ウ　　　　　エ

問2　（n を用いた式）

　　　（考え方）

※②

3

問1

問2　$a =$

　　　（計　算）

問3

※③

（答）C（　　，　　）

4

問1　　　　　　　　　　　度

（証　明）

問2

※④

5

問1　(1)　　　　　　　　cm

　　　(2)

(1)　　　　　　　　cm^3

(2)　　　　　　　　倍

（計　算）

問2

(3)

※⑤

（答）　　秒後，　　秒後

（注意）※印の欄は，記入しないこと。

出 願 先 学 校 名
高等学校

受 検 番 号	出 身 学 校 名

※	得　　　　　点

※156%に拡大していただくと，解答欄は実物大になります。

| 第5部 | 英 語 | 解 答 用 紙 |

1

問1	No.1		No.2		No.3	
問2	No.1		No.2		No.3	
問3	No.1		No.2		No.3	

※1

2

問1	(1)		(2)	
問2	(1)		(2)	
問3	(1)	_ _ _	(2)	_ _ _ _ _ _ _
問4	(1)		(2)	
問5	(1)	
	(2)	

※2

3

Ａ

| 問1 | |
| 問2 | |

Ｂ

| 問1 | (1) | | (2) | |
| 問2 | |

※3

4

問1	
問2	she　　　　　　　　　　　　　　　　　　　　　　write them on the paper.
問3	
問4	
問5	to　　　　　　　　　　　　　　to my friends and teachers to show my thanks

※4

聞き取りテスト代替問題　(注意) 監督者からの指示がない限り，解答しないこと。

| 問1 | (1) | | (2) | | (3) | | (4) | | (5) | | 問2 | (1) | | (2) | | 問3 | ① | | ② | | ③ | |

※代

(注意) ※印の欄は，記入しないこと。

| 出 願 先 学 校 名 | 受検番号 | 出 身 学 校 名 | ※ | 得　　　　　点 |
| 高等学校 | | | | |

※167％に拡大していただくと，解答欄は実物大になります。

学校裁量問題受検者用

| 第5部 | 英語 | 解　答　用　紙 |

1

問1	No.1		No.2		No.3	
問2	No.1		No.2		No.3	
問3	No.1		No.2		No.3	

※1

2

A

| 問1 | |
| 問2 | |

B

| 問1 | (1) | | (2) | |
| 問2 | |

※2

3

問1	
問2	she		write them on the paper.
問3	
問4	
問5	to		to my friends and teachers to show my thanks

※3

4

A

問1	
問2	
問3	
問4	(1)	Travelers can enjoy		of this town in the coffee shop.
	(2)	

B

	6語
	12語
	18語
	24語
	30語
	36語
	42語

※4

聞き取りテスト代替問題 （注意）監督者からの指示がない限り，解答しないこと。

| 問1 | (1) | | (2) | | (3) | | (4) | | (5) | | 問2 | (1) | | (2) | | 問3 | ① | | ② | | ③ | |

※代

（注意）※印の欄は，記入しないこと。

| 出　願　先　学　校　名 | |
| | 高等学校 |

| 受検番号 | 出　身　学　校　名 |
| | |

| ※ | 得　　　点 |
| | |

※ 161％に拡大していただくと，解答欄は実物大になります。

第4部	理科

解　答　用　紙

1

問1	(1)	①	
	(2)	②	
	(3)	③	
	(4)	④	
	(5)	⑤	
	(6)	⑥	

問2		
問3		
問4		g
問5		％
問6	①	②
問7		

※ **1**

2

問1	(1)	①		②	
	(2)	①			
		②			
	(3)	①			
		②			
問2	(1)	①		②	
	(2)				

※ **2**

3

問1	(1)	①	
		②	
	(2)	①	
		②	③
	(3)		

※ **3** 問1

問2

問2	(1)	①		②	
		③			
	(2)	①			
		②			

※ **3** 問2

4

問1	(1)	①			
		②			
	(2)	①		②		③	
問2	(1)	①		②	
	(2)				N
	(3)	①		②	

※ **4**

5

問1		
問2	①		②	

	(1)		km/s
問3	(2)	グラフ	ゆれXの継続時間〔秒〕 12 10 8 6 4 2 0 10時26分52秒 10時26分56秒 10時27分00秒 ゆれXが始まった時刻
		時刻	時　分　秒
問4			秒後
問5			

※ **5**

（注意）※印の欄は，記入しないこと。

出 願 先 学 校 名	受検番号	出 身 学 校 名	※ 得　　点
高等学校			

※ 161％に拡大していただくと，解答欄は実物大になります。

| 第3部 | 社 会 | | 解　答　用　紙 |

1

問1
- (1)
- (2)
- (3) 小さい ──────→ 大きい

問2
- (1)
- (2) 資料1 ＿＿＿ 時代 ／ 資料2 ＿＿＿ 時代

問3
- (1) A　B　C
- (2) ＿＿＿ 行為
- (3) ①　②

問4
- (1) A 県の名 ＿＿＿ 県 ／ 記号 ＿＿＿ ／ B 県の名 ＿＿＿ 県 ／ 記号
- (2) a　b　c

問5
- (1) 古い ──────→ 新しい
- (2)
- (3) 県の名 ＿＿＿ 県 ／ 記号

問6
- (1)
- (2) a ＿＿ 党　b ＿＿ 党
- (3)
- (4)

※1

2

問1
問2
問3
問4 I群 ／ II群
問5 古い ──────→ 新しい

※2 問1〜5

問6

※2 問6

3

問1
問2
- (1) A ／ B
- (2)
問3 権利 ＿＿＿ ／ 工夫と効果 ＿＿＿
問4

※3

4

A

問1 a　b　c　d
問2
- (1) 語句 ＿＿＿ 記号 ＿＿＿
- (2)

記号 ＿＿＿

B

問1
問2 ①　②　③
問3 I ＿＿＿ 工業地帯 ／ II ＿＿＿ 工業地帯 ／ III ＿＿＿ 工業地帯

※4

(注意) ※印の欄は，記入しないこと。

出 願 先 学 校 名	受検番号	出 身 学 校 名	※	得 点
高等学校				

第一部　国語　　解　答　用　紙

出　願　先　学　校　名		受検番号	出　身　学　校　名		※得　点
	高等学校				

（注意）※印の欄は、記入しないこと。

一

問一	(1)		(2)		(3)		(まる)	(4)		(す)

| 問二 | (1) | | (2) | | (3) | | (む) | (4) | | |

問三

| 問四 | (1) | 画目 |
| | (2) | |

問五	(1)	①										15			10
		②										15			30
	(2)								10						

※一

二

問一

| 問二 | (1) | 誤って使われている漢字 | | 正しい漢字 | | (2) | 誤って使われている漢字 | | 正しい漢字 | |

| 問三 | (1) | 私の考える案（　）のよさは、 | | | | | | | | | |
| | (2) | | | | | | | | 20 | |

※二

三

| 問一 | | | | | | | | | 17 | |

| 問二 | | | | | | | | 30 | | |

| 問三 | 雨蛙の頭上で、 | | | | | | | 25 | | | |
| | | | | | | | | | | 70 | |

| 問四 | | 45 |

※三

四

| 問一 | | |

問二

| 問三 | | → | → | → | | |

※四

※167%に拡大していただくと、解答欄は実物大になります。

学校裁量問題受検者用

第一部　国語　解答用紙

出願先学校名　高等学校

受検番号

出身学校名

※得点

（注意）※印の欄は、記入しないこと。

一

問一

問二　(1) 誤って使われている漢字　正しい漢字　(2) 誤って使われている漢字　正しい漢字

問三　(1) 私の考える案　□のようには、　(2)

※一

二

問一

問二

問三　両端の頭上で、

問四

※二

三

問一　1　2　(ぇる)　3

問二　①　②

問三

問四

問五

※三

四

問一

問二

問三　→　→　→

※四

2021年度入試配点表 (北海道)

数学	①	②(①)	③(②)	④(③)	⑤(④)	⑤(学校裁量問題)	計
	問1 各2点×3 他 各3点×5	問2ア 2点 イ・ウ 各1点×2 他 各3点×3	問1エ,問2(考え方) 各2点×2 他 各1点×3 (問1ア・イ完答)	問3 5点 他 各3点×2	問1 3点 問2 5点	問1(1),問2(3) 各5点×2 問2(1) 3点 他 各4点×2	60点

※( )内の大問番号は学校裁量問題選択校の場合

英語	①	②	③(②)	④(③)	④(学校裁量問題)	計
	問1 各1点×3 他 各2点×6	問1・問2 各1点×4 問5 各4点×2 他 各2点×4	Ａ 各2点×3 Ｂ 問1 各2点×2 問2 3点	問1 1点 問5 3点 他 各2点×4	Ａ 問2,問4(1) 各3点×2 他 各2点×4 Ｂ 6点	60点

※( )内の大問番号は学校裁量問題選択校の場合

理科	①	②	③	④	⑤	計
	問1 各1点×6 他 各2点×6 (問2,問6各完答)	問1(1)～(3)① 各1点×5 他 各2点×3 (問2(1)完答)	問1(2) 各1点×2 (②③完答) 問2(2) 3点 他 各2点×3 (問1(1)完答)	問1(1) 各1点×2 他 各2点×4 (問1(2),問2(1)・(3)各完答)	問3(2)グラフ,問4,問5 各2点×3 他 各1点×4 (問2完答)	60点

社会	①	②	③	④	計
	問4(2),問5(1) 各2点×2 他 各1点×17 (問1(3),問3(1)・(3),問4(1)A・B ・(2),問5(1)・(3),問6(2)各完答)	問6 4点 他 各2点×5 (問2,問4,問5各完答)	問1,問2(2),問4 各2点×3 問3(工夫と効果) 3点 他 各1点×3 (問2(2)完答)	Ａ 問2(1) 各1点×2 他 各2点×2(各完答) Ｂ 問1 3点 他 各2点×2(各完答)	60点

国語	一	二(一)	三(二)	三(学校裁量問題)	四	計
	問三,問四,問五(1) 各2点×5 問五(2) 3点 他 各1点×8	問一 2点 問二 各1点×2(各完答) 問三(1) 6点 (2) 5点	問一 2点 問二 3点 問三 6点 問四 4点	問一 各1点×3 問二 各2点×2 問四 6点 他 各4点×2	各3点×3 (問一,問三各完答)	60点

※( )内の大問番号は学校裁量問題選択校の場合

2020年度　北海道

第2部	数 学	解 答 用 紙

1

問1	(1)	
	(2)	
	(3)	
問2		
問3		℃
問4		
問5	$y =$	
問6		cm

※1

2

問1	
問2	通り
問3	

A

B　　　　C

| 問4 | (1) | cm |
| | (2) | （方程式）
（計　算）
（答）　　　cm |

※2

3

| 問1 | ア　　　　イ
ウ |
| 問2 | |

※3

4

問1	D（　　，　　）
問2	
問3	（計　算） （答）A（　　，　　）

※4

5

| 問1 | 度 |
| 問2 | （証　明） |

※5

（注意）※印の欄は，記入しないこと。

出 願 先 学 校 名		受 検 番 号	出 身 学 校 名	※	得　　点
	高等学校				

※この解答用紙は167％に拡大していただきますと，実物大になります。

2020年度　北海道

学校裁量問題受検者用

第2部	数 学	解　答　用　紙

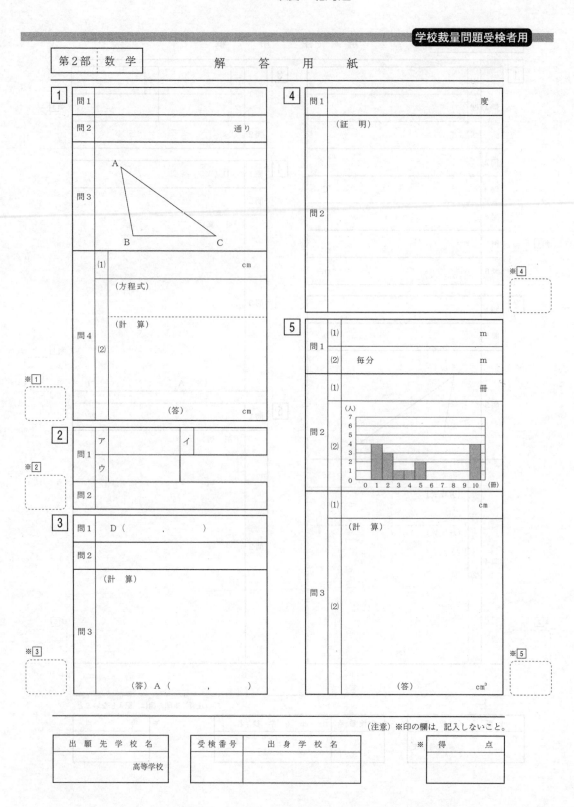

1

問1

問2 ｜ 通り

問3

A
B C

問4
(1) cm
(2) （方程式）
（計　算）
（答） cm

※1

2

問1 ア ｜ イ ｜ ウ

問2

※2

3

問1 D（　　．　　）

問2

問3 （計　算）
（答）A（　　，　　）

※3

4

問1 度

問2 （証　明）

※4

5

問1 (1) m
(2) 毎分 m

問2 (1) 冊
(2)

問3 (1) cm
(2) （計　算）
（答） cm³

※5

（注意）※印の欄は，記入しないこと。

出　願　先　学　校　名		受検番号	出　身　学　校　名	※	得　　点
高等学校					

※この解答用紙は167％に拡大していただきますと，実物大になります。

第5部	英 語	解　答　用　紙

1

問1	No.1		No.2		No.3	
問2	No.1		No.2		No.3	
問3	No.1		No.2		No.3	

※ ①

2

問1	(1)	(2)
問2	(1)	(2)
問3	(1) __ __ (2) __ __ __ __ (3) __ __ __ __ (4) __ __ __ __ __	

問4	(1)	
	(2)	

※ ②

3

A	問1	
	問2	

B	問1	(1)	(2)
	問2		

※ ③

4

問1	
問2	stay with the therapy dog.
問3	
問4	
問5	It means that it takes almost two _____ a therapy dog!

※ ④

聞き取りテスト代替問題 （注意）監督者からの指示がない限り，解答しないこと。

問1	(1)	(2)	(3)	(4)	(5)	問2	(1)	(2)	問3	①	②	③

※ 代

（注意）※印の欄は，記入しないこと。

出 願 先 学 校 名	受検番号	出 身 学 校 名	※	得　　　点
高等学校				

※この解答用紙は167%に拡大していただきますと，実物大になります。

2020年度　北海道

| 第5部 | 英語 | 解　答　用　紙 |

1

問1	No.1		No.2		No.3	
問2	No.1		No.2		No.3	
問3	No.1		No.2		No.3	

※①

2

A
| 問1 | |
| 問2 | |

B
| 問1 | (1) | (2) | |
| 問2 | |

※②

3

問1	
問2	stay with the therapy dog.
問3	
問4	
問5	It means that it takes almost two ... a therapy dog!

※③

4

A
問1	
問2	
問3	"I ."
問4	
問5	(1)
	(2) Well, I think we usually ... at Japanese schools.

B

6語
12語
18語
24語
30語
36語
42語

※④

聞き取りテスト代替問題 （注意）監督者からの指示がない限り，解答しないこと。

| 問1 | (1) | (2) | (3) | (4) | (5) | 問2 | (1) | (2) | 問3 | ① | ② | ③ |

※代

（注意）※印の欄は，記入しないこと。

| 出 願 先 学 校 名 | 受検番号 | 出 身 学 校 名 | ※ | 得　点 |
| 高等学校 | | | | |

※この解答用紙は167％に拡大していただきますと，実物大になります。

2020年度　北海道

| 第4部 | 理 科 | 解 答 用 紙 |

1

問1
(1)	①
(2)	②
(3)	③
(4)	④
(5)	⑤
(6)	⑥

問2
| ① |
| ② |

問3
| ① |
| ② |

問4

問5

問6　g

問7　N

※1

2

問1
(1)	①
	②
(2)	密度　　　　　g/cm³
	記号

問2
(1)	①
	②
	③
(2)	cm³
(3)	大きい ────→ 小さい

※2

3

問1
| (1) |
| (2) | ← |

問2
| (1) |
| (2) |
(3)	①
	②
	③

※3

4

問1
| (1) | V |
| (2) |

問2
| (1) | ① |
| | ② |
| (2) |
| (3) |

※4

5

問1
| (1) |
| (2) |

問2
(1)	縦方向の長さ　　　mm
	のびた長さ　　　mm
(2)	①
	②
	③

※5

（注意）※印の欄は，記入しないこと。

| 出 願 先 学 校 名 | 受検番号 | 出 身 学 校 名 | ※ | 得　点 |
| 高等学校 | | | | |

※この解答用紙は167%に拡大していただきますと，実物大になります。

2020年度　北海道

第3部	社　会

解　答　用　紙

1

問1	(1)			大陸
	(2)	A		B	

問2		

問3	(1)	
	(2)	
	(3)	
	(4)	

問4	(1)			
	(2)	①		②	
	(3)		
	(4)		

問5	(1)		
	(2)		
	(3)		m
	(4)	①		②	

問6	(1)	
	(2)	
	(3)	

問7	(1)	
	(2)	
	(3)	

※ 1

2

問1	(1)		(2)	

問2	

問3	Ⅰ群		Ⅱ群	

問4	古　い ──────→ 新しい

問5	(1)		
	(2)	a	
		b	
		c	

問6	古代		現代	

※ 2

3

問1		

問2	A	
	B	

問3		

問4		

問5	しくみ		
	語句	A	
		B	

※ 3

4

A

問1	A	
	B	
	C	
	D	

問2	湾や入り江	
	半島の名	

問3	a	
	b	
	c	
	d	

B

問1	A	
	B	

問2	①	
	②	

問3	北海道	
	東　北	
	九　州	
	A	

問4	内容	
		①		②	

※ 4

(注意) ※印の欄は，記入しないこと。

出 願 先 学 校 名		受 検 番 号	出 身 学 校 名		※	得	点
	高等学校						

※この解答用紙は167％に拡大していただきますと，実物大になります。

2020年度　北海道

第一部 | 国語　　解 答 用 紙

出 願 先 学 校 名	受検番号	出 身 学 校 名	※得 点
高等学校			

（注意）※印の欄は、記入しないこと。

一

問一	(1)		(2)		(3)	（うる）	(4)	（こ）

問二	(1)		(2)		(3)	（り）	(4)	（うた）

問三	

問四	(1)		(2)	

問五	(1)	①	
		②	
	(2)	現代の大都市では、	

※一

二

問一	

問二	(1)	で誤って使われ	正しい漢字	(2)	で誤って使われ	正しい漢字

問三	(1)	
	(2)	
	(3)	

※二

三

| 問一 | ① | |
| | ② | |

問二	

問三	

問四	

※三

四

問一	

問二	

問三	①		②	

※四

2020年度　北海道

第一部　国語　　解　答　用　紙

出　願　先　学　校　名	受検番号	出　身　学　校　名	※得　点
高等学校			

（注意）※印の欄は、記入しないこと。

一

問一

問二
	(1)	誤って使われている漢字		正しい漢字	(2)	誤って使われている漢字	正しい漢字

問三
| (1) |
| (2) |
| (3) |

※一

二

問一
| ① | 10 | 15 |
| ② | 10 | 15 |

問二
| | 25 | 40 |
| | 45 | 60 |

問三
| | 5 |

問四
| | 10 |

※二

三

問一
| (1) 1 | (2) 2 | 3 |

問二
| | 10 |

問三
| ① | 15 | 20 |
| ② | 15 | 20 |

問四
抽象表現主義の作品や抽象的な現代アートは、
| | 60 |

問五

※三

四

問一

問二

問三
| ① | 5 | ② | 5 | 7 |

※四

※この解答用紙は164％に拡大していただきますと、実物大になります。

2020年度入試配点表(北海道)

数学	①	②(1)	③(2)	④(3)	⑤(4)	⑤(学校裁量問題)	計
	問1 各2点×3 他 各3点×5 (問2完答)	問4(1) 2点 他 各3点×4	問1 各1点×3 問2 4点(完答)	問3 4点 他 各3点×2	問1 3点 問2 5点	問2(2) 4点 問3(2) 5点 他 各3点×4	60点

※( )内の大問番号は学校裁量問題選択校の場合

英語	①	②	③(2)	④	④(学校裁量問題)	計
	問1 各1点×3 他 各2点×6	問1・問2 各1点×4 問3 各2点×4 問4 各4点×2	A 問2 各4点×2 他 各2点×5	問1 1点 他 各2点×5	A 各2点×7 B 6点	60点

※( )内の大問番号は学校裁量問題選択校の場合

理科	①	②	③	④	⑤	計
	問1 各1点×6 他 各2点×6 (問2,問3,問4各完答)	問1(2)記号,問2(1) ①・②と③ 各1点×3 (問2(1)②と③完答) 他 各2点×4 (問1(1),問2(3)各完答)	問1(1) 1点 問1(2) 3点 他 各2点×3 (問2(3)完答)	問2(2) 3点 他 各2点×4 (問2(1)完答)	問1(1)・(2) 各2点×2 他 各3点×2	60点

社会	①	②	③	④	計
	各1点×21 (問1(2),問4(2),問5(4) 各完答)	問1(1)・(2),問2 各1点×3 他 各2点×5 (問3,問4,問5(2),問6 各完答)	各2点×6 (問2,問3,問5語句 各完答)	A 各2点×3(各完答) B 問2①・② 各1点×2 他 各2点×3(各完答)	60点

④B問4は全員に2点が与えられた。

国語	一	二(一)	三(二)	三(学校裁量問題)	四	計
	問三,問四,問五(1) 各2点×5 問五(2) 3点 他 各1点×8	問一 2点 問二 各1点×2(各完答) 問三(3) 5点 他 各3点×2	問二 6点 他 各3点×3 (問一完答)	問一 各1点×3 問三 各2点×2 問四 6点 他 各4点×2	問二 3点 他 各2点×3	60点

※( )内の大問番号は学校裁量問題選択校の場合

MEMO

....

....

....

....

....

....

....

....

....

....

....

....

....

大切なことはメモしておこうネ！

....

....

....

....

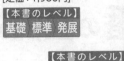

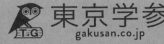
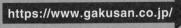

東京学参の
中学校別入試過去問題シリーズ

*出版校は一部変更することがあります。一覧にない学校はお問い合わせください。

東京ラインナップ

あ 青山学院中等部(L04)
　　麻布中学(K01)
　　桜蔭中学(K02)
　　お茶の水女子大附属中学(K07)
か 海城中学(K09)
　　開成中学(M01)
　　学習院中等科(M03)
　　慶應義塾中等部(K04)
　　啓明学園中学(N29)
　　晃華学園中学(N13)
　　攻玉社中学(L11)
　　国学院大久我山中学
　　　（一般・CC）(N22)
　　　（ＳＴ）(N23)
　　駒場東邦中学(L01)
さ 芝中学(K16)
　　芝浦工業大附属中学(M06)
　　城北中学(M05)
　　女子学院中学(K03)
　　巣鴨中学(M02)
　　成蹊中学(N06)
　　成城中学(K28)
　　成城学園中学(L05)
　　青稜中学(K23)
　　創価中学(N14)★
た 玉川学園中学部(N17)
　　中央大附属中学(N08)
　　筑波大附属中学(K06)
　　筑波大附属駒場中学(L02)
　　帝京大中学(N16)
　　東海大菅生高中等部(N27)
　　東京学芸大附属竹早中学(K08)
　　東京都市大付属中学(L13)
　　桐朋中学(N03)
　　東洋英和女学院中学部(K15)
　　豊島岡女子学園中学(M12)
な 日本大第一中学(M14)

日本大第三中学(N19)
日本大第二中学(N10)
は 雙葉中学(K05)
　　法政大学中学(N11)
　　本郷中学(M08)
ま 武蔵中学(N01)
　　明治大付属中野中学(N05)
　　明治大付属八王子中学(N07)
　　明治大付属明治中学(K13)
ら 立教池袋中学(M04)
わ 和光中学(N21)
　　早稲田中学(K10)
　　早稲田実業学校中等部(K11)
　　早稲田大高等学院中学部(N12)

神奈川ラインナップ

あ 浅野中学(O04)
　　栄光学園中学(O06)
か 神奈川大附属中学(O08)
　　鎌倉女学院中学(O27)
　　関東学院六浦中学(O31)
　　慶應義塾湘南藤沢中等部(O07)
　　慶應義塾普通部(O01)
さ 相模女子大中学部(O32)
　　サレジオ学院中学(O17)
　　逗子開成中学(O22)
　　聖光学院中学(O11)
　　清泉女学院中学(O20)
　　洗足学園中学(O18)
　　捜真女学校中学部(O29)
た 桐蔭学園中等教育学校(O02)
　　東海大付属相模高中等部(O24)
　　桐光学園中学(O16)
な 日本大中学(O09)
は フェリス女学院中学(O03)
　　法政大第二中学(O19)
や 山手学院中学(O15)
　　横浜隼人中学(O26)

千・埼・茨・他ラインナップ

あ 市川中学(P01)
　　浦和明の星女子中学(Q06)
か 海陽中等教育学校
　　　（入試Ⅰ・Ⅱ）(T01)
　　　（特別給費生選抜）(T02)
　　久留米大附設中学(Y04)
さ 栄東中学（東大・難関大）(Q09)
　　栄東中学（東大特待）(Q10)
　　狭山ヶ丘高校付属中学(Q01)
　　芝浦工業大柏中学(P14)
　　渋谷教育学園幕張中学(P09)
　　城北埼玉中学(Q07)
　　昭和学院秀英中学(P05)
　　清真学園中学(S01)
　　西南学院中学(Y02)
　　西武学園文理中学(Q03)
　　西武台新座中学(Q02)
　　専修大松戸中学(P13)
た 筑紫女学園中学(Y03)
　　千葉日本大第一中学(P07)
　　千葉明徳中学(P12)
　　東海大付属浦安高中等部(P06)
　　東邦大付属東邦中学(P08)
　　東洋大附属牛久中学(S02)
　　獨協埼玉中学(Q08)
な 長崎日本大中学(Y01)
　　成田高校付属中学(P15)
は 函館ラ・サール中学(X01)
　　日出学園中学(P03)
　　福岡大附属大濠中学(Y05)
　　北嶺中学(X03)
　　細田学園中学(Q04)
や 八千代松陰中学(P10)
ら ラ・サール中学(Y07)
　　立命館慶祥中学(X02)
　　立教新座中学(Q05)
わ 早稲田佐賀中学(Y06)

公立中高一貫校ラインナップ

北海道	市立札幌開成中等教育学校(J22)
宮　城	宮城県仙台二華・古川黎明中学校(J17)
	市立仙台青陵中等教育学校(J33)
山　形	県立東桜学館・致道館中学校(J27)
茨　城	茨城県立中学・中等教育学校(J09)
栃　木	県立宇都宮東・佐野・矢板東高校附属中学校(J11)
群　馬	県立中央・市立四ツ葉学園中等教育学校・
	市立太田中学校(J10)
埼　玉	市立浦和中学校(J06)
	県立伊奈学園中学校(J31)
	さいたま市立大宮国際中等教育学校(J32)
	川口市立高等学校附属中学校(J35)
千　葉	県立千葉・東葛飾中学校(J07)
	市立稲毛国際中等教育学校(J25)
東　京	区立九段中等教育学校(J21)
	都立大泉高等学校附属中学校(J28)
	都立両国高等学校附属中学校(J01)
	都立白鷗高等学校附属中学校(J02)
	都立富士高等学校附属中学校(J03)

	都立三鷹中等教育学校(J29)
	都立南多摩中等教育学校(J30)
	都立武蔵高等学校附属中学校(J04)
	都立立川国際中等教育学校(J05)
	都立小石川中等教育学校(J23)
	都立桜修館中等教育学校(J24)
神奈川	川崎市立川崎高等学校附属中学校(J26)
	県立平塚・相模原中等教育学校(J08)
	横浜市立南高等学校附属中学校(J20)
	横浜サイエンスフロンティア高校附属中学校(J34)
広　島	県立広島中学校(J16)
	県立三次中学校(J37)
徳　島	県立城ノ内中等教育学校・富岡東・川島中学校(J18)
愛　媛	県立今治東・松山西中等教育学校(J19)
福　岡	福岡県立中学校・中等教育学校(J12)
佐　賀	県立香楠・致遠館・唐津東・武雄青陵中学校(J13)
宮　崎	県立五ヶ瀬中等教育学校・宮崎西・都城泉ヶ丘高校附属中学校(J15)
長　崎	県立長崎東・佐世保北・諫早高校附属中学校(J14)

公立中高一貫校
「適性検査対策」
問題集シリーズ

総合編　作文問題編　資料問題編　数と図形編　生活と科学編　実力確認テスト編

私立中・高スクールガイド

ザ　THE 私立

私立中学&高校の学校生活がわかる！

東京学参の
高校別入試過去問題シリーズ

＊出版校は一部変更することがあります。一覧にない学校はお問い合わせください。

東京ラインナップ

- **あ** 愛国高校(A59)
  青山学院高等部(A16)★
  桜美林高校(A37)
  お茶の水女子大附属高校(A04)
- **か** 開成高校(A05)★
  共立女子第二高校(A40)★
  慶應義塾女子高校(A13)
  啓明学園高校(A68)★
  国学院高校(A30)
  国学院大久我山高校(A31)
  国際基督教大高校(A06)
  小平錦城高校(A61)★
  駒澤大高校(A32)
- **さ** 芝浦工業大附属高校(A35)
  修徳高校(A52)
  城北高校(A21)
  専修大附属高校(A28)
  創価高校(A66)★
- **た** 拓殖大第一高校(A53)
  立川女子高校(A41)
  玉川学園高等部(A56)
  中央大高校(A19)
  中央大杉並高校(A18)★
  中央大附属高校(A17)
  筑波大附属高校(A01)
  筑波大附属駒場高校(A02)
  帝京大高校(A60)
  東海大菅生高校(A42)
  東京学芸大附属高校(A03)
  東京農業大第一高校(A39)
  桐朋高校(A15)
  都立青山高校(A73)★
  都立国立高校(A76)★
  都立国際高校(A80)★
  都立国分寺高校(A78)★
  都立新宿高校(A77)★
  都立墨田川高校(A81)★
  都立立川高校(A75)★
  都立戸山高校(A72)★
  都立西高校(A71)★
  都立八王子東高校(A74)★
  都立日比谷高校(A70)★
- **な** 日本大櫻丘高校(A25)
  日本大第一高校(A50)
  日本大第三高校(A48)
  日本大第二高校(A27)
  日本大鶴ヶ丘高校(A26)
  日本大豊山高校(A23)
- **は** 八王子学園八王子高校(A64)
  法政大高校(A29)
- **ま** 明治学院高校(A38)
  明治学院東村山高校(A49)
  明治大付属中野高校(A33)
  明治大付属八王子高校(A67)
  明治大付属明治高校(A34)★
  明法高校(A63)
- **わ** 早稲田実業学校高等部(A09)
  早稲田大高等学院(A07)

神奈川ラインナップ

- **あ** 麻布大附属高校(B04)
  アレセイア湘南高校(B24)
- **か** 慶應義塾高校(A11)
  神奈川県公立高校特色検査(B00)
- **さ** 相洋高校(B18)
- **た** 立花学園高校(B23)
  桐蔭学園高校(B01)

東海大付属相模高校(B03)★
桐光学園高校(B11)
- **な** 日本大高校(B06)
  日本大藤沢高校(B07)
- **は** 平塚学園高校(B22)
  藤沢翔陵高校(B08)
  法政大国際高校(B17)
  法政大第二高校(B02)★
- **や** 山手学院高校(B09)
  横須賀学院高校(B20)
  横浜商科大高校(B05)
  横浜市立横浜サイエンスフロンティア高校(B70)
  横浜翠陵高校(B14)
  横浜清風高校(B10)
  横浜創英高校(B21)
  横浜隼人高校(B16)
  横浜富士見丘学園高校(B25)

千葉ラインナップ

- **あ** 愛国学園大附属四街道高校(C26)
  我孫子二階堂高校(C17)
  市川高校(C01)★
- **か** 敬愛学園高校(C15)
- **さ** 芝浦工業大柏高校(C09)
  渋谷教育学園幕張高校(C16)★
  翔凜高校(C34)
  昭和学院秀英高校(C23)
  専修大松戸高校(C02)
- **た** 千葉英和高校(C18)
  千葉敬愛高校(C05)
  千葉経済大附属高校(C27)
  千葉日本大第一高校(C06)★
  千葉明徳高校(C20)
  千葉黎明高校(C24)
  東海大付属浦安高校(C03)
  東京学館高校(C14)
  東京学館浦安高校(C31)
- **な** 日本体育大柏高校(C30)
  日本大習志野高校(C07)
- **は** 日出学園高校(C08)
- **や** 八千代松陰高校(C12)
- **ら** 流通経済大付属柏高校(C19)★

埼玉ラインナップ

- **あ** 浦和学院高校(D21)
  大妻嵐山高校(D04)★
- **か** 開智高校(D08)
  開智未来高校(D13)★
  春日部共栄高校(D07)
  川越東高校(D12)
  慶應義塾志木高校(A12)
- **さ** 埼玉栄高校(D09)
  栄東高校(D14)
  狭山ヶ丘高校(D24)
  昌平高校(D23)
  西武学園文理高校(D10)
  西武台高校(D06)

東京農業大第三高校(D18)
- **は** 武南高校(D05)
  本庄東高校(D20)
- **や** 山村国際高校(D19)
- **ら** 立教新座高校(A14)
- **わ** 早稲田大本庄高等学院(A10)

北関東・甲信越ラインナップ

- **あ** 愛国学園大附属龍ヶ崎高校(E07)
  宇都宮短大附属高校(E24)
- **か** 鹿島学園高校(E08)
  霞ヶ浦高校(E03)
  共愛学園高校(E31)
  甲陵高校(E43)
  国立高等専門学校(A00)
- **さ** 作新学院高校
  　（トップ英進・英進部）(E21)
  　（情報科学・総合進学部）(E22)
  常総学院高校(E04)
- **た** 中越高校(R03)＊
  土浦日本大高校(E01)
  東洋大附属牛久高校(E02)
- **な** 新潟青陵高校(R02)
  新潟明訓高校(R04)
  日本文理高校(R01)
- **は** 白鷗大足利高校(E25)
- **ま** 前橋育英高校(E32)
- **や** 山梨学院高校(E41)

中京圏ラインナップ

- **あ** 愛知高校(F02)
  愛知啓成高校(F09)
  愛知工業大名電高校(F06)
  愛知みずほ大瑞穂高校(F25)
  暁高校（３年制）(F50)
  鶯谷高校(F60)
  栄徳高校(F29)
  桜花学園高校(F14)
  岡崎城西高校(F34)
- **か** 岐阜聖徳学園高校(F62)
  岐阜東高校(F61)
  享栄高校(F18)
- **さ** 桜丘高校(F36)
  至学館高校(F19)
  椙山女学園高校(F10)
  鈴鹿高校(F53)
  星城高校(F27)★
  誠信高校(F33)
  清林館高校(F16)★
- **た** 大成高校(F28)
  大同大大同高校(F30)
  高田高校(F51)
  滝高校(F03)★
  中京高校(F63)
  中京大附属中京高校(F11)★

中部大春日丘高校(F26)★
中部大第一高校(F32)
津田学園高校(F54)
東海高校(F04)★
東海学園高校(F20)
東邦高校(F12)
同朋高校(F22)
豊田大谷高校(F35)
- **な** 名古屋高校(F13)
  名古屋大谷高校(F23)
  名古屋経済大市邨高校(F08)
  名古屋経済大高蔵高校(F05)
  名古屋女子大高校(F24)
  名古屋たちばな高校(F21)
  日本福祉大附属高校(F17)
  人間環境大附属岡崎高校(F37)
- **は** 光ヶ丘女子高校(F38)
  誉高校(F31)
- **ま** 三重高校(F52)
  名城大附属高校(F15)

宮城ラインナップ

- **さ** 尚絅学院高校(G02)
  聖ウルスラ学院英智高校(G01)★
  聖和学園高校(G05)
  仙台育英学園高校(G04)
  仙台城南高校(G06)
  仙台白百合学園高校(G12)
- **た** 東北学院高校(G03)★
  東北学院榴ヶ岡高校(G08)
  東北高校(G11)
  東北生活文化大高校(G10)
  常盤木学園高校(G07)
- **は** 古川学園高校(G13)
- **ま** 宮城学院高校(G09)★

北海道ラインナップ

- **さ** 札幌光星高校(H06)
  札幌静修高校(H09)
  札幌第一高校(H01)
  札幌北斗高校(H04)
  札幌龍谷学園高校(H08)
- **は** 北海高校(H03)
  北海学園札幌高校(H07)
  北海道科学大高校(H05)
- **ら** 立命館慶祥高校(H02)

★はリスニング音声データのダウンロード付き。

高校入試特訓問題集シリーズ

- 英語長文難関攻略33選（改訂版）
- 英語長文テーマ別難関攻略30選
- 英文法難関攻略20選
- 英語難関徹底攻略33選
- 古文完全攻略63選（改訂版）
- 国語融合問題完全攻略30選
- 国語長文難関徹底攻略30選
- 国語知識問題完全攻略13選
- 数学の図形と関数・グラフの融合問題完全攻略272選
- 数学難関徹底攻略700選
- 数学の難問80選
- 数学　思考力―規則性とデータの分析と活用―

公立高校入試対策問題集シリーズ

- 目標得点別・公立入試の数学（基礎編）
- 実戦問題演習・公立入試の数学（実力錬成編）
- 実戦問題演習・公立入試の英語（基礎編・実力錬成編）
- 形式別演習・公立入試の国語
- 実戦問題演習・公立入試の理科
- 実戦問題演習・公立入試の社会

都道府県別公立高校入試過去問シリーズ

- 全国47都道府県別に出版
- 最近数年間の検査問題収録
- リスニングテスト音声対応

2404A

〈ダウンロードコンテンツについて〉

　本問題集のダウンロードコンテンツ、弊社ホームページで配信しております。現在ご利用いただけるのは「2025年度受験用」に対応したもので、**2025年3月末日**までダウンロード可能です。弊社ホームページにアクセスの上、ご利用ください。

※配信期間が終了いたしますと、ご利用いただけませんのでご了承ください。

北海道公立高校　2025年度
ISBN978-4-8141-3251-5

[発行所] 東京学参株式会社
　　　　〒153-0043　東京都目黒区東山2-6-4

書籍の内容についてのお問い合わせは右のQRコードから　⇒

2024年7月8日　初版